高等学校国家级特色专业——车辆工程专业系列教材

汽车试验学

主　编◎尹安东
副主编◎孙　骏
主　审◎冯能莲

合肥工業大學出版社

内容简介

本书参考国家最新的试验标准和试验方法，较为全面和系统地介绍了汽车试验原理、方法及相关技术，同时详细介绍了汽车试验设备和仪器的基本组成原理、试验方法和使用维护等内容。

本书可作为高等院校车辆工程、交通工程及相关专业的教材，也可供有关研究人员、工程技术人员和管理人员参考。

图书在版编目(CIP)数据

汽车试验学/尹安东主编. —合肥：合肥工业大学出版社，2010.10(2018.6 重印)

ISBN 978-7-5650-0300-4

Ⅰ.①汽… Ⅱ.①尹… Ⅲ.①汽车试验 Ⅳ.①U467

中国版本图书馆 CIP 数据核字(2010)第 214531 号

汽车试验学

尹安东　主编　　　　责任编辑　汤礼广

出　版	合肥工业大学出版社	版　次	2011 年 3 月第 1 版
地　址	合肥市屯溪路 193 号	印　次	2018 年 6 月第 3 次印刷
邮　编	230009	开　本	787 毫米×1092 毫米　1/16
电　话	理工编辑部：0551-62903087	印　张	17.5
	市场营销部：0551-62903198	字　数	425 千字
网　址	www.hfutpress.com.cn	印　刷	合肥星光印务有限责任公司
E-mail	hfutpress@163.com	发　行	全国新华书店

ISBN 978-7-5650-0300-4　　　　定价：40.00 元

本系列教材在编写过程中，曾得到以下学校和企业给予各种形式的支持及无私的帮助，在此对它们谨致以真诚的谢意！

清华大学　　北京理工大学
湖南大学　　武汉理工大学
北京工业大学　　吉林大学
西南交通大学　　华东交通大学
同济大学　　重庆理工大学
山东理工大学　　兰州交通大学
辽宁工业大学　　大连交通大学
福州大学　　河南科技大学
厦门理工学院　　江苏大学
长安大学　　西华大学
湖北汽车工业学院　　合肥工业大学
安徽工业大学　　安徽理工大学
安徽工程大学　　安徽江淮汽车集团有限公司
奇瑞汽车股份有限公司

《高等学校国家级特色专业——车辆工程专业系列教材》编委会

序

在我国经济发展转型升级与全面提高国际竞争力的关键时期，培养和造就一大批创新能力强，适应我国经济和社会发展需要的工程技术型人才是增强我国核心竞争力、建设创新型国家、走新型工业化道路的必要条件。“高等工科教育回归工程”和“强化能力导向原则”等基于按社会需求培养人才和教学需要改革的教育理念，是《中华人民共和国高等教育法》提出的“高等教育教学改革务必根据不同类型、不同层次高等学校自身实际”要求和《高等学校本科教学质量与教学改革工程项目管理暂行办法》所坚持的“分类指导、注重特色”原则的创新成果和实践载体。

高等学校应按照“质量工程”的要求对人才培养目标进行合理定位，对教学过程进行科学创新，发挥自身优势，形成各自特色，从而满足社会对多样化的人才需求。人才培养目标的差异性，要求教学内容、教学方法和教材建设具有针对性。《中华人民共和国高等教育法》明确规定：“高等学校根据教学需要，自主制订教学计划、选编教材、组织实施教学活动。”教育部实施本科教育、教学“质量工程”，鼓励和支持高等学校在教学理念等方面进行创新，以形成有利于多样化人才成长的培养体系，满足国家和社会对紧缺人才的需要。

合肥工业大学车辆工程专业于 2007 年经教育部审批被列为国家级特色专业建设点。也就在同一时间，合肥工业大学成立了《高等学校国家级特色专业——车辆工程专业系列教材》编审委员会，以“打造特色精品教材，促进专业教育发展”的理念规划出版“高等学校汽车类特色专业规划教材”，抓紧对“质量工程”中所要求的“重点规划、建设多样基础教程和专业课程教材，促进高等学校教学内容更新、教材建设多样化”工作的落实。

在教材选题开始设计时，编审委员会便贯彻教育部关于人才培养适应行业经济和社会发展需要的精神，要求突出教材建设与办学定位、教学目标的一致性和适应性。最终确立了教材编写的指导思想：加强工程意识的培养、加强理论与实践的结合、加强实践教学和工程训练，培养在汽车行业第一线从事车辆研发、试验、营销及管理等实际工作和能解决实际问题的高等应用型人才。

本系列教材在编写过程中，既严格遵守学科体系的知识构成和教材编写的一般规律，又针对本科人才培养目标和与之相适应的教学特点，科学安排知识内容，注重解决现行教材中部分内容陈旧、特色不明显和学生自主学习无趣等问题，充分体现了“工程基础厚、工作作风实、创业能力强”的合肥工业大学人才培养特色及对国家级特色专业教材的内涵和尺度的准确把握。

本系列教材的出版是所有参与该项工作的人们集体智慧的结晶，也是高等学校进行教学改革、落实“质量工程”要求的成果，相信随着教学改革的深入推进，该系列教材会不断得到丰富和完善。

中国高等学校教学指导委员会委员
中国机械工业教育协会高校教学委员会车辆专业组副组长　陈朝阳

前　言

汽车试验与汽车工业的发展紧密相联，汽车技术的发展离不开汽车试验的支撑。没有汽车试验就没有汽车工业的发展，汽车工业的发展又促进了汽车试验技术的发展。在汽车工业快速发展的今天，汽车试验的地位越来越重要。

本书是编者在从事多年汽车试验教学和科研实践的基础上，并参考了大量文献资料编写而成的。考虑到本科教育已逐步由专业教育向素质教育转化的现实，因此编者在组织内容时不仅增加了一些基础理论的内容，扩大了知识覆盖面，同时还注重知识的实用性和系统性，并力求内容通俗易懂。这样做的目的是一方面使学生可以利用较少的学时，全面系统地了解汽车试验研究所需的知识要点；另一方面，也为学生今后深入学习该专业知识提供了方便和条件。此外，在本书的编写过程中，还贯彻国家颁布的相关最新技术标准，如GB7258－2004《机动车运行安全技术条件》、GB18285－2005《点燃式发动机汽车排气污染物排放限值及测量方法(双怠速法和简易工况法)》和GB3847－2005《车用压燃式发动机和压燃式发动机汽车排气烟度排放限值及测量方法》等。为增强本书的实用性，还用较多的篇幅介绍最新的试验仪器设备。

全书共分为14章，主要介绍了汽车试验基础理论知识，包括汽车试验测试系统的静态、动态特性，汽车试验误差分析，静态、动态试验数据处理等；汽车整车技术参数测试；汽车总成与零部件技术参数测试，包括发动机、传动系、转向系、前照灯和车速表等技术参数测试；汽车基本性能试验，包括动力性、经济性、制动性、操纵稳定性和平顺性等；汽车环保试验，包括排放、噪声试验等。同时还详细介绍了汽车试验设备和仪器的基本组成原理、试验方法和使用维护等内容。全书内容丰富，图文并茂，重点突出。

本书由尹安东担任主编、孙骏担任副主编，北京工业大学冯能莲教授担任主审。具体编写分工为：第一章、第二章、第三章、第四章、第六章、第十一章、第十三章、第十四章由尹安东编写；第五章、第七章、第八章、第九章由孙骏编写；第十章、第十二章由唐永琪编写。

冯能莲教授在百忙之中，抽出大量时间对本书进行了仔细审校，并提出了许多宝贵建议，在此表示诚挚的谢意。书稿还吸收了成熟教材中的部分内容，在此对原书作者表示衷心的感谢。本书在编写过程中得到合肥工业大学车辆工程系方锡邦教授、钱立军教授、张代胜教授等专家的指教，同时还得到很多企业的大力支持并提供了许多详实的资料，在此一并表示感谢。

本书可作为高等院校车辆工程、交通工程及相关专业的教材，也可供有关研究人员、工程技术人员和管理人员参考。

由于编者水平有限，书中可能存在一定错漏之处，恳请专家、同行及读者批评指正。

编　者

目　录

第一章 绪 论

内容提要:本章的主要介绍汽车试验在汽车工业发展中的作用,汽车试验的发展概况,汽车试验的分类,汽车试验的计划和组织,汽车试验标准以及汽车试验学课程的主要内容等。

第一节 汽车试验的发展概况

一、汽车试验的作用

汽车试验是随着汽车工业的建立而产生,随着汽车工业的发展而逐渐成长起来的。自从 1893 年,美国人亨利·福特制成了第一辆装有小型汽油机的四轮车,1913 年,建成世界第一条汽车总装生产流水线以来,大规模生产技术和流水生产线广泛地应用于汽车工业,汽车工业得到迅速的发展。随之而来的汽车产品质量和性能方面的问题比较突出,要求通过试验研究工作加以解决,从而将汽车的试验研究工作与汽车工业的发展紧密地联系在一起,并且处于越来越重要的地位。

1. 汽车的生产设计方面

无论在新产品的设计还是在现有产品的技术改造过程中,即使在设计制造上考虑得如何周密,但都必须经过试验来检验,通过试验来检验设计思想是否正确,设计的意图是否实现,设计的产品是否适合使用要求等。如产品材料、加工工艺质量的检验,产品性能试验等。

2. 汽车技术研究方面

由于汽车的使用条件复杂,汽车工业所涉及的技术领域又极为广泛(包括机、电、液、气、控制等),许多理论问题还有待于深入研究,不少设计问题还不能根据现有理论作出可以信赖的期望,故需要先进行试验工作。如整车的可靠性试验、零部件的疲劳寿命试验、变速箱齿轮的磨损试验、故障检测等。

3. 汽车使用维修方面

在汽车使用、维护和修理中对汽车的技术状况进行试验和检测(如定期和不定期的安全环保检测和综合性能检测),从而为汽车继续运行或进厂(场)维护、修理提供可靠的依据。

二、汽车试验技术的发展

汽车工业是在 19 世纪末 20 世纪初产生的,早期的汽车基本上采用了手工单件方式生产,产品批量小,性能不高而且成本高昂。随着生产方式转向生产流水线作业,部分总成专业化生产，汽车工业生产率显著提高，成本下降，批量增加，有效地增加了社会保有量。同时20世纪上半叶的第二次世界大战对工业技术的刺激作用和战争对军需物资的拉动效应，客观上促进了汽车工业整体技术水平的提高。到了20世纪40年代，汽车工业已广泛采用了大规模生产技术及流水线生产。而此时道路条件已得到相应的改善，车速明显提高，汽车产品的各项性能存在的问题逐步凸显，迫切需要通过试验研究工作加以解决，并且出于市场竞争的需要，其性价比的提高也是厂商迫切的需求。为此，生产厂商进行大量的相关材料、工艺、可靠性以及性能等方面的试验研究。与此同时，试验技术除借用其他行业比较成熟的方法外，也逐步形成汽车行业自己的试验方法和试验设备，如转鼓试验台、疲劳试验台等，这些设备除结构和控制方面有所改进外，其基本原理沿用至今。此外，道路试验得到了充分的重视，成为汽车试验的基本方法之一，并且建立了早期的汽车试验场。汽车试验工作的基本方法也是在这段时间形成的，并为以后试验技术的发展打下良好的基础。由于专业化和协作生产的需要，也开展了制定各种标准及规范的研究工作，其中包括试验方法标准的制定。

试验技术的发展与试验仪器设备的完善和提高有密切关系。由于电子技术的发展，出现了各种数据采集、变换、放大、存储、处理以及控制等方面的高精度电子仪器。因此，电测量测试技术的应用在现代汽车试验中占有十分重要的地位。

汽车工业发展到20世纪70年代以后，不仅保持了大规模、多品种和高技术的特性，而且出现一些新的更科学、更合理的生产组织管理制度，使汽车制造业能够大规模地生产高质量、低价格的产品。同时，试验技术也得到了同步的提高与发展，高技术的应用越来越多。特别是电子技术的快速发展，计算机的应用对汽车试验也起到了巨大的促进作用。计算机在汽车的性能预测、强度计算上提供了快速、准确的运算工具，如操纵稳定性、空气动力学特性、车身以及车架的有限元计算等，从而代替了大量多方案比较试验。

此外，道路模拟试验台、转鼓试验台等大型先进试验设备的广泛采用，以及现代化风洞、试验场等大型试验设施的普遍建立，使汽车试验技术无论在方法上或装备上都达到了空前完善的程度。

近年来，由于传感器技术、大规模集成电路、计算机控制和以计算机为核心的智能仪器的发展，传统的电测技术有了质的飞跃，使得汽车的试验技术向着大规模、集成化、智能化方向发展，大大提高了测试工作的效率和水平，客观上也促进了汽车技术和相关研究的发展。

在许多生产企业和研究单位中，试验研究已成为独立的技术部门，拥有试验研究中心和综合性试验基地，能够相对独立完成各种试验研究工作。

第二节　汽车试验的分类与特点

汽车试验可按试验目的、试验对象和试验方法进行分类。

一、按试验目的分类

1. 品质检查试验

对目前生产的汽车产品，定期进行品质检查试验，鉴定产品品质的稳定性，以便及时检查出产品存在的问题。一般情况下试验较简单，通常是针对用户意见进行检查，并作出检查结论。

2. 新产品定型试验

在新型汽车投产之前，首先按规程进行全面性能鉴定试验，同时在不同地区（如我国华南亚热带、西藏高原、东北寒区等）进行适应性和使用性试验。在定型试验中，不容许出现重大损坏、性能恶化及维修频繁等情况。新设计或改进设计的试验样车，则应根据其生产纲领规定试验内容。大批量生产的车型，可先以少量（3 辆～8 辆）样车考验其设计性能，经改进后，再生产小批量（20 辆左右）样车考验其性能、材料与工艺等。

3. 科研性试验

为了改进现有产品或开发研制新产品，必须对汽车的新部件、新结构、新技术、新材料、新工艺等进行深入地研究试验，试验常采用较先进的仪器设备。此外，新的试验方法与测试技术的探讨以及试验标准的制定，也是科研性试验目的之一。

二、按试验对象分类

1. 整车试验

主要考核评定整车的主要技术性能，测出各项技术性能指标，如动力性、经济性、平顺性、制动性及通过性等，其中包括整车基本参数的测定。

2. 机构及总成试验

主要考核机构及总成的工作性能和耐久性，如发动机功率、变速器效率、悬架装置的特性以及它们的结构强度、疲劳寿命和耐久性等。

3. 零部件试验

主要考核其设计和工艺的合理性，测试其刚度、强度、磨损和疲劳寿命以及研究材料的选用是否合适。

三、按试验方法分类

1. 室内台架试验

该试验在室内试验台上测试汽车整车及总成和零部件，并能消除不需要研究的某些因素，容易控制试验条件。室内台架试验可以模拟实际使用工况，建立室内台架试验与实际道路试验相应的关系，以代替一部分道路试验，这样不仅提高了试验精度，而且缩短了试验周期。

2. 室外道路试验

汽车在实际使用的道路条件下现场试验，其试验结果比较符合实际使用情况，可全面考核其技术性能，它是应用最普遍的方法。但试验的影响因素多，如条件环境不易控制，受车上空间条件的限制，使传感器的安装及测试参数的记录、处理均较室内试验困难。近年来，已陆续发展了各种高性能的小型传感器和电子仪器作现场记录，大大提高了测试精度，此外，短距离遥测系统的发展，使道路试验技术更趋完善。

3. 试验场试验

该试验是一种按预先制定的试验项目、规范，在规定的行驶条件下进行的试验。试验场可设置比实际道路更恶劣的行驶条件和各种典型道路与环境，在这种条件下进行可靠性试验、寿命试验及环境试验，也可以进行强化试验以缩短试验周期，提高试验结果的可比性。

第三节　汽车试验的计划与组织

汽车试验是一项技术性较强的工作，同时又是一个涉及多部门、多学科密切配合的系统工程，必须周密计划与组织。试验可分为试验准备、试验实施和试验总结三个阶段进行。

一、试验的准备

1. 制定试验大纲

试验大纲是指导试验的重要技术文件，它关系试验的好坏与成败。根据汽车试验任务提出的要求，按相应的国家试验标准编制试验大纲，经相关机构审批后，方可实施。试验大纲包括以下内容：

(1)试验目的和任务

明确规定试验必须完成的任务(如需要解决的技术问题、测取的数据及观察的现象等)以及要求达到的目的。试验的目的决定了试验的类型、规模与内容。

(2)试验的内容与条件

为了完成试验任务所需要的试验内容、试验程序以及试验工作量，对每项试验内容和条件应作简要说明，必要时应附有试验原理图。

(3)试验项目和测量参数

根据试验内容，详细列出必须进行的试验项目和每个试验项目中必须测量的参数，如制动性能试验需要测量的参数(制动初速度、制动距离和制动时间)，并说明由测量参数求得最后性能指标的方法，附必要的计算公式。

(4)试验仪器

根据试验项目和测量参数，选择试验所用的仪器设备，并提出相应的精度要求。

(5)试验技术和方法

大纲中规定的与试验有关技术事项、试验方法和步骤，对试验人员的正确操作、检测数据及确保试验成功是十分重要的。因此，需要遵守标准的或法规规定的试验程序和方法。

(6)人员组织和分工

参加试验人员应该按专业水平和工作需要进行分工，发挥其专业特长，使每个人都有明确的职责，同时建立试验组织系统，组成试验领导指挥系统。

(7)试验进度计划

根据试验任务和目的以及各个项目进行的先后顺序，确定进度日程计划，以便使试验工作协调有序和按计划进行。

2. 仪器设备准备

根据试验大纲要求，准备好所需的仪器设备。通常整车试验时，应准备好各种传感器和记录仪器等。对室内台架试验要准备好各种辅助支架、连接件、测量仪器、动力设备以及测功设备等。

不论是室内还是室外试验，所有测试仪器与设备都应满足试验的测量范围、容量和精度的要求。使用前应对各种传感器、测试仪器进行定度(标定)，定度(标定)的数据应记录并填入试验报告中。

3. 人员配备和试验记录表格准备

根据试验项目和测试数据，配备参加试验人员，明确每人的任务和相互间的配合，熟练掌握仪器设备的操作方法和驾驶技术，并拟定试验记录表格和数据处理表格。对自动打印或记录的测试系统，要设计打印格式、记录图形的方式与格式。

二、汽车试验的实施

汽车试验实施阶段一般经历以下几个阶段：启动预热、工况监测、采样读数和校核数据。

1. 启动预热

无论是整车试验还是总成、部件试验，除另有规定外（如汽车冷启动），都必须经过启动预热过程，使试验设备和被试汽车或总成都达到正常工作状态，一般负荷由小到大，转速由低到高进行试验。

2. 工况监测

试验进行中，必须随时监测汽车和设备的运转工况（如发动机水温、机油温度等），检查测试仪器的工作状况。

3. 采样读数

按试验大纲规定，在指定工况下采样读数和记录。在稳态试验中，要读取或记录在一定时间内的稳定值。在动态瞬时试验中，要使被测件的动作和记录同步。如采用自动采样记录系统，可快速记录大量数据，并由计算机计算出所需要的参数，画出关系曲线或图形。

4. 校核数据

在试验结束后，应立即汇总主要测试数据，检查、校核各参数测定值，及时做出试验是否有效的判断。若发现数据遗漏、偏差过大或数据互相矛盾，明显不合理，则要分析原因，采取改进措施，重新进行试验。

在试验实施中，必须遵守下列原则：

(1)试验现场不得临时改变项目或内容，以避免考虑不周、准备不足而发生意外事故。

(2)试验中发现汽车、设备及仪器出现故障，应停止试验，进行维修。

(3)试验大纲中规定的允许最大负荷、最高转速、最大压力及最高车速等极限值，试验人员应明白，任何情况下不得超过极限值。

(4)测试数据应随时观察，及时汇总处理，发现问题及时在试验中解决。

(5)试验中，对确保人身安全必须做出明确规定，同时还要采取相应的安全措施。

三、汽车试验总结

试验完成后的总结工作，包括对试验中观察到的现象和发现的问题进行定性的分析研究，对测得的数据进行统计理论和误差分析理论处理，获得必要的信息和参数，以确定实测所得的性能指标和参数间的关系，在强度、疲劳及磨损试验完毕后，对试件的损坏情况进行分析、检查和测量，取得必要的试验数据。在完成上述工作后，对试验数据和资料再进一步归纳上升到理论高度，得出规律，对被测对象做出评价，并得出结论，撰写试验报告和研究报告。

试验报告内容一般包括：问题的提出和简要测试方案，试验条件描述（如地面状况、测试工况、气温、风向、风速）等。它便于试验结果比较和应用结果时参考；试验方案设计与试验方法；测试系统仪器选配；传感器定度；数据处理方法、处理结果与误差范围；试验结果分析；结论；存在问题和进一步的改进意见；附录，如典型试验记录曲线、数据处理结果表、试验规律曲线及工况照片等。

第四节　汽车试验标准

一、汽车试验标准的特点

试验标准指试验方法标准，或称之为标准试验方法。试验方法标准不同于一般性的试验方法，它具有一定的权威性、通用性、先进性和相对稳定性。

(1)权威性指试验方法一经形成标准，在试验中应严格遵守执行，不应随意改变。若试验中没有严格执行标准，则标准就失去了它的严肃性和可比性。

(2)通用性指以试验方法标准作为权威方法，在试验中有一定的指导作用，它应适用于不同的部门、多种车型的汽车试验。

(3)先进性和相对稳定性是相辅相成的。为了保证试验方法的相对稳定性，制定标准时就应使之具有一定的超前性。一般情况下，试验标准 5 年或更短时间修订一次。只有经常修订，才能保证具有一定的超前性。试验标准的先进性有利于促进汽车试验技术和汽车制造水平的发展提高，而试验标准的稳定，有利于试验方法的推广执行。

二、汽车试验标准的分类

汽车试验标准按适用范围和标准的性质可分为以下几类：

1. 国际标准

国际标准由国际标准化组织(International Organization for Standardization，ISO)指定的。ISO 是世界最大的、非官方工业和技术合作国际组织，是联合国的高级咨询机构。我国于 1978 年 9 月加入 ISO，成为该组织的正式成员(P 成员)，其英文代号为 CSBS(China State Bureau of Standards——中国国家标准局)。凡是由 ISO 指定的标准，开头都有“ISO”标记，如 ISO 2631《人体承受全身振动的评价指南》。

2. 国际区域性标准

国际区域性标准是由若干成员国共同参与制定的并共同遵守的标准。最典型的有欧洲经济委员会(Economic Commission for Europe，ECE)和欧洲经济共同体(European Economic Community，EEC)。EEC 下属 31 个成员国，是联合国理事会的下属机构，1958 年开始制定汽车安全法规。EEC 法规不是强制性法规，各成员国可选择采用，各国通常在 ECE 法规基本要求下制定本国法规。EEC 其产权法规是由欧洲共同体 12 个成员国讨论制定的，它具有绝对权威性，一旦发布，各成员国必须强制执行。EEC 标准号由三部分组成，年份、编号和 EEC 代号。如 70/156EEC，即为 1970 年颁布的第 156 号 EEC 指令。

3. 国家标准

国家标准指各国根据自己的国情制定的适用于本国的标准。如我国国家标准代号为 GB；美国国家标准协会制定的标准为国家级标准，代号为 ANSI(American National Standards Institute)；日本的国家标准代号为 JIS(Japan Industrial stamdards)。

我国国家标准是冠以中华人民共和国国家标准字样。国家标准一般由某行业部委提出，由国家技术监督局发布，全国各级各有关单位和个人都要贯彻执行，具有强制性和权威性。如 GB7258—2004《机动车运行安全技术条件》(原标准 GB7258—1997)，于 2004 年 10 月 1 日实施；GB/T18385—2001《电动汽车动力性能试验方法》等。

4. 行业标准

行业标准是为了规范本行业所辖各部门汽车产品试验方法而定的，如我国的汽车行业标准，简写为 QC，交通部标准为 JT 等。美国汽车工程师协会(Society of Automotive Engineers，SAE)制定的标准，简称为 SAE 标准，它在美国和其他国家都具有很高的威望。另外，美国《联邦机动车安全法规》(Federal Motor Vehicle Satiety Standards，FMVSS)，是世界上最全面最严格的汽车安全法规。日本汽车工程协会(JSAE)于 1977 年成立标准委员会，以 JSAE 为主，制定的日本汽车工业通用标准，其英文代号为 JASO(Japanese Automobile Standards Organisation)。

我国的行业标准也称为部委标准，是部级或国家委员会级制定并发布的标准，在部、委系统内或行业系统内贯彻执行，一般冠以中华人民共和国某某行业标准，在一定范围内具有强制性和权威性，有关单位和个人也必须贯彻执行。如 JT/T20195《汽车维护工艺规范》、JT/T198－95《汽车技术等级评定标准》，均为中华人民共和国交通行业标准；QC/T677－2001《卧铺客车平顺性随机输入行驶试验方法》，为中华人民共和国汽车行业标准。

5. 企业标准

企业标准指各汽车生产企业、汽车试验场，根据汽车本身的特点，参考相应国际、国家标准而制定的，它只限于企业内使用。通常，企业标准严于国家或国际标准，目的是提高企业产品质量。

该标准包括汽车制造厂推荐的标准、汽车运输企业和汽车修理企业内部制定的标准、检测仪器设备制造厂推荐的参考性标准三种类型。

汽车制造厂推荐的标准是汽车制造厂在汽车使用说明书中公布的汽车使用性能参数、结构参数、调整数据和使用极限等。该种标准是汽车制造厂根据设计要求、制造水平，为保证汽车的使用性能和技术状况而制定的。

汽车运输企业和维修企业的标准是汽车运输企业、汽车维修企业内部制定的标准，只在企业内部贯彻执行。该种标准除贯彻执行上级标准外，往往能根据本企业的具体情况，制定一些上级标准中尚未规定的内容。企业标准中有些检测参数的限值甚至比上级标准还要严格，以保证汽车维修质量和树立良好的企业形象。一般情况下，企业标准应达到国家标准和上级标准的要求，同时允许超过国家标准和上级标准的要求。

检测仪器设备制造厂推荐的参考性标准是检测仪器或检测设备制造厂针对本仪器或设备所检测的诊断参数，在尚没有国家标准和行业标准的情况下制定的诊断参数的限值，通过仪器或设备的使用说明书提供给使用单位作为参考性标准，以判断汽车、总成及机构的技术状况。

6. 强制性试验标准

强制性试验标准是为了保障人身安全、健康、保护环境、节约能源而制定的强制性标准，这一标准称之为法规。我国 GB7258《机动车运行安全技术条件》即为强制性标准，在我国强制性汽车标准已近百项。

7. 推荐性试验标准

在我国，凡是标准代号带有英文“T”的，均为推荐性标准，如GB/T12678—90《汽车可靠性行驶试验方法》等。这类标准无强制性，试验者可参照执行。推荐性标准还可分为通用性试验标准和定型试验标准。通用性试验标准是单项性能试验标准，一般不分汽车类型，即不管何种汽车，均可用此标准进行某一性能试验。定型试验是汽车定型时进行的试验，定型试验标准因汽车类型不同而不同，如载货汽车定型试验数据规程、越野车定型试验规程等。

三、汽车道路试验条件

汽车道路试验的最大优点是接近实际使用情况，试验结果最具实际性。但由于道路试验影响因素比较多，如气象条件、道路条件、驾驶操作等都会影响试验结果，从而导致试验结果比较离散。如果不控制好试验条件，将降低试验结果的可比性和通用性，甚至会使试验结果失真。因此，对于道路试验的试验条件、汽车准备工作等影响汽车试验结果方面，在GB/T 12534—90《汽车道路试验方法通则》中作了统一规定，以保证试验结果的真实性、重复性和可比性。

1. 试验条件

试验条件包括：汽车装载质量、轮胎气压、燃料、润滑油、制动液、气象条件、试验仪器设备、试验道路等。

(1)装载质量

一般情况，装载质量按设计任务书要求，载货车、客车越野车均应达到厂定最大装载质量；有的车型(如专用车、改装车)，因其自重已不是其基型车的质量，试验时应使之处于厂定最大总质量。轿车因其使用工况的特点，一般情况取其半载状态。有的试验需空载进行，如称量自重、测定重心位置等。

为避免试验中因载物位置移动或质量变化而改变重心位置和汽车载荷分布情况，要求装载质量应均匀分布，必要时加以固定，不能因为雨淋或洒漏使货物质量发生变化。车上成员的质量应计入汽车载重，成员质量如表1－1所示，成员可用相同质量的重物代替。

表1－1 各种汽车中成员质量及其分布 (单位:kg)

车型		每人平均质量	行车质量	代替重物分布质量			
				座椅上	座椅前的地板上	吊在车顶的拉手上	行李厢(架)
货车、越野汽车、专用汽车、自卸汽车、牵引汽车		65	—	55	10	—	—
公共客车	长途	60	13	50	10	—	—
	坐客	50	—	50	10	—	—
	站客	60	—	—	55(地板上)	5	—
	旅游	60	22	50	10	—	22
	轿车	60	5	50	10	—	5

(2)轮胎气压

轮胎气压对汽车各项性能有重要影响，因此要求试验汽车轮胎的种类、型号规格、花纹深度、轮胎气压均应符合试验车技术的规定。试验用轮胎应使用新轮胎或磨损不大于原花纹深度 20%的轮胎，胎压偏差不超过±10 kPa。

试验证明，新旧轮胎的阻力系数不同，轮胎气压不足，滚动阻力增加，滑动距离缩短，油耗上升；子午胎较常规斜交轮胎滚动阻力低，油耗可降低 7%～8%。

(3)燃料、润滑油、制动液

汽车使用的燃料、润滑油、制动液等牌号和规格应符合试验车的技术条件要求或现行国家标准规定。除可靠性试验、耐久性试验及使用试验外，同一试验的各项性能测量时必须使用同一批号燃料、润滑油、制动液，使用不同型号的燃料、润滑油、制动液将影响动力性。

(4)气象、道路条件

① 试验时应是无雾无雨天气，相对湿度小于 95%。

② 气温为 0 ℃～4 ℃。

③ 风速不大于 3 m/s。

对气象有特殊要求的试验项目，有相应试验方法规定。除另有规定外，各项性能试验应在清洁、干燥、平坦、用沥青或混凝土铺装的直线道路上进行。道路长 2～3 km，宽不小于 8 m，纵向坡度在 0.1%以内。

气象和道路条件要求不严格，将会导致试验结果出现较大偏差。油耗试验受风速和道路坡度的影响特别敏感，若风速过大，即使采用往返试验的方法也不能完全消除风的影响，侧向风的影响更不易消除；如道路纵向坡度过大，将使往返两条经济曲线相差较大，试验证明，纵向坡度达到 0.3%时，测取的等速油耗结果已不能真实反应汽车的经济性能。

(5)试验仪器设备

试验仪器设备须经计量检定，在有效期内使用，并在使用前进行调试，确保功能正常，符合精度要求。如果设备过重，应计人汽车载重。

当使用汽车上安装的速度表、里程表测定车速和里程时，试验前必需进行误差校正。具体方法是用距离测量仪器记录试验开始至终了时的实际里程数(精确到 0.05 km)，然后用下式计算里程表校正系数 C，即

$$C=S/S' \tag{1-1}$$

式中：S——实际里程数(km)；

S'——里程表指示里程数(km)。

2. 试验汽车准备

(1)试验前汽车检查

记录试验车生产厂名、牌号、型号、发动机号、底盘号、各主要总成号及出厂日期。

检查汽车装备的完整性及调整情况，使之符合该车装配调整技术条件及 GB7258—2004《机动车运行安全技术条件》的有关规定。

(2)行驶检查

行驶检查主要检查汽车的技术状况，行驶里程不大于 100 km。行驶检查在汽车磨合行

驶之后，基本性能试验之前进行。行驶道路为平坦的平原公路，交通流量小，有里程标志，单程行驶不小于 50 km，风速不大于 5 m/s，车速为汽车设计最高车速的 55%～65%，不允许空挡滑行，尽量保持匀速行驶。行驶前应在出水管、发动机主油道（或曲轴箱放油塞）、变速箱及后桥主减速器等的加油塞处，安装 0 ℃～150 ℃量程的远距离温度传感器（热电偶）；各总成冷却液及润滑油必须加到规定量。检查行驶时，每 5 km 测一次各点温度并记录当时时间、里程及车速等试验结果，绘制温升曲线，从而找出各总成的平衡温度和达到平衡温度时的行驶里程和时间。

行驶中还应检查各总成工作状况、噪声及温度，密切注意转向器、制动器等零部件的性能，发现异常应及时找出原因并排除，排除后方可继续行驶。

在行驶检查的同时，还可以进行里程表校正、平均车速测量及平均燃油消耗量测定等，这些内容可根据要求选做。

(3)汽车磨合

根据试验要求进行磨合，除另有规定外，磨合试验按该车使用说明书规定。

(4)预热行驶

试验前，试验汽车必须进行预热行驶，使发动机、传动系及其他部分预热到规定的温度状态。

第五节　汽车试验学课程的主要内容

汽车试验学是研究汽车试验规律、试验方法和测试技术的科学，是试验工程学的一部分。现代科学技术研究包括理论研究与试验研究，对汽车工程科技人才而言，除了要掌握专业理论知识外，还应有从事试验研究的能力。汽车试验学就是从各种具体的试验方法中概括带共性的基本理论和技术，它是一门专业课。通过本课程的学习，可培养学生正确地选用测试装置，初步掌握试验方法和测试技术，处理数据和分析试验结果，为学生进一步学习、研究和处理汽车工程技术问题打下基础。

本课程讨论的主要内容包括：

(1)汽车试验的测试系统及其静、动态特性分析；

(2)汽车试验过程中所应用的基本理论方法，如测量不确定度与误差理论等；

(3)汽车主要技术参数检测的基本原理、方法和检测设备；

(4)汽车主要技术性能检测的基本原理、方法和检测设备；

(5)汽车排放、噪声检测的基本原理、方法和检测设备；

(6)汽车试验的静态、动态数据处理原理与方法。

汽车试验学课程中涉及过去所学的许多有关知识，是对多种学科知识的综合运用，其内容包括常用的试验基本理论和技能，因此具有涉及面广、实践性强的特点。学生学习过程中要注意物理概念，掌握基本原理和特性，密切联系实际，加强实践环节。学习中必须通过必要的试验课，亲自动手完成某些试验项目的全过程，受到科学试验能力的基本训练，才能掌握有关试验的知识和测试技术，初步具有在实际生产和科研中组织、实施各种试验工作的能力。

思考与练习

1-1　汽车试验按其试验目的、试验对象和试验方法各分为几类？

1-2　简述汽车检测标准的分类及其特点。

1-3　汽车试验过程一般可分为几个阶段？

1-4　简述汽车试验报告的主要内容。

第二章 汽车试验基础理论

内容提要：本章主要介绍试验测试系统组成和基本要求，试验测试系统的静态特性和动态特性，测量不确定度与误差理论基础等。

第一节 试验测试系统组成与特性

一、试验测试系统组成

测试系统是由若干相互联系相互作用的单元（试验装置、仪器设备和传输及控制部件），为实现特定的测试目的而组成的有机整体。对于实现不同目的的试验测试系统来说，其复杂程度是不同的，通常可以由一些基本的、实现单一功能的基本系统组成。

现代技术条件下的试验测试系统，主要是采用了非电参量的电测技术。如图 2-1 所示为典型试验测试系统的组成框图。

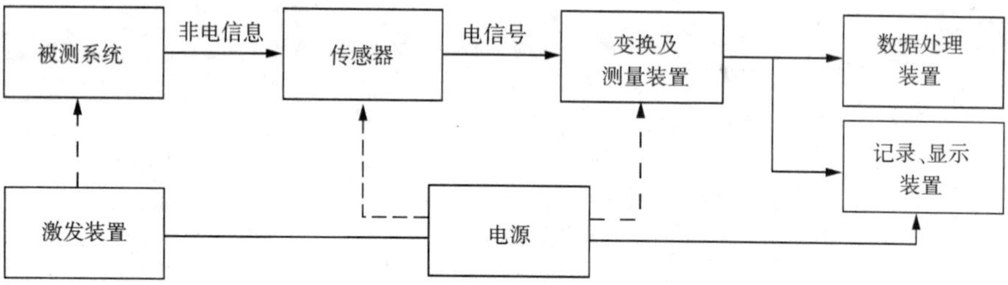

图 2-1 典型试验测试系统的组成框图

一般情况下，一个完备的试验测试系统应包括：

（1）信号的转换系统

通常使用相应的传感器，将被测非电参量转换为电参量信号，作为测试系统的输入信号。

（2）信号的调整系统

这一系统通常由若干个放大器、滤波器、变换器等组成，通过信号源的阻抗变换、信号的放大、衰减与波形变换、信号滤波、多路信号切换或调制解调，将传感器输出的电信号变换成不失真且便于传输、记录、处理的电信号。

(3)信号的记录与处理系统

一方面对包含被测参数信息的信号进行记录或显示，显示必要的数据变化图形，供直接观察分析，或将其保存，供后续仪器分析、处理；另一方面，将记录的信号按测试目的与要求提取其有用信息，通过专用或通用计算机进行分析、处理，如概率统计分析、相关分析、功率谱分析和传递特性分析等。

此外，为了确保测试系统的有效工作，还应包括相应的辅助装置。

(4)试验的激发装置

需要建立相应的试验激发装置(试验台)，作为试验测试系统的前端，用以最大限度地获得被测参数可能的特征量。

(5)定度和校准装置

是测试系统的辅助设备，测试前要对传感器及测试系统确定其输入与输出物理量转换关系的定度曲线，并根据一种较高准确度的参考仪器进行校准，确定整个测试系统的精度。

二、试验测试系统的数学模型

事实上，试验测试系统的核心问题就是分析和研究被测参量、测试系统的特性和测量结果之间的关系。如果从系统的角度来研究问题，可以把测试系统抽象成简单的系统模型，如图 2-2 所示。

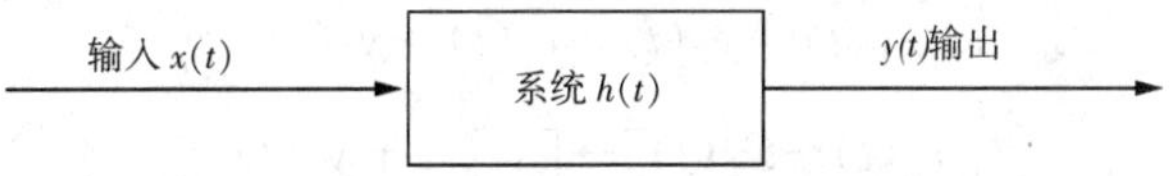

图 2-2　试验测试系统的模型

上图中，$x(t)$为输入量，表示测试过程中被测参量；$h(t)$为系统的传输或转换特性，表示测试系统自身所具备的特性；$y(t)$为输出量，表示测试的结果。

通常的工程测试问题总是处理输入量或被测量 $r(t)$、系统的传输或转换特性 $h(t)$和输出量 $y(t)$三者之间的关系。

(1)测量

如果系统的特性已知，通过对输出信号的观察分析，就能推断其相应的输入信号或被测量，这就是通常的测量。

(2)定度过程

如果输入信号已知，通过对输出信号的观察分析，就能推断测试系统的特性，这就是通常的系统或仪器的定度过程。

(3)信号预测

如果输入信号和系统的特性已知，则可以推断和估计系统的输出量，这就是通常的输出信号预测。

可见，只有深入掌握三者之间的相互关系，才能有效地解决工程试验测试问题。

试验测试系统的数学模型是根据相应的物理定律(如牛顿定律、能量守恒定律等)而得出的一组将系统的输入和输出联系起来的微分方程式。它能够深刻地反映出测试系统的特性品质，预测作用在各个仪器上的输入量、外界干扰量和仪器自身的内部参数对测试的影响。因此,需要借助系统的数学模型来研究测试系统及相关环节的属性。

大多数的测试系统都可以假定为具有集中参数、有限自由度和参数时不变系统的物理系统。因此,测试系统也都可以作为线性定常系统处理,即系统的输入信号(激励)$x(t)$和输出信号(响应)$y(t)$之间可用下列微分方程式来描述:

$$a_n\frac{d^n y(t)}{dt^n}+a_{n-1}\frac{d^{n-1}y(t)}{dt^{n-1}}+\cdots+a_1\frac{dy(t)}{dt}+a_0 y(t)=$$

$$b_m\frac{d^m x(t)}{dt^m}+b_{m-1}\frac{d^{m-1}(m-1)}{dt^{m-1}}+\cdots+b_1\frac{dx(t)}{dt}+b_0 x(t) \qquad (2-1)$$

式中:$\frac{d^m y(t)}{dt^n}$和$\frac{d^m x(t)}{dt^m}$——分别为系统的输出、输入对时间微分;

a_n 、b_m——系统的结构特性参数。

若 $a_n,a_{n-1},\cdots,a_1,a_0$ 和 $b_m,b_{m-1},\cdots,b_1,b_0$ 均为常数,该方程则为常系数微分方程。

若 $x(t)\rightarrow y(t)$表示上述系统的输入、输出对应关系,则常系数线性系统具有如下基本性质:

(1)叠加特性

叠加特性是指几个输入同时作用于系统时的输出,等于这些输入单独作用于系统时系统各输出的总和,即

$$x_1(t)\rightarrow y_1(t),\ x_2(t)\rightarrow y_2(t)$$

则

$$[x_1(t)+x_2(t)]\rightarrow[y_1(t)+y_2(t)]$$

(2)比例特性

比例特性是指当系统输入增大若干倍,其输出也增大若干倍,即

$$x_1(t)\rightarrow y_1(t)$$

则对任意常数 a,都有

$$ax_1(t)\rightarrow ay_1(t)$$

(3)微分特性

系统对输入微分的响应等同于对原输入响应的微分,即

$$x(t)\rightarrow y(t)$$

则

$$\frac{dx(t)}{dt}\rightarrow\frac{dy(t)}{dt}$$

(4)积分特性

若系统的初始状态为零,则系统对输入积分的响应等同于原输入响应的积分,即

$$x(t)\rightarrow y(t)$$

$$\int_0^1 x(t)dt\rightarrow\int_0^1 y(t)dt$$

(5)频率保持性

若系统输入为某一频率的正弦(余弦)激励,则其稳态输出也将只有该同一频率而不改变。

线性系统的这些主要特性，特别是频率保持性在动态测试中具有重要的作用。如已知系统是线性的，其输入的激励频率也已知（例如是动不平衡引起的振动或是稳态正弦激励），那么测量信号中就只有与激励频率相同的频率成分才可能是由该激励引起的振动，而其他频率完全是噪声干扰。

三、理想测试系统

理想的测试仪器或系统应该具有单值的、确定的输入、输出关系，而且最好是一个单向线性系统。

单向系统是指测试系统对被测量的反作用影响可以忽略。例如振动测试时，要求传感器的质量很小，使其对被测振动物体的固有频率的影响可忽略不计。

线性系统，即输出与输入是线性关系。在静态测试中，系统的线性关系虽然是所希望的，但不是必需的（因为在静态测试中，用校正曲线或输出补偿技术作非线性校正尚不困难）。在动态测试中，测试系统本身应该力求是线性系统，这不仅因为在动态测试中作非线性校正目前还相当困难，而且只能对线性系统作比较完善的数学处理与分析。然而，实际测试系统不可能在较大的工作范围内保持线性。因此，只能在一定的误差范围和工作范围内作线性处理。

四、试验测试系统的基本要求

对试验测试系统的要求，一般从测试对象、测试目的和要求出发，综合考虑精度要求、使用环境及被测物理量变化的快慢、测量范围、成本费用及自动化程度等因素，使其达到技术合理，经济实用。应从以下几个方面考虑：

(1)测试系统呈线性关系

测试系统应当具有单值的、确定的输入-输出关系，其中以输出和输入呈线性关系为最佳。

(2)测试目的

保证具有与测试目的和要求相适应的测量精度。

(3)测试过程中信号不失真

测试系统在任何时刻的输出与对应时刻的输入之比是确定的常数，以确保测试结果在精度要求范围内不失真地反映被测物理量。

(4)系统必须有足够的信噪比

信噪比过小甚至使信号淹没在噪声中，使其所需要的信息无法正确分离获取，将给测试结果带来很大的不确定度。

(5)系统响应的时间较短

任何测试的过程都存在整个测试系统达到稳定的响应时间，而只有稳态的输出才能得到稳定可靠的数据。因此，良好的动态测试系统应该具有尽可能短的响应时间和尽可能小的超调量。

五、试验测试系统的静态特性

测试系统的静态特性表示被测物理量处于稳定状态，输入和输出都是不随时间变化的常量（或变化极慢，在所观察的时间间隔内可忽略其变化而视为常量）。此时，输入输出关系可用下式表示，即

$$y=a_0+a_1x+a_2x^2+\cdots+a_nx^n \tag{2-2}$$

式中：x——输入的物理量；

y——输出量；

$a_0,a_1,a_2,\cdots,a_n$——常数。

当 $a_0\neq 0$ 时，表示即使在没有输入的情况下，仍有输出，通常称为零点漂移(零漂)。理想的静态量测试系统，其输出应是单值的，且线性比例于输入，即静态特性为 $y=a_1x+a_0$，其输入与输出关系曲线是一条直线。

实际测试系统的静态特性指标主要以精确度、灵敏度、非线性度、重复度和回程误差来表征。此外，还有分辨率、零点漂移、温度漂移及测量范围等，可根据测试系统本身的特点和实际应用的要求确定相应的静态特性指标。

1. 准确度

准确度是指测试系统的测量值与被测参数真值相符合的程度，它是表征测试系统静态特性的主要性能指标。

由于各种测试系统存在本质的区别，其影响测定值与真值符合程度的误差因素也是不确定的。因此，难以一概而论地制定严格的准确度的概念，一般意义上的准确度是一个定性的概念。大多数的情况下，可以按准确度等级、系统测试误差或系统最大允许误差等方式加以描述。

2. 灵敏度

灵敏度 k 是测试系统静态特性的一个基本参数。测试系统输入 x 有一个增量 Δx，引起输出 y 发生相应的变化 Δy，则称

$$k=\frac{\Delta y}{\Delta x} \tag{2-3}$$

为该系统的绝对灵敏度，如图 2-3 所示。对于特性呈线性直线关系的系统，有

$$k=\frac{\Delta y}{\Delta x}=\frac{y}{x}=C(\text{常量}) \tag{2-4}$$

而非线性系统的灵敏度就是该系统静态特性曲线上各点的斜率，当测试系统的输出和输入为同一量纲时，灵敏度常称为放大倍数。

以上是仅以被测量变化时考虑了灵敏度的变化。在被测量不变的实际情况下，由于外界环境条件等因素的变化，也可能引起测试系统输出的变化，最后表现为灵敏度的变化。例如，温度改变引起测试仪器中电子元件参数的变化或机械部件尺寸和材料特性的变化等，因此引起的测试系统灵敏度的变化称为“灵敏度漂移”。其根据原则是这些环境条件因素的变化，导致式(2-2)中系数 $a_0,a_1,a_2,\cdots,a_n$ 变化所致。如图 2-4 所示，常以输入不变情况下每小时输出的变化量来衡量。显然，性能良好的测试系统，其灵敏度漂移极小。

在选择测试系统(仪器)时，应当注意其灵敏度的合理性。因为测试系统的灵敏度越高，测试范围往往越窄，稳定性也往往越差。

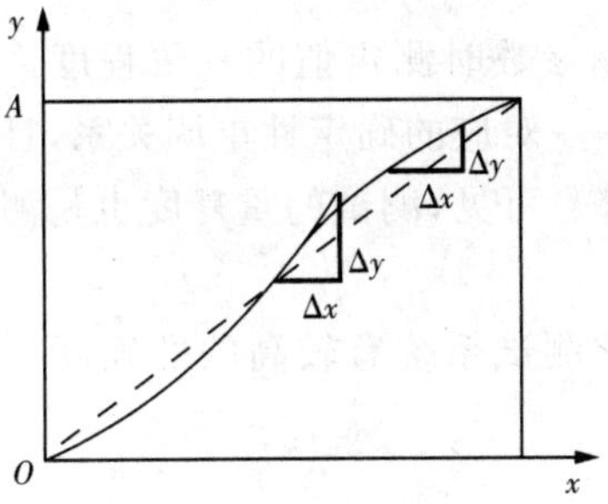

图 2-3　灵敏度

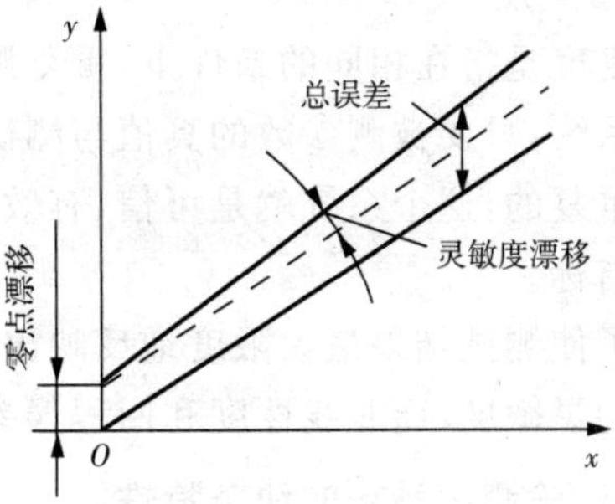

图 2-4　灵敏度漂移

3. 非线性度

非线性度是指测试系统的输出、输入间是否能保持常值比例关系(线性关系)的一种量度。在静态测试中,通常用试验的方法求取系统的输入、输出关系曲线,并称其为"定度曲线"。定度曲线(实际特性曲线)偏离其拟合直线(理想直线)的程度就是非线性度,如图 2-5 所示。作为技术指标,是采用在测试系统的标称输出范围(全量程)A 内,定度曲线与该拟合直线的最大偏差 $\Delta y_{\max}$ 与 A 的比值,即

$$L_{\mathrm{N}}=\frac{\Delta y_{\max}}{A}\times 100\% \qquad (2-5)$$

4. 回程误差

回程误差也叫迟滞误差,它是判断实际测试系统的特性与理想系统特性差别的一项指标。理想测试系统的输出与输入应是单值的一一对应关系,而实际测试系统有时会对同一大小的输入量,其正向输入(输入量由小增大)和反向输入(输入量由大到小)的输出量数值不同,其差值称为滞后量 Δh,如图 2-6 所示。测试系统全量程 A 内的最大滞后量 $\Delta h_{\max}$ 和 A 之比值称为回程误差或迟滞误差,即

$$E_{\mathrm{r}}=\frac{\Delta h_{\max}}{A}\times 100\% \qquad (2-6)$$

回程误差一般是由滞后现象引起的后果,在磁性材料的磁化和一般材料受力变形的过程中都可能发生;也可能反映仪器的不工作区(也叫死区)的存在,而不工作区则是输入变化对输出无影响的范围。摩擦力和机械元件之间的游隙是存在不工作区的主要原因。

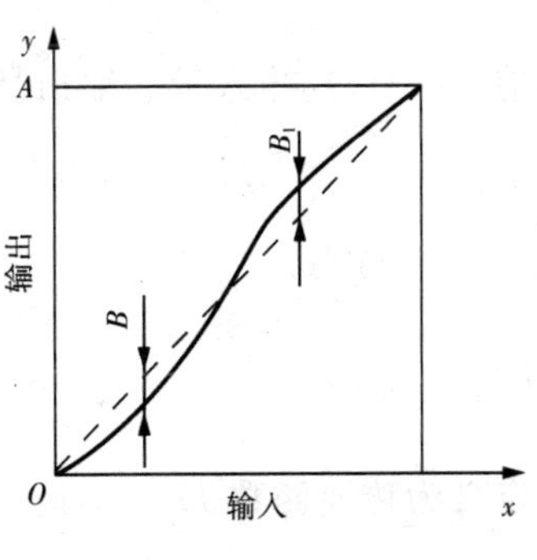

图 2-5　定度曲线与非线性度

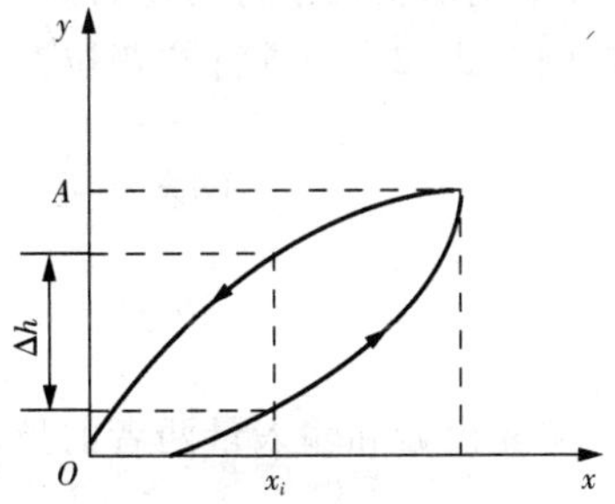

图 2-6　回程误差

5. 重复度

重复度是指在相同的条件下，重复测试同一个被测参数时测定值的一致程度。任何一种测试系统，只要被测参数的真值与测试值之间存在一一对应的确定性单调关系，且这种关系是可重复的，这个系统就是可信、有效、能够满足需求。可见，测试的重复度也是测试系统的重要指标。

为了使测试结果最大限度地反映出实际情况，要求测试系统有较高的准确度、重复度和足够的灵敏度，而非线性度和回程误差要尽可能小。

六、试验测试系统的动态特性

测试系统的动态特性是指输入量随时间变化时，其输出随输入而变化的关系。就动态测量用的测试系统而言，必须对其动态特性有清楚地了解，否则根据所得的输出是无法正确地确定所要测定的输入量。为降低和消除测试系统的动态特性给测试带来的误差，对于动态测试的测试系统，必须考虑并掌握测试系统的动态特性，判断测试时会产生什么误差。要研究测试系统的动态特性，首先必须建立其数学模型。从具体测试系统的物理结构出发，根据其所遵循的物理定律，建立起把测试系统的输出和输入量联系起来的运动微分方程，然后在给定的条件下求解，从而得到任意输入 $x(t)$ 激励下测试系统的响应 $y(t)$。

由于测试系统一般都是线性系统，所以它们的数学模型是常系数线性微分方程，经过简单的运算即可求得其传递函数，该传递函数就能描述测试系统的固有动态特性。但在实践中对很多复杂的测试系统，即使做出不少近似的假设，也很难准确列出它们的运动微分方程式，即使运用上述理论分析方法得出了结果，也需要通过实际测试验证。因此，广泛应用的方法是采用试验的方法来研究分析测试系统的动态特性。

1. 测试系统的传递函数

(1)传递函数的定义

前面已经指出不变线性系统及其主要特性，它是一种理想的系统，然而实际测试系统都能在一定的误差范围内和一定量程范围内看成是不变线性系统。通常可以用式(2-2)来描述输出 $y(t)$ 和输入 $x(t)$ 之间的关系，可以通过对微分方程进行拉普拉斯变换建立传递函数的概念来表示它的动态特性。传递函数是代数方程，将使其解算简化、方便而直观，避免了解微分方程的困难，便于分析研究系统动态特性。因此，传递函数是对元件及系统分析、研究与综合的有力工具。

若线性系统的初始条件为零，即在考察时刻以前($t=0$)，其输入量、输出量及其各阶导数均为零，则对式(2-1)进行拉普拉斯变换，得

$$\begin{aligned}&(a_n s^n + a_{n-1} s^{n-1} + \cdots + a_1 s + a_0) Y(s)\\&= (b_m s^m + b_{m-1} s^{m-1} + \cdots + b_1 s + b_0) X(s)\end{aligned} \qquad (2-7)$$

通常，将输出量和输入量两者的拉氏变换之比定义为传递函数 $H(s)$，即

$$H(s) = \frac{b_m s^m + b_{m-1} s^{m-1} + \cdots + b_1 s + b_0}{a_n s^n + a_{n-1} s^{n-1} + \cdots + a_1 s + a_0} \qquad (2-8)$$

传递函数以代数式的形式表征了系统的传输、转换特性，其分母中 s 的幂次 n 代表系统微分方程的阶数，如 $n=1$ 或 $n=2$，分别称为一阶系统或二阶系统的传递函数等。传递函数是一种对系统特性的解析描述，它包含了瞬态、稳态时间响应和频率响应的全部信息。传递函数有以下特点：

① $H(s)$ 只描述了系统本身的动态特性，它与输入量 $x(t)$ 无关。

② $H(s)$ 不说明被描述系统的物理结构，不管是电路系统，还是机械系统，只要动态特性相似，就可以用同一种类型传递函数 $H(s)$ 来描述。如液柱温度计和简单的 LRC 低通滤波器同是一阶系统，传递函数相似。动圈式电表、示波器振子、简单的弹簧质量系统和 LRC 振荡电路都是二阶系统，同样具有相似的传递函数。

(2)多环节组合测试系统的传递函数

由各个元件组成的系统，可能是电气的、机械的、液压的或气动的等。尽管这些系统的物理特性差别很大，但是描述它们动态特性的传递函数可能是相同的。如果从数学的表达式出发，可将复杂的系统看成由有限的一些典型环节所组成，而这些典型环节的传递函数较容易求得，这将给分析和研究复杂的系统带来很大方便。环节与元件不同，环节是从动态性能的角度来看的，即典型环节是以数学模型来划分的，其传递函数具有典型性。一个典型环节可由一个或几个不同的元件所组成。

一个系统是由若干个环节组成，为了求得整个系统的传递函数，需要研究系统中各环节的联系，以下介绍怎样根据环节之间的连接来计算系统的传递函数。

两个传递函数各为 $H_1(s)$ 和 $H_2(s)$ 的环节，如果串联后，如图 2-7a 所示，它们的阻抗匹配合适，相互不影响彼此的工作状况，则所组成的系统传递函数为

$$H(s)=\frac{Y(s)}{X(s)}=\frac{Z(s)}{X(s)}\frac{Y(s)}{Z(s)}=H_1(s)H_2(s)$$

类似地，对 n 个环节串联组成的系统，有

$$H(s)=\prod_{i=1}^{n}H_i(s) \tag{2-9}$$

若两个环节并联(如图 2-7b 所示)，则因

$$Y(s)=Y_1(s)+Y_2(s)$$

故其传递函数为

$$H(s)=\frac{Y(s)}{X(s)}=\frac{Y_1(s)}{X(s)}+\frac{Y_2(s)}{X(s)}=H_1(s)+H_2(s)$$

由 n 个环节并联组成的系统，同样类似的有

$$H(s)=\sum_{i=1}^{n}H_i(s) \tag{2-10}$$

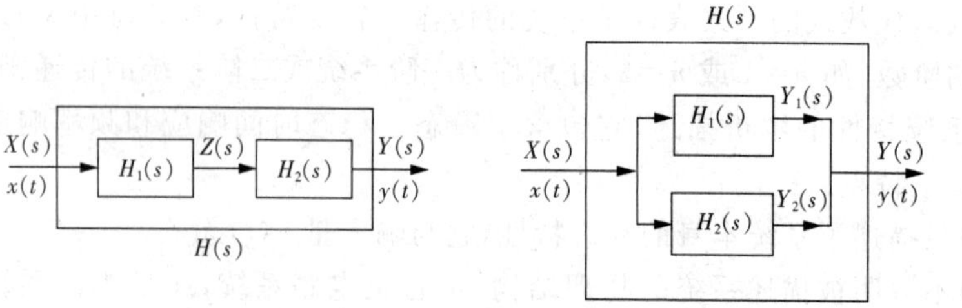

a)两个环节的串联　　b)两个环节的并联

图 2-7　多环节系统的传递函数

(3)传递函数的分解

一般测试装置可简化成时不变线性系统，建立起常系数线性微分方程式，其一般形式的传递函数如式(2-8)所示。根据大多数测试装置的情况，可以假设：

$$b_m = b_{m-1} = \cdots = b_1 = 0$$

则式(2-8)可简化为

$$H(s) = \frac{b_0}{a_n s^n + a_{n-1} s^{n-1} + \cdots + a_1 s + a_0}$$

其中分母是变量 s 的实系数多项式，它总可以分解为一次和二次的实系数因子式，即

$$H(s) = A \prod_{i=1}^{r} \left(\frac{1}{s + P_i}\right) \prod_{j=1}^{(n-r)/2} \left(\frac{1}{s^2 + 2\xi_j \omega_{nj} s + \omega_{nj}^2}\right) \qquad (2-11)$$

式(2-11)中每一个因子式可看成是一个子系统的传递函数。

式中：A——零阶系统传递函数；

$1/(s + P_i)$——一阶系统传递函数；

$1/(s^2 + 2\xi_j \omega_{nj} s + \omega_{nj}^2)$——二阶系统传递函数。

这可通过对其相应的微分方程进行拉氏变换而得到验证。一个复杂的高阶系统总是可以看成是由若干零阶、一阶和二阶系统串联而成，零阶系统的动态特性参数为静态灵敏度 k。其主要特点是系统输出与输入有固定比例，无任何相位差。

【例 2-1】 1 个带记录器的测试系统，它包括传感器、放大器和记录器 3 个环节，如图 2-8a 所示，求系统的传递函数。

解：据式(2-9)可知，3 个环节串联后的总传递函数，等于 3 个环节传递函数的乘积，如图2-8b 所示。

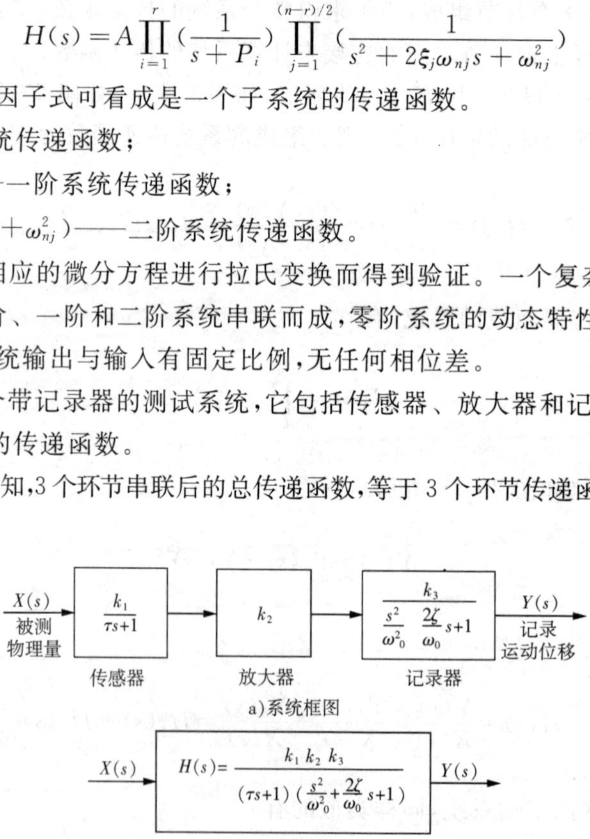

b)总的传递函数

图 2-8　串联环节的传递函数

2. 频率响应特性和频率响应函数

对于稳定的常系数线性系统，如取 $s=\mathrm{j}\omega$，代入式(2-8)，可得

$$H(\mathrm{j}\omega)=\frac{b_m(\mathrm{j}\omega)^m+b_{m-1}(\mathrm{j}\omega)^{m-1}+\cdots+b_1(\mathrm{j}\omega)+b_0}{a_n(\mathrm{j}\omega)^n+a_{n-1}(\mathrm{j}\omega)^{n-1}+\cdots+a_1(\mathrm{j}\omega)+a_0} \tag{2-12}$$

式中：$H(\mathrm{j}\omega)$——频率响应函数或频率响应特性。在频率域中，实质上它是反映一个系统的正弦输入(或激励)的稳态响应，它是复数，具有相应的模和相角。

$$\mathrm{j}=\sqrt{-1}$$

对于稳定的常系数线性系统，若输入为一正弦函数，则稳态时的输出也是与输入同一频率的正弦函数。输出的幅值和相位角往往不等于输入的幅值和相位角。输出、输入幅值的比值和相角差是输入频率的函数，并反映在频率响应函数 $H(\mathrm{j}\omega)$ 的模和相角上。

若将 $H(\mathrm{j}\omega)$ 的实部和虚部分开，并记作

$$H(\mathrm{j}\omega)=P(\omega)+\mathrm{j}Q(\omega) \tag{2-13}$$

则 $P(\omega)$ 和 $Q(\omega)$ 都是 ω 的实函数，所画出的 $P(\omega)-\omega$ 曲线和 $Q(\omega)-\omega$ 曲线分别称为该系统的实频特性和虚频特性曲线。如将 $H(\mathrm{j}\omega)$ 写成下列形式，即

$$H(\mathrm{j}\omega)=A(\omega)\mathrm{e}^{\mathrm{j}\varphi(\omega)} \tag{2-14}$$

则
$$A(\omega)=|H(\mathrm{j}\omega)|=\sqrt{P^2(\omega)+Q^2(\omega)}$$

称 $A(\omega)$ 为系统的幅频特性，其 $A(\omega)-\omega$ 曲线称为幅频特性曲线。而

$$\varphi(\omega)=\angle H(\mathrm{j}\omega)=\arctan\frac{Q(\omega)}{P(\omega)} \tag{2-15}$$

称 $\varphi(\omega)$ 为系统的相频特性。其 $\varphi(\omega)-\omega$ 曲线称为相频特性曲线，这两者合称为频率响应特性，利用它可以从频率域形象、直观、定量地表征测试系统的动态特性。

为了直观起见，在工程上，常常画出幅频特性和相频特性曲线，如图 2-9 所示。它表达输出与输入的幅值比 $A(\omega)$ 和相位滞后角 $\varphi(\omega)$ 随频率的变化关系，即分别画出 $20\lg A(\omega)-\lg(\omega)$ 和 $\varphi(\omega)-\lg(\omega)$ 曲线，两者总称伯德(Bode)图。如果将 $H(\mathrm{j}\omega)$ 的虚部和实部分别作纵横坐标，画出 $P(\omega)-Q(\omega)$ 曲线并在曲线上注明相应的频率 ω，那么所得的图像称为奈奎斯特图(Nyquist图)。图中自原点所画的矢量向径，其长度和与横轴夹角就是该频率点的幅、相频特性。频率响应函数为 $H(\mathrm{j}\omega)=1/(1+\mathrm{j}\tau\omega)$ 的一阶系统的伯德图和奈奎斯特图，如图2-9所示。

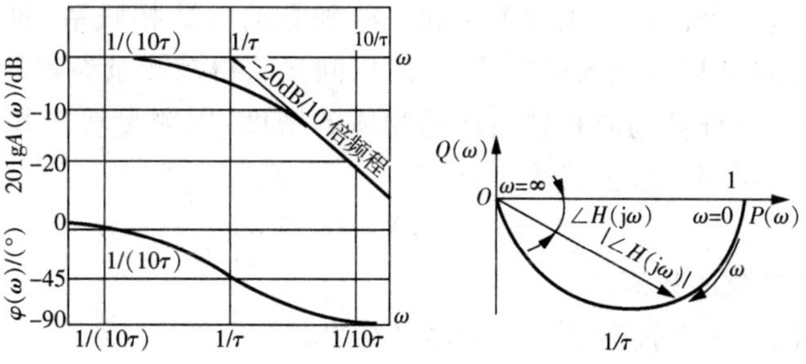

a)伯德图　　b)奈奎斯特图

图 2-9　一阶系统的伯德图和奈奎斯特图

频率响应函数可以通过试验方法求得，现已成为最广泛的动态特性分析工具。假如测试装置是线性不变系统，若输入频率为 ω 的正弦信号，测试装置将有同频率 ω 的正弦信号的稳态输出，只是输出的幅值和相位角有变化。改变输入正弦信号的圆频率 ω，即可得到幅频特性 $|H(j\omega)|$ 和相频特性 $\varphi(\omega)$，即为频率响应特性。

上述求频率响应函数的试验方法是一种基本的传统方法，是十分繁琐费时的。随着计算机以及数字信号分析技术的发展，可利用脉冲信号或随机噪声（如白噪声）信号作为系统的输入，运用快速傅里叶变换（FFT）技术，很快得到频率响应函数。

第二节　测量不确定度与误差理论基础

测量就是将被测量和同一物理量的标准值进行比较的试验过程，以期获得被测量的参量值。由于人们对客观世界认识的局限性和测量设备的不准确性，任何测量都不可避免地会产生测量误差。人们只能获得被测量值的一个估计值或近似值，即测量结果具有不确定性。只有对测量结果的不确定性给出客观的评价，测量结果才具有可参考价值，测量才是有意义的。本节主要介绍测量不确定度的概念以及误差的分类、表示和评价方法。

一、测量工作及其分类

在自然科学中，为了研究客观事物的规律，需要对各种参数进行测量。对具体测量过程而言，就是用测量工具（测量仪器），将被测量参数与同一物理量的标准量进行比较，从而确定该参数数值的过程。根据测量方法的不同，测量工作可以分为直接测量、间接测量和组合测量。

1. 直接测量

通过测试仪器，将被测量参数与同一物理量的标准量直接比较，或者用事先经过标准量校正的测量仪器进行测量，从而直接求得被测量参数的数值。例如，用等臂天平通过砝码测量质量，用尺测量长度，用温度计测量温度等。直接测量就是从测量结果直接获得被测量参数数值的一种测量方法。可用一般公式表示即

$$Y=X \tag{2-16}$$

式中：Y——被测量参数的数值；

X——测量结果。

2. 间接测量

被测量参数通过某个已知的函数关系和一些独立的参数相联系，对这些独立的参数进行直接测量，取得测量结果并代入函数式计算，以间接获得被测量参数的数值。例如用测量质量和几何尺寸的方法计算均质材料组成的物体的密度，用测量转矩和转速的方法计算发动机输出的功率等。可用一般公式表示，即

$$Y=F(X_1,X_2,\cdots,X_M) \tag{2-17}$$

式中：Y——被测量参数的数值；

$X_1,X_2,\cdots,X_M$——直接测量参数的测量结果。

3. 组合测量

将一定数量的被测量参数以不同的方式组合（或者用改变试验条件的方法取得这种不同的组合），通过直接测量或间接测量取得测量结果，求解相应的方程式，以获得被测量参数的数值。

二、测量不确定度概念

1. 测量不确定度的物理意义

测量不确定度表示测量结果(测量值)不能肯定确认的程度,或者说它是表征测量结果分散性的一个参数。可见,不确定度是和测量结果紧密联系的,用于说明精度程度高低的一个可量化的表示值,可以评价测量结果的可信程度。

在测量实践中,不确定度主要来自以下几个方面:

(1)被测量样品不能完全代表被测量;

(2)对环境条件的影响或测量程序的认识不足,或在不完善的环境条件下测量;

(3)仪器读取时有人为因素影响;

(4)测量仪器或装置的分辨力或鉴别阈值不够;

(5)标准值或标准物质的值不准确;

(6)数据处理中所引起的常数和其他参数的不准确;

(7)测量方法和程序中的近似和假设;

(8)在相同条件下,被测量在重复观测中的变化。

2. 测量不确定度的表达

不确定度一般包含若干分量,按其评定方法可分为 A 类和 B 类。其中,按统计学方法获得的分量称之为 A 类不确定度;按其他方法获得的分量称之为 B 类不确定度。这里应注意,不确定度分量 A 类和 B 类,并不能表示成随机系统。这是因为,A 类和 B 类是按评定方法的不同来划分的,并不是说,它们有什么性质上的差别。

为了使测量不确定度的表达规范化,一般都以标准的型式制定了测量不确定度的表达方法。可参考国家技术监督局颁布的《中华人民共和国国家计量技术规范 JJF 1059－1999—测量不确定度的评定与表示》和 ISO《测量不确定度表示指南》。

3. 基本名词

(1)真值

表征物理量与给定的特征量的定义一致的量程。其值是客观存在的,但不可测量。随着科学技术的不断发展,人们对客观事物的认识的不断深入,测量结果的数值会不断接近真值。

(2)标称值

是计量或测量器上标注的量程。由于制造不完备、测量不准确及环境条件的变化,标称值并不一定等于它的实际值,所以在给出标称值具体量的同时,通常应给出它的误差范围或准确度等级。

(3)测量结果(测定值)

由测量得到的被测量的值。

(4)测量误差

测量结果与被测量值之间的差值,即

$$测量误差=测量值—真值$$

(5)误差公理

在实际测量中,由于测量设备不准确、测量方法(手段)不完善、测量程序不规范及测量环境因素的影响,都会导致测量结果或多或少地偏离被测量的真值。测量结果与被测量真值之差就是测量误差。测量误差的存在是不可避免的，也就是说“一切测量都具有误差，误差自始至终存在于所有科学试验的过程之中”，这就是误差公理。人们研究测量误差的目的就是寻找产生误差的原因，认识误差的规律、性质，进而找出减小误差的途径与方法，以求获得尽可能接近真值的测量结果。

(6)测量不确定度

是测量结果带有的一个参数，用以表征合理赋予被测量值的分散性，它是误差的数字指标和表达方式。

(7)重复性

在相同条件下，对同一被测量进行多次连续测量所得结果之间的一致性。所谓相同条件就是重复条件，它包括相同测量程序、相同测量条件、相同观测人员、相同测量设备及相同地点。

4. 数据的舍入规则

由于测量误差的不可避免，以及在数据处理过程中应用无理数时，不可能取无穷位，所以通常得到的测量数据和测量结果均是近似数，其位数各不相同。为了使测量结果的表示确切统一，计算简便，在数据处理时需对测量数据和所用常数进行舍入（或修约）处理。

(1)小于 5 舍去，即舍去部分的数值小于所保留末位的 0.5 个单位，末位不变；

(2)大于 5 进 1，即舍去部分的数值大于所保留末尾的 0.5 个单位，在末尾增加 1；

(3)等于 5 则应用偶数法则，即舍去部分的数值等于保留末位的 0.5 个单位，末位是偶数，则末尾不变，末位是奇数，则末位加 1。

例如，将下列数据舍入小数第二位：

12.434 54→12.43 (0.004 54＜0.005，舍去)

63.735 04→63.74 (0.005 04＞0.005，进 1)

0.694 99→0.69 (0.004 99＜0.005，舍去)

25.325 0→25.32 (0.005 0＝0.005，末位为偶数舍去)

17.695 0→17.70 (0.005 0＝0.005，末位为奇数进 1)

123.105→123.10 (0.005＝0.005，末位为 0，按偶数处理，故舍去)

需要注意的是，应一次舍入到位，不能逐位舍入，否则会得到错误的结果，例如上例中 0.694 99，错误的做法是：0.694 99→0.695 0→0.695→0.70，而正确的结果是 0.69。

上述数据舍入规则也被称为“四舍五入”，但这与人们平常贸易中讲的四舍五入法是有区别的。区别在于“等于 5”的舍入处理上，之所以采用“偶数规则”，是为了在比较多的数据舍入处理中，使产生正负舍入误差的概率近似相等，从而使测量结果受舍入误差的影响减少到最低限度。

5. 有效数字

若截取得到的近似数，其绝对误差（截取或舍入误差）的绝对值不超过近似数末位的半个单位，则近似数从左边第一个非零数字到最末一位数字为止的全部数字，称为有效数字。

从上述定义可看出，有效数字是和数据的准确度（或误差）密切相关的，它所隐含的极限误差不超过有效数字末位的半个单位。例如：

3.1416	5 位有效数字，极限(绝对)误差≤0.000 05
3.142	4 位有效数字，极限误差≤0.000 5
8.700	4 位有效数字，极限误差≤0.000 5
8.7×10^3	2 位有效数字，极限误差≤0.05×10^3
0.87	2 位有效数字，极限误差≤0.05
0.807	3 位有效数字，极限误差≤0.000 5

由这几个示例可看出，0，1，2，3，4，5，6，7，8，9 十个数字都有可能是有效数字，而 0 还与位置有关。开头的 0 不是有效数字，因为它们仅与选取的测量单位有关，而与测量误差或准确度无关。例如，某电压为 15 mV，也可表示为 0.015 V，这里前面两个 0 都不是有效数字。

舍入处理后的近似数，中间的 0 和末尾的 0 都是有效数字。末尾的 0 很重要，不能随意添加，多写则夸大了测量准确度，少写又夸大了测量误差。

对于测量数据的绝对值比较大，而有效数字位数又比较少的测量数据，应采取科学计数法，即 $a\times10^n$，a 的位数由有效数字的位数决定。

三、测量误差的概念与分类

1. 测量误差的分类与性质

(1)根据其产生的原因分类

① 仪器误差(又称工具误差)　由于仪器结构、制造不完善，或调整、校正不当等原因而引起的。

② 人为误差(又称个人误差)　由于测量工作者技术不熟练或其他主观原因而引起的。

③ 环境误差(又称条件误差)　由于测量环境的影响或测量条件的变化而引起的。

(2)根据其性质分类

① 系统误差　保持一定数值或按一定规律变化的误差，称为系统误差。即在重复条件下，对同一物理量无限多次测量结果的平均值减该被测量的真值。在实际应用中，真值是用约定真值或相对真值来代替的，系统误差只能是近似估计。

系统误差的性质是大小、方向恒定不变或按一定规律变化。前者为已定系统误差，在误差处理中是可被修正的；后者为未定系统误差，在实际测量工作中方向往往是不确定的，在误差估计时可归为测量不确定度。

系统误差的来源包括测量设备的基本误差、偏离额定工作条件所产生的附加误差、测量方法理论不完善所带来的方法误差及试验人员测量素质不高产生的人员误差。例如，由于仪器精度刻画得不准确，测量时的温度与仪器校正温度不相等，测量者观察仪器指针时习惯于斜视等原因引起的误差，就具有系统误差的性质。

系统误差是有规律的，这种规律体现在每一次具体的测量中。因此，通过试验找到这种规律之后，就可以对测定值进行修正，以消除系统误差的影响。

② 过失误差　过失误差是明显超出规定条件下预期的误差，它是统计异常值。也就是说含有过失误差的测量结果明显偏离被测量的期望值。产生过失误差的原因有：读错或记错数据，使用有缺陷的计算器具，试验条件的突然变化等。显然，含有过失误差的测量值是对被测量的歪曲，故应从测量数据中剔除。

只要认真细致地进行测量，反复检查核对数据，严格保证试验条件，过失误差是可以避免的。

③ 随机误差　即使在相同的条件下，对同一参数重复地进行多次测量，所得到的测定值也不可能完全相同。这种由于许多相互独立因素的微小变化的共同作用而产生的误差，就称为随机误差，或称偶然误差。随机误差具有各不相同的数据和符号，反映了许多互相独立的因素有细微变化时的综合影响。例如，在测量过程中，仪器内摩擦力的细微变化、环境温度的细微波动、观测者视线的细微变动等。在任何测量工作中，随机误差是无法避免的。但是，在重复条件下无限多次测量的平均值中只含有系统误差，也就是说，随机误差的期望值为零。这一特性常被称为随机误差抵偿特性。原则上说，凡是有抵偿特性的误差都可按随机误差进行处理。

随机误差产生于试验条件的微小变化，如温度波动、电磁场扰动、地面振动等。由于这些因素互不相关，因此随机误差就其个体而言，是没有规律的、无法预先估计的、不可控制修正的。但其总体却符合数理统计学的规律，重复测量的次数越多，这种规律性就越明显。因此，可以用数理统计的方法，计算随机误差对测量结果可能带来的影响。

应当指出，系统误差、过失误差和随机误差具有完全不同的性质，其定义是科学而严谨的，是不能混淆的。

但在测量试验中，一方面，有时难以区分。较大的随机误差有时会被认为是过失误差，而其规律尚未掌握的系统误差，往往被混杂在随机误差之中。采用更完善的测量方法和仪器，对误差的情况作更深入地研究，就有可能将系统误差从随机误差中分离出来，并予以消除。同样随着测量误差理论的不断发展，才可能确定恰当的界限，以区分过失误差和巨大的随机误差。

另一方面，对于测量误差的划分又是有条件的。在不同的测量场合，不同的测量条件下，误差之间是可以转化的。例如指示仪表的刻度程度，对于制造厂同型号的一批表来说具有随机性。再如，用一块欧姆表测量某电阻时，各表的读数具有随机性，这样就可采用求平均值的方法来削弱随机误差。

2. 测量误差的表示

测量误差通常有 4 种表示形式：绝对误差、相对误差、引用误差和允许误差。

(1)绝对误差

绝对误差定义为示值与真值之差，即

$$\Delta A = A_x - A_0 \tag{2-18}$$

式中：ΔA——绝对误差；

A_x——示值。

在一般测量中，示值就是测量系统或仪器给出的测量值，在比较法和平衡测量法中，示值就是标准量具的标称值或标准信号源的调定值或定值；A_0 为被测量的真值，由于真值的不可知性，常常用约定真值或相对真值代替。

绝对误差可正可负，并且是一个有单位的量。绝对误差的负值称之为修正值，也叫补值，一般用 c 表示，即

$$c = -\Delta A = A_0 - A_x$$

测量仪器的修正值一般是通过计量部门检定给出的，从定义不难看出，示值加上修正值就获得相对真值，即实际值。

(2)相对误差

相对误差定义为绝对误差与真值之比,一般用百分数形式表示,即

$$\gamma_0=\frac{\Delta A}{A_0}\times 100\% \tag{2-19}$$

这里的真值 A_0 也用约定值或相对真值代替,但在无法知道约定真值或相对真值时,往往用测量值(示值)代替,即

$$\gamma_x=\frac{\Delta A}{A_x}\times 100\% \tag{2-20}$$

在测量实践中,测量结果准确度的评价常常使用相对误差,因为它方便直观,相对误差愈小,准确度愈高。

(3)引用误差

引用误差是为了评价测量仪表的准确度等级而引起的,因为绝对误差和相对误差均不能客观正确地反映测量仪表的准确度高低。引用误差定义为绝对误差和测量仪表量程之比,用百分数表示,即

$$\gamma_n=\frac{\Delta A}{A_m}\times 100\% \tag{2-21}$$

式中:γ_n——引用误差;

A_m——测量仪表的量程。

测量仪表的各指示(刻度)值的绝对误差有正有负,有大有小。所以,确定测量仪表的准确度等级应用最大引用误差,即绝对误差的最大绝对值$|\Delta A|_m$与量程之比。若用 γ_{nm} 表示最大引用误差,则有

$$\gamma_{nm}=\frac{|\Delta A|_m}{A_m}\times 100\% \tag{2-22}$$

(4)允许误差

允许误差是指测量仪器在使用条件下可能产生的最大误差范围,它是衡量测量仪器的最重要的指标。测量仪器的准确度、稳定度等指标都可用允许误差表征。

3. 测量的精密度与准确度

在任何测量工作中,测量误差是不可能完全避免的。因而,测定值只是被测量参数真实值的某个近似值。误差的性质不同,它们对测量值的影响也不同。

系统误差使测量结果偏离被测量参数的真实值。在测量工作中,把测量结果与被测量参数真实值相符合的程度,定义为测量的准确度。系统误差越大,测量的准确度就越低。所以,系统误差决定了测量的准确度。

随机误差使测定值具有不确定性,也就是说,把测定值的某一范围内围绕某个数值(通常把这个数值作为测量结果)而波动。在测量工作中,把测量值的密集性(或称重复性)定义为测量的精密度。随机误差波动范围越大,测定值越离散,测定的精密度就越低。所以,随机误差决定了测量的精密度。

过失误差使测定值明显地被歪曲,因而,包含有过失误差的测定值是不可信赖的,应予以舍弃。所以,过失误差决定了测量数据的可信度。

系统误差、随机误差对测定值的影响，如图 2-10 所示，X 为被测量参数的真实值。由于系统误差 θ 的影响，测量结果 L 将偏离真实值。由于随机误差的影响，测定值 l 又将围绕 L 而波动。如随机误差的最大值为 $\delta_{\lim}$，测定值的波动范围 $(L-\delta_{\lim})\sim(L+\delta_{\lim})$。

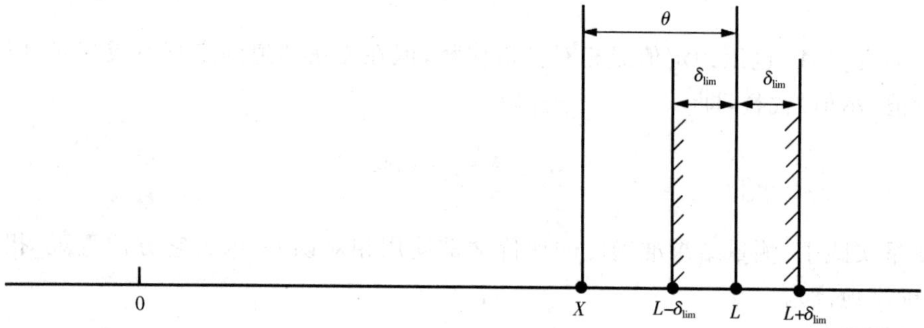

图 2-10　系统误差、随机误差对测定值的影响示意图

由此可见，测量的精密度与准确度是两个互相独立的概念。如果系统误差的影响没有消除，那么一个精密度很高的测量工作，其结果也不准确的。一个既精密又准确的测量是人们所希望的。因此，在测量工作中，综合考虑系统误差和随机误差的影响，把测定值与被测量参数的真实值相符合的程度，定义为测定的精确度。显然，测量的精确度综合反映了测量的精密度与准确度。

四、随机误差

在相同的条件下，对同一个参数重复地进行多次测量(可以认为是等精度测量)，所得到的测定值数列称为测量列。由于随机误差的存在，使测定值具有不确定性，测量列中的各个数值是不可能完全相同的。但是，如果测量仪器的灵敏度不够，随机误差将无法显示出来，重复测量结果将是同一个数值。另一方面，重复测量结果相差太大也是不正常的，因为这意味着混有其他性质的误差。因此，在只包含随机误差的测量列中，各数值不完全相同而稍有差别才是正常的、必然的。为了方便起见，在讨论随机误差的规律时，假定系统误差、过失误差已被消除。

虽然个别的随机误差具有随机性，但是它们总体却符合统计规律。重复测量次数越多，这种规律就越明显。大量研究表明，随机误差在总体上具有以下规律：

(1)数值上的规律性

绝对值小的误差出现的次数多于绝对值大的误差出现的次数，且误差的绝对值不会超过某一数值。

(2)符号上的规律性

绝对值相等的正误差与负误差，出现的概率相等。因此，可以用概率论和数理统计学的方法，从总体上研究随机误差的分布规律。

1. 等精密度测量的最可信赖值

在等精密度的条件下，对某个参数进行了 n 次重复测量，得到 l_1、l_2、…、l_n 等 n 个测定值，这些测定值组成一个测量列。以 X 表示被测参数的真值，以 δ_1、δ_2、…、δ_n 表示各测定值所包含的随机误差，则有

$$
\begin{aligned}
l_1 &= X+\delta_1 \\
l_2 &= X+\delta_2 \\
&\vdots \\
l_n &= X+\delta_n
\end{aligned}
\tag{2-23}
$$

若以 L 表示测定值的算术平均值，即

$$L=\frac{1}{n}(l_1+l_2+\cdots l_n)=\frac{1}{n}\sum_{i=1}^{n}l_i \tag{2-24}$$

由式(2-23)、(2-24)，可得

$$X=\frac{1}{n}\left(\sum_{i=1}^{n}l_i-\sum_{i=1}^{n}\delta_i\right)=L-\frac{1}{n}\sum_{i=1}^{n}\delta_i \tag{2-25}$$

当测量次数无限增加时，绝对值相等的正误差与负误差出现的可能性相同，因此可以互相抵消，使得 $\lim\limits_{n\to\infty}\frac{1}{n}\sum\limits_{i=1}^{n}\delta_i=0$，在这种情况下，测定值的算数平均值就等于被测参数的真值。但在实际上，测量的次数只可能是有限的，所以测定值的算术平均值只是真值的一个近似值。随着测量次数的增加，算术平均值就越接近真值，因此，可以认为测定值的算术平均值是最可信赖值。根据统计学原理，测定值的算术平均值是被测参数真值的一致而无偏估计。

测定值 l_i 与算数平均值 L 之差，称为残余误差，简称残差，以 ν_i 表示，则有

$$
\begin{aligned}
\nu_1 &= l_1-L \\
\nu_2 &= l_2-L \\
&\vdots \\
\nu_n &= l_n-L
\end{aligned}
\tag{2-26}
$$

各式相加，得

$$\sum_{i=1}^{n}\nu_i=\sum_{i=1}^{n}l_i-nL \tag{2-27}$$

因为

$$L=\frac{1}{n}\sum_{i=1}^{n}l_i$$

所以

$$\sum_{i=1}^{n}\nu_i=0$$

由此可见，各测定值残差的代数和恒等于零。残差的这个性质，可以用来检查算术平均值的计算是否正确。

被测参数的真值和测定值所包含的随机误差，实际上是无法求得的。而测定值的算术平均值与残差则是可以计算的，所以它们在测量数据处理与误差分析中具有重要的意义。

2. 随机误差的正态分布定律

随机误差可以随机地取不同的数值，是一个随机变量，因此测定值也是一个随机变量。在实际测量工作中，由于测量仪器灵敏度的限制，测定值的有效数字的位数是有限的，随机误差将是一个离散的随机变量。然而从理论上来说，随机误差应该是一个连续随机变量。

因此,研究随机误差的规律,就是要研究随机误差以多大的概率落在某一范围内,也就是要研究其概率分布密度函数。

作为一个连续随机变量,随机误差 δ 的数值恰为 δ_1 的概率等于零,这时,如概率分布密度函数的值为 $f(\delta_1)$,则随机误差落在 $\delta_1 \sim (\delta_1 + \mathrm{d}\delta)$ 这一微小范围的概率为

$$p(\delta_1 \leqslant \delta \leqslant \delta_1 + \mathrm{d}\delta) = f(\delta_1)\mathrm{d}\delta \tag{2-28}$$

随机误差在$(-\infty + \infty)$范围内出现,是一个必然事件,所以

$$p(-\infty, +\infty) = \int_{-\infty}^{+\infty} f(\delta)\mathrm{d}\delta = 1 \tag{2-29}$$

由概率论可知,某随机变量如果是许多互相独立的随机变量之和,且每个独立的变量对总和只起微小的影响,则该随机变量的分布可以认为是正态分布。随机误差就是这样一种随机变量,大量的测量实践也证明,随机误差的概率密度函数可以用下式表示,即

$$f(\delta) = \frac{1}{\sqrt{2\pi}\sigma} \mathrm{e}^{\frac{\delta^2}{2\sigma^2}} \tag{2-30}$$

式中:σ——标准误差或均方根误差,$\sigma = \sqrt{\frac{1}{n}\left(\sum_{i=1}^{n}\delta_i^2\right)}$,其中 $n \to \infty$。

式(2-30)称为误差理论基本方程式。随机误差服从正态分布规律,通常可以记作 $\delta \sim N(0, \sigma)$。与此同时,作为随机变量的测定值 l,也服从正态分布,可以记作 $l \sim N(X, \sigma)$,其中 X 为被测参数真值。

以随机误差 δ 为横坐标,以概率分布密度 $f(\delta)$ 为纵坐标,则式(2-30)可以描绘成图 2-11 所示的曲线,称为随机误差正态分布曲线。显而易见,曲线下的总面积为 1,而在 $\delta_1 \sim \delta_2$ 范围内曲线下的阴影面积,就是随机误差落在$[\delta_1, \delta_2]$区间内的概率。标准误差 σ 取不同的数值时,分布曲线具有相似的变化规律,但 σ 较小者,曲线的中部升得更高,且降得更快。也就是说,绝对值小的误差出现的概率更大,测量比较精密。因此,可以用标准误差 σ,衡量测量列的精密度。分布曲线具有两个拐点,令 $f(\delta)$ 的二阶导数等于零,可求出拐点的坐标,即

$$\frac{\mathrm{d}^2 f(\delta)}{\mathrm{d}\delta^2} = \frac{1}{\delta^2 \sqrt{2\pi}} \mathrm{e}^{\frac{\delta^2}{2\sigma^2}} (\delta^2 - \sigma^2) = 0$$

解得

$$\delta = \pm \sigma$$

可见,标准误差 σ 就是分布曲线拐点的横坐标。

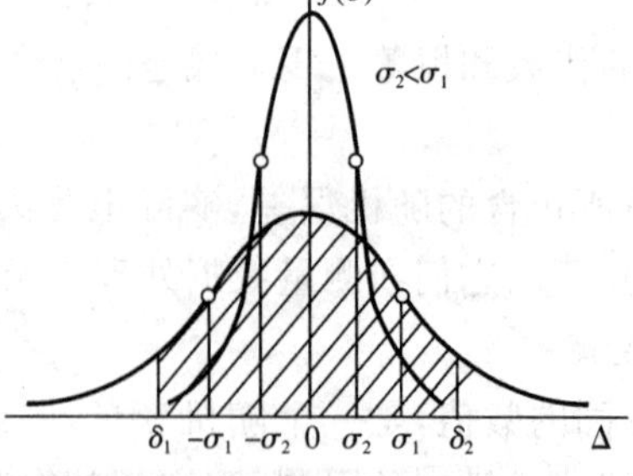

图 2-11 概率分布密度曲线

误差理论基本方程式完全反映了随机误差的总体规律性。因为 $f(\delta)$ 是 δ 的偶函数，分布曲线关于纵坐标轴对称，反映了绝对值相等的正误差与负误差出现的概率相等。随着随机误差的 δ 增加，$f(\delta)$ 迅速减小，反映了绝对值小的误差出现的概率大于绝对值大的误差出现的概率。

已知测量列的标准误差 δ 落在 $[-a,+a]$ 范围内（即 $|\delta|\leqslant a$）的概率，可按下式计算：

$$P(-a\leqslant\delta\leqslant+a)=\int_{-a}^{+a}\frac{1}{\sqrt{2\pi}\sigma}e^{-\frac{\delta^2}{2\sigma^2}}d\delta$$

令 $t=\dfrac{\delta}{\sigma}$，$K=\dfrac{a}{\sigma}$ 代入上式，得

$$P(-K\sigma\leqslant\delta\leqslant+K\sigma)=\frac{2}{\sqrt{2\pi}}\int_{-a}^{+a}e^{-\frac{t^2}{2}}dt \tag{2-31}$$

将被积函数 $e^{-\frac{t^2}{2}}$ 展开为下列级数，即

$$e^{-\frac{t^2}{2}}=1-\frac{t^2}{2}+\frac{1}{2!}\left(\frac{t^2}{2}\right)^2-\frac{1}{3!}\left(\frac{t^2}{2}\right)^2+\cdots$$

于是

$$P(-K\sigma\leqslant\delta\leqslant+K\sigma)=\frac{2}{\sqrt{2\pi}}\left(K-\frac{K^3}{6}+\frac{K^5}{40}-\frac{K^7}{336}+\cdots\right)$$

为便于应用起见，常将上述计数值编成概率积分表，其形式为 $\Phi(K)=\dfrac{2}{\sqrt{2\pi}}\displaystyle\int_0^K e^{-\frac{t^2}{2}}dt$。使用时根据 a 和 σ 的数值，按 $K=\dfrac{a}{\sigma}$ 计算，然后查表求得 $\Phi(K)$ 数值。

3. 测量列的精密度参数分析

测量值包含了随机误差，影响了测量结果的不确定度。如何评价和判断测量结果的误差大小，确定测量过程的精密度水平，是真实反映被测参数精确程度的重要问题。

在一个等精密度测量列中，各测量值包含有数值与符号各不相同的随机误差。在其中任选一个误差（即抽取一个样本），以代表整个测量列（即总体）的误差情况，显然是不合理的。通常选用下列各参数之一，以表示测量列（总体）的精密度。

(1)标准误差（均方根误差）σ

各随机误差的均方根的正平方根，定义为标准误差，可用下式表示，即

$$\sigma=\sqrt{\frac{1}{n}(\delta_1^2+\delta_2^2+\cdots+\delta_n^2)}=\sqrt{\frac{1}{n}(\sum_{i=1}^{n}\delta_i^2)}\qquad(n\to\infty) \tag{2-32}$$

标准误差 σ 是随机误差正态分布的一个参数，σ^2 等于随机误差平方的数学期望，即测定值的方差。σ 越小，测量列精密度越高。根据式(2-31)，并取 $K=1$ 查概率积分表，得 $\Phi(1)=0.682\,6$，于是，绝对值小于 σ 的随机误差，出现的概率为 0.68。同理，绝对值小于 2σ 和 3σ 的随机误差，出现的概率分别为 0.95 和 0.997。

标准误差 σ 是各随机误差平方（δ_i^2）的函数，因而对绝对值较大的误差比较敏感，能较好地反映测量列的精密度。

(2)概然误差（概率误差）γ

概然误差 γ 的定义是绝对值小于 γ 的随机误差，出现的概率为 0.5。即

$$P(-\gamma \leqslant \delta \leqslant +\gamma)=0.5$$

令 $\Phi(K)=0.5$，查概率积分表可得 $K=0.6745$，即 $\gamma=0.6745\sigma\approx\frac{2}{3}\sigma$。显然概率误差 γ 可以通过一个固定的系数 0.674 5 与标准误差 σ 相联系，所以它也可以用来表示测量列的精密度。

(3)平均算术误差(平均误差)Δ

各随机误差的绝对值的算术平均值，定义为平均算术误差 δ，可用下式表示，即

$$\delta=\frac{1}{n}(|\delta_1|+|\delta_2|+\cdots+|\delta_n|)=\frac{1}{n}\sum_{i=1}^{n}|\delta_i| \qquad (n\to\infty) \tag{2-33}$$

平均算术误差 Δ，实际上就是随机误差绝对值($|\delta_i|, i=1,2,\cdots,n$)的数学期望，由概率论，可知

$$\Delta=E(|\delta|)=\int_{-\infty}^{+\infty}|\delta| f(\delta)\mathrm{d}\delta=\frac{2}{\sqrt{2\pi}\sigma}\int_{-\infty}^{+\infty}\mathrm{e}^{-\frac{\Delta^2}{2\sigma^2}}\mathrm{d}\delta$$

考虑到正态分布曲线对称于纵坐标轴，将积分限改为$[0,+\infty]$，并用 δ 代替$|\delta|$，即

$$\Delta=\frac{2}{\sqrt{2\pi}\sigma}\int_{0}^{+\infty}\mathrm{e}^{-\frac{\delta^2}{2\sigma^2}}\delta\mathrm{d}\delta=\sigma\sqrt{\frac{2}{\pi}}=0.7979\sigma\approx\frac{4}{5}\sigma$$

根据式(2-31)，并取 $K=0.7979$ 查表，得 $\Phi(0.7979)=0.5751$，于是，绝对值小于 δ 的随机误差，出现的概率约为 0.58。

(4)极限误差(最大可能误差)$\delta_{\lim}$

极限误差的意义是在一个有限的测量列中，任何一个随机误差的数值都不超过 $\delta_{\lim}$。

确切地说，绝对值大于 $\delta_{\lim}$ 的随机误差，出现的概率接近于零。

由概率积分表 $\Phi(K)$ 可见，当 $K=3$ 时，$\Phi(3)=0.9973$。这就是说，绝对值大于 3σ 的随机误差的出现，是个小概率事件，实际上不会发生，于是，可以认为 $\delta_{\lim}=3\sigma$。

$\delta_{\lim}$ 越小，随机误差波动的范围就越小，测量工作的精密度就越高。

在测量次数较少($n\ll370$)的情况下，如果出现绝对值大于 $\delta_{\lim}$ 的误差，那么，有理由认为，这个误差属于过失误差。因此，可以把 $\delta_{\lim}$ 作为区分随机误差和过失误差的一种界限。

根据以上的讨论，测量列的精密度参数之间的相互关系，见表 2-1 所示。已知其中任一参数，即可计算其他参数。

表 2-1　σ、γ、Δ、$\delta_{\lim}$ 间的相互关系

	σ	γ	Δ	$\delta_{\lim}$
σ	1	1.4526	1.2533(≈5/4)	0.3333
γ	0.674 5(≈2/3)	1	0.845 3(≈11/13)	0.224 8
Δ	0.797 9(≈5/4)	1.182	1	0.266 0
$\delta_{\lim}$	3.000 0	4.447 8	3.759 9	1

应该指出，虽然σ、γ、Δ、$\delta_{\lim}$与随机误差δ具有相同的单位，但δ只说明各测定值的误差，而σ、γ、Δ、$\delta_{\lim}$则在各自的意义上说明整个测量列的精密度。

4. 有限次测量的精密度估计

在讨论随机误差分布规律和测量列精密度参数时，研究的是总体问题，是以重复测量次数n趋向于无穷大为基础的。但实际工作中，测量的次数总是有限的，所研究的只可能是从总体中抽出来的某个样本。这就产生了两个问题：样本的精密度参数是否等于总体的相应参数；在有限次测量时，测定值所包含的随机误差是无法求得的，因此无法用式(2-32)或(2-33)计算测量列精密度参数。

因为重复测量次数n有限时，相当于从总体中随机地抽取一个容量为n的样本。从无限的总体中抽有限容量的样本，其组合方式将是有限的，并且各个样本是不可能完全相同的。于是，样本的密度参数将是一个随机变量，它们围绕着总体相应的参数而波动，或者说样本的精密度参数的数学期望，等于总体相应的参数。因此。对于已经抽出的某个具体的样本而言，它的精密度参数只是总体参数的一个估计值(近似值)，通常以$\hat{\sigma}$、$\hat{\Delta}$…表示。用样本参数代替总体参数(即用$\hat{\sigma}$代替σ)而引起的误差，在一般测量工作中可以忽略。

在有限容量的样本中，只能求得测定值的残差ν_i，因而只能通过残差来计算精密度参数。根据统计学原理可知，用样本残差表示的总体标准误差的无偏估计，即

$$\hat{\sigma}=\sqrt{\frac{1}{n}(\nu_1^2+\nu_2^2+\cdots+\nu_n^2)}=\sqrt{\frac{1}{n-1}(\sum_{i=1}^{n}\nu_i^2)} \tag{2-34}$$

求得$\hat{\sigma}$后，可按表2-1所示的关系，计算$\hat{\gamma}$、$\hat{\Delta}$、$\hat{\delta}_{\lim}$。这种通过残差平方和估计精密参数的方法，又称贝赛尔(Bessel)方法。

同理，用样本的残差表示的平均算术误差的无偏估计，即

$$\hat{\Delta}=\frac{|\nu_1|+|\nu_2|+\cdots+|\nu_n|}{\sqrt{n(n-1)}}=\frac{\sum_{i=1}^{n}|\nu_i|}{\sqrt{n(n-1)}} \tag{2-35}$$

求得$\hat{\Delta}$后，可按表2-1所示的关系，计算$\hat{\gamma}$、$\hat{\sigma}$、$\hat{\delta}_{\lim}$。这种通过残差绝对值和估计精密参数的方法，又称佩特斯(Peters)方法。

在佩特斯方法推导过程中，曾假定测定值的残差服从正态分布，所以，在一个有限的测量列中，如满足这一条件，则佩特斯法与贝赛尔法计算结果相同。实际上，这个条件不一定能够满足，特别是在测量次数较少的情况下。这时，平均算术误差可能无法表示测定值的波动情况，因为一个残差彼此接近的测量列，与另一个残差有大有小的测量列，其平均算术误差可能相等。而标准误差对绝对值较大的残差比较敏感，能较好地反映测量列的精密度。设有两个测量列Ⅰ和Ⅱ($n=10$)，其测定值的残差如下：

Ⅰ　+3，−4，−3，+4，−5，−2，　+3，+3，−4，+5

Ⅱ　−1，　0，+12，0，−1，−10，+1，　0，+1，−10

按式(2-35)计算，$\hat{\Delta}_{\mathrm{I}}=\hat{\Delta}_{\mathrm{II}}=3.8$，而按式(2-17)计算，$\hat{\sigma}_{\mathrm{I}}=3.9$，$\hat{\sigma}_{\mathrm{II}}=6.2$。

由此可见，采用贝赛尔法时，测量列Ⅱ精密度较低被揭露出来了。因此，尽管计算比较繁琐，贝赛尔法仍然得到广泛的应用。

5. 有限次测量的测量结果精密度

根据一个有限的测量列，无法求得被测参数的真值，而只能用测定值的算术平均值作为测量结果，近似代替真值。一个有限的测量列，实际上是从无限的总体中任意抽取的一个样本，而这样的样本可以有无限个。因而，测量结果本身也是一个随机变量。测量结果与被测量值之差，称为测量结果的随机误差，以 λ 表示，即

$$\lambda = L - X = \frac{\sum_{i=1}^{n} l_i}{n} - X = \frac{\sum_{i=1}^{n}(X+\delta_i)}{n} - X = \frac{\sum_{i=1}^{N}\delta_i}{n} \tag{2-36}$$

这就是说，测量结果的随机误差，等于各测定值随机误差的算术平均值。测量结果的数学期望等于被测参数的真值，因此，测量结果是被测参数真实值的无偏估计。现在来讨论测量结果的分布规律和它的精密度。

假设一个有限的测量列，由 l_1、l_2、…、l_n 组成，其测量结果 $L=\frac{1}{n}\sum_{i=1}^{n} l_i$。可以把具体的测定 l_1，看作随机变量 ξ_1 的一个样本，把 l_2 看作随机变量 ξ_2 的一个样本，而把 L 看作随机变量 η 的一个样本，显然，$\eta=\frac{1}{n}\sum_{i=1}^{n}\xi_1$。对于一个等精密度测量列而言，$\xi_1$、$\xi_2$、…、$\xi_n$ 是互相独立的同分布的随机变量，它们都服从正态分布，可以记作：$\xi_i \sim N(X,\sigma)$，$i=1,2,\cdots,n$，其中 X 为被测参数的真值，σ 为测量列的标准误差。根据概率论可知随机变量 η 也服从正态分布，它的分布规律可以记作：$\eta \sim N(X,\sigma_L)$，其中 σ_L 为测量结果的标准误差，它与测量列的标准误差 σ 具有下列关系，即

$$\sigma_L = \frac{\sigma}{\sqrt{n}} \tag{2-37}$$

式中：n——测量列的容量，即重复测量的次数。

参照表 2-1 所示的关系，可以求得测量结果的其他精密度参数，即测量结果的概率误差 γ_L、测量结果的平均算术误差 Δ_L、测量结果的极限误差 $\lambda_{\lim}$。

$$\begin{aligned}
\gamma_L &= 0.674\,5\sigma_L = 0.674\,5\frac{\sigma}{\sqrt{n}} = \frac{\gamma}{\sqrt{n}} \\
\Delta_L &= 0.797\,9\sigma_L = 0.797\,9\frac{\sigma}{\sqrt{n}} = \frac{\Delta}{\sqrt{n}} \\
\lambda_{\lim} &= 3\sigma_L = 3\frac{\sigma}{\sqrt{n}} = \frac{\delta_{\lim}}{\sqrt{n}}
\end{aligned} \tag{2-38}$$

根据贝赛尔法计算时，如果测定值的残差以 ν_i 表示，则 $\hat{\sigma}=\sqrt{\frac{1}{n-1}\sum_{i=1}^{n}\nu_i^2}$，而

$$\hat{\sigma}_L = \frac{\hat{\sigma}}{\sqrt{n}} = \sqrt{\frac{1}{n(n-1)}\sum_{i=1}^{n}\nu_i^2}$$

$$\hat{\lambda}_L = 0.6745\hat{\sigma}_L = 0.6745\sqrt{\frac{1}{n(n-1)}\sum_{i=1}^{n}\nu_i^2}$$

$$\hat{\Delta}_L = 0.7979\hat{\sigma}_L = 0.7979\sqrt{\frac{1}{n(n-1)}\sum_{i=1}^{n}\nu_i^2}$$

$$\hat{\lambda}_L = 3\hat{\sigma}_L = 3\sqrt{\frac{1}{n(n-1)}\sum_{i=1}^{n}\nu_i^2} \tag{2-39}$$

由式(2-35)可知,测量结果的标准误差与测量列的标准误差成正比,而与重复测定次数的平方根成反比。因而,在测量列精密度一定的情况下,增加测量的次数,可以提高测量结果的精密度(即减少测量的误差)。但是,要使测量结果的误差降低到原有的 1/10(即测量结果的有效数字增加一位),就必须使测量次数增大至原有的 100 倍,这就要花费大量的劳动和时间。

当然,重复测量的次数也不能太少,因为测量次数过少,就无法确定整个测量列的性质,用式(2-34)、或(2-35)估计测量列的精密度参数就会有较大的误差。在一般试验测量工作中,建议将重复测量的次数 n 取为 10～15。

6. 测量结果的表达

通过有限次重复测量,不可能获得被测参数的真值 X,但是可以用测定值的算数平均值 L 或加权平均值 L_0 来近似代替它,即

$$X \approx L \text{ 或 } X \approx L_0$$

这种表达方式常用于粗略的测量。

若需要确切获得被测参数的测定值的置信水平,可以运用数理统计学中区间估计的方法,求得被测参数的真值在某个置信概率下的置信区间。

设 l_1、l_2、…、l_n 组成一个有限的等精密度测量列,由测量条件决定的标准误差为 σ。按照贝赛尔公式,标准误差的估计值为 $\hat{\sigma} = \sqrt{\frac{1}{n-1}\sum_{i=1}^{n}(l_i - L)^2}$。测定值的算术平均值 L 服从正态分布,即 $L \sim N(X, \frac{\sigma}{\sqrt{n}})$,所以,$\frac{L-X}{\sigma/\sqrt{n}}$ 是一个标准化正态分布的随机变量,而$(n-1)\frac{\hat{\sigma}^2}{\sigma^2} = \frac{1}{\sigma^2}\sum_{i=1}^{n}(l_i - L)^2$ 则是一个自由度为 $f=n-1$ 的 X^2 分布随机变量,这两个随机变量互相独立,所以

$$t = \frac{(L-X)/\frac{\sigma}{\sqrt{n}}}{\hat{\sigma}/\sigma} = \frac{L-X}{\frac{\hat{\sigma}}{\sqrt{n}}}$$

是一个自由度为 $f=n-1$ 的 t 分布随机变量。如预先选定置信概率 p,可由 t 分布表查得 $t_p(f)$,使得 $P\{|t| \leqslant t_p(f)\} = p$,由此可得

$$|L-X| \leqslant \frac{\hat{\sigma}}{\sqrt{n}} t_p(f) = \hat{\sigma}_L t_p(f)$$

于是

$$X=L\pm\frac{\hat{\sigma}}{\sqrt{n}}t_p(f)=L\pm\hat{\sigma}_L t_p(f) \tag{2-40}$$

它的含义是：被测参数的真值 X 在置信区间 $[L-\hat{\sigma}_L t_p(f), L+\hat{\sigma}_L t_p(f)]$ 的置信概率为 p。或者说，以置信概率 p 确信，以算数平均 L 代替真值 X 时，误差不超过 $\hat{\sigma}_L t_p(f)$。在实际工作中，如预先选定真值 X 的置信区间，则可由 t 分布表确定对应的置信概率 p。

如果重复测量的次数较多，则 $\hat{\sigma}$ 与 σ 的差别可以忽略不计，$\frac{L-X}{\hat{\sigma}_L}$ 可近似地看作标准化正态分布的随机变量，即

$$\left.\begin{aligned} &X=L\pm\hat{\lambda}_{\lim}(p=0.997)\\ &X=L\pm\hat{\gamma}_L(p=0.50)\\ &X=L\pm\hat{\sigma}_L(p=0.68)\\ &X=L\pm\hat{\Delta}_L(p=0.58) \end{aligned}\right\} \tag{2-41}$$

其中，$\hat{\lambda}_{\lim}$、$\hat{\gamma}_L$、$\hat{\sigma}_L$、$\hat{\Delta}_L$ 分别为算术平均值 L 的极限误差估计值、概然误差估计值、标准误差估计值和平均算术误差估计值。

显然，置信区间的宽度取决于给定的置信概率（或者说，置信概率取决于给定的置信区间），因此，用式（2-40）、（2-41）表达测量结果时，必须注明相应的置信概率。

7. 直接测量参数测定值处理举例

【例 2-2】 微型汽车发动机处于稳定工作情况下，对输出转矩进行了 10 次测量，得到如下测定值：143、143、145、138、140、144、145、143、140（N·m）。试表达测量结果，并进行分析。

解： 发动机稳定工作时，可以认为输出转矩的真值保持不变，假定测量是等精密度的，则计算如下：

（1）算术平均值 $L=\frac{1}{n}\sum_{i=1}^{n}l_i=\frac{1\,424}{10}=142.42\text{N}\cdot\text{m}$。

（2）测定值的残差 $\upsilon_i=l_i-L$，计算结果见表 2-2 所示。

因为 $\sum_{i=1}^{n}\nu_i=0$，可以验证算术平均值 L 计算无误。

（3）测量列标准误差 $\hat{\sigma}=\sqrt{\frac{1}{n-1}\sum_{i=1}^{n}\upsilon_i^2}=\sqrt{\frac{48.40}{9}}=2.32\ \text{N}\cdot\text{m}$。

（4）测量列极限误差 $\hat{\delta}_{\lim}=3\hat{\sigma}=6.96\ \text{N}\cdot\text{m}$。

检查各测定值的残差，其绝对值均不超过 $\hat{\delta}_{\lim}$，可知测量工作正常，各测定值没有包含过失误差。

（5）算术平均值的标准误差 $\hat{\sigma}_L=\frac{\hat{\sigma}}{\sqrt{n}}=\frac{2.32}{\sqrt{10}}=0.73\ \text{N}\cdot\text{m}$，概然误差 $\hat{\gamma}_L=0.674\,5,\hat{\sigma}_L=$

0.49 N·m。

(6)选定两个置信概率 $p=0.9973$ 和 $p=0.50$，按自由度 $f=n-1=9$ 查 t 分布表得：$t_{0.9973}(9)=4.09$，$t_{0.5}(9)=0.703$。

(7)测量结果的表达(置信区间的估计)：

$$X=L\pm t_p(n-1)\hat{\sigma}_L=(142.4\pm4.09)\times0.73=(142.4\pm3.0)\mathrm{N\cdot m} \qquad (p=0.9973)$$

$$X=L\pm t_p(n-1)\hat{\sigma}_L=(142.4\pm0.703)\times0.73=(142.4\pm0.5)\mathrm{N\cdot m} \qquad (p=0.50)$$

发动机输出转矩的真值虽然无法求出，但可用 142.4 N·m 近似地代表它，并且以 0.9973 的概率确信，真值在 139.4～145.4 N·m 范围内(以 0.50 的概率确信，真值在 141.9～142.9 N·m 范围内)。

表 2-2　残差计算结果

测量次序	测定值 l_i	残差	ν_i
1	143	+0.6	0.36
2	143	+0.6	0.36
3	145	+2.6	6.76
4	143	+0.6	0.36
5	138	−4.4	19.36
6	140	−2.4	5.76
7	144	+1.5	2.56
8	145	+2.6	6.76
9	143	+0.6	0.36
10	140	−2.4	5.76
$\sum_{i=1}^{n}$	1424	0	48.40

(8)为比较起见，按正态分布作近似计算，即

$$X=L\pm\hat{\lambda}_{\lim}=L\pm3\hat{\sigma}_L=(142.4\pm2.2)\mathrm{N\cdot m} \qquad (p=0.9973)$$

$$X=L\pm\hat{\gamma}_L=(142.4\pm0.5)\mathrm{N\cdot m} \qquad (p=0.50)$$

由此可见，按正态分布计算的置信区间，小于按 t 分布计算的置信区间。这就是说，按正态分布作近似计算时，将造成一种错觉，即测量的精密度较高。只有在重复测量次数较多($n\geqslant10$，置信概率取为 0.50 时)，两种计算方法的结果大体相同。因此，按正态分布作近似计算时，习惯上采用下列表达方式，即

$$X=L\pm\hat{\gamma}_L \qquad (p=0.50)$$

五、系统误差

1. 系统误差及其分类

保持一定数值或按一定规律变化的误差，称为系统误差。系统误差是有规律的，它体现在每一次具体的测量中。因此，通过试验找到这种规律之后，就可以对测定值进行修正，以消除系统误差的影响。设被测参数的真值为 X，系统误差为 θ，包含有系统误差的测定值为 m，在不考虑随机误差的情况下，可得

$$m=X+\theta$$

于是

$$X=m-\theta=m+c \tag{2-42}$$

为了获得被测参数的真值，需要在测定值上加上一项 c，用 c 来修正测定值，因此 c 被称为更正值（更正项）。由式(2-42)可知，系统误差根据其性质可以分为固定的系统误差和变化的系统误差。

(1)固定的系统误差

在整个测量过程中，数值大小与正负号都保持不变的系统误差，称为固定的系统误差。

例如，仪器标尺的刻度（或标定）误差，就是一种常见的固定的系统误差。仪器使用温度与标定温度不同而引起的误差，在使用温度不变的条件下，也有这种性质。

(2)变化的系统误差

在测量过程中，数值大小与正负号发生变化的系统误差，称为变化的系统误差。根据变化的规律不同，又可分为：

① 累进的系统误差是测量过程中不断增大（或减小）的系统误差，其中最简单的一种是线性误差。

② 周期性的系统误差是周期性地改变数值或正负号的系统误差。

2. 系统误差对测量的影响

对参数 X、θ 作 n 次重复测量，取得一个测量列。在一般情况下，测定值中既包含有随机误差，也包含系统误差，设 m_1、m_2、…、m_n 为未更正（即包含有系统误差和随机误差）的各测定值，l_1、l_2、…、l_n 为更正后（即消除了系统误差但仍含有随机误差）的各测定值，M 为未更正的测定值的算术平均值，L 为更正后的测定值的算术平均值。现在分别讨论固定的和变化的系统误差对测量的影响。

(1)设测定值中只含有固定的系统误差和随机误差

根据测量误差的定义，可得

$$\begin{cases} m_1=X+\delta_1+\theta=l_1+\theta \\ m_2=X+\delta_2+\theta=l_2+\theta \\ \vdots \\ m_n=X+\delta_n+\theta=l_n+\theta \end{cases} \tag{2-43}$$

式中：θ——固定的系统误差；

$\delta_i(i=1,2,\cdots,n)$——随机误差。

将上式相加并除以 n，即得

$$M=L+\delta$$

或
$$L=M-\delta=M+c \tag{2-44}$$

由此可见，固定的系统误差可以予以消除。对未更正的测定值的算术平均值 M，引入各更正值，即可求得更正后的测定值的算术平均值 L，是最可信赖的结果。

更正后的测定值的残差 $\nu_i=l_i-L$，以式(2－43)、式(2－44)代入，测得 $\nu_i=l_i-L=(m_i-\theta)-(M-\theta)$，即

$$\nu_i=m_i-M=\nu_i'$$

可见，更正后的测定值的残差 ν_i 与未更正的测定值的残差 ν_i' 相等。即固定的系统误差的存在，将不会影响测量的精密度参数。因此，用表 2－2 所列的公式处理测量数据时，将不可能发现固定的系统误差存在，这就是固定的系统误差特别危险的原因。

(2)设测定值中含有变化的系统误差和随机误差

根据测量误差的定义，可得

$$m_i=l_i+\theta_i \qquad (i=1,2,\cdots,n) \tag{2-45}$$

将上式相加并除以 n，即得

$$M=L+\frac{1}{n}\sum_{i=1}^{n}\theta_i$$

或
$$L=M-\frac{1}{n}\sum_{i=1}^{n}\theta_i=M+c \tag{2-46}$$

式中：c—— 消除系统误差 θ_i 而引入的更正值，$c=-\frac{1}{n}\sum_{i=1}^{n}\theta_i$；

$\frac{1}{n}\sum_{i=1}^{n}\theta_i$—— 系统误差 θ_i 的算术平均值。

由此可见，为了求得更正后的测定值的算术平均值 L，可以根据变化的系统误差的平均值，对未更正的测定值算术平均值 M 引入更正值。

更正后的测定值的残差 $\nu_i=l_i-L$，以式(2－45)、(2－46) 代入，则得

$$\nu_i=m_i-M+\left(\frac{1}{n}\sum_{i=1}^{n}\theta_i-\theta_i\right)=\nu_i'+\left(\frac{1}{n}\sum_{i=1}^{n}\theta_i-\theta_i\right) \tag{2-47}$$

可见，更正后的测定值的残差 ν_i 与未更正的测定值的残差 ν_i' 并不相等。即变化的系统误差的存在，将影响测量的精密度参数。

注意，在上述讨论中，θ 可以是一种因素引起的系统误差，也可以是多种同类因素系统误差的合成。

3. 系统误差的发现

通过测量取得测定值以后，首先需要检查测定值中是否包含有系统误差，这是一项极为重要的工作。这里，将简要的介绍几种常用的方法。

(1) 残差分析法

根据式(2-47),未更正的各测定值的残差 ν_i' 可以写作如下形式,即

$$\nu_i' = m_i - M = \nu_i + (\theta_i - \frac{1}{n}\sum_{i=1}^{n}\theta_i) \qquad (2-48)$$

式中:$\frac{1}{n}\sum_{i=1}^{n}\theta_i$—— 变化的系统误差的平均值。

对于一个已经实现的测量列而言,$\frac{1}{n}\sum_{i=1}^{n}\theta_i$ 是一个确定的数值,而 θ_i 则是一个变量。在随机误差小于系统误差的情况下,由 ν_i' 的符号,可以发现变化的系统误差的存在。具体的检验法则如下:

法则1 将未更正的测定值按测量的先后次序排列,如残差 ν_i' 的代数值有规则地向一个方向变化,即符号为(—、—、—、—、+、+、+、+、+、+)或(+、+、+、+、+、+、—、—、—、—),则该测量列包含有累积的系统误差。

法则2 将未更正的测定值按测量的先后次序排列,如残差 ν_i' 的符号有规律的交替变化,则该测量列包含有周期性的系统误差。

如果在测量列的一部分测定值中包含有固定的系统误差,而其余测定值不包含这种误差,那么,就整个测量列而言,这是一种变化的系统误差,可以用残值分析法发现它的存在。

法则3 在一个测量列中,当存在某些测量条件,测定值的残差 ν_i' 基本上保持相同的符号,而不存在这些条件(或条件改变)时,残差 ν_i' 均变号,则该测量列包含有随着条件的改变而出现(或消失)的固定的系统误差。

显然,系统误差的数值不超过随机误差时,用上述3项法则,将不能发现系统误差的存在。这时,如重复测量的次数 n 足够多,可以采用下述法则4。

法则4 将未更正的测定值按测量的先后次序排列,如前一半测定值的残差和与后一半测定值的残差和之差显著地不等于零,则该测量列包含有累积的系统误差。

法则5 在一个测量列中,如条件改变前测定值的残差和与条件改变后测定值的残差和之差不显著地不等于零,则该测量列包含有随测量条件的改变而出现(或消失)的固定的系统误差。

(2)分布检验法

因为随机误差服从正态分布,所以只包含随机误差的测定值也服从正态分布。如果发现测定值不服从正态分布,就有理由怀疑测定值中包含有变化的系统误差,这就是分布检验法的基本思想。显然,只有在重复测量次数 n 足够多时,分布检验法才有意义。

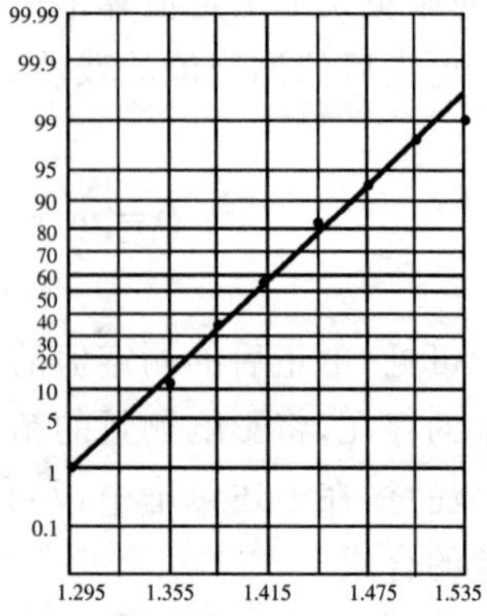

图 2-12 用正态概率纸检验测量列的分布图

如图2-12所示,为了检验一个测量列是否服从正态分布,可以应用正态概率纸。这是一种特殊的坐标纸,横坐标按等距分布与普通坐标纸一样,而纵坐标则按正态分布的规律分布。设纵坐标的标度为 y,那么该标度至横坐标的距离 $y'=\Phi^{-1}(y)$,即

$$\Phi(y')=\int_{-\infty}^{y'}\frac{1}{\sqrt{2\pi}}e^{-\frac{t^2}{2}}dt=y$$

当 $y=0.50$ 时，$y'=\Phi^{-1}(0.50)=0$，于是标度为50%的横线就是横坐标轴。如果随机变量 $\xi\sim N(\mu,\sigma)$，那么

$$F(x)=P(\xi<x)=\Phi\left(\frac{x-\mu}{\sigma}\right)$$

以 x 为横坐标，以概率分布函数 $y=F(x)$ 为纵坐标，则点 (x,y) 的几何位置将是 $(x,\Phi^{-1}[F(X)])=\left(x,\frac{x-\mu}{\sigma}\right)$。所以对一切 x 而言，(x,y) 在正态概率纸上将表现为一条直线 $y'=\frac{x-\mu}{\sigma}$。

因此，将测定值的波动范围分若干组，然后计算各组内测定值出现的频数、相对频数和累计相对频数。重复测定次数 n 足够多时，累计相对频率可以看作概率分布函数 $F(x)$ 的一个试验结果。根据累计相对频数的数值，在正态频率纸上画点，如果测定值服从正态分布，则这些点应在一条直线上。由于样本的随机波动，多少有些偏差是允许的，一般地说，中间的点离直线的偏差不能过大，两端的点允许有稍大的偏差。如果偏差过大，则应怀疑总体不服从正态分布。

【例 2-3】 对某参数重复测量100次，将测定值为10组，各组内测定值出现的频数如表2-3所示，试检验该测量列是否包含有系统误差。

表2-3 测定值的分布

各组序号	各组左端点数值	频数	相对频数/%	累积相对频数/%
1	1.295	1	1	1
2	1.325	4	4	5
3	1.355	7	7	12
4	1.385	22	22	34
5	1.415	24	24	58
6	1.445	24	24	82
7	1.475	10	10	92
8	1.505	6	6	98
9	1.535	1	1	99
10	1.565	1	1	100

解： 根据测定值在各组内出现的频数，计算相对频率和累计相对频数。

以各组右端点的数值为横坐标，以该组的累计相对频数为纵坐标，在正态概率纸上画点，如图2-12所示。

如图 2－12 所示，这些点基本上在一条直线上，因而可以判定该测量列服从正态分布。这说明测定值中不包含变化的系统误差。

因为固定的系统误差的存在，不会影响测定值的分布情况，所以用这种方法无法判定是否有固定的系统误差存在。

4. 系统误差的消除

产生系统误差的原因是多方面的，它与测定系统有密切的关系。因此，消除系统误差没有统一的方法，必须根据具体情况，采取适当的措施。

作为一般的原则，消除系统误差可以从以下两方面着手：

(1)防止系统误差的产生

采用完善的测量方法，正确地安装和使用测量仪器、设备，保持稳定的测量条件，防止外界的干扰等，可以避免系统误差的产生。例如，在应变片电测量技术中，采用稳定电源、温度补偿、抗干扰的屏蔽线连接等。

(2)掌握系统误差的规律，对测定值引入更正值

在测量工作之前，对测量仪器和设备进行校正，取得仪器示值与准确值的关系，确定各种更正公式或更正值曲线，以便对测定值引入更正值，消除系统误差的影响。

上述两个原则，在工程技术测量中，得到广泛应用。

六、异常数据的取舍

1. 过失误差与异常数据

由于测量工作中的错误、疏忽大意等原因引起的误差，称为过失误差。一般来说，过失误差远大于随机误差和系统误差。过失误差使测定值明显地被歪曲，因此，包含有过失误差的测定值是不可信赖的，应予以舍弃。

为了发现过失误差，可以对测定值作必要的检查和校核。例如，采用其他方法和仪器对未知参数进行校核性测量。

在一个测量列中，可能出现个别的过大或过小的测定值，这种包含有巨大误差的测定值，通常称为异常数据。异常数据往往是由过失误差引起的，也可能是由巨大的随机误差所引起的。

异常数据的取舍必须十分慎重，如果有充分的根据可以判定异常数据是由过失误差引起的，则应予舍弃。对于原因不明的异常数据，只能用统计学的准则决定取舍。仅仅根据某个测定值与其他测定值有较大的差别而予以舍弃，这种主观的判定是没有道理的。

2. 异常数据的取舍准则

用统计学的方法决定异常数据的取舍，其基本思想是：数值超过某一界限的测定值(即残差超过某个极限值)，出现的概率很小，是个小概率事件。如果在一个容量不大的测量列中，居然出现了这种测定值，可以认为，这是由过失误差引起的异常数据，因而予以舍弃。

由此可见，异常数据取舍的具体准则，表现为测定值的残差是否超过某个极限值。而这个问题又取决于概率小到什么程度才被认为是小概率，不同的标准可以得出不同的残差极限值。这里，将介绍 3 种常用的取舍准则。

(1)来伊达(Layard)准则

在一个有限的等精密度测量列中，随机误差服从正态分布，即 $\delta \sim N(0,\sigma)$，其中 σ 为测量列的标准差，可用残差 ν 予以估计，即 $\hat{\sigma}=\sqrt{\frac{1}{n-1}\sum_{i=1}^{n}\nu_i^2}$。如测量次数 n 足够多，残差亦服

从正态分布，即 $\nu \sim N(0,\sigma')$，其中 $\sigma'=\sqrt{\frac{1}{n}\sum_{i=1}^{n}\nu_i^2}$。显然 σ' 近似于 $\hat{\sigma}$，因而可用 $\hat{\sigma}$ 代替 σ'。

由概率积分表可知，绝对值大于 $3\sigma'$（近似与 $3\hat{\sigma}$）的残差，出现的概率仅为 0.0027，这是一个小概率事件。因此，残差的绝对值小于 $3\hat{\sigma}$（即残差极限值 $\nu=3\hat{\sigma}$）的测定值，可以看作是由过失误差引起的异常数据，应予以舍弃，这就是来伊达准则。

【例 2-4】 测量某零件尺寸如表 2-4 第一列数据 l_i 所示，试按照来伊达准则决定异常数据的取舍。

解： 计算算术平均值 L、残差 ν_i，填入表 2-4。

$$\hat{\sigma}=\sqrt{\frac{1}{15-1}\sum_{i=1}^{15}\nu_i^2}=\sqrt{\frac{1}{14}(0.014\,960)}=0.033\ \text{mm}$$

因 $|\nu_8|=0.104>3\hat{\sigma}=0.099$，故舍弃测定值 l_8。对剩下的 14 个测定值，再计算算术平均值 L_c、残差 ν_{ci} 及 ${\nu_{ci}}^2$，列于表 2-4 的右部，则

$$\hat{\sigma}_c=\sqrt{\frac{1}{14-1}\sum\nu_{ci}^2}=\sqrt{\frac{1}{13}(0.003\,374)}=0.016\ \text{mm}$$

这时，14 个测定值的残差的绝对值均未超过 $3\hat{\sigma}_c$(0.048)，已无过失误差引起的异常数据。

表 2-4 测量值及相应计算表

序号	l_i/mm	ν_i	${\nu_i}^2$	ν_{ci}	${\nu_{ci}}^2$
1	20.42	+0.016	0.000 256	+0.09	0.000 081
2	43	+0.026	0.000 676	+0.019	0.000 361
3	40	−0.004	0.000 016	−0.011	0.000 121
4	43	+0.026	0.000 676	+0.019	0.000 361
5	42	+0.016	0.000 256	+0.009	0.000 081
6	43	+0.026	0.000 676	+0.019	0.000 361
7	39	−0.014	0.000 196	−0.021	0.000 441
8	30	−0.104	0.010 816	—	—
9	40	−0.004	0.000 016	−0.011	0.000 121
10	43	+0.026	0.000 676	+0.019	0.000 361
11	42	+0.016	0.000 256	+0.009	0.000 081
12	41	+0.006	0.000 036	−0.001	0.000 001
13	39	−0.014	0.000 196	−0.021	0.000 441
14	39	−0.014	0.000 196	−0.021	0.000 441
15	40	−0.004	0.000 016	−0.011	0.000 121
Σ	306.06		0.0149 60		0.003 374
	L=20.404			L_c=20.411	

(2)肖维纳(Chauvenet)准则

对未知参数作 n 次重复测量,如残差超过某个极限值的测定值,出现的概率等于或小于 $\frac{1}{2n}$,可以认为是小概率事件。也就是说,在 n 次测量中,这种测定值出现的次数等于或小于 $\frac{1}{2}$,因而不应该发生。如果出现了这种测定值,可以认为是过失误差引起的异常数据而予以舍弃,这就是肖维纳准则。

设残差服从正态分布,且分布参数 σ' 可用测量列的标准误差 σ 近似代替。于是,肖维纳准则可用下式表示,即

$$1-\frac{2}{\sqrt{2\pi}}\int_0^{K_n} e^{-\frac{t^2}{2}}dt = 1-\varphi(K_n) = \frac{1}{2n} \qquad (2-49)$$

式中:K_n——$\frac{\nu_{ch}}{\sigma}$;

ν_{ch}——肖维纳准则的残差极限值;

σ——测量列的标准误差。

由式(2-49)可知,$\varphi(K_n)=\frac{2n}{2n-1}$。因此根据测量次数 n,可以求得 $\varphi(K_n)$,然后查概率积分表即可求出 K_n 值,于是,$\nu_{ch}=K_n\hat{\sigma}$。

在实际工作中,可根据测量次数 n,直接由表 2-5 查得 K_n 值。

表 2-5 K_n 值表

n	K_n	n	K_n	n	K_n	n	K_n
3	1.38	10	1.96	17	2.17	24	2.31
4	1.53	11	2.00	18	2.20	25	2.33
5	1.65	12	2.03	19	2.22	30	2.39
6	1.73	13	2.07	20	2.24	40	2.49
7	1.80	14	2.10	21	2.26	50	2.58
8	1.86	15	2.13	22	2.28	75	2.71
9	1.92	16	2.15	23	2.30	100	2.81

【例 2-5】 测量数据与例 2-3 相同,试按肖维纳准则决定异常数据的取舍。

解: 根据 $n=5$,由表 2-5 得 $K_n=2.13$,于是残差极限值 $\nu_{ch}=K_n\hat{\sigma}=2.13\times0.033=0.070$ mm,$|\nu|=0.104>\nu_{ch}$,故测定值 l_8 应予舍弃。

l_8 舍弃后,$n_c=14$,$K_n(c)=2.10$,$\nu_{ch}=K_n\hat{\sigma}_c=2.10\times0.016=0.034$ mm。

剩下的 14 个测定值的残差均未超过 $\nu_{ch(c)}$,故无过失误差引起的异常数据。

(3)格拉布斯(Grubbs)准则

设测定值服从正态分布,即 $l\sim N(X,\sigma)$。根据贝赛尔方法,分布参数 σ' 可用测定值的误差予以估计,即

$$\hat{\sigma}=\sqrt{\frac{1}{n-1}\sum_{i=1}^{n}\nu^{2}{}_{i}}$$

一个有限的测量列，可以看作从测定值总体中抽取的随机样本。如果 $G=\nu_i/\hat{\sigma}$，则 G 是一个随机变量。格拉布斯推导了随机变量 G 的概率密度函数，因而选定信度（显著性水平）α，就可得到临界值 G_0[3]，使得

$$P(G \geqslant G_0)=\alpha$$

其中，α 是一个很小的数值，一般取为 0.05、0.025 或 0.01。

临界值 G_0 是测量次数 n 和信度 α 的函数，它的数值如表 2-6 所示。在一个测量列中，最大的或最小的测定值的残差，如超过残差极限值 ν_G，即

$$|\nu_i| \geqslant \nu_G=G_0\hat{\sigma} \tag{2-50}$$

则认为该测定值是一个包含过失误差的异常数据，应予以舍弃。

【例 2-6】 测量数据与例 2-3 相同，试按格拉布斯准则，决定异常数据的取舍。

解： 选定信度 $\alpha=0.05$，根据 $n=15$，由表 2-6 查得 $G_0=2.41$，于是残差极限值 ν_G 为

$$\nu_G=G_0\hat{\sigma}=2.41\times0.033=0.080\ \text{mm}$$

$|\nu_8|=0.104>\nu_G$，故测定值 l_8 应予舍弃。

l_8 舍弃后，$n_c=14$，有表 2-6 得 $G_0(c)=2.37$，而

$\nu_{G(c)}=G_{0(c)}\times\hat{\sigma}_c=2.37\times0.016=0.038$ mm

剩下的 14 各测定值的残差均未超过 $\nu_{G(c)}$，故为无过失误差引起的异常数据。

表 2-6　临界值 G_0

n	α			n	α			n	α		
	0.05	0.025	0.01		0.05	0.025	0.01		0.05	0.025	0.01
	G_0				G_0				G_0		
3	1.15	1.15	1.15	13	2.33	2.46	2.61	23	2.62	2.78	2.96
4	1.46	1.48	1.49	14	2.37	2.51	2.66	24	2.64	2.80	2.9
5	1.67	1.71	1.75	15	2.41	2.55	2.71	25	2.66	2.82	3.01
6	1.82	1.89	1.94	16	2.44	2.59	2.75	30	2.75	2.91	3.10
7	1.94	2.02	2.10	17	2.47	2.62	2.79	35	2.82	2.98	3.18
8	2.03	2.13	2.22	18	2.50	2.65	2.82	40	2.87	3.04	3.24
9	2.11	2.21	2.32	19	2.53	2.68	2.85	45	2.92	3.09	
10	2.18	2.29	2.41	20	2.56	2.71	2.88	50	2.96	3.13	
11	2.23	2.36	2.48	21	2.58	2.73	2.91	60	3.03	3.20	
12	2.29	2.41	2.55	22	2.60	2.76	2.94	70	3.09	3.26	

思考与练习

2－1　测试系统指的是什么？它主要由哪些部分组成？

2－2　理想测试系统的基本要求是什么？

2－3　静态特性指标有哪些？

2－4　传递函数是什么？它有哪些特点？

2－5　实现不失真测试的条件是什么？

2－6　试述误差的定义和来源。

2－7　系统误差的分类和消除方法有哪些？

2－8　试述随机误差的分布和消除方法。

2－9　某测力传感器标定结果如下：

输入/N		0	100	200	300	400	500
输出/mV	加载	0	1.79	3.56	5.40	7.42	9.31
	卸载	0	2.03	3.74	5.62	7.65	9.31
线性化后/MV		0	1.86	3.72	5.59	7.45	9.31

试作出静态特性曲线，求出灵敏度，非线性误差及回程误差。

2－10　对某参数重复测量了100次，将测定值分为10组，各组内测定值出现的频数如下表第3行所示。试检验该测量列是否包含系统误差。

分组序号	1	2	3	4	5	6	7	8	9	10
各组右端点数值	1.295	1.325	1.355	1.385	1.415	1.445	1.475	1.505	1.535	1.565
频　数	1	4	7	22	24	24	10	6	1	1

2－11　测量某零件尺寸数据如下表，试决定异常数据的取舍。

序号	1	2	3	4	5	6	7	8
测定值	20.42	20.43	20.40	20.43	20.42	20.43	20.39	20.30
序号	9	10	11	12	13	14	15	
测定值	20.40	20.43	20.42	20.41	20.39	20.39	20.40	

第三章　汽车整车技术参数测试

内容提要：本章主要介绍汽车结构参数、质量与质心参数、通过性参数、稳定性参数等整车技术参数检测原理、方法及设备。

第一节　外观检测

一、外观检测的方法

随着汽车行驶里程的不断增加，汽车技术状况不仅变坏，工作可靠性降低，而且相继出现种种外观症状。如车体不周正，驾驶室的覆盖件开裂，有些外观症状（如前、后桥、传动轴、车架和悬架等装置）有明显的弯、扭、裂、断等损伤。另外，有些部件连接螺栓松动，球销磨损松动，都容易引起事故。因此，汽车的整车外观检测非常必要，是运行安全检测的重要内容之一。

随着现代科学技术的发展，人们开始应用仪器设备进行汽车性能检测和故障诊断，但汽车的外部损伤，漏水、漏气、渗油，螺栓和铆钉松动、脱落等，仍然依靠检测人员的技能和经验，用感观法和简单的检测器具进行定性的直观检测。

二、整车外观检测的项目

1. 汽车标志

汽车标志包括汽车的商标、铭牌，发动机型号和出厂编号，底盘型号和出厂编号等。

（1）汽车的商标（或厂牌）、型号标志必须装设在车身前部的外表面上。

（2）必须有汽车铭牌，铭牌应置于汽车前部易于察看之处，客车铭牌应置于车内前乘客门的上方。

汽车的铭牌应标明厂牌、型号、发动机功率、总质量、载质量或载客人数、出厂编号、出厂年、月、日和厂名等。

（3）发动机型号和出厂编号应打印在发动机气缸体侧平面上，字体为二号印刷字，型号在前，出厂编号在后，在出厂编号的两端打上星号（☆）。

（4）底盘的型号和出厂编号应打印在金属车架易见部位，字体为一号印刷字，型号在前，出厂编号在后，在出厂编号的两端打上星号（☆）。

2. 漏水检查

国家标准 GB7258—2004《机动车运行安全技术条件》（以下简称“技术条件”）规定“在

发动机运转及停车时检查水箱、水泵、缸体、缸盖、暖风装置及所有连接部位，不允许漏水。”这是保障发动机正常工作的重要条件，否则，将导致发动机及有关部件损坏，影响汽车正常行驶。所以，在发动机运转和停车时，必须进行漏水检查。

3. 漏油检查

汽车的很多总成和部件，如发动机、变速器、分动器、液力机械传动系统、驱动桥、空气压缩机、液压制动总泵、分泵、液压管路、转向助力器等都使用不同型式的润滑油和其他油液，润滑油和油液是保证这些总成和部件所必要的工作条件。

如果这些总成和部件密封不严而泄露油液，将会导致这些总成和部件缺油或无润滑油现象出现，甚至不能正常工作，以致损坏。尤其是制动系、转向装置等重要部位，漏油会直接影响到行车安全。例如，液压制动系因总泵、分泵或管路漏油会导致制动性能降低，甚至造成制动失效，导致交通事故的发生。转向器漏油、缺油会使转向沉重；液压助力装置漏油会导致助力作用降低或失效，这些都严重影响汽车的行驶安全，必须经常对汽车的油液泄漏情况进行检查。

一般对新出厂的汽车，按《载重汽车产品质量评定办法实施细则》的规定，汽车中速行驶 50 km，停车 10 min，不得有渗漏现象。对在用汽车要求上应有所降低，同时需考虑到车管部门检验汽车的可行性，在《机动车运行安全技术条件》中规定，汽车通过连续行驶 10 km 以上，停车 5 min 后观察，不得有滴油现象。

4. 车体周正检测

车体应周正、左右对称，部件高度差不大于 40 mm。

将送检汽车停放在外观检测工位，首先目测检查，如发现有严重的横向或纵向歪斜等现象，再用高度尺(或钢卷尺)、水平尺检测是否超过规定值。同时检查车架和车身是否变形，悬架是否裂断或刚度下降，轮胎搭配气压是否正常等。如果有异常，即使车体歪斜未超过规定值，亦应予以排除。否则，歪斜会越来越严重，引起操纵不稳、行驶跑偏、重心转移、轮胎磨损加剧等弊病。

第二节　汽车主要结构参数测定

一、主要结构参数的定义

汽车结构参数主要包括汽车外廓尺寸，轴距、轮距、前悬、后悬，驾驶室内部尺寸以及人机工程参数等。

1. 汽车外廓尺寸

对汽车外廓尺寸的检测主要是检查汽车长、宽、高不得超过规定的汽车外廓尺寸限界。汽车的长、宽、高定义如下：

(1)汽车的长度

汽车的长度是指垂直于汽车的纵向对称平面，并分别抵靠在汽车前后最外端突出部位的两垂面之间的距离，如图 3－1 所示。

(2)汽车的宽度

汽车的宽度是指平行于汽车的纵向对称平面，并分别抵靠在汽车两侧固定突出部位(除去后视镜、侧面标志灯、示位灯、转向信号灯、挠性挡泥板、折叠式踏板、防滑链以及轮胎与地面接触部分的变形)的两平面之间的距离,如图 3-2 所示。

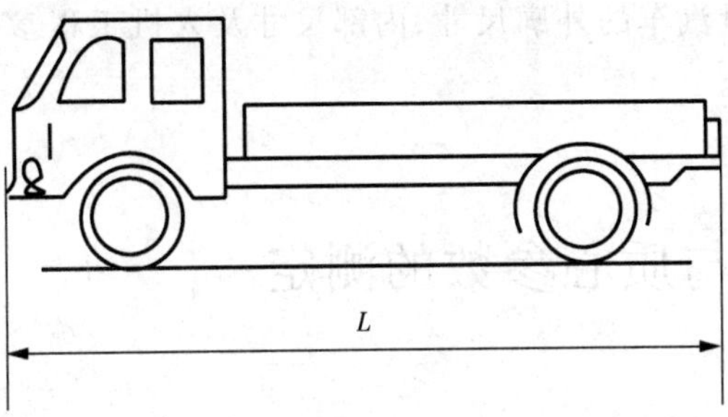

图 3-1　汽车长度示意图

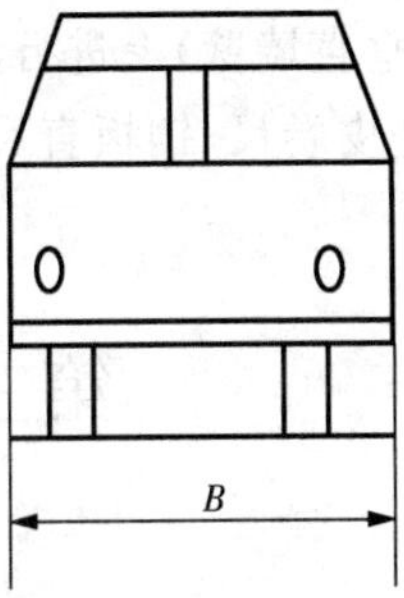

图 3-2　汽车宽度示意图

(3)汽车的高度

汽车的高度是指在汽车无装载质量时,汽车支承水平面与汽车最高突出部位相抵靠的水平面之间的距离。此时,汽车的所有固定部件均包含在此两平面内。同时汽车应处于运行状态,如图 3-3 所示。

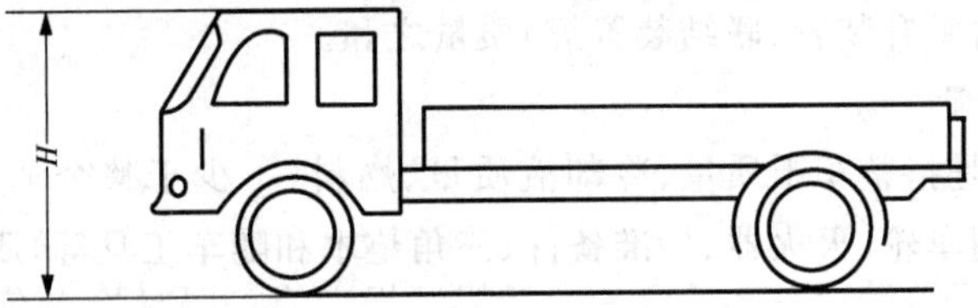

图 3-3　汽车高度示意图

汽车的长、宽、高是根据汽车的用途、道路条件、吨位(或载客量)以及结构布置等因素而确定的。为了使汽车的外廓尺寸适合于本国的公路、桥梁、涵洞和公路运输的标准及保证行驶的安全性,各国对公路运输汽车的外廓尺寸均有法规限制。

我国汽车的外廓尺寸限界,按 GB1589—2004《道路车辆外廓尺寸、轴荷及质量限值》规定执行。

2. 汽车的轴距

汽车的轴距是指汽车在直线行驶位置时,同侧相邻两轴的车轮落地中心点到汽车纵向对称平面的两条垂线之间的距离。

3. 汽车的轮距

汽车的轮距是指在支承平面上,同轴左右车轮两轨迹中心之间的距离(轴两端为双轮时,为左右两条双轨迹的中线之间的距离)。

4. 汽车的前悬

汽车的前悬是指通过两前轮中心的垂面与抵靠在汽车最前端(包括前拖钩、车牌及任何固定在汽车前部的刚性部件),并垂直于汽车纵向对称平面的垂面之间的距离。

5. 汽车的后悬

汽车的后悬是指通过汽车最后端车轮的轴线的垂面与抵靠在汽车最后端(包括牵引装置、车牌及固定在汽车后部的任何刚性部件),并且垂直于汽车纵向对称平面的垂面之间的距离。

二、结构参数测定方法

测量前，须将车摆正，放在水平干燥的柏油或水泥路面上，将汽车的外廓尺寸投影在地面上（或垂直墙壁）上进行测量，或直接测量汽车的外廓尺寸、内部尺寸及人机工程参数，所用仪器是皮卷尺、钢板直尺、铅锤和粉笔等。

第三节　质量与质心参数的测定

一、质量与质心参数的定义

汽车质量参数主要包括整车干质量、整车整备质量、总质量、装载质量、轴荷质量等。质心位置参数主要包括：汽车质心水平位置、质心高度等。

1. 整车干质量

整车干质量是指装备有车身、全部电气设备和汽车正常行驶所需要的辅助设备的完整汽车的质量（不包括燃料和冷却液质量）与选装装置（包括固定的或可拆装的铰接侧拦板、篷杆、防水篷布及液力举升装置、联结装置等）质量之和。

2. 整车整备质量

整车整备质量是指整车干质量、冷却液质量、燃料（不少于整个油箱容量的 90%）质量与随车件（包括备用车轮、灭火器、标准备件、三角垫木和随车工具等）质量之和。

3. 装载质量

装载质量指货运质量与客运质量之和，最大货运质量与最大客运质量之和称为最大装载质量。

4. 总质量

总质量指整车整备质量与装载质量之和，整车整备质量与最大装载质量之和称为最大总质量。

5. 轴荷质量

轴荷质量可分为厂定最大轴荷质量和允许最大轴荷质量。厂定最大轴荷质量是指制造厂考虑到材料强度、轮胎的承载能力等因素而核定出的轴荷质量；允许最大轴荷质量是指汽车管理部门根据使用条件而规定的轴荷质量。

6. 质心水平位置

质心水平位置是指质心距前轴中心线的水平距离 a 和质心距后轴中心线的水平距离 b。

7. 质心高度

质心高度是指质心距汽车支承平面的垂直距离 h_g。

二、质量与质心参数测定目的

1. 质量参数和质心位置参数测定的目的

测定汽车的整车质量及其在前、后轴上的分配；测定汽车的质心离前、后轴的距离及质心离地的高度，检查是否符合设计任务书的要求。

2. 准备工作

汽车的技术状况应符合“汽车的一般试验条件”的规定，应清洗汽车，除净所有的泥土、污物。汽车（包括专用设施中）的各种燃料、润滑油、工作油液、冷却水必须加足，备用油箱及各总成的其他油液也必须按规定充满。

测量设备有卷尺、重锤、角度尺、车轮负荷计或地磅、摇摆试验台、拉力计等，磅秤或车轮负荷计精度为±0.1%。秤台面积应能将整个汽车放在上面，秤台出入口地面应与台面保持同一水平，根据汽车的质量选择适当量程的磅秤和车轮负荷计。称量前，应对测量设备进行校验。

三、质量参数测定方法

1. 空载

汽车空载，首先从一个方向低速驶上秤台，依次测量前轴、后轴质量。当秤台面较大时，可依次测量前轴、整车和后轴质量。然后，汽车掉头，从反方向低速驶上秤台，按上述程序重复测量前述几个参数，以 2 次平均值作为测量结果。为保证测量精度，秤台出入口地面应与台面保持同一水平。

测量时，汽车要停稳、发动机熄火，变速器置于空挡、制动器放松，不允许用三角木顶车轮。

2. 满载

满载时，货厢内的载荷物装载应均匀，驾驶员和乘客座椅上放置 65 kg 的砂袋代替乘员质量，用上述相同的方法分别测量满载的前轴、整车和后轴质量。

对于多轴汽车，前轴或后轴质量是指双轴轴载质量，半挂车轴载质量是指挂车全部轴荷质量。

四、质心水平位置测定方法

根据前面测定的轴载质量和轴距，计算汽车质心离前轴或后轴中心线距离，即

$$a=\frac{m_2 L}{m_1+m_2} \tag{3-1}$$

$$b=\frac{m_1 L}{m_1+m_2} \tag{3-2}$$

式中：L——轴距（mm）；

a、b——汽车质心至前轴、后轴中心线距离（mm）；

m_1、m_2——前轴、后轴轴载质量（kg）。

五、质心高度测定方法

汽车质心高度测定方法采用摇摆法或质量反应法。

1. 摇摆法

试验装置如图 3-4 所示，图中 I 为平台框架自身重心至刀口距离；h_g 为汽车质心高度；H 为平台台面至试验台刀口的距离。

将汽车开上试验台的举升平台，使汽车纵向质心对准平台中心线，其偏差应不大于

5 mm。汽车停稳后拉紧驻车制动器，并在前后轮胎外缘处卡紧三角木，以防止车轮滚动或晃动。举升平台、挂上 4 条长摆的钢链、降下举升托架，此时停放有被测汽车的平面摆架应处于水平位置，无明显倾角，否则应重新对准汽车质心与平面中心线的位置。

摆动平台摆架使之在 1°范围内摆振，待摆振稳定后，连续测量 10 个周期的长摆摆振时间，试验进行 3 次，各次的单摆周期的平均值之差应小 5/10 000 *s*。长摆测定后，再次举升托架，使平台摆架升高至设计规定的短摆高度，挂上 4 条短摆钢链，重复上述操作，测定短摆摆振周期。最后，举升平台托架，卸下钢链，降下平台至地平面，试验结束。

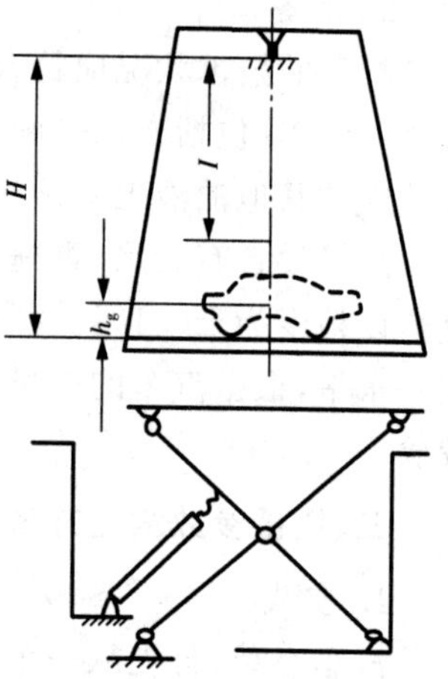

图 3-4　摇摆测汽车质心高度试验装置图

根据测定的试验数据分别计算长、短摆摆振周期的平均值，即

$$T_1=\sum_{i=1}^{3}T_{10}/30 \tag{3-3}$$

$$T_2=\sum_{i=1}^{3}T_{20}/30 \tag{3-4}$$

式中：T_1、T_2——分别为长、短摆周期的均值(s)；

T_{10}、T_{20}——分别为长、短摆 10 个周期的摆振时间(s)。

汽车质心高度 h_g 按(3-5)式计算，即

$$h_g=\frac{B-A}{C} \tag{3-5}$$

其中
$$A=4\pi^2[J_1-J_2+(H_1^2+H_2^2)\frac{m}{g}]$$
$$B=T_1^2(m_0I_1+mH_1)-T_2^2(m_0I_2+mH_2)$$
$$C=m(T_1-T_2)8\pi^2\ \frac{m}{g}(H_1-H_2)$$

式中：J_1、J_2——试验台长、短摆平台框架绕试验台刀口的转动惯量(kg·m^2)；

I_1、I_2——试验台长、短摆平台框架自身质心至刀口距离(mm)；

m_0——平台框架自身总质量(kg)；

m——被测汽车总质量(kg)；

g——重力加速度(mm/s^2)；

H_1，H_2——试验台长、短摆平台台面至试验台刀口的距离(mm)；

汽车绕自身质心横轴的转动惯量用下式计算：

$$J_0=\frac{D-E}{10^3}$$

其中

$$D=\frac{T_1^2}{4\pi^2}[m_0 I_1+m(H_1-h_g)]$$

$$E=J_1+\frac{m}{g}(H_1-h_g)2$$

式中：J_0——汽车绕自身质心横轴转动惯量（kg・m²）。

2. 质量反应法（1）

测试前，汽车处于水平状态，将悬架弹簧按空载状态下卡紧锁死。

首先，在水平状态下测量轴载质量等有关参数。将后轴放置于已调整好的秤台上，前轴停放在另一秤台的支承物上，并保持在同一水平面内。称出后轴载质量 m_{02}，以同样的方法称出前轴质量 m_{01}，测量各车轮的静负荷半径 r_i。

然后，使汽车保持在某一纵向倾角状态下，测量轴载质量等有关参数。将前轴抬起，使汽车的纵向倾角 α 分别为 16°、18°、20°。测量每次抬高到规定角度时后轴载质量 m_{02}^{a}。其测试示意如图 3-5 所示。

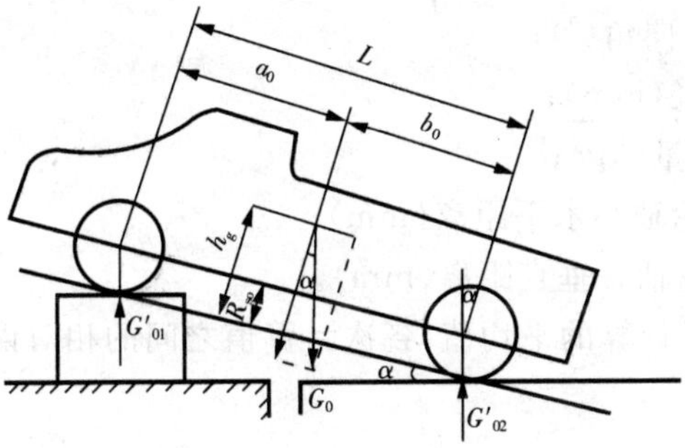

图 3-5　汽车质心高度测试示意图

对前轴中心取矩，可得

$$(h_g-r_i)m_0\sin\alpha+a_o m_0\cos\alpha=Lm_{02}^{\alpha}\cos\alpha$$

即

$$h_g=\frac{L(m_{02}^{\alpha}-m_{02})}{m_0}\cot\alpha+r_i \qquad (3-6)$$

式中：L——轴距（mm）；

a_0——汽车质心至前轴中心线距离（mm）；

r_i——车轮静力半径（mm）；

h_g——汽车质心高度（mm）。

3. 质量反应法（2）

测试前，汽车处于水平状态，将悬架弹簧按空载状态下卡紧锁死。前轮（或后轮）用两块厚度相同的垫板垫起，用负荷计将试验车吊到水平位置，把吊绳调整到垂直状态，测量水平位置时的质量 m_{01}。再次起吊，使汽车的纵向角 θ 分别为 16°、18°、20°左右，分别测量每次起吊到规定角度时质量 m_f。起吊作用点在试验车前后任取一点，分别做 3 次。其测试示意图如 3-6 所示。

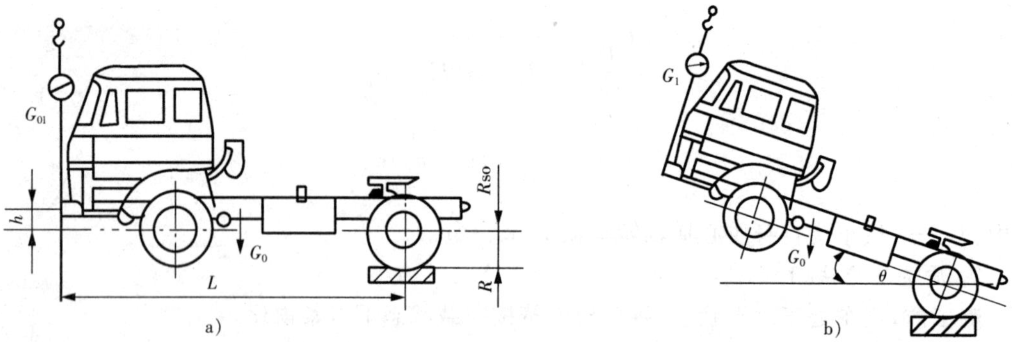

图 3-6　吊取汽车前端质心高度测试示意图

质心高度由下式计算，即

$$h_g=\frac{\Delta m_f L}{m_0\tan\theta}+\frac{m_f h}{m_0}+r_i \tag{3-7}$$

式中：Δm_f——不同的 θ 角度时测得的质量增值(kg)，$\Delta m_f=m_{01}-m_f$

θ——汽车吊起的纵向角(°)；

r_i——车轮静力半径(mm)；

m_0——整车整备质量(kg)；

L——起吊点到车轮轴心水平距离(mm)；

h——起吊点到车轮轴心垂直距离(mm)。

质心高度取 3 次测量计算的平均值，各次计算值之间的相对误差不应大于 5%。

第四节　通过性参数的测试

通过性参数主要包括：最小离地间隙、接近角、离去角、纵向通过角、转弯直径和转弯通道圆等。

一、通过性参数的定义

1. 最小离地间隙(δ)

最小离地间隙指汽车支承平面与汽车上中间区域内最低点之间的距离。中间区域为平行于汽车纵向对称平面，且与其等距离的两平面之间所包含的部分，两平面之间的距离为同一轴上两端车轮内缘最小距离的 80%，如图 3-7 所示。

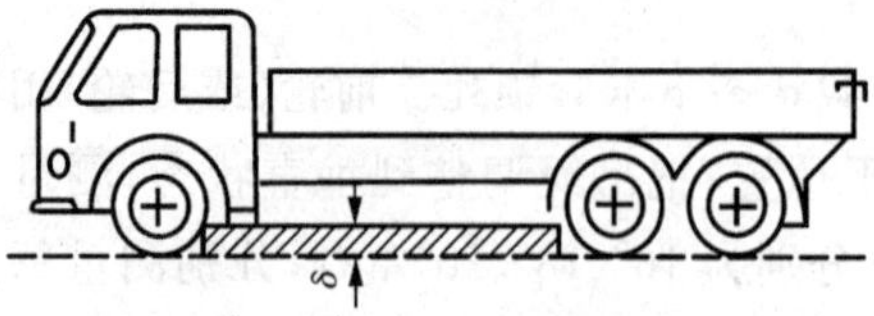

图 3-7 最小离地间隙

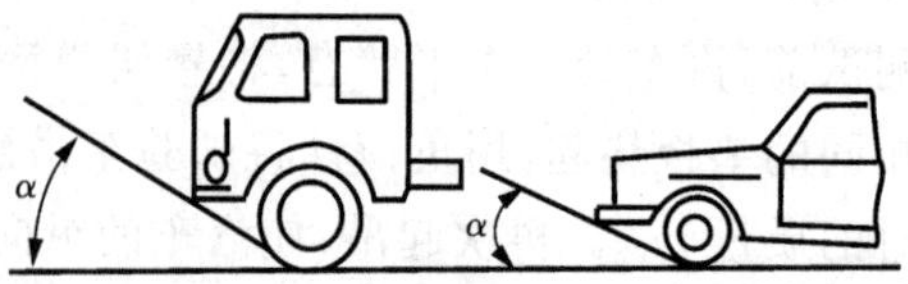

图 3-8 接近角

2. 接近角(α)

接近角指水平面与切于前轮胎外缘(静载)的平面之间的最大夹角,前轴前面任何固定在汽车上的刚性部件不得在此平面下方,如图 3－8 所示。

3. 离去角(β)

离去角指水平面与切于汽车最后轮轮胎外缘(静载)的平面之间的最大夹角,位于最后车轴后面的任何固定在汽车上的刚性部位不得在此平面的下方,如图 3－9 所示。

4. 纵向通过角(θ)

纵向通过角指当分别切于静载汽车前后轮胎外缘,且垂直于汽车纵向对称平面的两平面交于车体下部较低部位时,车轮外缘两切面之间所夹的最小锐角,如图 3－10 所示。

图 3－9　离去角

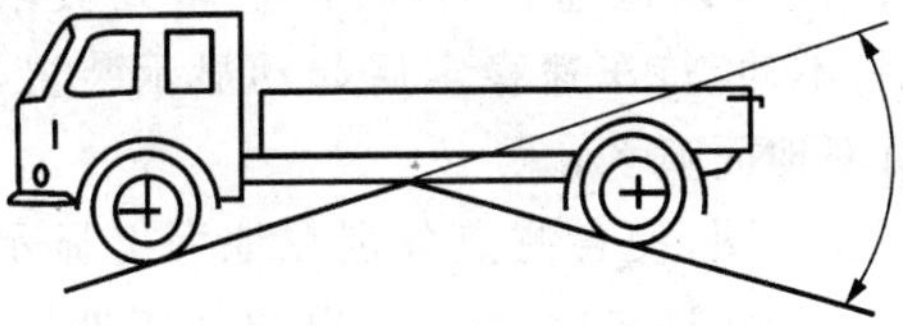

图 3－10　纵向通过角

5. 转弯直径

转弯直径指内、外转向轮(方向盘转到极限位置)的中心平面在汽车支承平面上的轨迹圆直径。

当汽车前内轮转到最大转角时,前外轮的中心平面在地平面上的轨迹圆直径称汽车的最小转弯直径。

6. 转弯通道圆

转弯通道圆(方向盘转到极限位置)为如下两个内外圆:

(1)车轮所有点在汽车支承平面上的投影均位于圆外的最大内圆;

(2)包含汽车所有点在汽车支承平面上的投影的最小外圆。

二、通过性参数的测量方法

1. 测量条件

(1)测量场地应具有水平坚硬覆盖层的支承表面,其大小应允许汽车作全圆周行驶;

(2)汽车转向轮应以直线前进状态置于测量场地上;

(3)汽车轮胎气压应符合设计要求;

(4)汽车前轮最大转角应符合该车的技术条件规定。

2. 测量仪器、设备

(1)高度尺:量程 0～1 000 mm,最小刻度 0.5 mm;

(2)离地间隙仪:量程 0～500 mm,最小刻度 0.5 mm;

(3)角度尺:量程 0°～180°,最小刻度 1°;

(4)钢卷尺:量程 0～20 m,最小刻度 1 mm;

(5)行驶轨迹显示装置;

(6)水平仪。

3. 测量部位及载荷状况

(1)接近角、离去角、纵向通过角的测量部位按 GB/T3730.3—1992 的规定，测量的载荷状况分别测空车和满载两种状况。

(2)最小离地间隙的测量部位是指测量支承平面与汽车中间部分最低点的距离，且指明最低点部件，测量的载荷状况为满载。

三、最小转弯直径的测定

(1)汽车停放在场地一侧，在前外轮和后轮胎面中心的上方，在车体离转向中心最远点和最近点垂直地面方向，分别装置行驶轨迹显示装置。即在前外转向轮轮胎面中心及后轮胎面中心装置喷水针，针头与地面的距离小于 50 mm。

(2)汽车以低速行驶，转向盘转到极限位置，保持不动，待车速稳定后起动显示装置，用喷水针对地面喷水。

行驶一圈，使各测点分别在地面上显示出封闭的运动轨迹之后，将汽车开出轨迹外。左、右转弯各试验 1 次，如图 3－11 所示。

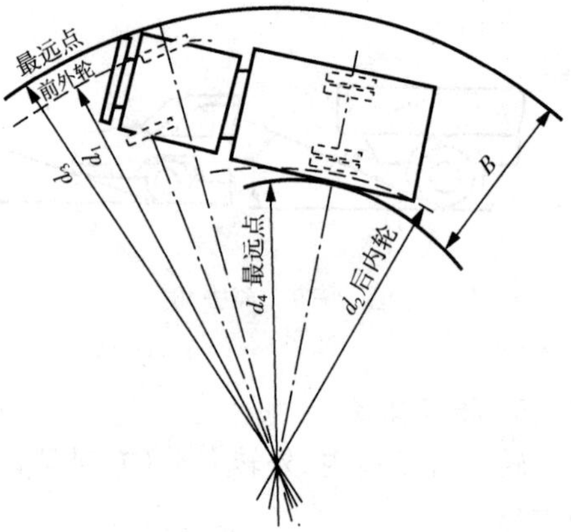

图 3－11　最小转弯直径示意图

(3)用钢卷尺测量各测点在地面上形成的轨迹圆直径，应在互相垂直的两个方向测量，取算术平均值(准确度 0.01 m)作为测试结果。以外转向轮的中心平面的轨迹圆直径为最小转弯直径(d_1)。

左右转弯直径相差不大于 0.1 m 时，取平均值，相差大于 0.1 m 时，取较大值。

用同样的方法测出汽车最内点及最外点的转弯直径(d_2、d_4)，即为内外通道圆。

第五节　车轮滚动半径测定

车轮滚动半径是根据汽车行驶的距离和车轮转动的圈数之间的关系换算得出的半径，其大小与汽车的行驶驱动力和汽车速度有关。汽车行驶驱动力按下式计算，即

$$F_t=\frac{M_e i_g i_0 \eta_t}{\gamma_r} \tag{3-8}$$

式中：F_t——汽车行驶驱动力(N)；

M_e——发动机转矩(N·m)；

i_g——变速器传动比；

i_0——驱动桥传动比；

η_t——传动系效率；

γ_r——车轮滚动半径(m)。

汽车速度按下式计算：

$$v_a = 0.377 \times \frac{\gamma_r n}{i_g i_0} \tag{3-9}$$

式中：v_a——汽车速度(km/h)；

n——发动机转速(r/min)。

由上式可知，车轮滚动半径与行驶驱动力成反比，与汽车速度成正比，其值影响汽车的动力性和燃油经济性。用道路试验的方法测定滚动半径的大小适用于各类汽车。

一、测定条件

车轮滚动半径随胎面花纹的磨损而变化，在每次基本性能试验时应检查测定。测定时，轮胎气压必须充足，符合相应汽车的产品技术条件的规定。测定的路面必须平整、干燥、清洁。测定前，汽车应以较高车速行驶预热。

二、测定方法

1. 印迹法

在路面上垂直于道路纵向涂一条宽约为 50 mm 的颜色易于分辨的油漆线或废机油线，并保证汽车以各种车速驶过油漆线时，汽车轮胎能在路面上压出清晰的印迹。

如果试验汽车为后驱动，为了不使前轮压上油漆而造成辨认困难，应在油漆线上盖上两块薄板，并各用一条绳子系着，以便在汽车前轮刚滚过盖板时，从左、右两侧迅速抽出盖板，只让后轮胎压上油漆。

试验车速一般根据具体要求确定。如果对试验车速无明确规定，可以从高于最低稳定车速的整数车速起(一般为 20 km/h)，到接近最高车速 80% 的整数车速止的范围内，选取数个车速作为试验车速。

试验时，应分别测量左、右驱动轮连续滚动 3 圈在路面上压出印迹的长度 S_i(按印迹中心测量)。如图 3-12 所示，测量误差应低于 5 mm。

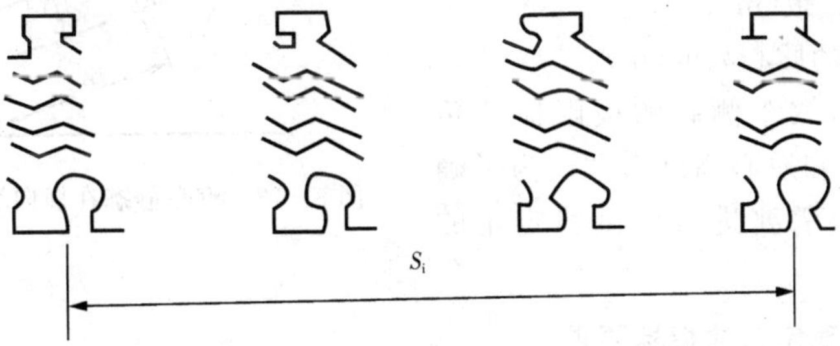

图 3-12 车轮滚动半径的测量

车轮滚动半径按下式计算：

$$\gamma_i = \frac{S_i}{6\pi} \tag{3-10}$$

式中：r_i——左侧或右侧车轮滚动半径(m)；

S_i——左侧或右侧车轮印迹的长度(m)。

左、右车轮滚动半径的平均值，即为该试验汽车的车轮滚动半径。

2．车轮转数法

汽车分别以 20、40、60 km/h 的车速匀速行驶，通过 500 m 测量段，记录在 500 m 距离内车轮的转数 n。车轮滚动半径按下式计算：

$$\gamma_r=\frac{250}{n\pi} \tag{3-11}$$

第六节　稳定性参数的测试

汽车的静态横向稳定性是汽车设计和结构布置是否合理的重要条件。因为当汽车转向或在横向坡道承受侧向风力行驶时，可能发生侧向滑移或侧向翻车，所以汽车的静态横向稳定性也是安全检测的重要内容之一。汽车最大侧倾稳定角是汽车静态横向稳定性的评价指标。

一、汽车横向侧翻的极限横坡角(或临界角)

设定汽车静止停在横坡上，坡度角为 α，其受力情况如图 3－13 所示。由图可知，随 α 角的增大，车轮的反作用力 Z_1 减小，Z_2 增大。当 $Z_1=0$ 时，汽车便失去操纵能力，即已丧失侧向稳定性，这时的横坡角称为极限横坡角 α_{max}，若对 A 点取矩，则

$$G_\alpha\cos\alpha_{max}\frac{B}{2}=G_\alpha\sin\alpha_{max}h_g$$

整理得

$$\tan\alpha_{max}=\frac{B}{2h_g} \tag{3-12}$$

式中：B——车轮轮距(m)；

h_g——汽车的质心高度(m)。

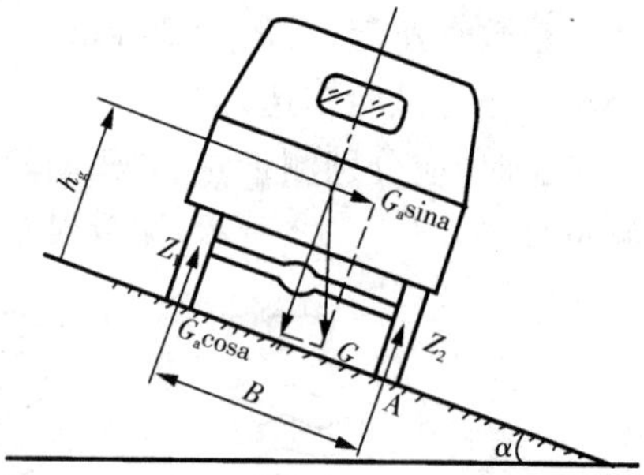

图 3－13　汽车静态在横向坡道上的受力图

由上式可见，汽车侧翻的极限横坡角 α_{max} 与汽车的轮距和质心高度有关。为了确保行车安全，所以需要进行侧翻稳定角的检验。

二、最大侧倾稳定角的指标要求

我国《机动车运行安全技术条件》中规定，汽车在空载、静态情况下，向左侧和右侧倾斜的最大侧倾稳定角为：

(1)三轮摩托车不小于 25°；

(2)最高时速低于 20 km/h，或总质量为汽车整备质量的 1.2 倍以下的车不小于 30°；

(3)其他车(二轮摩托车和轻便摩托车除外)不小于 35°。

三、汽车最大侧倾稳定角的测定

检验汽车静态横向稳定性可以在汽车侧倾试验台上进行。

1. 测试条件

(1)汽车各总成、部件及附属装备齐全；

(2)轮胎气压应符合汽车技术条件的规定，误差不超过 10 kPa；

(3)对于采用空气悬架及油气悬架的汽车，应安装防止悬架脱开的安全装置，有高度调整机构的应锁止该机构；

(4)汽车处于整备质量状态；

(5)环境风速不大于 1.5 m/s。

2. 测试方法

(1)测定左向最大侧倾稳定角

① 将汽车驶上试验台，使汽车的纵向中心线平行于试验台转轴中心线，平行度不低于 GB1184—1996《形状与位置公差——未注公差的规定》中规定的 12 级。

② 将汽车制动(实施驻车制动)，用绳索在汽车将出现滑移或翻倒的反方向上栓住，但绳索上不应预先施加拉力。

③ 启动试验台，使汽车向左缓慢而稳定地倾斜，试验台台面倾斜角每增加 5°测 1 次车轮负荷，在达到最大侧倾稳定角前 5°起，则每隔 1°测 1 次车轮负荷，直到汽车右侧所有车轮支承平面法向反力为零时止(如没有车轮负荷测量装置，试验倾斜到右侧所有车轮脱离试验台台面时为止)，即刻从试验倾斜角度指示盘上记下读数值，然后使试验台台面倾斜角恢复为 0°。

重复上述试验，3 次测量值相对误差若超过 3%应重新测试。

(2)测定右向最大侧倾稳定角

将汽车掉头置于试验台上，重复上述试验步骤。

3. 数据处理及试验报告

对于最大侧倾稳定角值，一般取其 3 次测量值的算术平均值，取值到十分位。

试验报告内容如下：

(1)汽车主要参数

包括车长、车宽、车高，轴距、轮距，整备质量、整备轴载质量、悬架型式、轮胎型式、型号和气压。

(2)试验结果

包括法向反力—侧倾角曲线、左向最大侧倾稳定角、右向最大侧倾稳定角。

① 试验台台面的倾斜角应能满足被测汽车静侧翻稳定性要求，试验台台面的倾斜角应能在零度与最大侧倾角之间连续调节，并能在任意角度固定。试验台运转应平稳，上升速度不大于 10°/min，下降速度不大于 27°/min。

② 试验台台面与车轮间的附着系数不低于 0.85。

③ 为防止试验时汽车侧滑，可在试验台上安装防侧滑挡块，挡块高度不大于 30 mm，且只准加在侧翻中心一侧轮边。

④ 为防止试验时汽车侧翻，须有防侧翻的安全设备，如安全墙、带有保险绳的保险汽车或吊车、车桥安全带、防侧翻安全架等。安全设备对汽车的约束力，在侧翻临界状态前均应为零。

试验前最好测试汽车的质心高度和轮距，计算出理论最大侧倾稳定角，以备试验时参考。

思考与练习

3-1　整车外观检测的项目主要有哪些？汽车标志主要包括哪些内容？

3-2　汽车结构参数主要包括哪些？我国对汽车的外廓尺寸限界是如何规定的？

3-3　汽车质量参数主要包括哪些？质心位置参数主要包括哪些？如何测定？

3-4　车轮滚动半径的测定有几种方法？

3-5　汽车通过性参数主要包括哪些？汽车的转弯直径如何测定？

3-6　汽车静态横向稳定性是如何检测的？

第四章　汽车主要总成与零部件试验

内容提要：本章主要介绍发动机功率测试原理、方法及设备，转向系技术状态参数测试原理、方法及设备，传动系的主要部件离合器和变速器试验原理、方法，车速表检测原理、方法及设备，汽车前照灯及信号装置有关技术要求和检测内容、检测原理、检测方法及检测仪器等。

第一节　发动机功率测试

一、发动机运行安全技术和功率测试方法

1. 发动机运行安全技术

发动机技术状况变化的主要外观症状有：功率下降，燃料和润滑油消耗量增大，起动困难，漏水、漏油、漏气、漏电以及运转中有异常响声等。为保证发动机正常安全运行，应满足如下安全技术条件：

(1)发动机应动力性能良好，运转平稳，怠速稳定，无异响，机油压力正常。发动机功率不得低于原标定功率的75%，大修竣工后，发动机功率不得低于原设计标定功率的90%。

(2)发动机应有良好的起动性能，汽车发动机应能由驾驶员在座位上起动。

(3)发动机点火、燃油供给、润滑、冷却和排气等系统的机构应齐全，性能良好。

2. 发动机功率测试方法

发动机单项性能检测项目很多，其中发动机功率的检测是必选项目。检测功率的试验通常也叫测功试验，目前检测发动机功率常用稳态测功和动态测功两种方法。

(1)稳态测功

稳态测功也称有负荷测功，是指在发动机节气门开度一定、转速一定和其他参数不变的稳定状况下，通过给发动机加一定的模拟负载，来测量发动机的转速、转矩和功率的方法。

发动机装在专用试验台架上，在节气门全开时，由试验台的测功器给发动机施加负荷使其在额定转速下稳定运转，根据测功器施加的转矩值和转速，便可得发动机的有效输出功率值。台架稳态测功的结果比较准确可靠，多为发动机设计、制造部门和科研单位做性能试验时所采用。

(2)动态测功(就车动态试验)

动态测功亦称无负荷测功或无外载测功(就车动态试验)，是指发动机在不带负荷的情

况下，突然开大节气门，使发动机克服惯性和摩擦阻力而加速运转，通过测量发动机的加速性能来测量所发出的瞬时功率的方法。

它是在不解体条件下，进行就车试验测定发动机功率。测功时，发动机节气门开度和转速均处于剧烈变化之中，无需对发动机施加外载荷，故称无负荷测功。该测功方法所用仪器轻便，测功速度快，方法简单，但测功精度较低。多应用于汽车的使用单位、交通管理部门和维修厂家。

二、无负荷测功原理

如果把发动机的所有运动部件看成一个绕曲轴中心线转动的回转体，当发动机与传动系统脱开，将没有任何外界负荷的发动机在怠速下突然将节气门打开至最大开度时，发动机产生的动力克服机械阻力矩和压缩气缸内混合气阻力矩后所剩余的有效转矩，将全部用来发动机运动部件加速。此时，发动机克服本身惯性力矩迅速加速到空载最大转速。

对于某一型号的发动机而言，其运动部件的转动惯量近似为一个定值。如果发动机的有效功率愈大，其运动部件的加速也愈大。这样，可以通过测定发动机在某一转速下的瞬时加速度或指定转速范围内的平均加速度、加速时间来确定发动机有效输出功率的大小。

按测功原理，无负荷测功可分为两类：用测定瞬时角加速度的方法测定瞬时功率；用测定加速时间（从低速到高速所用的时间）的方法测定平均功率。

1. 瞬时功率测量原理

根据刚体定轴转动微分方程，发动机有效转矩与角加速度间的关系为

$$M_e = J\frac{\mathrm{d}\omega}{\mathrm{d}t} = J\frac{\pi}{30}\frac{\mathrm{d}n}{\mathrm{d}t} \tag{4-1}$$

式中：M_e——为有效转矩（N·m）；

J——发动机运动部件对曲轴中心线的当量转动惯量（$\mathrm{kg \cdot m^2}$）；

n——发动机转速（r/min）；

$\frac{\mathrm{d}\omega}{\mathrm{d}t}$——曲轴的角加速度（$\mathrm{rad/s^2}$）；

$\frac{\mathrm{d}n}{\mathrm{d}t}$——发动机转速变化率（$\mathrm{r/s^2}$）；

ω——曲轴的角速度（rad/s）。

$$P_e = \frac{M_e n}{9\,549} = \frac{\pi}{30}\frac{J}{9\,549}n\frac{\mathrm{d}n}{\mathrm{d}t} \tag{4-2}$$

令

$$C_1 = \frac{\pi}{30}\frac{J}{9\,549}$$

则

$$P_e = C_1 n\frac{\mathrm{d}n}{\mathrm{d}t} \tag{4-3}$$

在变工况条件下测试发动机功率时，混合气形成、发动机热状况等与稳态测试时不同，其有效功率值比稳态测试时的功率值小，因此引入修正系数 K，即

$$P_e = KC_1 n\frac{\mathrm{d}n}{\mathrm{d}t}$$

$$P_e = Cn\frac{dn}{dt} \tag{4-4}$$

其中，$C=KC_1$。

可见，加速过程中，发动机在某一转速下的功率与该转速下的瞬时加速度成正比。这样，发动机无负荷测瞬时功率的问题，实质上成为测定发动机转速和在该转速下的角加速度或曲轴转速变化率的问题。例如，要测量图 4-1 升速曲线中 A 点的瞬时功率，只要知道 A 点瞬时速度 n_1 和该点速度的变化率（曲线的斜率）即可。

2. 平均功率测量原理（通过测量加速时间来计算发动机的平均功率）

根据动能原理，发动机无负荷加速过程中，其动能增量等于发动机所作的功。即

$$A=\frac{1}{2}J\omega_2^2-\frac{1}{2}J\omega_1^2 \tag{4-5}$$

式中：A——发动机所作的功(J)；

ω_1、ω_2——测定区间起始角速度和终止角速度(rad/s)。

若发动机曲轴旋转角速度从 ω_1 上升到 ω_2 的时间为 $\Delta T(s)$，则发动机在这段时间内的平均功率 P_{em}(W)为

$$P_{em}=\frac{A}{\Delta T}=\frac{1}{2}J\frac{\omega_2^2-\omega_1^2}{\Delta T}$$

$$P_{em}=\frac{1}{2}J\left(\frac{\pi}{30}\right)^2\frac{n_2^2-n_1^2}{1\ 000}\frac{1}{\Delta T}$$

$$P_{em}=C_2\frac{1}{\Delta T} \tag{4-6}$$

若已知转动惯量，并确定测量时起始转速和终止转速 n_1、n_2，则 C_2 为常数，称为平均功率测功系数。一般 n_1 要稍高于怠速转速，n_2 宜取额定转速。

上式表明，加速过程中，发动机在某一转速范围 $n_1 \sim n_2$ 内的平均功率与加速时间 ΔT 成反比。这样，测某转速范围的平均功率，实质上成为测定该转速范围加速时间的问题，如图 4-2 所示。

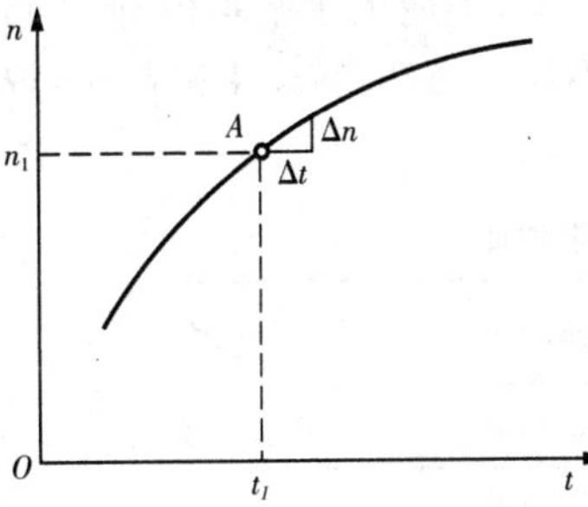

图 4-1 变化率测量瞬时功率示意图

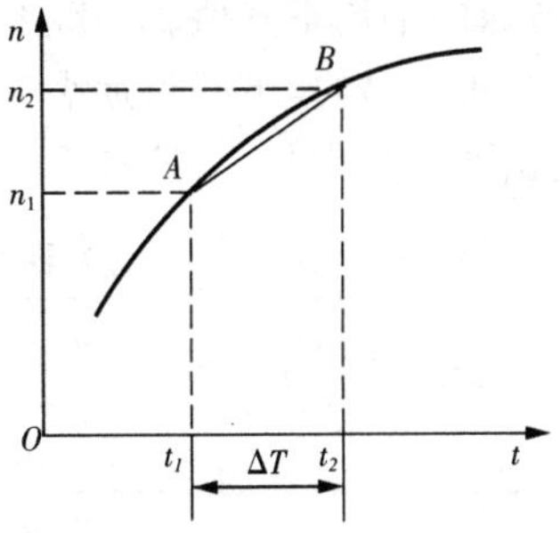

图 4-2 测量平均瞬时功率示意图

由于 $n_1 \sim n_2$ 范围内的平均功率也是在急加速变工况的动态条件下测得的，而作为发动机动力性的评价指标是额定功率，它是在稳定工况下测得的。很显然，在动态条件下的平均功率比稳定工况下的额定功率要小。若引入修正系数 K，并经台架试验对比后得出，则可直接测出发动机的最大有效功率为

$$P_{\mathrm{emmax}} = KP_{\mathrm{em}} = K\frac{C_2}{\Delta T} \tag{4-7}$$

三、各气缸功率均衡性检测

从理论上讲，发动机所发出的功率，应该是各气缸发出功率的总和，发动机各气缸所发出的功率应是相同的。但由于结构、供油系统以及点火系统方面的差异，各气缸实际发出的功率还是会有所不同；特别是当某气缸有故障时，这种差别就更加明显。例如，当发动机以某一转速运行时，若某气缸火花塞突然断火，该气缸就不能作功，发动机总功率就会下降。

通常采用轮流将各缸断火的办法，来判断某缸技术状况是否完好。“单缸断火”的具体测试方法有两种：一种是测试功率的变化，另一种是测试转速的变化。

1. 单缸功率的检测

利用无负荷测功原理来测量某单个气缸的功率。首先测量整个发动机的总功率，然后在某缸断火条件下，再测量发动机的功率。两次测量功率之差，即为断火气缸所发出的功率。同理，依次将各缸断火，分别测量各次断火后的功率，并得出各单缸功率。比较各单缸功率，即可判断各缸工作情况。正常时，各单缸功率应是基本相同的，单缸断火后的功率也应该是相近的，若某缸断火后，测得的功率没有变化，则可以认为这个气缸本来就未参与做功。

2. 单缸断火后转速的变化

发动机在一定转速下运行时，若某缸突然断火，则发动机输出功率将减少，因而转速也会降低，以寻求与负载和摩擦功率新的平衡。若各缸的功率是均衡的，则当各缸轮换地断火时，转速下降的幅度应基本相同。反之，若转速下降的幅度差别很大，则说明有的气缸工作不正常。因而可以利用单缸断火情况下的转速下降数值，来评价各缸的工作状况。正常时转速下降的平均值与气缸数有关。显然，气缸数越多，单缸断火后转速下降值就应越小。

表 4－1 给出了发动机在以 800 r/min 的转速稳定工作的条件下，取消一个气缸工作后，转速的平均下降值。一般要求转速下降最高、最低值之差，不应大于平均值的 30%。若某缸断火后，转速下降值远小于平均值，则说明该缸工作不良。当然，转速下降越小，说明该缸发出的功率也越小；若转速下降为零，证明该气缸不工作。

表 4－1　单缸断火后转速下降的平均值

气缸数	转速/$\mathrm{r \cdot min^{-1}}$
4	150
6	100
8	50

应该指出，发动机气缸数越多，每个气缸对发动机总功率的贡献率就越低，单缸断火后转速下降值就越小，测量的误差以及判断故障的难度也就越大。

四、发动机功率测试的仪器设备

1. 无负荷测功仪

(1)无负荷测功仪结构

做无负荷测功试验，都可以用专门的无负荷测功仪进行。无负荷测功仪主要由传感器、脉冲整形装置、时间信号发生器、加速度计数器、转换分析器、功率指示表和转速表等组成。其测试原理框图如图 4－3 所示。

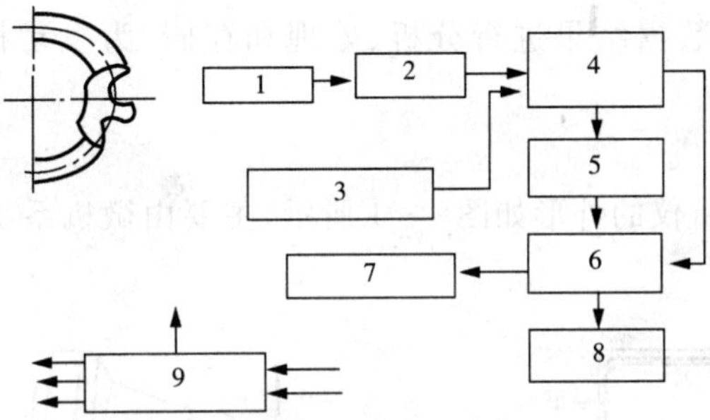

图 4－3 测瞬时加速度方案的原理框图

1—传感器　2—整形装置　3—时间信号发生器　4—加速度计数器和控制装置
5—转换分析器　6—转换开关　7—功率指示表　8—转速表　9—电源

(2)无负荷测功仪的工作过程

① 从传感器传来的转速脉冲信号，输入到脉冲整形装置进行整形放大，转变为矩形触发脉冲信号，并把脉冲信号的频率放大 2～4 倍以提高仪器灵敏度。

② 矩形触发脉冲信号输入到加速度计数器，并且只有在发动机转速达到规定值(n_1)时，整形装置才输出触发脉冲信号。矩形触发脉冲信号通过控制装置触发加速度计数器工作，计算一定时间间隔内输入的脉冲数，并把这些脉冲数累加起来。

时间间隔由时间信号发生器控制，每一时间间隔内脉冲数与发动机转速成正比，而后一时间间隔与前一时间间隔的脉冲数差值与发动机的角加速度成正比，角加速度又与发动机功率成正比。

③ 转换分析器可把计数器输出的脉冲信号，即与发动机转速成正比的角加速度脉冲信号转变为直流电压信号，然后输入到已按功率单位标定的功率指示表中，从而显示被测发动机的功率。时间间隔取得越小，则所测出的有效功率越接近瞬时有效功率。

(3)无负荷测功仪的检测方法

常用的测试方法有怠速加速法和起动法两种。

① 怠速加速法　发动机在怠速下稳定运转，然后突然将节气门开到最大位置，发动机转速猛然上升，当转速达到所确定的测试转速(测瞬时功率)或超过终止转速 n_2 时，仪表显示所测功率值。此后应立即松开加速踏板，以避免发动机长时间高速运转。记下或打印出读数，按“复零”键使指示装置复零。为保证测试结果可靠，一般重复测量 3 次取其平均值。该测试方法既适用于汽油机，又适用于柴油机。

② 起动法　首先将节流阀开至最大位置，再起动发动机加速运转，当转速达到确定或

超过终止转速后，仪表显示出测试值。起动法可用于化油器式汽油机，由于排除了化油器加速泵的附加供油作用，因此可检查化油器的调整状况。

2. 汽车发动机综合性能分析仪

无负荷测功仪在国内发展很快，主要向小型化、使用方便性和适用多车型的方向发展。有的厂家把无负荷测功仪制成袖珍式，带有拔节天线以收取发动机运转时的点火脉冲信号，而不必与发动机有任何的有线连接。另外，无负荷测功仪既可以制成单一功能的便携式测功仪，又可以与其他测试仪表组合制成便携式或台式发动机综合测试仪，如国产 *K*100 汽车发动机综合性能分析仪，它不仅可以进行无负荷测功试验，还可以检测发动机各系统的工作状态和运行参数，以及测试点火、喷油、电控系统传感器和气缸压力的动态波形等。同时可对数据结果进行分析、处理和存储，为发动机的技术状态判断和故障诊断提供科学依据。

(1)分析仪的基本组成

发动机综合性能分析仪的外形如图 4－4 所示，主要由微机系统、前端处理器以及信号提取系统等组成。

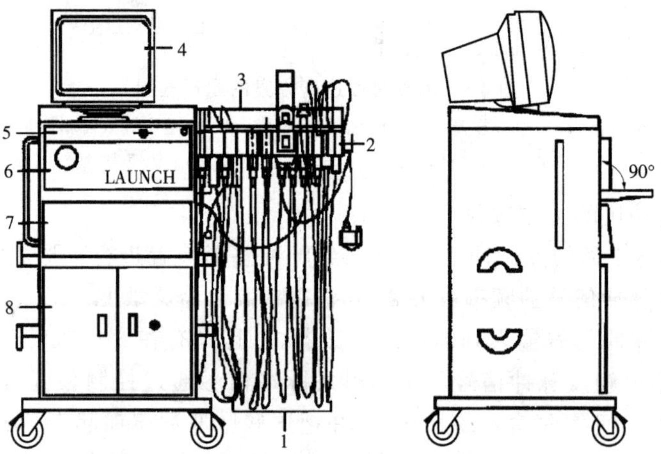

图 4－4　汽车发动机综合分析仪外形图

1—传感器及信号电缆　2—传感器挂架　3—前端处理器　4—高速采集、处理与显示系统

5—热键板　6 电脑主机柜与键盘柜　7—打印机柜　8—排放仪柜

微机系统主要包括主机、显示器、键盘、热键板和打印机等部件，承担测试过程的数据采集、处理、显示和打印等工作。

热键板上安装了十几个具有快速操作功能的按钮，用于一些基本操作控制。信号提取系统由各类夹器、探针、传感器和连接电缆等组成，用来提取发动机的各种状态信号。

前端处理器包括部分采集信号的预处理和信号转接，并承担与主机的并行通信。它可将发动机的所有传感信号，经衰减、滤波、放大、整形处理后，转换成标准的数字信号，送入信号采集系统。

信号提取系统的任务在于拾取汽车被测点的参数值，鉴于被测点的机械结构和参数性质不同，信号提取装置必须具有多种形式以适应不同的测试部位。该系统由 12 组拾取器组成，每一组拾取器根据其任务不同使用相应的夹持器、探针和传感器电缆等。

(2)分析仪的主要功能

发动机综合性能分析仪不仅可以测试各种发动机的动力性能、各系统运行状况,还可以测试电喷发动机传感器信号参数,以及进行故障分析诊断等。可以通过它的主菜单来了解其主要功能,如表 4-2 所示。

表 4-2 发动机综合性能分析仪的主菜单

发动机综合性能分析仪的主菜单		
主菜单	汽油机	点火系统(初级信号、次级信号、点火提前角)
		动力平衡(功率均衡性)
		起动机及发电机
		进气管真空度
		温度分析
		废气分析
		转速稳定性分析
		数字万用表
		无外载测功
	电控发动机参数	转速
		温度
		进气管真空度
		节气门位置
		爆燃信号
		空气流量
		喷油脉冲信号
		氧传感器
	柴油机	喷油压力
		喷油提前角
		发电机及起动机
		转速稳定性分析
		排放检测
		数字万用表
		无外载测功
	故障分析	故障码查询 信号回放与分析
	参数设定	
	退出	

第二节　转向系技术状态参数测试

一、转向盘的转动阻力和自由转动量的测试

1. 技术要求

转向盘的转动阻力和自由转动量直接关系到转向轻便、行驶稳定和行车安全，因此其运行安全技术要求规定如下：

(1)转向盘转动灵活

机动车的转向盘应转动灵活、操纵轻便，无阻滞现象。车轮转到极限位置时，不得与其他部件有干涉现象。

(2)机动车转向盘的最大自由转动量

① 最大设计车速大于或等于 100 km/h 的机动车，其自由转动量≤10°；

② 最大设计车速小于 100 km/h 的机动车，其自由转动量≤15°；

③ 三轮农用运输车，其自由转动量≤22.5°。

(3)转向盘最大切何力

机动车在平坦、硬实、干燥和清洁的水泥或沥青道路上行驶，以 10 km/h 的速度，在 5 s 之内沿螺旋线从直线行驶过渡到直径为 24 m 的圆周行驶，施加于转向盘外缘的最大切向力不得大于 245 N。

这些评价指标在使用中一般凭驾驶人员的主观感受，但汽车检测时采用仪器测定。

2. 转向盘转动阻力的测试

转向盘的转动阻力是评价转向盘转动是否灵活、轻便的量化指标，转动阻力大，即转向沉重，会增加驾驶员的劳动强度和影响行车安全。转向盘转动阻力一般用弹簧秤拉动转向盘的轮缘检测，或用专门的转向测力仪测试。如图 4－5 所示为该仪器的结构和装置图，以 ZCA 型转向参数测量仪为例进行说明。

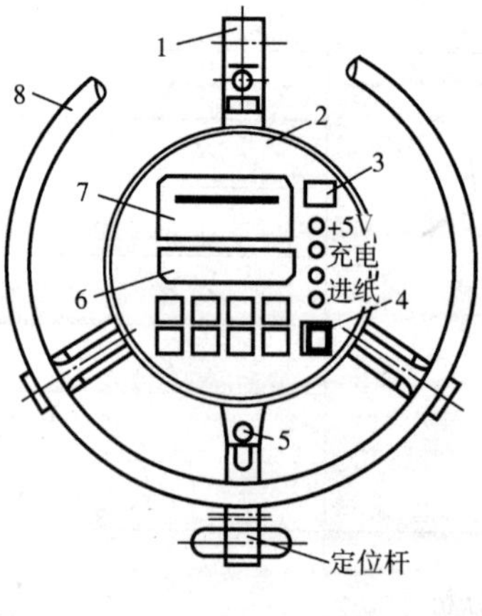

图 4－5　ZCA 型转向参数测量仪

1—联接叉　2—主机箱　3—电压表　4—电源开关
5—固定螺拴　6—显示器　7—打印机　8—操纵盘

(1)ZCA 型转向参数测量仪

国产 ZCA 型转向参数测量仪是以微机为核心的智能化仪器，可测得转向盘的自由转动量(自由行程)和作用在转向盘的转动阻力(转向力)。该仪器由操纵盘、主机箱、联接叉和定位杆四部分组成。操纵盘由螺钉固定在三爪底板上，底板经力矩传感器与联接叉相接，每个联接叉上都有一只可伸缩长度的活动卡爪，以便与被测转向盘相联接。主机箱为一圆形结构，固定在底板中央，其内装有接口板、微机板、转角编码器、打印机和电池等，力矩传感器也装在其内。定位杆从底板下伸出，经磁力座吸附在驾驶室内的仪表盘上。定位杆的内端连接有光电装置，光电装置装在主机箱内的下部。

当把转向测量仪对准被测转向盘中心，调装好 3 只伸缩爪长度与转向盘联接牢固后，转动操纵盘的转向力通过底板、力矩传感器、联接叉传递到被测转向盘上，使转向盘转动以实现汽车转向。此时，力矩传感器将转向力矩转变成电信号，而定位杆内端连接的光电装置则将转角的变化转变成电信号。这两种电信号由微机自动完成数据采集、转角编码、运算、分析、存贮、显示和打印，因而该仪器既可以测得转向力(转动阻力)，又可测得转向盘转角，当然也可以测得转向盘自由行程。

(2)转向盘转动阻力的检测方法

顶起前桥，使左右车轮悬空，将测试仪安装在被测汽车的转向盘上，启动电源开关，按下“力测”按键，缓慢地将转向盘由一端尽头转到另一端尽头，则仪器开始定时测量并显示仪器上的作用力矩 M。按下式算出转向盘轮缘上的转动力：

$$\text{转动力}=\frac{M}{2r} \tag{4-8}$$

式中：r——被测汽车转向盘的半径(m)。

测试时，注意车轮能否转到极限位置或是否与其他部件发生干涉现象。

3. 转向盘自由转动量的测试

转向盘自由转动量是评价转向是否灵敏、操纵是否稳定的指标。如转向盘自由转动量超过规定的技术要求，在行驶中，要用较大幅度转动转向盘，才能控制汽车的行驶方向，且在直线行驶时感到行驶不稳定，严重影响行车安全。

用 ZCA 型转向参数测量仪测量转向盘自由转动量的方法如下：

(1)顶起前桥，将转向盘由一端尽头转到另一端尽头，记住圈数，再回转其总圈数的一半，然后放下前桥，保持转向盘位置不动；

(2)将测试仪安装好，启动电源并按下“角测”按钮，向一个方向缓慢转动转向盘，直至轮胎开始转动时，停止转动转向盘，则仪器自零开始测量并显示转向盘转动的角度。

(3)用同样方法可测出另一个方向的转向盘自由转动量的值。

二、四轮定位参数测试

正确的车轮定位是汽车良好的操纵稳定性、直线行驶性能和自动回正能力的保证。定期对车轮定位参数进行检测和调整，使其保持在正常范围内，能够保证汽车有良好的操纵性，而且还能够减少轮胎异常磨损，减少悬架系统及转向机构零部件磨损和降低燃油消耗。

因此，在《机动车运行安全技术条件》中，对汽车有关转向轮定位值的检测作了如下的规定：

(1)转向轮转向后应能自动回正，以使机动车具有稳定的直线行驶能力。

(2)前轮定位值应符合该车有关技术条件的规定。

(3)用侧滑仪检测转向轮的横向侧滑量时，侧滑量值应不大于 5 m/km。

车轮定位一般指转向轮前束(或前张)、车轮外倾角、主销后倾角、主销内倾角，统称为前轮定位。现代汽车对后轮前束(或前张)、车轮外倾角以及前轴偏角、后轴驱动偏角等参数也提出要求，通常进行四轮定位检测和调整。

1. 四轮定位参数的概念

(1)车轮外倾角

车轮外倾角是车轮宽度方向上的中心线相对于垂直方向的夹角，其单位为度。车轮上边向外倾斜时，外倾角为正；向内倾斜时，外倾角为负，如图 4-6 所示。

(2)主销后倾角

主销后倾角是在汽车侧面看主销中心线与垂直方向的夹角，如图 4-7 所示。

在汽车的前进方向上，若主销中心线与地面的交点落在车轮中心线前面，则主销后倾角为正；落在车轮中心线后面则主销后倾角为负。

(3)主销内倾角

主销内倾角是主销中心线与车轮宽度方向上的铅垂线的夹角，如图 4-8 所示。如果主销的上部向内倾斜，则主销内倾角为正；向外倾斜，则主销内倾角为负。

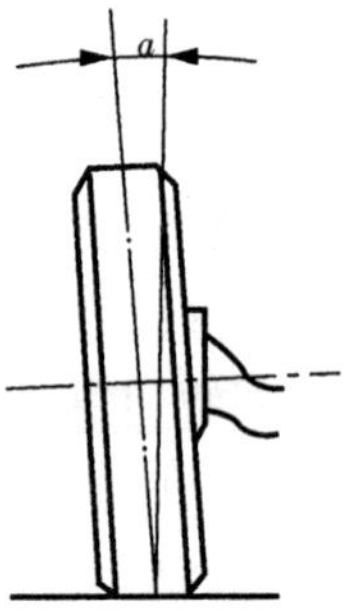

图 4-6　车轮外倾角示意图

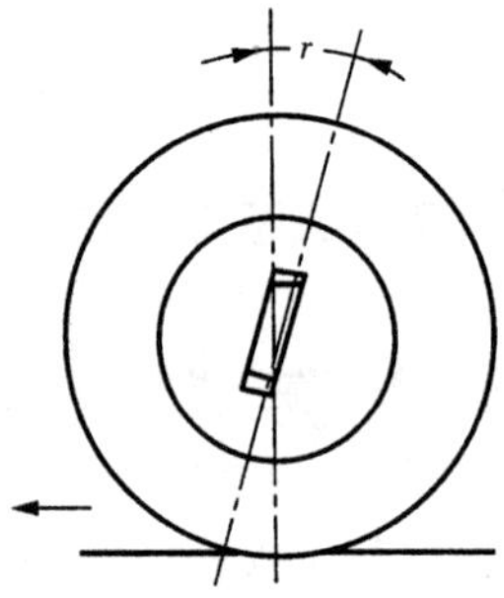

图 4-7　主销后倾角示意图

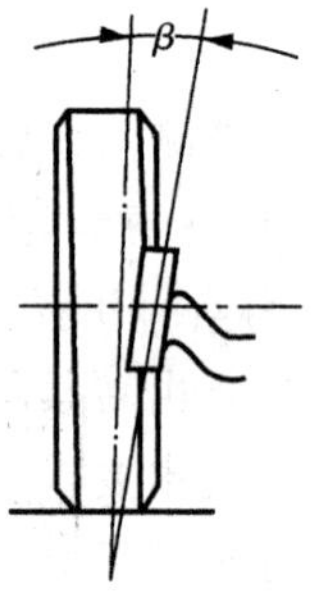

图 4-8　主销内倾角示意图

(4)转向角

汽车转向时左右转向轮的运动轨迹是不一样的，内侧车轮轨迹的曲率比外侧车轮的要大。就是说内侧车轮的转角比外侧车轮要大。当向右或向左转向时，这组数据是对称的，由此可判断转向机构的对称性是否有问题。这个数值可以从转盘的刻度盘上读出，如图 4-9 所示。

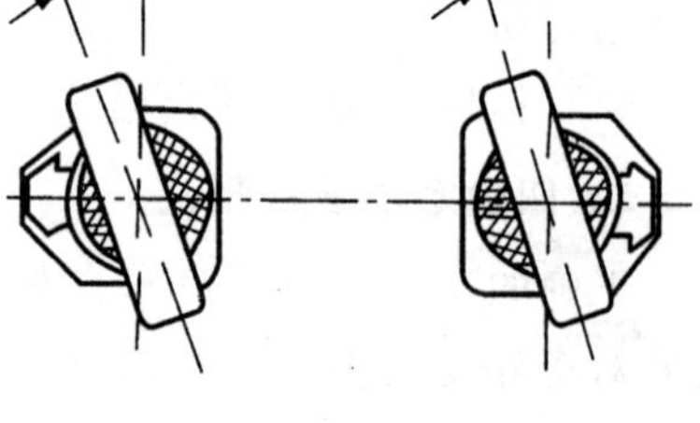

图 4-9　转向角测量示意图

(5)车轮前束

车轮前束是左右轮前部和后部对应位置间的距离 A 与 B 之差所形成的角度，因此前束可以用差值(mm)表示，也可以用角度表示。前束分为两种，即各轮前束和总前束。各轮前束是指左轮或右轮前后直径处与直行线偏差的尺寸或车轮宽度中心线与汽车中心线的夹角;总前束是左右轮前束之和,即 B 与 A 的差值或两轮偏差角之和。

A 大于 B,前束为负;A 小于 B,前束为正,如图 4-10 所示。

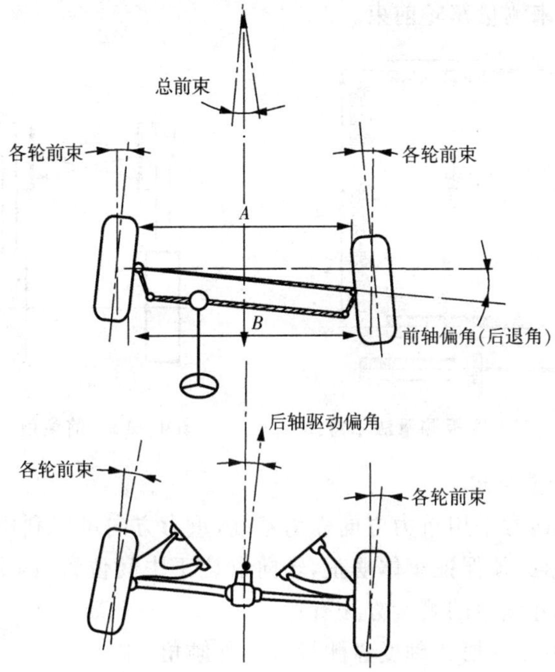

4-10 车轮前束、前轴偏角、后轴驱动偏角示意图

(6)前轴偏角

前轴偏角也称为后退角,是前轴轴线与汽车中心线的垂直线之间的夹角如图 4-10 所示。

(7)后轴驱动偏角

后轴驱动偏角也称为推力角,是后轴垂直线与汽车几何中心线的夹角如图 4-10 所示。

2. 车轮定位参数测量

车轮前束可以根据其定义直接测量,常用的测量方法有拉线式测量法、光束刻度板测量法及光电测量法等。

(1)拉线式测量法

根据前束的定义,在车轮最前端和最后端(可以是在车轮内侧面上或车轮中心平面上对应点)分别测量 B、A 值,$A-B$ 即得前束值。需要注意的是,在测量前束时,必须使车体摆正,转向盘位于中间位置,最好用锁紧机构把转向盘固定。

(2)光束刻度板测量法

利用光束发射器和刻度板(标尺)测量车轮前束,如图 4-11 所示。把光束发射器分别安装到左右车轮上,光束照射方向与车轮平面平行,把两个刻度板分别放置在轮轴前、后方距离轮胎 5 倍于车轮直径处,左右移动刻度板使其两端标尺上指示值相同,则前后刻度板读数之差可以用来换算车轮前束值,总前束为左、右轮前束之和。根据几何关系,刻度板放置在轮轴前、后 5 倍于车轮直径处(即 10 倍于车轮半径),所以前后刻度板读数差值 10 倍于车轮前束值。因此,前后刻度板读数之差值为 1 cm,车轮前束值为 1 mm。

(3)光电测量法

如图 4－12 所示，安装在两前轮和两后轮上的测量头上均装有发光器和光接收器，既可以利用同一轴上左、右轮互为基准，如图 4－12a 所示，也可以利用同一侧的前、后轮互为基准，如图 4－12b 所示来测量车轮前束。

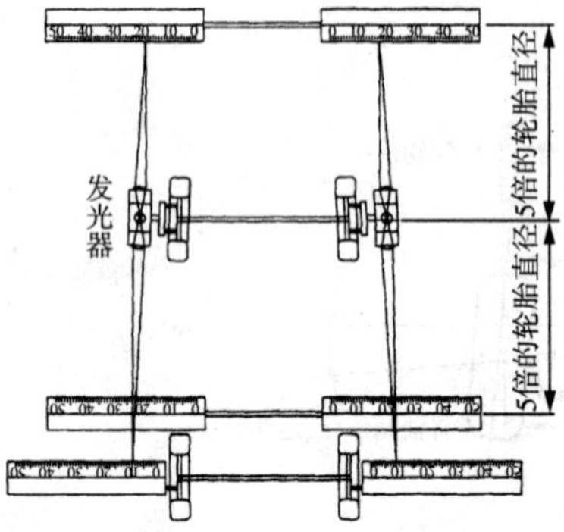

图 4－11　前束值光束刻度板测量法示意图

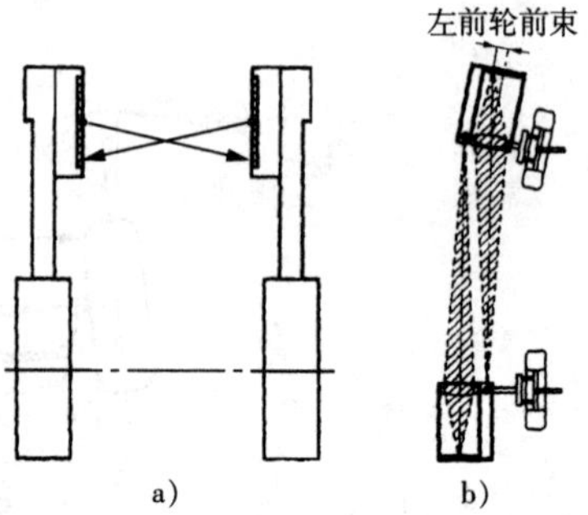

图 4－12　前束值光电测量法示意图

3. 车轮外倾角测量原理

车轮外倾角测量通常采用重力方向作为基准，重力方向可以利用重力摆或气泡水准仪。在测量车轮外倾角时，必须保证车体摆正，转向盘位于中间位置，因为车轮偏转其车轮外倾角将发生变化。车轮外倾角的测量方法有：

(1)利用光束发射器和摆式刻度盘测量车轮外倾角

采用上述前束测量用光束发射器，另配一个摆式刻度盘，即可测量车轮外倾角。光束发射器安装在轮轴上，光束照射方向与车轮平面平行，摆式刻度盘与汽车纵向轴线垂直方向摆放。先让光束对准刻度线圆心，然后转动光束发射器使光束向下移动到刻度线上，由于光束照射方向与车轮平面平行，所以光束与垂直线的夹角就是车轮外倾角，从刻度盘上即可直接读出车轮外倾角，如图 4－13 所示。

(2)利用气泡水准仪测量车轮外倾角

通过支架垂直于转向轮旋转平面安装水准仪，水准仪上有可测量倾角的气泡管，气泡管与车轮旋转平面垂直，所以气泡管与水平方向的夹角与车轮外倾角相等，如图 4－14 所示。气泡管中的水泡偏移量与倾角大小成比例，气泡管可按倾角刻度，也可把气泡管调回水平位置，气泡位移量或角度调节量即反映了车轮外倾角 α 的大小。

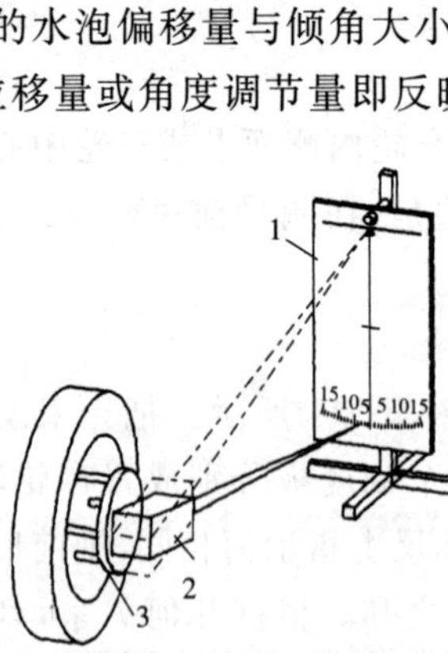

图 4－13　光束摆式刻度盘测量车轮外倾角

1—摆式刻度盘　2—发光器　3—装夹机构

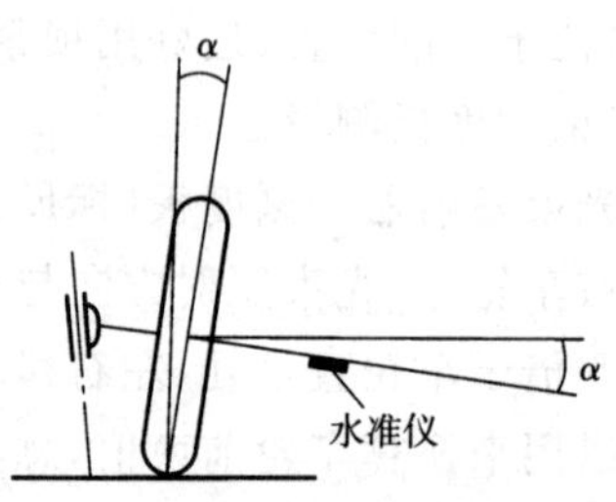

图 4－14　气泡水准仪测量车轮外倾角

(3)利用电子式倾角传感器测量车轮外倾角

光电式四轮定位仪采用电子式倾角传感器测量车轮外倾角，也是以重力方向作为参考基准，利用倾角传感器把角度信号转换成电信号。

4. 主销后倾角和主销内倾角的测量原理

主销后倾角和主销内倾角均不能直接测出，只能采用建立在几何关系上的间接测量。测量时需将转向轮分别向左、向右转动一定角度，此时主销后倾角、主销内倾角以及车轮外倾角都会随之改变。在一定条件下，主销后倾角、主销内倾角的大小都与车轮外倾角的变化近似为线性关系。下面以主销后倾角的测量为例进行说明。

根据几何关系，可得

$$\gamma=\arctan\frac{\sin\alpha_i-\sin\alpha_0}{\sin\delta_0-\sin\delta_i} \tag{4-9}$$

式中：γ——主销后倾角；

α——车轮外倾角；

δ——转向轮转动角度即转向轮底部转盘的转动角度。

为了提高测量精度，减小主销内倾对车轮外倾角变化的影响，可采用相对测量法，即使车轮向内、向外转动角相同，即 $\delta_0=-\delta_i=\delta=20°$，代入上式，有

$$\gamma=\arctan\frac{1}{2\sin\delta}(\sin\alpha_i-\sin\alpha_0) \tag{4-10}$$

因为主销后倾角和车轮外倾角都很小，可以近似地取 $\sin\alpha\approx\alpha$，$\tan\gamma\approx\gamma$，所以

$$\gamma=\arctan\frac{1}{2\sin\delta}(\alpha_i-\alpha_0) \tag{4-11}$$

此式表明主销后倾角近似地与车轮外倾角变化量成正比，其比例系数取决于转向轮转动角度 δ，如表 4-3 所示。

表 4-3　对应不同转向轮转角 δ 的比例系数值

δ/(°)	5	10	14.5	20
$1/2\sin\delta$	5.74	2.88	2.00	1.46

通常转向轮转动角度 δ 为 20°，所以有

$$\gamma=1.46(\alpha_i-\alpha_0) \tag{4-12}$$

式中：α_i、α_0——分别是转向轮向内、向外转动到 20°时，车轮外倾角的大小。

式(4-12)表明，只要测量出车轮外倾角的变化量 $\alpha_i-\alpha_0$ 再乘以 1.46 的比例系数，即可得到主销后倾角。车轮定位仪用 1.46 倍的系数标定仪器，就可直接读出主销后倾角。

主销内倾角测量与主销后倾角测量在原理上完全相同，只是角度测量平面与主销后倾角测量时旋转了 90°。

三、转向轮定位值的动态测试

汽车转向轮的前束值与外倾角对其侧滑的影响比较大，侧滑试验台就是为了检测汽车

转向轮外倾角与前束值作用的综合结果。因此,目前国内大都采用滑板式侧滑试验台进行转向轮定位值的动态测试。

1. 转向轮前束引起的侧滑

转向轮有前束后,在滚动过程中力图向内收拢,只是由于转向桥不可能缩短,因此,在实际滚动过程中才不至于真正向内滚拢,但由此而形成的这种内向力势必成为加剧轮胎磨损的主要原因。

假设让两个只有前束而没有外倾的转向轮向前驶过滑动板,于是左右转向轮下的滑动板在转向轮内张力的反力推动下,出现如图 4-15 中虚线所示分别向外侧滑移的现象。其单转向轮的外侧滑 S_t 为

$$S_t = \frac{L'-L}{2} \tag{4-13}$$

2. 转向轮外倾角引起的侧滑

转向轮外倾角的存在,在滚动过程中车轮将力图向外张开,只是由于转向桥不可能伸长,因此,在实际滚动过程中才不至于真正向外,但由此而形成的这种外张力势必也成为加剧轮胎损主要原因。

同样,假设让两个只有外倾而没有前束的转向轮,同时向前驶过两块相对于地面可以左右滑动的滑动板,就可以看到左右转向轮下的滑动板在转向轮外张力的作用力的推动下,出现如图 4-16 中所示虚线的状况,将分别向内侧滑移。

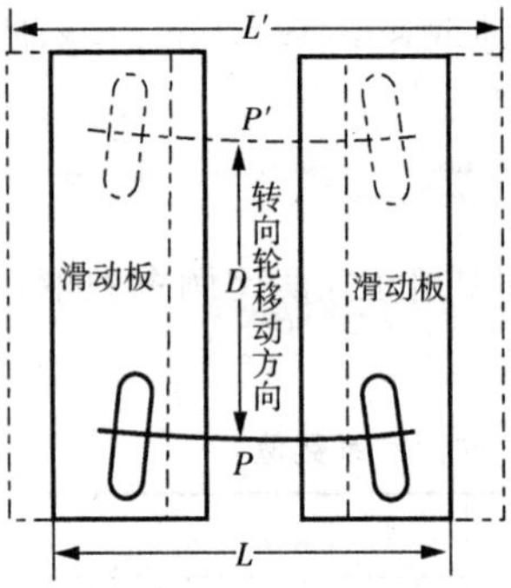

图 4-15 由车轮前束引起侧滑

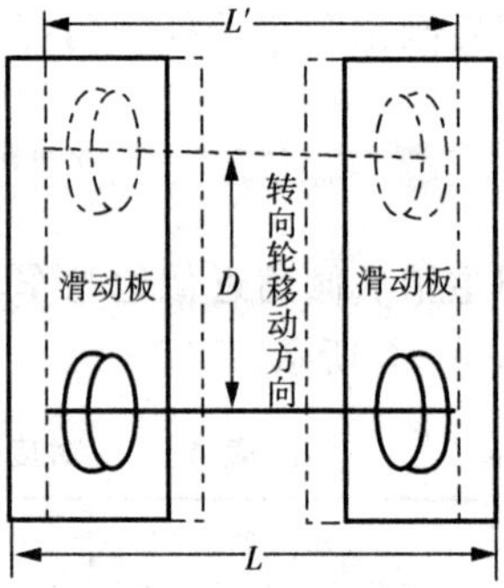

图 4-16 由车轮外倾角引起侧滑

其单边转向轮的内侧滑量为

$$S_c = \frac{L-L'}{2} \tag{4-14}$$

侧滑试验台就是应用上述滑动板原理来检测出转向轮的侧滑量,侧滑量的刻度单位用 m/km 表示。

3. 滑板式侧滑试验台的结构形式

滑板式前轮侧滑试验台按其结构形式可分为单滑板式和双滑板式两种。我国和日本制造的滑板式侧滑试验台大多是双板联动的结构形式,它们由侧滑量检测装置、侧滑量定量指示和侧滑量定性显示装置三大部分组成。

(1)侧滑量检测装置

如图 4－17 及图 4－18 所示，侧滑量检测装置由左右两块滑动板、杠杆机构和回位装置等组成，该装置把车轮侧滑量检测出来后，再传递给侧滑量指示装置。

滑动板表面做成凸凹不平的花纹形状，以减少转向轮胎与滑动板之间可能产生的滑移，因此滑动板通过滚轮、轨道和两板之间的杠杆机构(双销叉式曲柄)，在外力作用下能进行左右等量的相对运动。车轮为正前束时，滑动板向外侧滑动；车轮为负前束时，滑动板向内侧滑动。当车轮驶离滑动板，它们在回位弹簧的作用下回复到零点位置。由于侧滑试验台的规格不同，滑动板的的尺寸长度有 500 mm、800 mm 和 1 000 mm 三种。

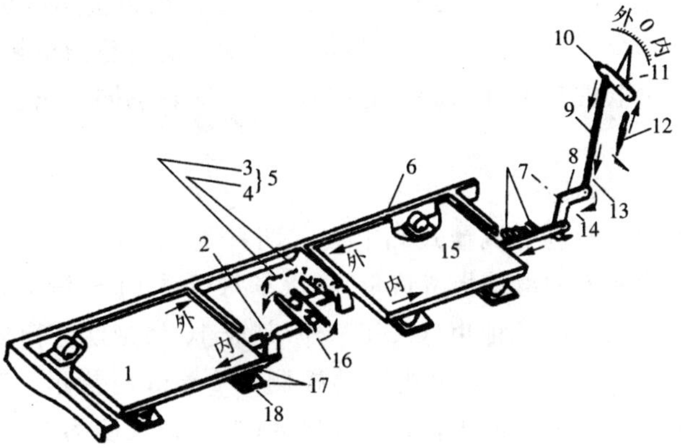

图 4－17　机械式侧滑试验台

1—左滑动板　2—导向滚轮　3—回位弹簧　4—摆臂　5—回位装置　6—框架　7—限位开关　8—*L* 型杠杆　9—连杆　10—刻度放大倍数调整器　11—指示机构　12—调整弹簧　13—零位调整装置　14—支点　15—右滑动板　16—双销叉式曲柄　17—轨道　18—滚轮

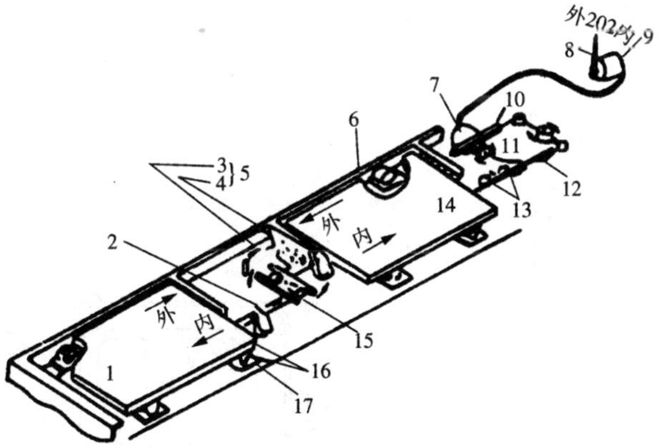

图 4—18　电气式侧滑试验台

1—左滑动板　2—导向滚轮　3—回位弹簧　4—摆臂　5—回位装置　6—框架　7—产生信号的自整角电机　8—指示机构　9—接受信号的自整角电机　10—齿条　11—小齿轮　12—连杆　13—限位开关　14—右滑动板　15—双销叉式曲柄　16—轨道　17—滚轮

根据滑动板滑移量的检测方法和传递给指示装置的方式,侧滑量检测装置可分为机械式和电气式两类。

① 机械式侧滑量检测装置　如图 4－17 所示,检测部分和指示部分是用机械方式接在一起的,通过连杆 9 和 L 型杠杆 8 等零件,将滑动板 1 与 15 的滑移量直接传递给指示机构 11。

② 电气式侧滑量检测装置　电气式侧滑量检测装置是分别通过自整角电机、电位计或差动变压器等元件把滑动板的滑移量测量出来,再传递给电气指示装置的一种结构形式。因此,指示装置可以和检测装置的本体分开,即能进行远距离指示。如图 4－18 所示的侧滑试验台,采用了自整角电机式检测装置。该装置是把滑动板的滑移通过齿条 10 和小齿轮 11 组成的机构,将直线运动变为回转运动,由小齿轮 11 带动自整角电机 7 转动一定角度以产生电信号,并把同样大小的电信号传递给指示机构 8 中的自整角电机 9 的一种结构形式。指示机构 8 中的自整角电机 9 接收到这一电信号后,立即转动同一角度,即指示出滑动板的滑移量。

(2)测滑量的定量指示装置

侧滑量的定量指示装置也有机械式和电气式两种类型,如图 4－19 和图 4－20 所示。该装置把从检测装置传递来的滑动板滑移量,按汽车每行驶 1 km 滑 1 m 定为一格刻度。通常将转向轮正前束(IN—内)和负前束(OUT—外)刻成 10 格刻度进行指示。

因此,滑动板长度为 1 000 mm,单边滑动板侧滑 1 mm 时指示一刻度;滑动板长度为 800 mm,单边滑动板侧滑 0.8 mm 时指示 1 格刻度;滑动板长度为 500 mm,单边滑动板侧滑 0.5 mm 时指示 1 格刻度。

指示装置的刻度板上除用数字及符号标明侧滑量的大小及方向外,还用不同的颜色把侧滑量划分为 3 个区域,即侧滑量为(－3～＋3) m/km 范围涂为绿色,表示良好区域;侧滑量为(－3～－5) m/km 和(3～5) m/km 范围涂为黄色,表示准用区域;侧滑量为(－5～－10) m/km 和(5～10) m/km 范围涂为红色,表示不良区域,以引起注意。侧滑试验台的定量指示装置除了指针指示外,还有数字显示,并具有峰值保留功能,同时打印检测结果。

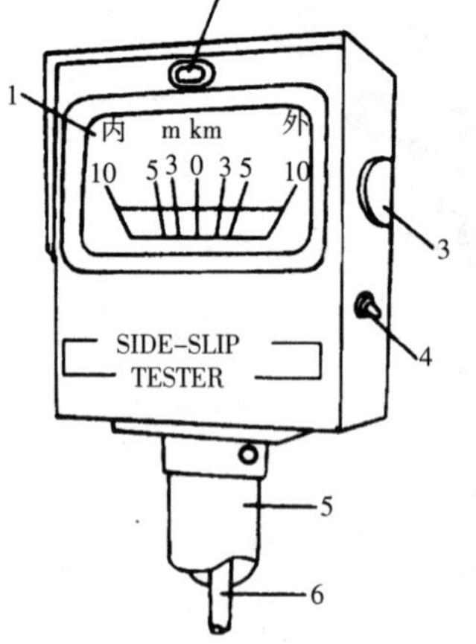

图 4－19　机械式指示装置及报警器

1—指示仪表　2—显示灯(报警用)

3—蜂鸣器(报警用)　4—电源开关

5—座　6—连杆

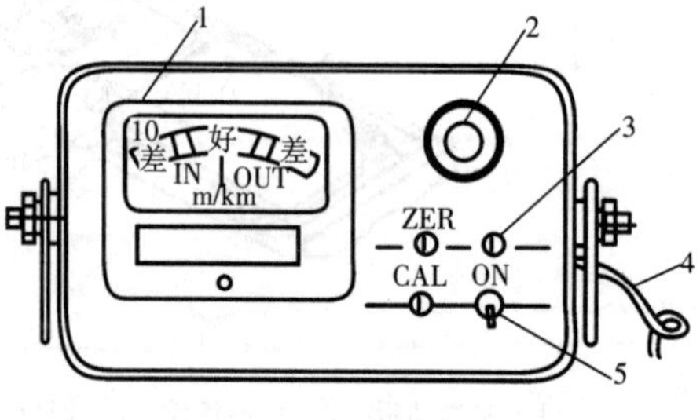

图 4－20　电气式指示装置及报警器

1—指示仪表　2—蜂鸣器或信号灯(报警用)

3—电源指示灯　4—电线　5—电源开关

(3)侧滑量的定性显示装置

在检测侧滑量时,为了便于快速显示检测结果是否合格,当侧滑量超过规定值时,侧滑量的定性显示装置即用蜂鸣器或用信号灯或声、光信号同时发出定性报警,以引起检测人员的注意。

4. 侧滑试验台的使用方法

由于各种侧滑试验台的牌号、型式有所不同,因此使用时必须按照其使用说明书的规定使用。一般试验台的使用方法如下:

(1)检测前的准备

使用试验台之前,除按规定的项目及期限进行检查外,还要对被检汽车进行下列准备。

① 使轮胎气压符合规定值;

② 清除轮胎上粘有的油污、水渍或轮胎花纹沟槽内嵌有的小石子等,使轮胎干净。

(2)检测步骤

① 取下滑动板的锁止销钉,接通电源,注意指示仪表的指针应指示“零”位置;

② 汽车以低速(4 km/h 以下)垂直驶向试验台,使被测车轮从滑动板上通过,注意此时严禁转动转向盘或制动;

③ 待被测汽车转向轮从滑板上完全通过时,观察仪表指针的指示(侧滑)方向,并读取最大侧滑量值;

④ 检查结束后,将滑动板锁止,切断电源。

第三节　传动系试验

汽车传动系包括离合器、变速器、传动轴、驱动桥等,它们对整车的行驶性能、油耗以及其他的多项性能都有影响,因此,从新产品开发角度来说,对传动系及其主要部件进行性能试验研究非常必要。汽车传动系试验内容按总成、零部件可分为动力传递性能评价、变速性能评价、操纵性能评价、振动和噪声安静性能评价以及扭转强度和耐久性评价等。

一、离合器试验

汽车离合器主要由盖总成和从动盘总成构成,离合器台架试验可参见行业标准 QC/T27—1992。其性能试验项目分为盖总成试验、从动盘总成试验以及离合器总成试验。

1. 盖总成分离特性和负荷测定试验

主要测定盖总成的分离特性和负荷特性两组特性曲线。前者是离合器处于实际安装状态,测量当分离和结合离合器时,作用于分离杆(指)端的载荷及升程随分离杆(指)端行程变化的关系曲线;后者则是在未装从动盘总成的条件下,对压盘加载和随后卸载过程中,测量作用于压盘上的载荷与压盘位移之间的关系曲线。通过曲线,可以确定出离合器最大分离力对应分离行程的压盘最小升程和工作压紧力这些参数,可以对离合器动力传递性能、操纵轻便性与分离彻底性进行评价,确定被测试的离合器是否满足设计要求。

在做分离特性试验时,将盖总成按技术要求固定于代用飞轮上,中间装有相当于从动盘总成夹紧厚度的垫块,该装置放于测量台中心,如图 4-21 所示。操纵加载装置,使代用分离轴承行程达到规定的最大分离行程,进行 10 次后,分离杆(指)端预加规定载荷,将百分表或位移传感器调零;然后以适当的行程增量使离合器分离,直至达到最大分离行程为止;再以相同的行程增量，使离合器接合，直到恢复零位。记录分离和接合时与分离行程相对应的载荷及压盘位移，绘制出分离特性曲线。

在做负荷特性试验时，离合器装置放于测量台中心，如图 4-22 所示。装百分表或位移传感器，使其与压盘移动 1 mm 左右，取出垫块，然后减载至百分表复零。在继续减载，直至卸掉全部载荷，记录压盘从零位到全部卸掉载荷时的移动量，即为 λ_b。再重新调整仪表，以适当的压盘位移增量对压盘加载。对于螺旋弹簧离合器，加载至超过 $\lambda_b=2.5$ mm 左右，对于膜片弹簧离合器加载超过低谷 1 mm 左右，然后减载，直至卸掉全部载荷。记录压盘上载荷 P 随压盘位移 λ 变化的数值，绘制负荷特性曲线。

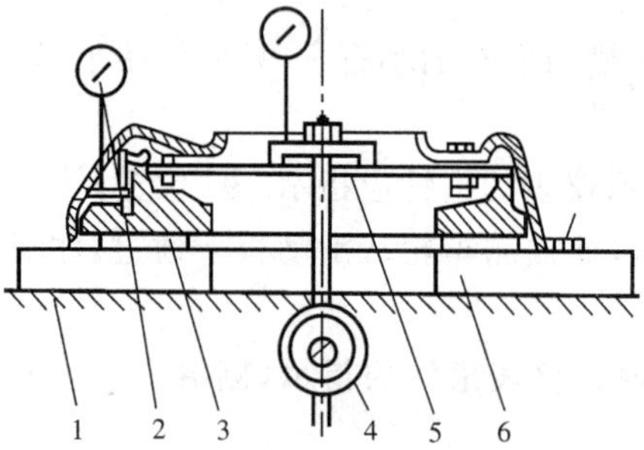

图 4-21　分离特性试验装置

1—测量台　2—百分表　3—垫块

4—载荷测量装置　5—代用分离轴承

6—代用飞轮

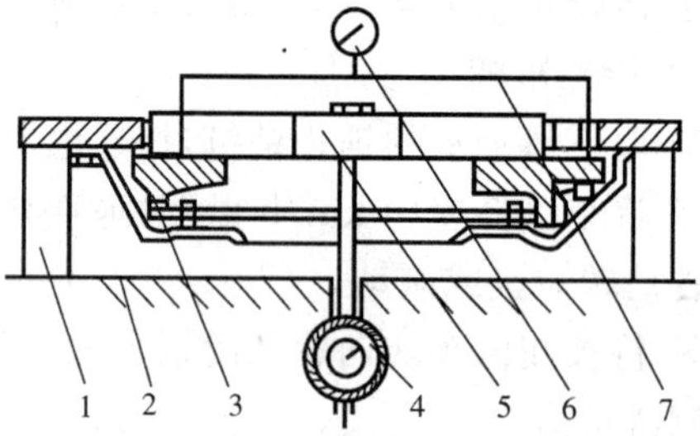

图 4-22　负荷特性试验装置

1—支撑柱　2—测量台

3—代用飞轮　4—载荷测量装置　5—加载器

6—百分表　7—压盘位移测量架

2. 从动盘总成轴向压缩特性(也称面压特性)、夹紧厚度及平行度测定试验

主要测定从动盘总成在规定的压紧力作用下的夹紧厚度、平行度及轴向缓冲变形量与压紧力之间的关系，并将测得的结果与产品图纸或有关规定的技术要求进行比较，确定离合器从动盘总成是否符合要求。

试验装置如图 4-23 所示。按工作压紧力压缩从动盘总成数次，直至轴向压缩量读数稳定，施加规定的预载荷，然后开始测量。对从动盘总成加载，直至从动盘总成上的载荷达到规定的工作压紧力，记录轴向压缩量 δ 和对应的垂直压力 P。同时测量上下夹板间沿圆周均布 3 点处的距离，其平均值为从动盘总成的夹紧厚度，最大值与最小值之差即为平行度。以同样方法减载，直至载荷卸到零，记录轴向压缩量 δ 和对应的垂直压力 P，绘制压缩特性曲线。

3. 从动盘总成扭转特性测定试验

从动盘总成的扭转特性对变速器的咔哒声以及闷鼓声等振动噪声影响很大，在此试验中重点确定扭转减振器的扭转刚度及阻尼转矩，以判断其减振性能对汽车振动噪声的影响。

扭转特性试验装置如图 4-24 所示。将从动盘总成装到试验台的与之相适应的花键轴上，并将摩擦衬片部分夹紧。装转角指针或角位移传感器，使之能随盘毂仪器转动并处零位。对盘毂施加扭转力矩，转动盘毂，直到与限位销接触为止。卸载至零，反向加载，直到与另一侧限位销接触为止。卸载至零，重复上述步骤两次。在加载与卸载过程中，需记录转角与扭转力矩的对应数值，同时在零位置检查并调整转角及扭转力矩零位。绘制扭转特性曲线，并确定减振器极限扭转角 α_{max} 极限力矩，规定转角处的摩擦阻尼力矩 M_{max}，规定转角范围的扭转刚度 C_d 对应发动机最大转矩时的转角 α_e。

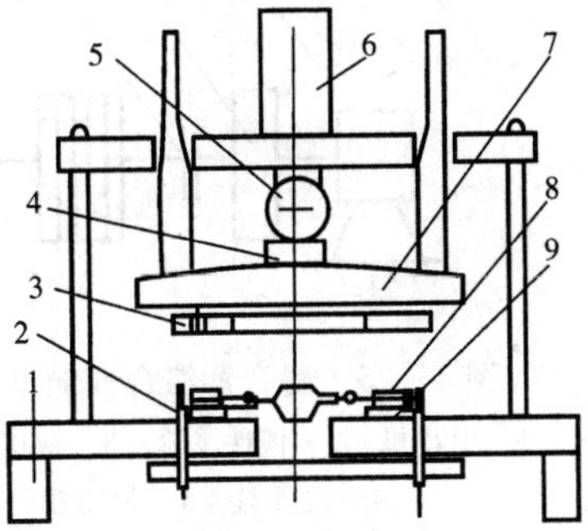

图 4-23 轴向压缩特性试验装置

1—主框架 2—位移传感器 3—预载盘
4—负荷传感器 5—球铰链 6—液压缸
7—上压板 8—从动盘总成 9—下垫板

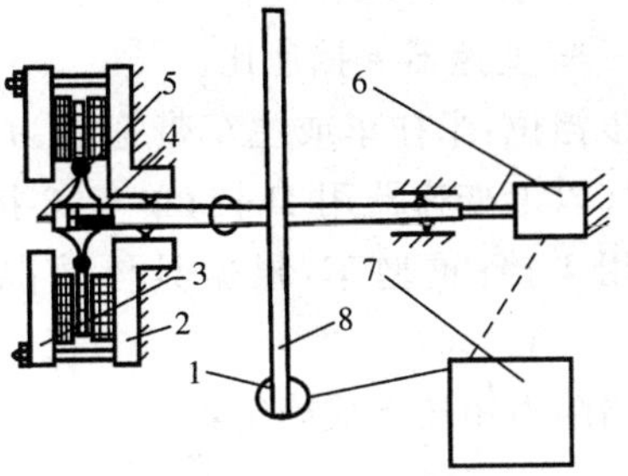

图 4-24 扭转特性试验装置

1—拉压力传感器 2—支撑板 3—夹紧盘
4—花键轴 5—转角轴 6—角位移传感器
7—X-Y 记录仪 8—扭转力臂

扭转刚度按下式计算求得

$$C_d = \frac{M_e - M_h}{\alpha} \tag{4-15}$$

式中：M_e——发动机最大转矩(N·m)；

M_h——规定转角处摩擦阻尼力矩(N·m)；

α——规定转角至发动机最大转矩之间的转角(°)。

4. 离合器耐高速试验

该项试验用于测定在规定转速下离合器工作的可靠性或测定连续加速时离合器的破坏转速。离合器高速试验台有两种形式，一种为加速度可调整控制装置；另一种为升温控制的离合器从动盘总成高速试验台，试件均封闭置于破坏舱内。

盖总成装于代用飞轮上，使之处于压紧状态并经动平衡放入封闭破坏舱内，启动并加速被试件，达到规定转速或连续加速至破坏转速时进行试验。

从动盘总成装于试验台的心轴上，封闭起来，待破坏舱内温度达到规定温度，保持 5 min，启动并加速被试件，达到规定转速或连续加速至破坏转速时进行试验。

试验结果按技术要求或图样规定的指标进行评价。

5. 离合器热负荷测定试验

试验的目的是确定模拟汽车起步工况下，离合器平均结合 1 次的滑磨功及连续起步时的发热情况。滑磨功是指离合器在滑磨过程中有多少机械能变成热能，离合器的滑磨功愈大，意味着变成热能的量值愈多，即离合器摩擦副的发热和磨损也就愈严重。

如图 4-25 所示，试验是在离合器综合性能试验台上进行的。在压盘表面中径处，距工作表面(0.5±0.1)mm，埋装热电偶或其他感温元件。

按规定配装当量惯量，施加道路阻力矩。当量惯量用下式确定：

$$J_k = \frac{WR_t^2}{i_k^2 i_0^2} \tag{4-16}$$

式中：J_k——汽车 k 挡的当量惯量(kg·m²)；

W——汽车总质量(kg)；

R_t——车轮滚动半径(m)；

i_0——驱动桥减速比；

i_k——变速器 k 挡速比。

起步挡位：半挂车或主车带拖挂为 I 挡；单车，4 挡或 4 挡以上变速器用 II 挡；单车，3 挡或 3 挡以下变速器用 I 挡；重型车，根据具体情况由有关方面商定。

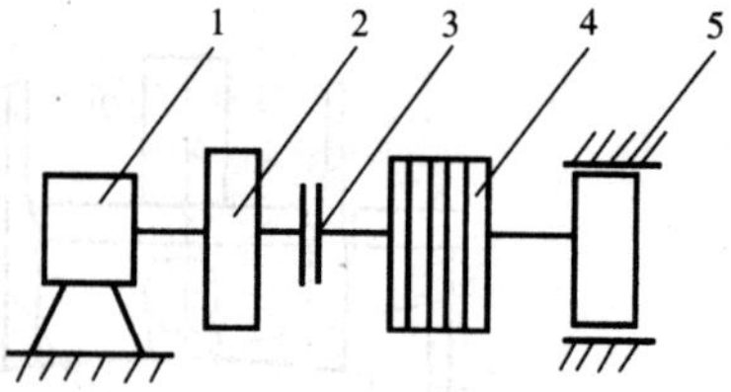

图 4-25　离合器综合性能试验台

1—电动机　2—惯性飞轮　3—被试离合器　4—惯性盘　5—制动器

道路阻力矩按下式确定：

$$M_t=\frac{Wg\varphi R_t}{i_k i_0} \tag{4-17}$$

$$\varphi=f\cos\alpha+\sin\alpha$$

式中：M_t——作用于离合器输出轴上的道路阻力矩(N·m)；

φ——道路阻力系数；

f——滚动阻力系数(微型车、轻型车及轿车 $f=0.015$，中、重型车 $f=0.02$)；

α——坡度角度；

g——重力加速度(m/s²)。

试验样品需经磨合，接触面积需达 80% 以上，磨合表面温度不超过 100 ℃。复验磨合后的盖总成和从动盘总成，确定夹紧厚度和对应的工作压紧力。安装连接好温度、转矩、转角或转速的测量记录装置。启动电动机，模拟起步工况，进行 10 次离合器接合试验，记录 3 次接合过程的各参数，如转矩以及主从动部分转速、温度和滑磨时间，以便计算滑磨功。其余各次仅记录温度变化，并观察发热情况。

滑磨功按下式进行计算：

$$A=\int_{t_0}^{t} M_c(\omega_m-\omega_t)\,dt \tag{4-18}$$

式中：A——滑磨功(J)；

M_c——摩擦力矩(N·m)；

ω_m、ω_t——主从动部分角速度(rad/s)；

t_0、t——接合过程的起、止时间(s)。

6. 离合器摩擦力矩测定试验

离合器从动盘的摩擦特性、离合器盖总成的工作压紧力和离合器尺寸影响着离合器抗滑性能。离合器摩擦特性是将上述部件合成为一个离合器总成的转矩传递特性试验，分为静摩擦力矩测定试验和滑动摩擦力矩测定试验。

测定静摩擦力矩时，离合器在试验台上处于完全接合状态，将主(或从)动部分固定，对从(或主)动部分缓慢施加扭转载荷，测量并记录开始打滑时的转矩。

测定滑动摩擦转矩时，从动盘总成固定不动，盖总成旋转，开始强制滑磨循环，直到摩擦表面温度达 300 ℃为止，记录对应于室内温度为 50 ℃、100 ℃、150 ℃、200 ℃及 300 ℃时的滑动摩擦力矩，绘制滑动摩擦力矩随温度变化的关系曲线，计算 250 ℃时单位面积的滑动摩擦力矩。

7. 离合器防粘着性能试验

离合器总成防粘着性能试验用于测定离合器总成在恒温、恒湿环境中放置一定时间后，在压紧元件无作用的状态下，离合器主、从动部分之间的分离力或分离转矩，以评价离合器的耐锈蚀抗粘着性能。

将离合器盖总成、从动盘总成及飞轮（或相同材料夹具）装成实车状态，垂直放入已调好的恒温、恒湿箱内锈蚀 12 h，再置于大气中 12 h，重复上述过程两次，共 72 h。再将试件平放，固定飞轮，旋松盖总成与飞轮间连接螺栓，消除压紧力（螺栓仍在飞轮上），对从动盘毂施加扭转力矩，使从动盘相对压盘和飞轮摩擦表面开始转动的力矩，即为分离扭转力矩。

二、变速器试验

1. 机械式变速器

汽车行业标准 QC/T 29063—1992 和 QC/T 568—1999 规定了机械式变速器的总成技术条件和台架试验方法。

(1)变速器效率试验

提高变速器的传动效率不仅能降低汽车油耗，而且对抑制由于车速的增高而引起的传动系统发热具有重要意义。测定变速器的传动效率时，可应用开式试验台或闭式试验台，如图 4-26、图 4-27 所示。

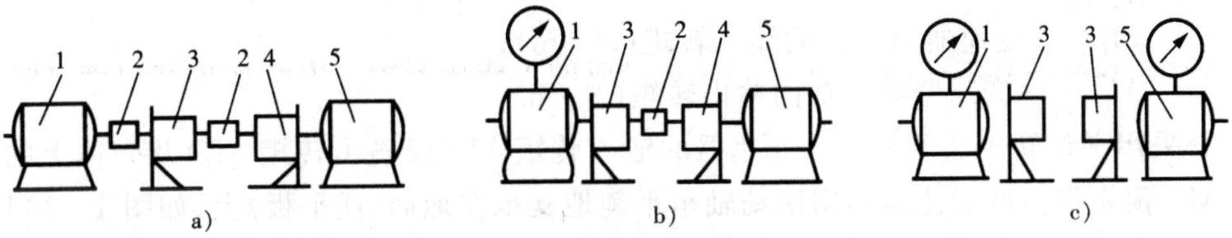

图 4-26 变速器开式试验台

1—电动机 2—转矩测量传感器 3—主试件 4—陪试件 5—制动测功机

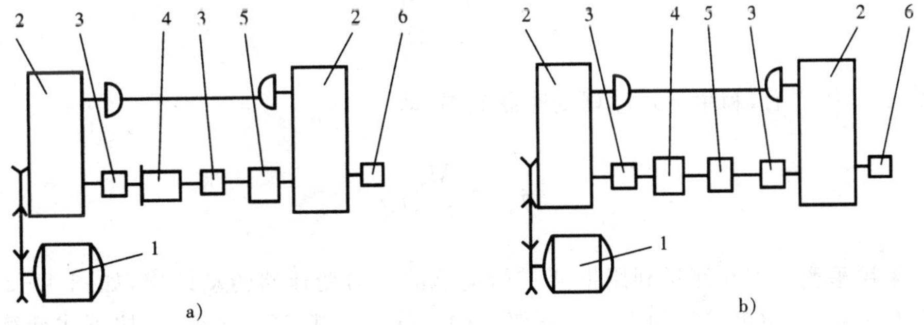

图 4-27 变速器闭式试验台

1—电动机 2—辅助齿轮箱 3—转矩传感器 4—被试变速器 5—陪试变速器 6—加载器

① 采用高精度转矩法测量一个变速器的输入转矩(M_1)和输出转矩(M_2)，既可在开式试验台上进行，也可在闭式试验台上进行 M_1 和 M_2 的测量。可以都用高精度转矩仪（如图 4-26a 所示），也可以借助测功机和转矩仪（如图 4-26b、图 4-27a 所示）。将测得的 M_1 和 M_2 值代入下式，可得变速器的传动效率为

$$\eta=\frac{M_2}{M_1 i} \tag{4-19}$$

式中：η——变速器传动效率；

M_1——作用在变速器第一轴上的输入转矩(N·m)；

M_2——作用在变速器第二轴上的输出转矩(N·m)；

i——变速器所测挡位的传动比。

② 采用对接法测量两个变速器的第一轴转矩 M_1 和 M_2，即 采用测量两个输出轴对接的变速器第一轴转矩的方法测定变速器的传动效率(如图 4-26c、图 4-27b 所示)，实质是同时测定两个变速器的效率，即

$$\eta^2=\frac{M'_1}{M_1} \tag{4-20}$$

则一个变速器的传动效率为

$$\eta=\sqrt{\frac{M'_1}{M_1}} \tag{4-21}$$

式中：η——变速器传动效率；

M_1——变速器第一轴的输入转矩(N·m)；

M'_1——变速器第一轴的输出转矩(N·m)。

③ 采用平衡转矩法测量一个变速器的输入转矩 M_1(或输出转矩 M_2)及壳体上的平衡转矩 M_p，预先将被试变速器利用滚动轴承平衡地支承在地面(或平板)上，如图 4-28 所示。

对于汽车通用的同心轴结构式变速器，测出 M_1 和 M_p 之后，可用下式计算变速器效率，即

$$\eta=\frac{1+\frac{M_P}{M_1}}{i} \tag{4-22}$$

或测出 M_2、M_p 之后，利用下式计算变速器效率，即

$$\eta=\frac{M_2}{M_2-M_P i} \tag{4-23}$$

④ 采用平衡框架法测量利用框架平衡支承的一对变速器传动效率，如图 4-29 所示。在测得第一轴输入转矩 M_1 和作用在框架上的反作用力矩 M'_p 之后，可按下式计算变速器的传动效率，即

$$\eta=\sqrt{1-\frac{M'_P}{M_1}} \tag{4-24}$$

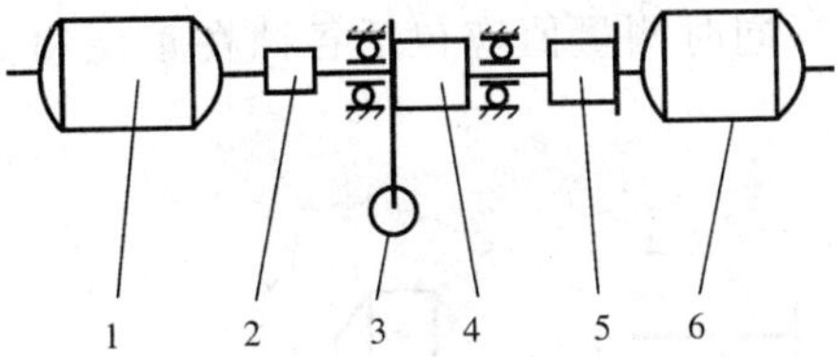

图 4-28　变速器平衡法测转矩

1—电动机　2—转矩传感器　3—拉力传感器

4—试件　5—陪试件　6—加载器

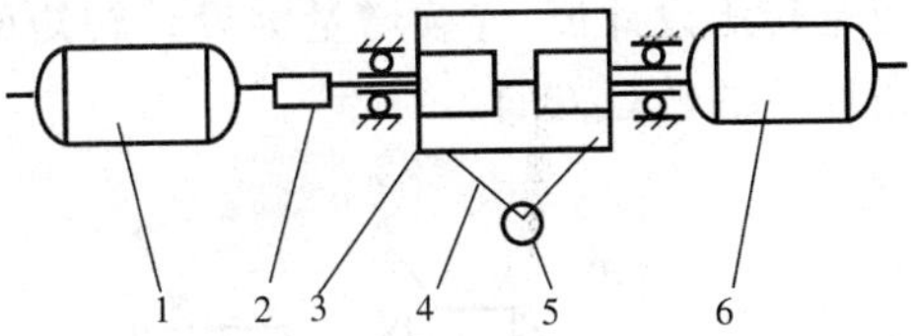

图 4-29　变速器平衡框架法测转矩

1—电动机　2—转矩传感器　3—试件

4—平衡框架　5—拉力传感器　6—加载器

此外，由于变速器的传动损失会引起发热，可采用从其发热量求出传动转矩损失的水浴法和油浴法。在变速器的传递转矩损失中，有传动齿轮啮合损失、润滑油搅拌损失以及轴承、油封等摩擦损失，这些损失变化是由输入转矩、输入转速或润滑油温等确定的。因此，在试验中要一方面改变输入转矩和转速以及变换挡位，另一方面要求出广泛使用条件下的损失转矩或传动效率。

(2)润滑试验

为了防止变速器烧坏、摩擦等，同时抑制油温上升，要向变速器内的各润滑部件供给必要而充分的润滑油，并进行确认试验。

试验的目的是变速器在各种工作条件下，不传递转矩时评价润滑效能。其方法是先磨合变速器，使每一前进挡都进行 30 min 运转，输入转速等于其最大使用转速的 3/4，当油温超过 140 ℃时冷却变速器，在变速器壳的各部位设置窗口，以便视察润滑油的飞溅和润滑油的流动情况，安装测量油温传感器。试验中要包括高速、上下坡、转圈行驶在内的经过实车考验的全部回转、倾斜等行驶条件设定的试验循环运转，如表 4-4 所示。目测观察润滑情况，并对润滑效能做出评价。

表 4-4　循环运转要求

评价项目	运 转 需 求
变速质量	操纵力要有适当的力度，并可顺利地实现变速
柔顺	在操纵过程中要感到确实可靠，无不适感和滑动感，十分柔顺
适度	在各变速挡位置的进入或退出时感到十分明确，切入过程也感到适度
操纵时的噪声	无敲击、滑动、齿轮冲击等噪声
球头柄的形状和位置	适当的球头柄形状和位置有利于操纵的轻便性；另外，其长度和转动方向要适当

(3)变速器总成动态刚性试验

变速器总成动态刚性是指变速器各轴在传递转矩时抗变形大小的量值，如果轴的动态刚性不足，会使齿轮的接触偏载，影响其使用寿命。

试验装置如图 4-30 所示。为了得出各轴最大变形量及变形曲线，每根轴需要测五处以上，每一处又要测出其垂直方向和水平方向的位移量，求出这一点的空间位移量。在箱体上开窗孔，以便安装所需数量的百分表，将量表触头从变速器壳体相应部位的孔口伸入箱内，对准经磨光的测量部位。正式测量之前，为消除各处间隙，首先要预加一次载荷，卸载后要将百分表调零，然后开始测量变形量。为保证测量数据稳定，在输入轴从零开始，缓慢施加转矩至转矩设计值，连续增量为设计转矩的 25%，同时测量值应包括各挡在正拖和反拖转矩条件下的转矩方向。

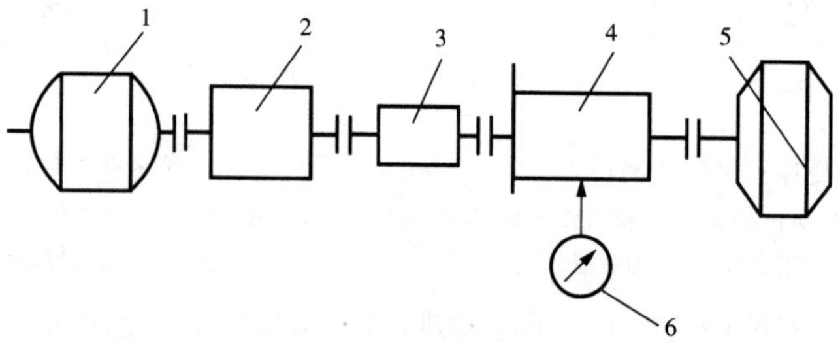

图 4-30　变速器总成动态刚性试验

1—电动机　2—减速器　3—转矩传感器　4—试件　5—加载装置　6—百分表

轴的挠度是轴上各部位相对于支承处的位移，因此所有测量数据都要去掉各支承处(轴承作用中心)位移的影响，轴与轴之间的影响(如第一轴对第二轴的影响)也应按同样办法处理。

(4)变速器耐久性试验

① 变速器齿轮试验，即齿轮的弯曲疲劳试验。根据汽车变速器所匹配的发动机最大转矩和最大转矩时的转速作为变速器台架试验时的输入条件，油温控制在(85±5)℃之间，根据变速器排挡作循环试验。我国变速器台架试验标准制订较早，对轻、中、重型车的试验次数有不同的要求。随着高速公路的快速发展，变速器低挡的利用率已大大减少，所以我国标准与世界先进国家比较显得相对落后一些。以轻型车为例，一般国外低挡试验循环数仅占全部试验次数的 2%左右，而高挡位要占到 45%～60%，同时一挡和倒挡的输入转矩仅是其他挡位的 75%左右。而轿车变速器一般与主减速器为一体，在试验时又用另一种规范，如桑塔纳轿车变速器，需要进行正拖(牵引)和反拖(滑行)两种方法加载比例，如表 4-5 所示。

表 4-5　正拖和反拖两种方法加载比例　　(%)

挡位	正拖	反拖	挡位	正拖	反拖
5	38.7	7.3	2	2.5	0.5
4	24.8	5.2	1	0.8	0.2
3	16.6	3.4	—	—	—

加载数值与我国试验标准不同，以桑塔纳轿车为例，要求进行正反拖加载试验，而且正拖(牵引)加载除 4、5 挡(最高挡)加至发动机最大转矩的 95%以外，其余挡均为 100%；反拖(滑行)一律加载 25%。

耐久循环寿命各国也不同，我国 QC/T 568—1999 机械式变速器台架试验方法中规定如表 4-6 所示，表中数字为变速器输出轴的循环次数。

表 4-6　耐久循环寿命

车　型	挡　位				
	1	2	3	4	5
轻型	50×10^4	350×10^4	700×10^4	—	—
中、重型	50×10^4	170×10^4	500×10^4	$1\,100\times10^4$	—

西欧国家的变速器试验标准，一般要求试验台驱动动力源分为所匹配发动机和电动机两种。用发动机作为动力源，其总试验时间为 500～600 h，而用电动机作为驱动动力源，试验时间要增加到 700～900 h，同时还用反拖（滑行）试验要求，一般占总试验时间的 15%左右；载荷取发动机最大转矩的 75%，相对来说比我国标准要苛刻，而对轿车齿轮一般在 100～200 h 之间。如果变速器带有超速挡，其超速挡试验占全部试验时间的 60%以上。

② 变速器轴承试验。汽车变速器轴承分为球轴承和锥轴承，球轴承多用于变速器部分，而锥轴承多用于主减速器总成中。然而两种轴承的试验方法也不同，一般球轴承在试验前，要查清该轴承的主要设计参数，如尺寸公差、径向间隙、动态负荷系数、静态负荷系数、允许最大转速等，试验要求试件有良好的润滑和润滑油温度控制系统。在试验过程中，应该对轴承进行磨合，一般磨合载荷是发动机最大输出转矩的 10%，转速为最大工作转速的 70%左右，控制油温为(70±5) ℃，进行 50×10^4 次循环试验；然后再进行耐久性试验，耐久性试验时施加 100%的发动机最大转矩和最大转矩时转速，润滑油的温度控制在 110 ℃～120 ℃之间，所施加的载荷和寿命均由设计人员根据产品的工作需要而定。如果不能确定，也可以要求不低于对比样品轴承的寿命。

对于锥轴承，由于存在轴向间隙调整问题，所以耐久性试验之前应进行性能测试。测试方法是在锥轴承轴向施加一固定力（该力大小根据轴承设计手册确定，也可以根据设计人员的设计参数确定），测量轴承旋转力矩。要求该旋转力矩满足轴承在轴向加载、卸载过程中具有一致性，即在一定范围内；然后如同球轴承的耐久性试验方法一样，在试验到一定循环次数后（该循环次数可以由设计人员根据产品设计参数确定），再进行性能复测，视此转矩变化和转矩变化波形稳定性（如有点蚀即转矩跳动）或变化幅值等来确定。

③ 同步器（同步环）耐久性试验。要求同步器性能良好，同步器耐久性试验与操纵机构的耐久性试验同时进行考核。

我国标准要求变速器格挡进行 10 万次换挡，不产生连续 5 次换不上挡即为合格。而国外低挡与我国有差别，以轻型车为例，在与我国试验标准试验条件一致的情况下，国外在高挡和低挡一般只进行 2 万～4 万次试验，而其他挡位要求试验在 10 万～15 万次，还特别附加有更苛刻的试验条件，即加大离合器的当量惯量，一般增加 20%左右，然后再试验 5 000～10 000次。如果不能满足设计要求，即为不合格品或需要进行重新设计。对于换挡机构，不应该发生断裂、卡住或变形等现象。

④ 变速器通常进行高转速小载荷试验。我国尚无专门的试验标准，欧洲国家一般是施加发动机最大转矩的 60%～70%（也可以由设计人员根据产品设计参数确定），循环次数一般低速挡在 300 万～500 万次，而高速挡大于 1 000 万次。试验结束检测齿轮、轴承，不应发生点蚀，允许在轴上有轻微的色变和压痕。

2. 自动变速器

(1)台架性能试验

用于评价各变速挡的动力传递性能，试验项目类似于液力变速器试验。

① 广泛测定传动状态下各变速挡性能的一般性能试验；

② 测定在发动机节气门全开状态下的转矩性能试验；

③ 测定定速行驶时道路负载性能试验；

④ 测定逆驱动时惯性行驶性能试验；

⑤ 测定输出轴无负载状态时各变速挡损失转矩的无负载损失试验。

另外，在标准中虽无规定，但在装有锁止机构自动变速器中，要在锁止离合器接合状态下进行测定。

自动变速器台架试验装置如图 4－31 所示。润滑状态一般除测定变速器的出入口油温外，还要测定油底壳内的油温和管线油压。

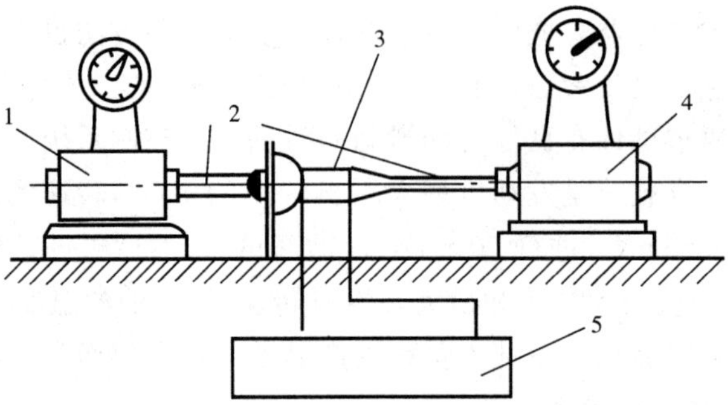

图 4－31　自动变速器试验台

1—动力输入测功机　2—传动轴　3—自动变速器　4—动力输出测功机　5—热交换器

除自动变速器总成试验外，还有与此相关的各构成元件的传递性能和损失试验；除变速器的单件性能试验外，还有油泵的驱动转矩、摩擦接合装置的打滑转矩以及润滑油的搅拌阻力的评价试验。

(2)变速性能试验

用于评价变速时和锁止离合器接合和分离时的过渡特性(冲击和迟滞)，包括根据发动机和整车的惯性质量和行驶阻力负载设定的测功机台架试验和整车行驶试验。前者一般最终要通过整车进行行驶试验确认。过渡特性一般通过汽车加速用输出转矩(传动轴转矩)以及发动机的转速来判断，同时也采用作用于摩擦接合装置的油压及电子控制自动变速器中的各种控制信号，这些参数对改善特性也起作用。另外，在加速和转矩变化过程中，难以明确感觉到变速以及随着变速是否产生异响，则通过感官评价来弥补。

(3)摩擦元件试验

一般将摩擦元件在专用试验机上进行试验，试验机和试验方法由厂家自行决定。采用具有代表性的 SAENO. 2 型摩擦试验机，如图 4－32 所示，可进行如下试验：

① 通过供试摩擦元件制动回转质量，检测供试摩擦元件的动态性能(动态摩擦系数、最终动态摩擦系数等)、时效变化、耐久性的惯性型动态试验；

② 通过供试摩擦元件微速滑移，检测出摩擦元件的静止摩擦系数的定速型试验等。

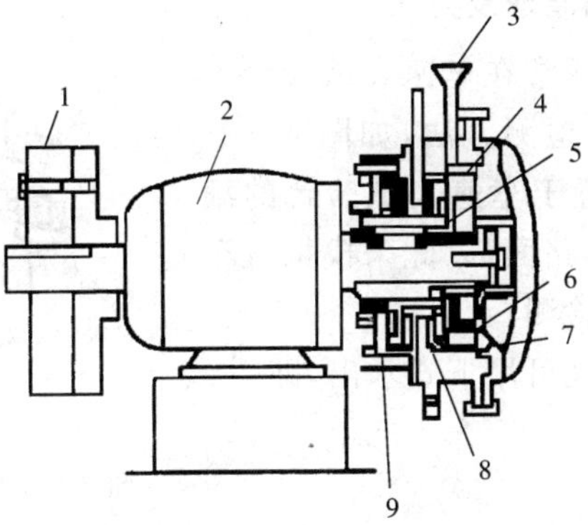

图 4-32　摩擦试验机

1—飞轮　2—电机　3—注油口　4—离合器板

5—连接衬套　6—离合器盘　7—支座　8—压板　9—活塞

(4)油压制动系统性能试验

取出阀本体总成进行试验，使用可控制压力和流量的油压装置，评价阀的静特性、动特性以及油压控制回路稳定性等。另外，在电子控制自动变速器中，作为调节器使用的各种电磁阀，结合使用此驱动装置进行试验。

(5)油泵性能试验

取出油泵单件进行试验，通过可控制转矩和转速的转矩仪在其运转中评价喷油性能、脉动和噪声的大小等。

(6)变速杆操纵感觉试验

通过变速杆的操纵力或自动变速器外杆的操纵力来评价变速杆的操纵性等。

(7)停车试验

用于评价停车装置输出轴的固定和松开功能，一般采用整车行驶方式。

(8)其他性能试验

在自动变速器的性能试验中，还有有关冷却系统、油量测定系统、润滑性能以及对使用环境的适应性、振动噪声等安静性的评价试验。主要项目如冷却系统性能试验、存油水平试验、通气功能试验、润滑试验、低温试验、高温试验、混入泥或水试验、齿轮噪声试验等。

第四节　车速表检测试验

一、车速表检测要求

汽车的行驶速度是驾驶员依靠车速表的指示值进行控制，如果车速表的指示误差大，驾驶员也就很难准确地掌握车速，就有可能导致交通事故的发生。且随着汽车行驶里程的增加，车速表的指示误差就很可能越来越大。

为了保障行车安全，在《机动车运行安全技术条件》中，对汽车车速表的检测作如下的规定：当车速表试验台的速度指示值为 40 km/h 时，车速表指示值应为 40～80 km/h；当车速表的指示值为 40 km/h 时，车速表试验台的速度指示值应为 32.8～40 km/h。

二、车速表指示误差的检测原理及方法

车速表在室内的台架检测通常在车速表试验台上进行。汽车车速表指示误差的检测方法，如图 4-33 所示，它是将被检汽车的车轮置于车速表试验台的滚筒上使之旋转，把滚筒当做活动路面，以此来模拟汽车在道路上行驶的实际情况进行检测。

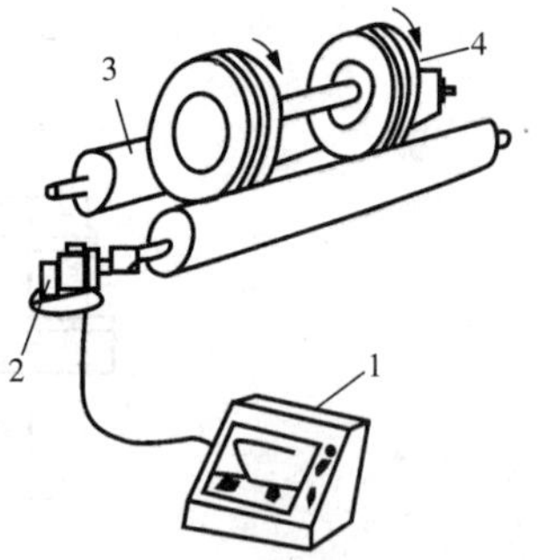

图 4-33　车速表误差的测量方法

1—速度指示仪表　2—速度传感器

3—滚筒　4—被测车轮

车速表试验台滚筒的线速度可用下式求出，即

$$v = ln60 \times 10^{-6} \tag{4-25}$$

式中：v——滚筒的线速度(km/h)；

l—滚筒的圆周长(mm)；

n——滚筒的转速(r/min)。

该值就是真正的车速值，用速度传感器使其显示在试验台的速度指示仪表上，根据汽车车速表指示值与试验台的速度仪表指示值对比，即可得出汽车车速表指示误差值。

三、车速表试验台的类型与构造

1. 车速表试验台的类型

汽车的车速表一般都是由变速器的转轴通过软轴驱动的。前置发动机的汽车车速表，大多采用这种方式驱动。但对于后置发动机的汽车，由于变速器距驾驶室仪表板上的车速表太远，如果仍通过软轴由变速器驱动，势必会出现传动精度低和软轴寿命短等方面的问题。因此，这类汽车的车速表都改由从动车轮(转向轮)驱动。为了适应汽车车速表不同的驱动型式，常见的车速表试验台有如下 3 种类型。

(1)标准型

标准型车速表试验台主要靠被测车轮带动滚筒旋转，如图 4-34 所示，试验台的本身不带驱动装置，它的滚筒由被检汽车的驱动车轮带动旋转，驱动试验台的速度表指示。

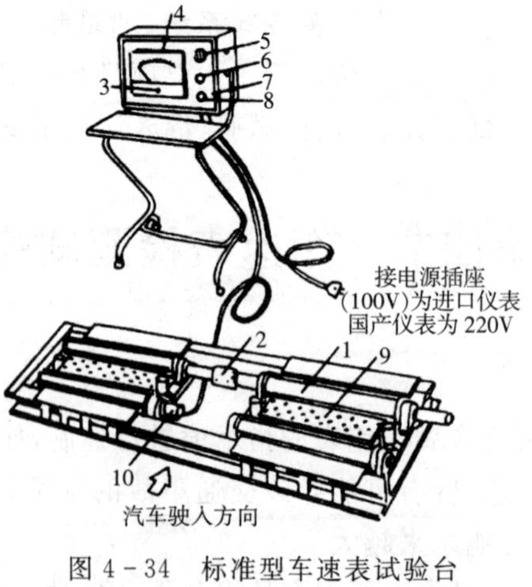

图 4-34　标准型车速表试验台

1—滚筒　2—联轴器　3—零点调整螺钉

4—速度指示仪表　5—蜂鸣器　6—报警灯　7—电源灯

8—电源开关　9—举升器　10—速度传感器(测速发电机)

(2)驱动型

驱动型车速表试验台主要由电动机驱动滚筒旋转，如图 4-35 所示，试验台的本身带有驱动装置(电动机 6)，用其滚筒带动被检汽车的从动车轮旋转，驱动汽车车速表指示。

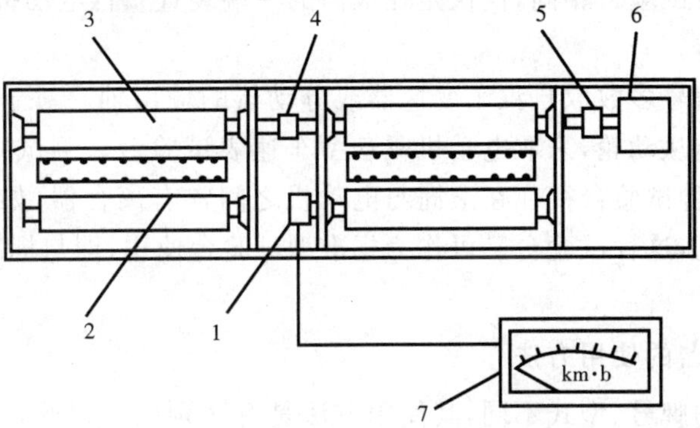

图 4-35 电动机驱动型车速表试验台

1—测速发电机 2—举升器 3—滚筒

4—联轴器 5—离合器 6—电动机 7—速度指示仪表

(3)综合型

综合型车速表试验台，主要与制动试验台、底盘测功机等组合在一起。

2. 车速表试验台的构造

车速表试验台由速度检测装置、速度指示装置和速度报警装置等组成。

(1)标准型车速表试验台

① 速度检测装置 速度检测装置主要由滚筒、速度传感器、联轴器和举升器等组成，滚筒分 2 组共 4 个，通过滚动轴承安装在框架上。试验时为防止汽车差速器齿轮滑转，试验台的两前轮滚筒用联轴器连在一起。

速度传感器一般采用测速发电机(现在较多用光敏管或霍尔传感器)，装在滚筒的一端，将对应于滚筒转速所发出的电压信号(或脉冲信号经处理后)送到速度指示装置。

为使汽车进出试验台方便，在前、后滚筒之间设有举升器，举升器多用气压驱动或液压驱动。举升器与滚筒制动装置联动，举升器升起时，滚筒被制动不能转动。

② 速度指示装置 速度指示装置根据速度传感器传来的电信号(如电压或脉冲数)与滚筒外圆周长等参数，经处理后驱动显示装置指示车速。它能根据滚筒外圆周长和其转速计算得到滚筒表面的线速度(km/h)，在指示仪表上显示。

③ 速度报警装置 为了便于检测人员能更快地判明被检汽车的车速表是否合格，车速表试验台均具有速度警示的功能，包括将速度指示表的合格范围涂成绿色带、装上红色报警灯和蜂鸣器。

(a)用试验台报警装置指示检测车速，当汽车实际车速达到某一规定值(在 40～48 km/h 的速度范围内)时，报警装置的报警灯发亮或蜂鸣器发响，指示驾驶员汽车已达到检测车速，注意观察驾驶室车速表指示值是否在合格范围内。

(b)在指示仪表上涂成绿色区域(将 35～40 km/h 的速度指示范围涂成绿色带)表示车速表指示值与实际车速误差的合格范围。试验时，汽车车速表指示值达到某一检测车速时，同时观察试验台速度表指示值是否在合格的绿色区域内。

(c)同时具备上述两种装置的报警装置

(2)驱动型车速表试验台

驱动型车速表试验台是为检测车速而由从动车轮驱动的汽车而设计生产的，它的结构基本上与标准车速表试验台相同，仅仅是在滚筒的一端装置1台电动机，用以驱动其滚筒再带动汽车从动轮旋转。

车速表的转速信号多数取自汽车变速器或分动器的输出轴。对于后置发动机的汽车，由于转速信号取自前从动轮，采取电动机驱动型车速表试验台。测试时由电动机驱动滚筒与前从动轮旋转，这种试验台往往在滚筒与电动机之间常有离合器(如图4－35所示)。若试验时将离合器分离，这种试验台又可作为标准型试验台使用，即与标准型车速表试验台具有同样的功能。

四、车速表试验台的使用方法

车速表试验台的牌号、型式不同，其使用方法是有区别的。因此，在使用前一定要认真阅读试验台的使用说明书，掌握正确的使用方法。

1. 检测前准备工作

(1)试验台准备：

① 滚筒处于静态状态，检查指示仪表的零点位置，若有偏差应调整；

② 检查滚筒是否沾有油、水、泥等杂物，若有应清除；

③ 检查举升器动作是否自如和有无漏气(或漏油)部位，若存在问题应进行修理；

④ 检查导线的连接情况，若接触不良或断路应修复。

(2)被检汽车准备：

① 按制造厂的规定调整好轮胎气压；

② 清除轮胎上沾有的水、油、泥和嵌入轮胎花纹沟槽的石子等杂物。

2. 检测方法

(1)接通试验台电源。

(2)升起滚筒之间的举升器。

(3)被测汽车从其纵向中心线与滚筒轴线垂直的方向驶入试验台，使具有车速信号的车轮置于滚筒上。

(4)举升至轮胎与举升器托板完全脱离为止。

(5)在汽车前方不得站有人员，并用挡块抵住处于试验台滚筒外的车轮。

(6)标准型车速表试验台：

① 启动汽车，待汽车驱动轮在滚筒上稳定后，挂入最高挡，踏下加速踏板使驱动轮平稳地加速运转；

② 当汽车车速表的指示值达到规定的检测车速(40 km/h)时，读取试验台速度表指示值；或当试验台速度表的指示值达到检测车速时，读取汽车车速表指示值。

(7)对于电动机驱动型车速表试验台：

① 接合试验台离合器，使滚筒轴与电动机主轴相连接；

② 汽车的变速器处于空挡，接通试验台电源，电动机驱动滚筒旋转；

③ 当汽车车速表达到检测车速时，读取试验台速度表指示值；或当试验台速度表指示

值达到检测车速时，读取汽车车速表的指示值。

(8)检测结束后，轻轻踩下汽车制动踏板，使滚筒停止旋转，对于电动机驱动型试验台必须先切断电源。

(9)升起举升器去掉挡块，汽车驶离试验台。

(10)切断试验台电源。

3. 注意事项

(1)检查汽车的轴荷，以保证待检汽车轴荷在试验台允许载荷范围。

(2)对于前轮驱动汽车，应在低速情况下操纵转向盘确保汽车处于直驶状态，然后再加速到检测车速，切忌汽车一上试验台就迅速加速。

(3)对电动机驱动型车速表试验台，在不用驱动装置进行测试时，务必分离离合器，使滚筒与电动机脱开。

第五节　前照灯检测试验

一、前照灯检测的目的和要求

1. 前照灯检测的目的

为了保证汽车在夜间或白天能见度较低的条件下的行驶安全，需要在汽车有关部位安装多种照明及信号装置。这些装置的具体功用如下：

(1)在夜间或能见度较低的情况下，用灯光给行驶汽车照明道路。

(2)夜间行车时，车厢、驾驶室及仪表照明。

(3)用发出的标志和信号达到联络、警示，以保证行车安全的目的。

现代汽车照明及信号装置主要包括：前照灯、前位灯、后位灯、示廓灯、牌照灯、仪表灯、转向信号灯、倒车灯、危险报警闪光灯、制动灯、前雾灯、后雾灯以及挂车标志灯等。

前照灯是汽车的主要照明装置，在长期的使用过程中，灯泡会逐渐老化，发光效率降低，反射镜面也会逐渐变黑，聚光性能变差，使发光强度达不到规定要求。行车过程中，前照灯随着汽车在路面上颠簸振动，有可能导致前照灯的安装位置发生变动，前照灯的光轴就会发生变化，改变了正确的照射方向。上述因素影响了夜间行驶对视力的正常生理要求，影响了驾驶员的正确判断，有可能导致交通事故。因此，汽车前照灯的发光强度和照射方向必须符合国家标准的要求，在汽车检测中被列为必检项目。前照灯的技术状况可用屏幕检测法和前照灯检测仪检测。

2. 前照灯的结构

前照灯由光源(灯泡或发光体)、反射镜和配光镜 3 部分构成，按结合方式分为封闭式、半封闭式，如图 4 - 36 所示。

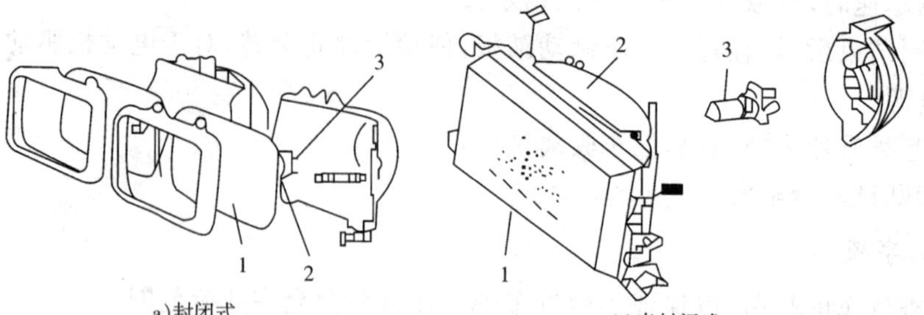

图 4-36 前照灯结构

1—配光镜 2—反射镜 3—光源(灯泡)

大多数汽车一般设有两个前照灯,左右各一,内装双线灯泡。一根为远光灯丝,其功率较大,位于反射镜的焦点上;另一根为近光灯丝,其功率较小,位于其反射镜焦点的上方或前方。反射镜的聚光作用如图 4-37 所示。

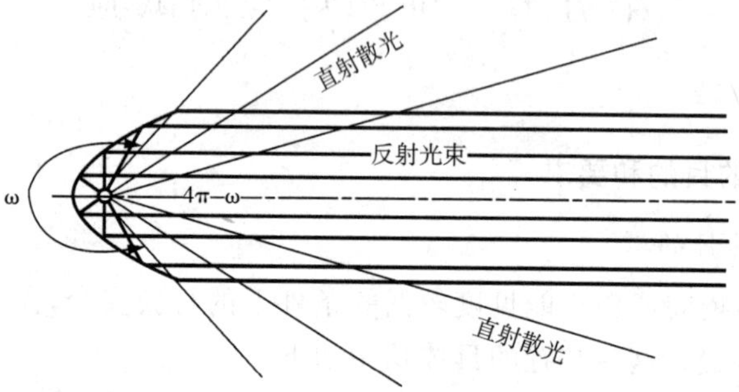

图 4-37 反光镜的聚光作用

而现代轿车装有 4 个前照灯,左右各两个,如图 4-38 所示为丰田轿车前照灯的结构。外侧的两个前照灯为双丝灯泡,内侧的两个前照灯为单丝远光灯泡。在需要远光时,4 个前照灯同时发亮而加强照明。

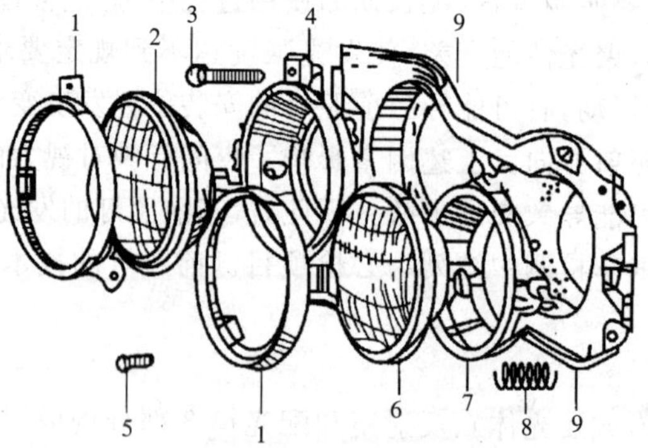

图 4-38 丰田轿车前照灯的结构

1—压圈 2—灯芯 3—调整圈螺钉 4—调整圈 5—螺钉;

6—灯芯 7—调整圈 8—拉簧 9—灯壳总成

由于汽车前照灯的照明效果直接影响夜间交通安全，所以世界各国交通部门多以法律形式规定了汽车的照明标准。

实际前照灯灯泡的光度并不大，如果没有发射镜，驾驶员只能辨认前方 6 m 处有无障碍物。有了发射镜，则可将灯泡的光线聚合并导向前方，使前照灯照距可达 150 m 或更远。而前照灯中的配光镜则是将反光镜反射出的平行光束进行折射，使车前路面和路标都有良好而均匀的照明。

3. 光和前照灯的有关概念

(1)光的物理单位

光是一种电磁波，在光的物理量中，有光束、发光强度、照度、辉度等名词术语，而与前照灯检测密切相关的物理量是发光强度和照度。

① 发光强度：发光强度是表示光源发光强度的物理量，计量单位是坎德拉，简称“坎”，单位符号用 cd 表示。按国际标准单位(SI)的规定，发光强度定义是：一个光源发出频率为 54×10^{12} Hz 的单色辐射，若在一定方向上的辐射强度为 1/683 W/sr(即 1/683 瓦特每球面度)，则此光源在该方向上的发光强度为 1 cd。

② 照度：照度是表示受光表面被照明的程度的物理量，计量单位是勒克斯，单位符号用 lx 表示。若用 S 代表被照明的面积，Φ 代表照射到物体上的光通量，则照度为：$E=S/\Phi$。1 x 也等于 1.02 cd(1 烛光)的点光源的半径 1 m 的球面上产生的光照度。

(2)发光强度和照度的关系

如图 4-39 所示，在不计光源大小的情况下(看做是点光源)，照度与离开光源距离的平方成反比(倒数二次方法则)，即

$$照度=\frac{发光强度}{离开光源的距离的平方} \tag{4-26}$$

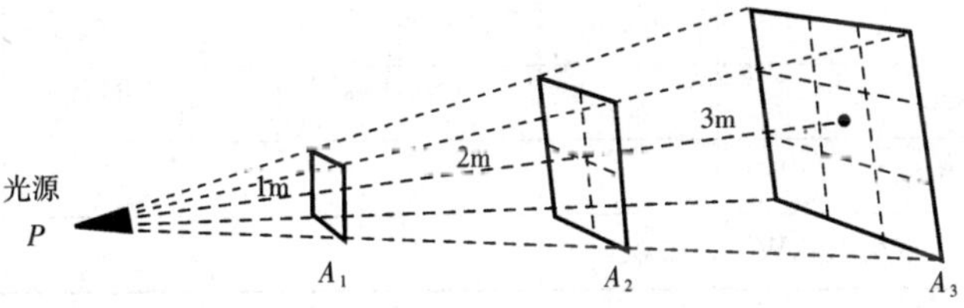

图 4-39　发光强度和照度的关系

从而可得，距离发光强度为 20 000 cd 光源 1m 的地方，照度为 20 000 lx；离开 2m 的地方，照度为 5 000 lx；离开 10 m 的地方，照度为 200 lx。

(3)前照灯的特性

前照灯特性包括配光、光束照射位置和发光强度三种特性参数。

① 配光：就是根据汽车行驶要求所设计的光分布。

② 光束照射位置：如果把光束最亮区域看做是光轴的中心，那么它对于水平、垂直坐标轴交点的偏离，就表示它的照射位置。

③ 发光强度：每只前照灯的远光全光束发光强度要符合要求。

4. 前照灯检测要求

前照灯的配光性能应使其远、近光均具有足够的发光强度，且近光不炫目。近光是汽车

交会或尾随其他汽车时使用的近距离照明光束，近光应能照明车前 40 m 的道路；远光是不会车或不尾随其他汽车时使用的远距离照明光束，远光应能照明车前 100 m 远的道路。为保证夜间行车安全，前照灯主要从发光强度和光束照射位置两个方面作出规定。

（1）前照灯光束照射位置要求

① 机动车在检验前照灯的近光光束照射位置时，前照灯在距离屏幕 10 m 处光束明暗截止线转角或中点的高度应为 0.6～0.8 H（H 为前照灯基准中心高度，下同），其水平方向位置高度向左向右偏差均不超 100 mm。

② 四灯制前照灯其远光单光束调整，要求在屏幕上光束中心离地面为 0.85～0.90 H，水平位置要求左灯向左偏不得大于 100 mm，向右偏不得大于 170 mm，右灯向左或向右偏均不得大于 170 mm。

③ 机动车装用远光和近光双光束时以调整近光光束为主，对于只能调整远光单光束的灯，调整远光单光束。

（2）前照灯发光强度要求

机动车每只前照灯的远光光束发光强度应达到表 4－7 所列的要求。测试时，其电源系统应处于充电状态。

表 4－7　前照灯远光光束发光强度检查项目要求

机动车类型		新注册车			在用车		
		一灯制	两灯制	四灯制	一灯制	二灯制	四灯制
三轮汽车		8 000	6 000	—	6 000	5 000	—
最高设计车速小于 70 km/h 的汽车		—	10 000	8 000	—	8 000	6 000
其他汽车		—	18 000	15 000	—	15 000	12 000
摩托车		10 000	8 000	—	8 000	6 000	—
轻便摩托车		4 000	—	—	3 000	—	—
拖拉机运输机组	标定功率＞18 kW	—	8 000	—	—	6 000	—
	标定功率≤18 kW	6 000[b]	6 000	—	5 000[b]	5 000	—

四灯制是指前照灯具有 4 个远光光束，采用四灯制的机动车其中两只对称的灯，达到两灯制的要求时视为合格；上表中带有 b 表示允许手扶拖拉机运输机组只装用一只前照灯。

如图 4－40 所示，在距离前照灯 10 m 处设有一专用屏幕。按前述规定的验证条件，在屏幕上有 3 条垂直线和 3 条水平线中间垂直 $V-V$ 与被检测汽车的纵向中心线对正。两侧的垂直线 $V_{左}-V_{左}$ 和 $V_{右}-V_{右}$ 分别为被检测汽车的左右前照灯的中心线；水平线 $h-h$ 与被检测汽车的前照灯的中心等高，距地面高度为 H；其下一条水平线的高度为 H_1，与被检测汽车的前照灯远光光束中心的上限值 $0.9H$ 等高，最下面的一条水平线的高度为 H_2，与被检测汽车的前照灯近光光束中心的上限值 $0.8\ H$ 等高。标准规定远近光光束中心高度的偏差范围分别为 $0.05H$ 与 $0.2\ H$，即其下限值分别为 $0.85\ H$ 和 $0.6\ H$。

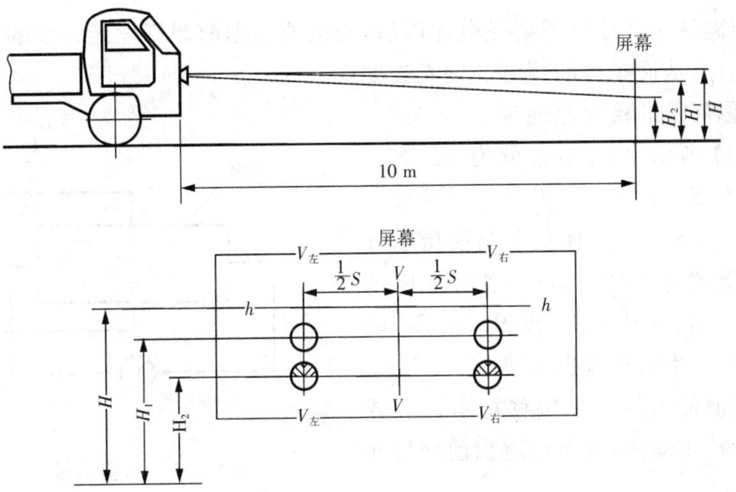

图 4-40 用屏幕检测前照灯的光束照射位置

检测时，先遮住一边的前照灯，然后打开前照灯的近光开关，未遮盖的前照灯的近光明暗截止线转角或光束中心应落在由高度 H_2、$H_2-0.2H$ 的两条水平线及距汽车纵向中心线为 $\frac{1}{2}S+100$、$\frac{1}{2}S-100$ 两条垂线所围的矩形面积内，否则表明近光光束照射位置偏斜不合格。

对于远光单光束前照灯，则要检测远光光束的照射位置，检测方法与前相同，但其光束中心应落在由高度为 H_1、$H_1-0.05H$ 的两天水平线及距汽车纵向中心线为 $\frac{1}{2}S+170$、$\frac{1}{2}S-170$（为右灯，左灯左为 $\frac{1}{2}S+100$，右灯右为 $\frac{1}{2}S-170$）两条垂线所围得矩形面积内，方为合格。

用屏幕法检测前照灯的方法简单易行，但它只能检测出光束的偏斜方向和偏斜量，不能检测发光强度，而且为适应不同车型，还需要经常更换屏幕，检测效率低。

(3)其他照明及信号装置一般规定与要求

汽车的前位灯、后位灯、示廓灯、挂车标志灯、牌照灯、前雾灯、后雾灯和仪表灯等是保证汽车夜间或能见度低的情况下安全行车的一组重要的信号装置，该组信号装置应能同时启闭，在前照灯关闭和发动机熄火时仍点亮。所有汽车均应装有危险报警闪光灯，其操纵装置不受电源总开关的控制。汽车的转向信号灯、危险报警闪光灯及制动灯白天距 100 m 可见，侧转向信号灯白天距 30 m 可见；前、后位置灯、示廓灯和挂车标志灯夜间好天气距 300 m 可见；后牌照灯夜间好天气 20 m 能看清牌照号码。制动灯的亮度应明显大于后位灯。汽车照明和信号装置的任一条线路出现故障，不得干扰其他线路的正常工作。

二、前照灯检测仪检测原理与结构

1. 前照灯检测仪检测原理

前照灯检测仪一般是采用具有把吸收的光能变成电流的光电池元件，按照前照灯主光轴照射光电池产生电流的比例，测量前照灯的发光强度和光轴偏斜量。

(1)发光强度的检测原理

以适当距离使用前照灯照射光电池以后，光电池根据前照灯发光强度的大小产生电流，使光度指针动作，从而指示前照灯的发光强度。

(2)光束偏斜量的检测原理

如图 4-41 所示，把光电池分为 $S_{上}$、$S_{下}$、$S_{左}$、$S_{右}$ 4 份，在 $S_{上}$ 和 $S_{下}$ 上接有上下偏移指示计 3，在 $S_{左}$ 和 $S_{右}$ 上接有左右偏移指示计 1。当光电池受到前照灯照射后，各分光电池分别产生电流。当 $S_{上}$ 和 $S_{下}$ 或 $S_{左}$ 和 $S_{右}$ 的受光量不等时，产生的电流也不等。

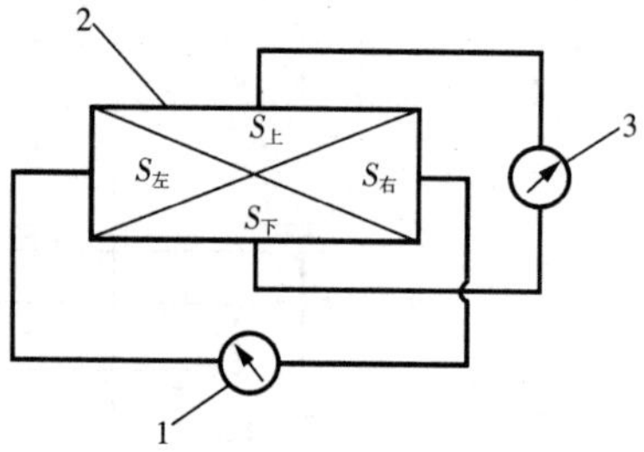

图 4-41　光轴偏移量测量方法

1—左右偏移指示计　2—光电池　3—上下偏移指示计

根据其差值便可使上下偏移指示针 3 或左右偏移指示针 1 动作，从而可测出前照灯光轴的偏移量。

光电池生产出来，无论使用与否，放置时间长久后，其灵敏度会下降。

2. 前照灯检测仪的类型

前照灯检测仪有聚光式、屏幕式、自动追踪光轴式、投影式 4 种。

3. 前照灯检测仪的外形与结构

仪器外形如图 4-42 所示。光接收箱在立柱的导引下，由链条牵引做上下运动。仪器的底箱下面装有轮子，可沿地面导轨左右移动整个设备。在光接收箱内部有一个透镜组件、光电池与光检测系统，在底箱内装有两个方向的驱动系统。

在光接收箱的正面装有上、下、左、右 4 个光电池，用做光轴追踪。当上、下光电池受到的光照度不同时，产生的偏差信号驱动上、下传动部件中的电动机，牵引光接收箱向光照平衡的位置移动。同样，左、右光电池的偏差信号将驱动左、右传动部件中的电动机，使仪器向左或向右移动，直到光轴位置偏差信号为零。

透镜后面有 1 组四象限光电池，当前照灯光束通过透镜聚光后，照射在这一光电池组的中央时，四光电池产生的偏差信号为零(上、下表和左、右表指示为零)。如果在仪器定位于主光轴位置时，通过聚光透镜的光束偏离中心位置，必然会产生偏差信号。左、右偏移的偏差信号驱动左右电动机，使透镜移动，以减少这一偏差，亦使得汇集的光束向光电池组中心逼近。同样，上下偏移偏差信号则驱动透镜在垂直方向上做调整，以使光点能在垂直方向逼近光电池组中

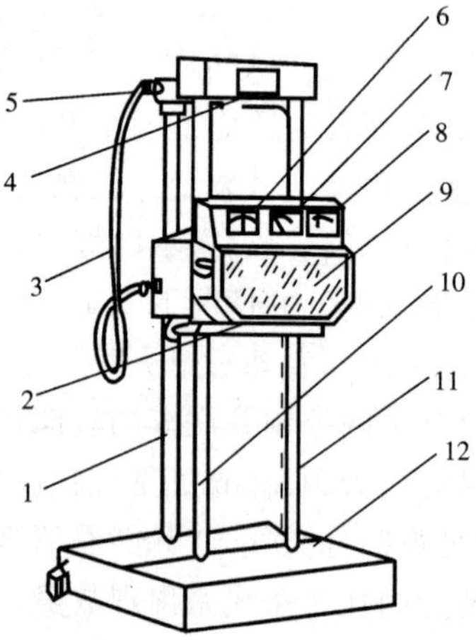

图 4-42　全自动前照灯检测仪

1—后立柱　2—支承座　3—连接电线　4—支架　5—接线盒
6—上下表　7—光强表　8—左右表　9—光接收箱
10—左立柱　11—右立柱　12—底箱

心。透镜在两个方向上的位置由分别安装在两个方向上的位置传感器检测，并送检测电路处理。

三、前照灯检测方法

1. 前照灯光束屏幕法检测与调整

(1)检测与调整的准备

① 停正汽车。使车头正对幕布或墙壁，并使前照灯距离幕布或墙壁 10 m。

② 画测试样线。在屏幕上距地面高度 1 035(1 080)mm 的地方画一条水平线 AA，在此线下 207(216)mm 处画一条水平线 *BB*，再在屏幕上画 3 条垂直线。一条为中垂线使它与汽车的中心线对正，另外两条分别位于中垂线的两侧，它们与中垂线的距离均为两前照灯中心线的一半(495 mm)，这两条垂直线分别与水平线 *BB* 相交于 *a* 点和 *b* 点，再画出明暗截止线，如图 4-43 所示。括号数字为装用 9.00-20 轮胎时的位置。

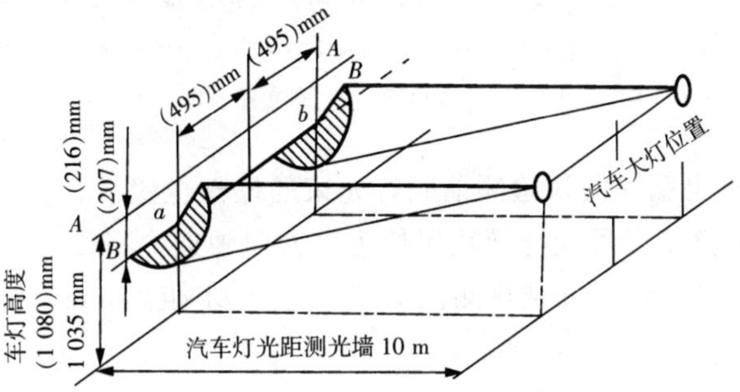

图 4-43 CA1090 前照灯的调整

(2)测光束

以测左前照灯光束为例，分别检测左右前照灯的光束。

将右前照灯遮住，接通近光灯丝电源，左前照灯的近光光束中心应对准 *a* 点，使明暗截止线相重合，如不合规定应调整。

(3)调整光束

拆下前照灯罩板，调整光束的高低位置，可调整垂直调整螺栓 1，调整光束的左、右位置，可调整水平调整螺钉 2、3，如图 4-44 所示。

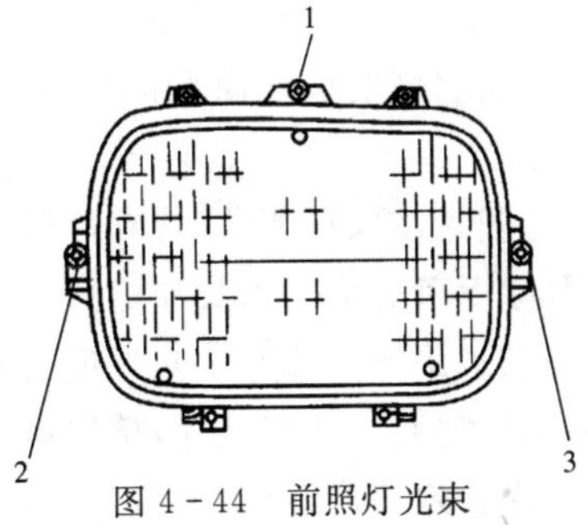

图 4-44 前照灯光束

1—垂直调整螺栓 2—水平调整螺钉(左) 3—水平调整螺钉(右)

2. 用电脑检测仪检测与调整前照灯光束

(1)QDC-2 型电脑检测仪的检测原理

QDC-2 型检测仪是电脑控制的全自动检测仪，它可以自动找准光轴，自动进行测量、记录、打印出测量数据，具有测试准确、工作效率高的特点。它由光电箱、主副立柱和导轨等三部分组成，如图 4-45 所示。

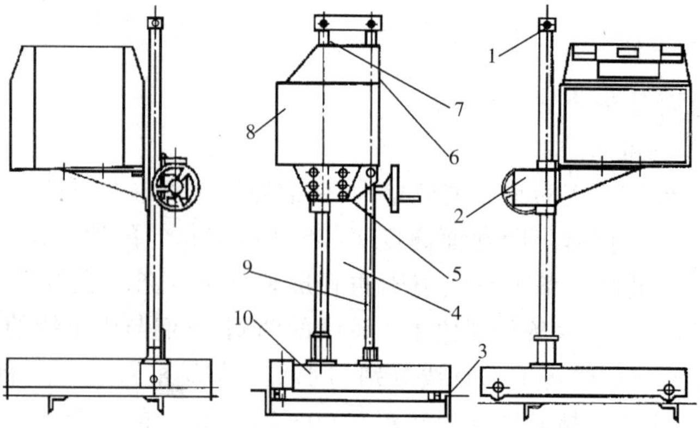

图 4-45　QDC-2 型汽车检测仪

1—上柱盖　2—减速器　3—导轨　4—主立柱　5—托架　6—电源开关
7—水平校正仪　8—光电箱　9—副立柱　10—底座组件

(2)用 QDC-2 型电脑检测仪检测前照灯光束的操作步骤

① 停正汽车。将汽车尽可能与导轨保持垂直方向驶近检测仪。

② 对准检测仪。检测仪对准被检测汽车的车灯,要求距离 3 m,且汽车的纵向线与检测仪光电箱的中心线平行。

③ 打开检测仪测光束。打开检测仪电源,将垂直/水平旋钮旋至零位,用手动调节机箱做水平、垂直运动,直至对准车灯。然后调节垂直/水平旋钮,使角度指示表头置中,则检测仪自动测光束,并显示测量数据。

④ 核对数据。对照测得数据与所测车型的检验参数,不正确的应调整。

⑤ 调整光束。方向同上。

⑥ 需要时打印出检测数据。

3. 前照灯的使用和维护

(1)前照灯要根据商标的标志方向来安装,不得倾斜倒置,否则灯光不能按需要照射路面。

(2)配光镜保持清洁,若有污垢应擦拭干净。目前许多进口车安装了前照灯除垢装置,前照灯除垢可分为喷水式和擦拭式两种。

擦拭式用擦拭片擦拭配光镜表面,用机械的方式清除污垢,对附着牢固的污垢很容易清除,但 4 灯需要 4 片擦拭片,从容易更换零件方面考虑大多数采用喷水式。

喷水式除垢器结构简单,若用高压喷水,喷水不到 1 s 即可清除污垢。

(3)反射镜应保持清洁,若有灰尘应该用压缩空气吹净。若有赃污,对于镀铬、镀铝的反光镜,可用清洁的棉纱蘸酒精,由反光镜内部向外部或按螺旋形擦拭干净;对于镀银的反光镜,由于镀层比较娇嫩,不能擦拭,只能用热水清洗。

(4)应保持前照灯良好的密封性,以防潮气侵入。故配光镜和反光镜之间的密封垫圈应固定好,如有损坏应及时更换。

(5)灯的接线应该正确、牢靠。

(6)换用封闭式前照灯时,应注意搭铁极性,通过灯罩可以看见两根灯丝共同连接的灯脚为搭铁。粗灯丝为远光,细灯丝为近光,如果装错,灯就不能正常发光。

4. 前照灯的调理与修理

前照灯光轴方向偏斜时,应进行调整,调整部位一般分外侧调整式和内侧调整式两种。调整时按需要转动灯座上面的左右及上下调整螺钉(或旋钮),使光轴方向符合标准。前照灯亮度不足时,应根据原因视情况修理。

(1)前照灯工作电压偏低,应检修电路和电源。

(2)灯泡(或灯芯)老化或产品质量差,应更换合格的灯泡。

(3)灯泡(或灯芯)的功率选择偏低,使用中若发光强度不够,可改用功率稍大的灯泡或灯芯。但必须注意以下几点:

① 灯泡必须与灯罩座型号一致,配套使用;

② 若普遍灯泡改为卤素灯泡,应当更换灯的总成;

③ 选用大功率灯泡,应校验发电机功率是否足够,前照灯线路容量是否能承受。

(4)前照灯反射镜脏污或涂层脱落,应予以清洁或更换。

(5)散光玻璃装配不当,应适当调整。散光玻璃的安装应注意以下几点:

① 标 TOP 或 f 符号表示应朝上安装;

② 散光玻璃的棱镜均呈竖向配置;

③ 散光玻璃中部棱镜较稀部分呈正方形端朝右,呈长方形端朝左(左、右以面对玻璃而言)。

5. 前照灯灯光的调整

目前,前照灯光束调整标准各国略有差异,各类车型的调整数据和方法也不完全相同。因此,调整时应参考该车说明书或技术手册进行,前照灯光束调整可采用屏幕调整和仪器调整方法进行。但无论采用何种方式,检测调整前都应做到轮胎气压应符合规定,前照灯配光镜表面应清洁,汽车空载,驾驶室空位只准许乘坐一名驾驶员,场地平整,对装用远近光双丝灯泡的前照灯以调整近光光束为主。

思考与练习

4-1　简述发动机功率检测方法以及无负荷测功的工作原理。

4-2　简述无负荷测功仪的结构和工作过程。

4-3　汽车发动机综合性能分析仪由哪几部分组成?

4-4　发动机进行"单缸断火"试验的目的是什么?

4-5　简述 ZCA 型转向参数测量仪结构和工作过程。

4-6　车轮定位参数主要有哪些? 各起什么作用?

4-7　检测前轮测滑量的目的是什么?

4-8　车轮仅有外倾角时,测试中的滑板如何运动?

4-9　车轮仅有前束时,测试中的滑板如何运动?

4-10　车轮前束常用的测量方法有哪些?

4-11　滑板式侧滑试验台主要由哪些部分组成?

4-12　试述离合器的试验内容与试验方法。

4－13　试述变速器的试验方法。

4－14　车速表指示误差产生的原因和危害是什么？

4－15　简述车速表试验台的类型和主要结构。

4－16　滚筒式车速表试验台的测量原理是什么？

4－17　前照灯检测目的是什么？

4－18　对前照灯灯光检测有哪些要求？四灯制与两灯制的要求有什么不同？

4－19　前照灯的光学特性有哪些？

4－20　前照灯检测仪有哪几种类型？

4－21　简述前照灯检测仪检测原理。

第五章 汽车动力性能试验

内容提要：本章介绍了检测汽车动力性能的主要试验，包括滑行试验、车速试验、加速试验、爬坡试验和牵引性能试验等试验及其试验原理、试验条件、试验规程、数据处理和仪器设备。

汽车动力性能是指汽车在良好路面上直线行驶时，由汽车受到的纵向外力决定的，所能达到的平均行驶速度。从获得尽可能高的平均行驶速度的观点出发，汽车的动力性主要由三方面的指标来评定，即汽车的最高车速、汽车的加速时间、汽车能爬上的最大坡度。通过动力性能各项评价指标的测定，可以考察其是否符合设计要求，是否符合用户的使用要求，为改进设计提供依据。另外，还可以用于两种车型优劣的比较，以及生产质量的检查和科研等。

第一节 滑行试验及滑行阻力系数测定

滑行是指汽车加速到某预定速度后，摘挡脱开发动机，利用汽车的动能继续行驶直到停车的过程。汽车滑行性能的好坏，对其动力性和燃油经济性有重要的影响。滑行试验的目的一般是为了检查汽车底盘的技术状况和调整状况，同时也是在道路上测定汽车行驶阻力的方法之一，可作为室内台架试验时，设定底盘测功机系数的依据。滑行性能可用初速50 km/h时的滑行距离和滑行时间来评价，也可通过测定滑行阻力系数反应汽车行驶阻力的大小。

一、滑行距离测试

在同一车速下汽车滑行距离的长短取决于滚动阻力系数、空气阻力系数、汽车总质量等参数及汽车底盘的技术状况和调整状况。滑行距离越长，汽车性能越好。

试验时，关闭汽车门窗，其他试验条件及试验汽车的准备按通用试验条件的规定。选择长800～1000 m的平整路段作为滑行区段，汽车在进入滑行区段前，车速应稍大于50 km/h，此时驾驶员将变速器排挡置入空挡，并松开离合器踏板，汽车开始滑行，在滑行过程中，驾驶员不得转动方向盘，直至完全停车为止。记录从车速为50 km/h开始，到汽车停止的整个滑行过程的滑行时间和滑行距离。试验至少往返各滑行1次，往返区段尽量重合。

国家标准规定滑行试验的标准初速度 $v_0=50$ km/h，而实测的滑行初速度 $v_0{}'$ 与标准初速度总有出入，故需对实测的滑行距离 S' 进行校正，以算出标准初速度 $v_0=50$ km/h 的滑行距离 S，即

$$S=\frac{-b+\sqrt{b^2+ac}}{2a} \tag{5-1}$$

$$a=\frac{v_0'^2-bS'}{S'^2} \tag{5-2}$$

式中：a——计算系数($1/s^2$)；

v'_0—实测滑行初速度(m/s)；

b——常数，当汽车总质量≤4 000 kg 且滑行距离≤600 m 时，$b=0.3$，其他情况下，$b=0.2$)；

S'——实测滑行距离(m)；

c——常数；

S——初速度为 50 km/h 时的滑行距离(m)。

取换算后两个方向滑行距离的平均值作为试验结果，如图 5-1 所示为某款车的滑行过程曲线。

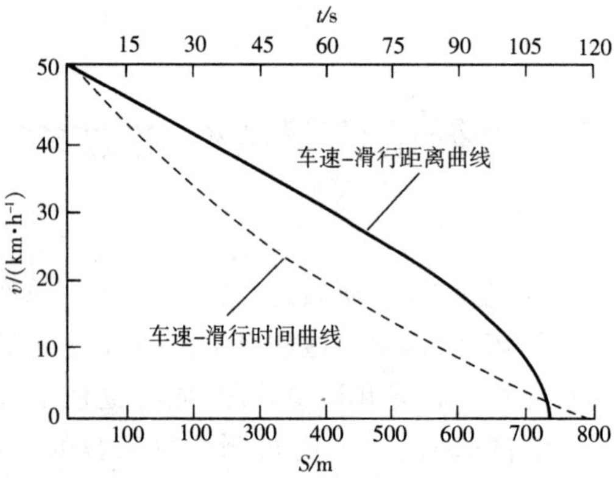

图 5-1　某款车的滑行过程曲线

测量仪器采用车速、行程记录装置，精度不低于 0.5%，现在多选用第五轮仪或非接触式汽车速度仪。

二、滑行阻力系数测定

滑行阻力包括滚动阻力、空气阻力和传动系摩擦阻力等。采用低速滑行试验，测量出滑动阻力系数，可近似看成由滚动阻力和空气阻力两部分组成，进而求出空气阻力系数。滑行阻力系数的测定，通常采用定距离测定法、定初速度测定法和负荷拖车测定法。

1. *定距离测定法*

试验前，试验场地选定长 100 m 的测量路段，并将其分为两段，每段各 50 m，然后反复

预试,找出该车在(20±2)s 时间内,滑行通过 100 m 路段的滑行初速度(一般情况在20 km/h 左右)。

试验时,驾驶汽车匀速接近测量段起点,驶到起点的瞬间,迅速分离离合器,变速器置空挡,使之滑行通过 100 m,时间应控制在(20±2)s,否则重做。测定通过开始 50 m 路段和 100 m 路段的滑行时间 t_1、t_2,往返测量至少 3 次。如果测量重复性差,应进行补充试验,直至满足要求。

由于滑行速度较低,空气阻力和传动系摩擦阻力忽略不计。由于道路平直,汽车的滑行阻力仅为滚动阻力,并可视为常数,则汽车滑行过程可视为均速运动。

设滑行减速度为 $\mathrm{d}v/\mathrm{d}t$,滑行初速度为 v_0,由 50 m,100 m 的滑行时间,可列下列方程组:

$$\begin{cases} 50=v_0 t_1-\frac{1}{2}\frac{\mathrm{d}v}{\mathrm{d}t}t_1^2 \\ 100=\nu_0 t_2-\frac{1}{2}\frac{\mathrm{d}v}{\mathrm{d}t}t_2^2 \end{cases} \tag{5-3}$$

联立求解得

$$\frac{\mathrm{d}v}{\mathrm{d}t}=\frac{100}{t_2}\left(\frac{1}{t_1}-\frac{1}{t_2-t_1}\right) \tag{5-4}$$

所以滑行阻力为

$$F_h=(m+m')\frac{\mathrm{d}v}{\mathrm{d}t} \tag{5-5}$$

式中:F_h——滑动阻力;

m——汽车总质量;

m'——旋转部件当量惯性质量;

δ——旋转质量换算系数,$\delta=1+\delta_1/I_g{}^2+\delta_2$,$\delta_1=0.04\sim0.05$(载货车)或 $0.05\sim0.07$(小客车),$\delta_2=0.03\sim0.05$;

I_g——变速器传动比。

滑行阻力系数(f)计算式为

$$f=\frac{F_h}{m_g} \tag{5-6}$$

当车速较低时,可认为滑行阻力系数为滚动阻力系数。

2. 定初速度测定法

分别测量从高速 v_1 滑行至 v_1-5 的滑行时间 t_1 和从低速 v_2 滑行至 v_2-5 的滑行时间 t_2,然后根据测量数据估算滚动阻力和空气阻力系数。

【例 5-1】 某汽车质量为 1 450 kg,横截面 A 为 2.2 m^2,计算过程如表 5-1 所示。

表 5-1 试验数据与处理

参 数	高速试验	低速试验
初速度/(km·h^{-1})	$v_{a1}=60$	$v_{a2}=15$
终速度/(km·h^{-1})	$v_{b1}=55$	$v_{b2}=10$
试验时间/s	$t_1=6.5$	$t_2=10.5$
平均车速/(km·h^{-1})	$v_1=(v_{a1}+v_{a2})/2=57.5$	$v_2=(v_{a2}+v_{b2})/2=12.5$
平均减速度/(m·s^{-2})	$a_1=(v_{a1}-v_{b1})/\mathrm{t}_1=0.77$	$a_2=(v_{a2}-v_{b2})/t_2=0.48$

空气阻力系数为

$$C_W=\frac{6m(a_1-a_2)}{A(v_1^2-v_2^2)}=0.36 \tag{5-7}$$

滚动阻力系数为

$$f=\frac{28.2(a_2v_1^2-a_1v_2^2)}{10^3(v_1^2-v_2^2)}=0.013 \tag{5-8}$$

3. 负荷拖车测定法

负荷拖车是一种能够牵引或被牵引，并能施加测量牵引力或阻滞力的汽车，一般由拖拉机或全轮驱动的大功率汽车改装而成。

测定汽车滚动阻力及阻力系数时，由负荷拖车牵引试验车，并且为了去掉发动机及传动系阻力，需要将汽车半轴取出。测定时，负荷拖车以较低车速等速牵引试验车行驶。由于车速低，可忽略空气阻力，这样牵引力与试验车滚动阻力很接近，测出的拖钩牵引力可视为滚动阻力。

滚动阻力测量后，可按下式计算该路段上的滚动阻力系数，即

$$f=\frac{F_t}{m_g} \tag{5-9}$$

式中：F_t——拖钩牵引力(N)；

m_g——汽车总质量(kg)。

第二节 车速试验

车速测量试验是指最低稳定车速测量试验和最高车速测量试验。

一、最低稳定车速试验

最低稳定车速通常指在直接挡下汽车能够稳定行驶的最低车速。而稳定行驶的含义指以一定车速匀速行驶一段距离之后，再急加速时发动机不应熄火，传动系不得产生抖动。它关系到汽车高挡行驶时的车速范围。这一车速较低，汽车通过交叉路口，交通拥挤路段以及

具有一定阻力的路段时，就可不必换入低挡而正常通过。当汽车驶过这一路段需要加速而提高车速时，又不会造成发动机熄火或传动系抖动。这样，既简化了驾驶操作，又能保证汽车维持较高的平均技术速度。

本试验需使用的测量仪器是五轮仪或汽车综合测试仪、秒表。试验之前，应选取 50 m 长的平坦、坚实的直线路段，并在该路段的两端各插上一根标杆。

试验时，汽车变速器置于所要求的挡位，使汽车保持较低的稳定车速驶入试验路段。各种汽车的变速器挡位要求如下：对以货车、客车、专用汽车及重型矿用汽车，都挂直接挡；对于越野汽车，除挂直接挡试验外，还要增加挂传动系最低挡位的最低稳定车速试验。另外，还可以根据试验要求，挂超速挡或其他挡位进行试验；对于没有直接挡的汽车，应选速比最接近直接挡速比的挡位。

当汽车驶出试验路段时，快速踩下踏板，此时，发动机不应熄火，传动系不得发生抖动，汽车能平稳地加速行驶。如果踩下加速踏板后，发动机没有熄火并且传动系也未发生抖动，应适当降低车速继续进行试验。反之，若发动机熄火或传动系抖动，应适当提高车速再进行试验，直至找到符合要求的该挡最低稳定车速，试验至少往返各进行两次。另外，在试验过程中，不允许为保持汽车稳定行驶而切断离合器或使用制动器制动汽车。

如果使用五轮仪作为试验仪器，该仪器能直接给出最低稳定车速，可以取实测车速的算术平均值作为试验结果。

若使用秒表测试，应测试汽车各次通过 50 m 路段的时间，而后按下式计算最低稳定车速。即

$$v_{\min}=\frac{50}{\frac{1}{n}\sum_{i=1}^{n}t_i} \tag{5-10}$$

式中：$v_{\min}$——最低稳定车速(m/s)；

n——试验次数；

t_i——第 i 次试验测得的通过 50 m 的时间(s)。

二、最高车速试验

最高车速是指汽车在无风情况下，在水平良好的路面(混凝土或沥青)上汽车能达到的最大行驶速度 $v_{\max}$。它不是瞬时值，而是可连续行驶一定距离的最高速度。最高车速反映了汽车依靠动力所能达到的车速极限，试验时应关闭汽车门窗和空调系统等附加设施，试验汽车按通用试验条件的规定进行准备。

试验在符合试验条件的道路上，选择中间 200 m 为测量路段，并用标杆做好标志，测量路段两端为试验加速区间。根据试验汽车加速性能的优劣，选定充足的加速区间(包括试车场内环形高速跑道)，使汽车在驶入测量路段前能够达到最高的稳定车速。试验汽车在加速区间以最佳的加速状态行驶，在到达测量路段前保持变速器(及分动器)在汽车设计最高车速的相应挡位，油门全开，使汽车以最高的稳定车速通过测量路段。试验过程中注意观察汽车各总成、部件的工作状况并记录异常规象。

试验往返各进行一次，测定汽车通过测量路段的时间，并按下式计算试验结果，即

$$v=\frac{720}{t} \tag{5-11}$$

式中：v——汽车最高车速(km/h)；

t——往返试验所测时间的算术平均值(s)。

测量仪器可采用钢卷尺和计时器(如秒表或其他光电管式计时装置，最小读数为0.01 s)，现在多选用第五轮仪或非接触式汽车速度仪，直接得出汽车速度。

第三节　加速性能试验

汽车的加速能力对平均行驶车速有很大影响，由《汽车理论》可知，汽车在水平平坦路面上的加速度大小与动力因素成正比。因此，加速度大小反映了汽车动力特性的好坏。从理论上讲，评价加速性，应该用加速度和时间的关系，但实用意义不大，不如采用速度或距离与时间的关系较直观。所以一般都是用汽车从某一条件下加速到某一距离或某一车速的时间表示，常用原地起步加速时间与超车加速时间这两项指标来表明汽车的加速能力。

加速性能指汽车在各种使用条件下迅速增大行驶速度的能力，是汽车最重要、最基本的使用性能之一。加速性能的评价指标主要是加速过程中的加速度、加速时间和加速距离，在加速过程中，加速度越大，加速到一定速度的加速时间和加速距离越短，汽车的加速性能越好，也就是汽车的动力性能越好，汽车就可获得较高的平均行驶速度。

原地起步加速时间是指汽车由第一挡起步并以最大的加速度(包括选择适当的换挡时机)逐步换至高挡后，到达某一预定的距离或车速所需的时间，采用起步连续换挡加速试验来测定。国外一般用0～400 m、0～500 m或0～1000 m的原地起步加速时间来比较加速能力。

超车加速时间是指用最高挡或次高挡由某一中等车速全力加速至某一高速所需的时间。因为超车时汽车与被超汽车并行，容易发生安全事故，所以超车加速能力强，并行行程短，行驶就安全。超车加速能力还没有一致的规定，采用较多的是用最高挡或次高挡由预定车速全力加速行驶至某一高速所需的时间，或由加速曲线(即车速-时间关系曲线)全面地反映加速能力。

试验分固定挡(最高挡和次高挡)加速性能试验以及起步连续换挡加速性能试验两种进行，装有自动变速器的汽车只进行原地起步加速试验。若自动变速器有两挡，则分别进行两次试验。

一、固定挡加速性能试验

试验之前，根据具体试验汽车(主要考虑加速能力的大小)选取适当长度的路段作为加速性试验路段，并在该路段的两端各树立一根标杆，以作为加速试验时两个方向的加速起点。另外，还要检查试验车是否处于良好的技术状态，尤其要着重检查化油器节气门能否全开(或喷油量能否达到最大)，必要时应进行调整。

在进行最高挡和次高挡加速性能试验时，汽车在变速器预定挡位，以预定的车速

(从稍高于该挡最低稳定车速起，选 5 的整数倍之速度(如 20、25、30、35、40 km/h)作等速行驶，用第五轮仪监视初速度，当车速稳定后(偏差±1 km/h)，驶入试验路段，迅速将加速踏板踩到底，使汽车加速行驶至该挡最大车速的 80%以上，对于轿车应达到 100 km/h 以上。

用第五轮仪或汽车综合测试仪记录汽车的初速度和加速行驶的全过程，如图 5-2 所示，试验往返各进行 1 次，往返加速试验的路段应重合。

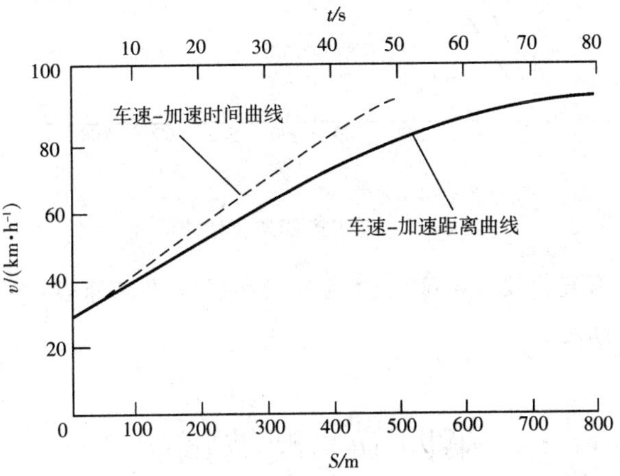

图 5-2 固定两挡加速性能曲线

二、起步连续换挡加速性能试验

起步连续换挡加速性表征汽车从起步开始快速达到较高行驶车速的能力。

试验应在坚实、平坦的路面上进行，试验前检查汽车是否处于良好的技术状态，尤其应检查化油器节气门是否能全开(或喷油量能否达到最大)。

在试验时，将汽车停于加速试验路段的起点，变速器预先置于起步挡。通常三挡变速器为一挡，四挡以上的变速器为二挡，然后迅速起步，并将加速踏板踩到底，使汽车尽快加速行驶。当发动机达到最大功率转速时，力求迅速无声地换到高一挡位，换挡后立即将加速踏板踩到底，直到车速升至最高挡最高车速的 80%以上(对于轿车，应加速到 100 km/h以上)。

与此同时，用五轮仪或汽车综合测试仪记录加速行驶的全过程，试验往返各进行 1 次，并且往返试验的路段应尽量重合，两次试验换挡时的车速也应尽量接近，有利于数据处理对曲线拟合。

本试验值得注意的是，有些汽车由于设计上的原因，加速过渡性不良，快速起步很可能产生传动系严重抖动及汽车“点头”现象，从而使加速性能大大下降。对于这些汽车，在加速性试验之前应反复预试，找出加速最快的操作方式(一般是不立刻将加速踏板踩到底，而是先缓后快加油)，并以这种操作方式进行试验。

根据记录数据，分别绘制试验车往返两次的加速性能曲线($v-t$ 和 $v-S$)。取两次曲线的平均值绘制汽车的加速性能曲线，如图 5-3 所示。

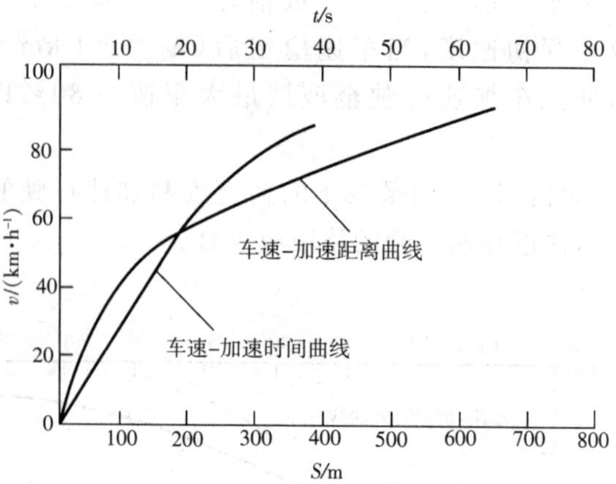

图 5-3　起步换挡加速性能曲线

试验主要仪器有第五轮仪或汽车综合测试仪和发动机转速表，试验前应根据仪器的使用说明书对仪器进行标定。

第四节　爬坡试验

爬坡性能试验的目的是在各种坡度的坡道上测定汽车的起步能力和爬坡能力，分为爬陡坡试验和爬长坡试验。

爬陡坡试验的评价指标是汽车的最大爬坡度，汽车的最大爬坡度是指汽车处于最大总质量状态时，变速器挂最低挡，在坚硬路面上所能克服的最大坡度（不允许动力冲坡）。

一、爬陡坡试验

爬陡坡试验一般在专门设置的坡道上进行，坡道长度应大于汽车长度的 2～3 倍。汽车用最低挡开始爬坡，其所能克服的最大坡度值即为最大爬坡能力，用角度或纵向升高百分比表示。道路坡度、坡道角和斜度的对应关系如图 5-4 所示。轿车的最大爬坡度一般在 20% 以上，货车爬坡度在 20%～30%之间，越野车爬坡能力是重要指标，一般最大爬坡度不小于 60%。而液力传动汽车，其最大爬坡度可达很大值，但仅具有极低的车速，因此一般以克服一定的坡度时的车速来评价其爬坡性能。

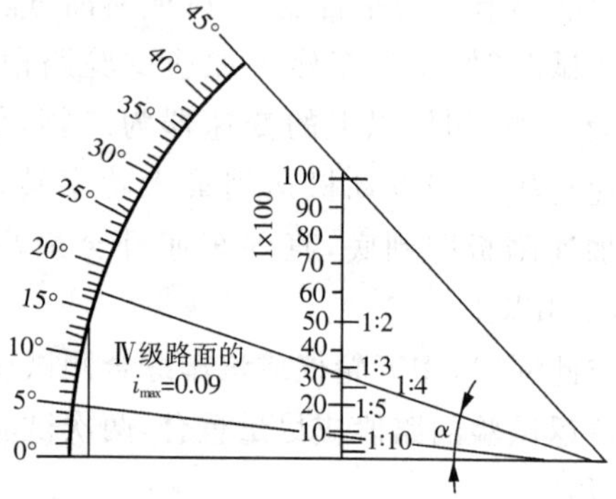

图 5-4　道路坡度、坡道角和斜度的对应关系

试验汽车按通用试验条件的规定进行准备，试验时的坡道坡度应接近于试验车的最大爬坡度。坡道长不小于 25 m，坡前应有 8～10 m 的平直路段。试验车停于平直路段上，起步后，将节气门全开进行爬坡。测量并记录汽车通过测速路段的时间及发动机转速，爬坡过程中监视各仪表（如水温、机油压力等）的工作情况。爬至坡顶后，停车检查各部位有无异常

现象发生，并做详细记录。如第一次爬不上，可进行第二次，但不超过两次。爬不上坡时，测量停车点（后轮触地中心）到坡底的距离，并记录爬不上的原因。

如没有规定坡度的坡道，可增减装载质量或采用变速器较高一挡（如 2 挡）进行试验，再按式（5-12）折算为厂定最大总质量下，变速器使用最低挡时的最大爬坡度，即

$$\alpha_{max}=\sin^{-1}\left(\frac{m'_a}{m_a}\frac{i_1}{i'}\sin\alpha\right) \tag{5-12}$$

其中：α——试验时的实际坡度（°）；

m'_a——汽车实际总质量（kg）；

m_a——汽车厂定最大总质量（kg）；

i_1——最低挡总速比；

i'——实际总速比。

10 m 测速路段内的平均爬坡车速为

$$v=36/t \tag{5-13}$$

式中：t——通过测速路段的时间（s）。

最大爬坡度也可用负荷拖车法进行测量，方法是在平直铺装的路面上，用负荷拖车测量汽车最低挡的最大拖钩牵引力，按下式计算出最大爬坡度，即

$$\alpha_{max}=\sin^{-1}\left(\frac{P_{max}}{9.8m_a}\right) \tag{5-14}$$

式中：P_{max}——汽车最低挡最大拖钩牵引力（N）。

若试验车为越野车，则变速器使用最低挡，分动器亦置于最低挡，全轮驱动，停于接近坡道的平直路段上，起步后，将油门全开进行爬坡。当试验车处于坡道上，停住汽车，变速器放入空挡，发动机熄火 2 min，再起步爬坡。测量并记录通过测速路段的时间及发动机转速。爬坡过程中监视各仪表的工作状况，爬至坡顶后，检查各部位有无异常现象，并做详细记录。

试验常用仪器有坡度仪、发动机转速表、秒表、钢卷尺（50 m）等。

二、爬长坡试验

爬长坡试验的目的是综合考验汽车的动力性和燃油经济性能，并对发动机冷却系统冷却能力、发动机热状况和传动系统等在低转速、大转矩工作条件下的性能加以考验，也可通过测定挡位利用率，对传动系速比的合理设置进行分析比较。

爬长坡试验在最大纵向坡度为 7%～10%、长 10 km 以上的连续长坡上进行，一般要求上坡路段应占坡道 90%以上。试验时，根据道路情况和汽车的动力状况，以合适的变速器挡位爬坡，原则上在保证安全和交通法规允许的前提下，尽可能以较高车速行驶。注意观察发动机水温及底盘零部件工作状态，当有“开锅”等异常情况时，应停止试验。记录从起点到终点行驶过程各挡位使用次数和时间、行驶里程、燃油消耗量，计算出各挡位时间（或里程）利用率、汽车行驶平均车速和百公里油耗。

针对发动机冷却系统冷却能力的试验，也可采用负荷拖车法进行。

第五节　牵引性能试验

汽车牵引性能试验主要用于确定汽车牵引挂车的动力性能，它分为牵引性能试验与最大拖钩牵引力性能试验两种。

一、汽车牵引试验

汽车牵引性能试验最好采用试验汽车牵引负荷拖车的方式进行，没有负荷拖车时，也可以用处于最大总质量状态的其他汽车代替负荷拖车。使用负荷拖车进行试验时，试验汽车上安装五仪轮，以测量车速。试验汽车与负荷拖车之间用牵引杆连接，在牵引杆内部安装1只拉力传感器，两车之间用传声器或对讲机进行联系，使前、后车的运行协调。试验时要求牵引杆保持水平，其纵向与试验汽车及负荷拖车的纵向中心平面平行。

本试验要求在平整、坚实、水平的路面上进行，试验前应检查汽车是否处于良好的技术状态，仪器及器具安装是否正确。

试验时，汽车起步后尽快加速并将变速器排挡升至需要的挡位，而后逐渐将加速踏板踩到底，使汽车加速到该挡最高车速的80%以上。然后，负荷拖车慢慢施加负荷，在试验汽车发动机正常转速范围内，取5～6个试验车速点，待车速稳定后，测量车速值及相应车速下的拖钩牵引力。试验往返各进行1次，取2次试验结果的算术平均值作为最后的试验结果。

二、汽车最大拖钩牵引力试验

汽车最大拖钩牵引力试验所需仪器、器具及试验道路同汽车牵引性能试验。试验时由试验车拖动负荷拖车运动，试验汽车动力传动系均处于最大传动比状态，自锁差速器应锁住。如果用钢丝绳牵引，两车之间的钢丝绳不得短于15 m。

试验开始时，试验汽车应缓慢起步，待钢丝绳（或牵引杆）拉直后，逐渐将加速踏板踩到底，以该工况下最高车速的80%的速度行驶。当驶到测定路段时，负荷拖车开始平稳均匀地施加负荷，使试验车车速平稳下降，直到试验汽车发动机熄火或驱动轮完全滑转为止，并从牵引力测量仪器上读取最大拖钩牵引力。试验往返各进行1次，以两个方向测得的最大拖钩牵引力的算术平均值作为最终试验结果。

第六节　试验仪器与设备

一、转鼓试验台

在当今的汽车开发与质量检验中，很多道路试验项目已逐渐被试验室内台架试验所替代。台架试验与实车道路试验相比，有以下优点：不受外界试验条件与环境条件的影响；试验周期短；节省人力；精度高、效率快。另外，在对特异现象进行性能分析或测试带有危险性的实车临界特性时，室内试验更能发挥巨大作用。

室内的动力性试验主要是测定驱动力、传动系机械效率、轮胎滚动阻力系数及汽车空气阻力系数等参数，通常在转鼓试验台上进行。试验时，用转鼓的表面来模拟路面，通过加载装置给转鼓轴施加负荷以模拟汽车在实际行驶时的阻力，再配以可调风速的供风系统提供汽车迎面行驶风，就可模拟道路试验。

目前在转鼓试验台上可进行的试验项目有：汽车动力性能评价(测定汽车各挡位下的驱动力、汽车最大爬坡度、最低稳定车速、最高车速、加速性能)；汽车经济性能评价(多工况及等速油耗试验)；汽车发动机冷却散热能力试验(在环境试验室中进行)；汽车噪声、振动试验(在消声室中进行)；汽车空调性能试验(在环境试验室中进行)；汽车排放性能试验(在排放试验室中进行，主要有排气污染物排放试验、汽车蒸发排放试验、曲轴箱气体排放试验)；电磁兼容试验(在吸收试验室中进行)；应用于 ABS 检验试验及自动变速器性能试验。

1. 转鼓试验台的工作原理

转鼓试验台的工作原理，如图 5－5 所示。试验汽车的驱动轮放在转鼓上，转鼓轴端装有液力或电力测功器。测功器能产生一定的阻力矩并调节试验中转鼓的转速(即汽车的车速)。由测力装置可测出施加于转鼓的转矩 T 值，即

$$T=FL \tag{5-15}$$

式中：F——由拉力表测出的、作用于测功器外壳长臂上的拉力(N)；

L——测功器外壳长臂的长度(m)。

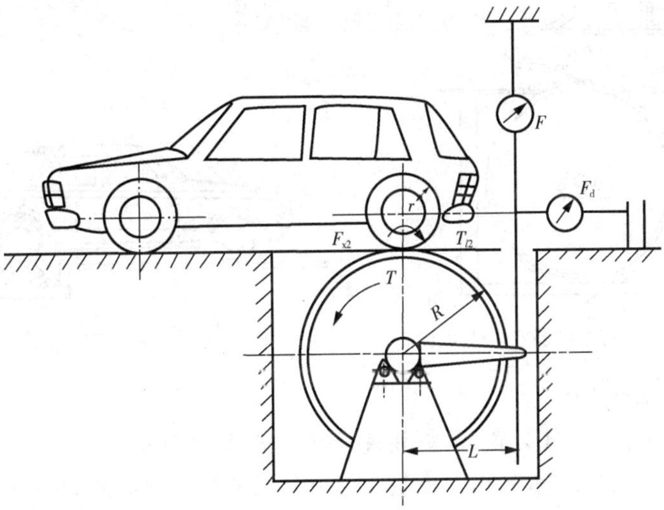

图 5－5　转鼓试验台工作原理示意图

为了固定汽车，应有钢丝绳拉住试验汽车。从装在钢丝绳中的拉力表可读出汽车的挂钩拉力 F_d。

$$F_d=F_{x_2} \tag{5-16}$$

根据汽车驱动轮和转鼓的力矩平衡，可得出驱动轮上的驱动力矩 T_t 为

$$T_t=F_d(r+R)-FL \tag{5-17}$$

故汽车的驱动力为

$$F_t=\frac{T_t}{r}=\frac{F_d(r+R)-FL}{r} \tag{5-18}$$

测出在各个排挡、各种车速下节气门全开时的 F_d 与 F 值，即能得出表征汽车动力性的驱动力图。

2. 转鼓试验台的分类

(1)单轴单转鼓(滚筒)试验台

如图 5-6 所示为单转鼓试验台，其转鼓直径越大，车轮在转鼓上转动就越象在平路上滚动。但加大转鼓的直径，试验台的制造和安装费用将显著增加，所以一般鼓径均在 1 500mm 以上，而不超过 2 000～2 500 mm。单转鼓试验台对试验汽车的安放定位要求较严，车轮与转鼓的对中比较困难，但其试验精度比较高，故主要用于汽车制造厂和科研单位。

(2)单轴双转鼓试验台

如图 5-7 所示为双转鼓试验台，其转鼓直径比单转鼓试验台的转鼓直径要小，一般在 135～400 mm 的范围内，随试验的车速而定。转鼓的曲率半径小，轮胎和转鼓的接触情况就和在道路上的受压情况不一样，故试验精度较低。但这样的试验台对试验车的安放要求不高，使用方便，而且成本低，适合于保修企业及汽车检测站在进行汽车技术状况检查和故障诊断时使用。

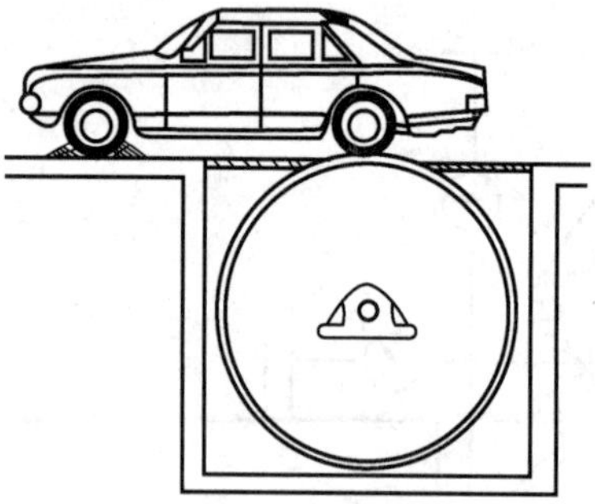

图 5-6　单转鼓试验台

图 5-7　双转鼓试验台

3. 转鼓试验台的结构

转鼓试验台一般由加载装置、测量装置、转鼓组件以及其他装置组成。为了在室内能直接测量汽车的加速性能，汽车测功器还装有由电子调节器控制负荷的装置，可以模拟加速过程中的全部阻力，即滚动阻力、空气阻力与加速阻力。用不同惯量的飞轮组来代替试验汽车的质量，构成汽车在转鼓上加速时遇到的惯性阻力。

(1)加载装置

汽车在转鼓试验台上进行性能测试或技术状况检验，要求试验台能模拟汽车在公路上行驶时所受的各种阻力。汽车行驶时的内部阻力是由于汽车传动系统的损失所引起的，在道路和试验台上是一样的，但外部阻力却不同。汽车在道路上行驶时，其外部阻力是由于前后轮的滚动损失、车轮轴承的摩擦和空气的作用引起的。但汽车在试验台上运转时，只有驱动轮在运动。因此，空气阻力、爬坡阻力和从动轮的轴承摩擦等只能通过调节试验台上测功器的负载加以模拟，才能使汽车的受力情况同在道路上行驶一样。

功率吸收装置是用来吸收并测量汽车驱动车轮上的功率和牵引力，转鼓试验台通常采用的测功器有水力测功器、电力测功器和电涡流测功器等几种类型。

① 水力测功器：　它是用水作为制动介质，水在测功器的转子和定子之间起联结作用，利用转子对水的冲击、切割和摩擦产生的阻力来消耗功率，通过调节进出水量，可以得到不同的制动功率。在水流量一定时，测功器的制动扭矩随转子转速的增加而提高，这种测功器在大功率测量时性能稳定，造价较低但精度不高。

② 电力测功器：　电力测功器又称为平衡电机，作为负载用时，它通过发电来吸收功率，其功用相当于直流发电机，但平衡电机还可作为驱动机械之用，这时它输出功率，其功用则相当了直流电动机，利用电子控制的电力测功器能很好地模拟汽车的行驶阻力和惯性力。因此，它大大地扩大了滚筒试验台的用途，并在较广的转速范围内(1∶10)，具有良好和稳定的制动力矩特性，工作平稳，使用方便，可集中远距离控制，测试精度高，但制造成本高。

③ 电涡流测功器：　圆盘式电涡流测功器的结构原理，如图 5-8 所示，它主要由定子和转子两部分组成。在定子四周装有励磁线圈，转子用高导磁率钢制成，圆盘转子与试验台主动滚筒相连，并在磁场线圈之间转动。当励磁线圈通过直流电时，两极间产生磁场，转子通过励磁线圈磁场转动，转子盘上便产生涡电流。由于涡电流和外磁场的相互作用，对转子盘产生一个制动阻力矩。调节通过励磁线圈电流的大小，即可改变制动阻力矩(即吸收功率)的范围。电涡流测功器将吸收汽车驱动轮输出的功率而产生的涡电流变为热能，经空气或水散失掉。所以电涡流测功器分为水冷式和风冷式两类。

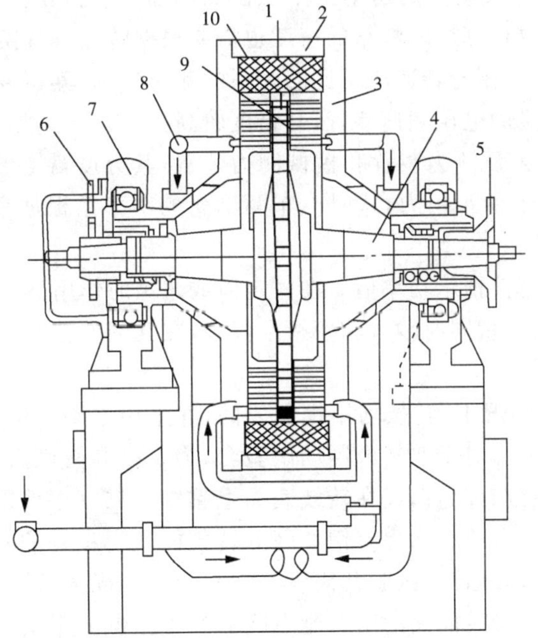

图 5-8　圆盘式电涡流测功器

1—圆盘转子　2—定子　3—冷却盘　4—主轴　5—连接盘
6—转速传感器　7—支座　8—排水管　9—空气隙　10—励磁线圈

电涡流测功器测试范围广、结构紧凑、造价适中，故目前大多数滚筒试验台的功率吸收装置均采用电涡流测功器。

(2)测量装置

测量装置是转鼓试验台的一个重要组成部分,测量装置包括测力装置、测速装置和功率指示装置、因为电涡流测功器不能直接测出汽车驱动轮的输出功率值,它需要测出旋转运动时的转速与转矩,或直线运动时的速度与牵引力,再换算成其功率值。所以,测功试验台必须备有测力装置与测速装置。同时,试验台在对汽车进行加速性能、滑行性能、燃油消耗量等检测时,都要准确地表示其车速,也需要测速装置。

① 测力装置: 它测的是转鼓轴上的扭矩,经变换后即得作用在驱动轮上的切向力。在测功器的定子对其转子施加制动作用的同时,定子本身便受到大小相等方向相反的反作用力矩。由于定子是可摆动的,故该力矩是由定子经一定长度的杆臂,传给测力装置,然后由仪表指示出其数值。测力装置有液压测力装置、机械测力装置、电测力装置、电扭矩仪、用于减速度检测方式的驱动力测量系统。

a. 液压测力装置是由一个充满液体的测压传感器、标准压力表和连接油管组成。测功器定子杆臂的端部压在传感器上,压力传感器通过液体把压力传到压力表。仪表指示精度一般为2%。

b. 机械测力装置是倾斜平衡器式,作用在测功器定子上的反作用扭矩,通过传动机构使倾斜平衡器的摆锤偏转,其偏转角与扭矩的大小成正比,摆锤偏转的角度以力的单位表示在分度盘上。这种装置可靠而且精确,其精度在0.5%以下,但成本较高。

② 测速装置: 汽车发动机的功率是不能由测功器直接测出的,而是根据测得的转矩和相应的转速经计算求出。此外,汽车的速度也需要根据转速进行换算。

利用直流发电机的电压与转速成正比的关系的测速装置,其精度约为2%,且易受温度影响,而利用交流发电机的电压测速装置,其精度较高,约为1%,被广泛采用。

③ 功率值标度: 液压测力装置和机械测力装置,其分度盘上的指示值多以牛顿为单位的力,即汽车驱动轮上的牵引力,这时汽车驱动轮的功率系根据牵引力与其相应的车速算出。

在电测装置中,可直接指示功率值。在一定力或扭矩的作用下,测试电位计的电量与相应车速的测速发电机的电量同时输入功率指示仪表,在其刻度盘上可直接指示出功率值。

(3)转鼓组件

① 转鼓: 在一般情况下,转鼓均用钢制成的,并采用空心结构,转鼓表面可以是光滑的,也可以是轻度粗糙的。对于双转鼓制动试验台,为了提高转鼓表面的附着系数,有的转鼓表面被制成波纹状或带有凸台,或在转鼓表面上粘结一层摩擦性能良好的专门塑料。在实际使用过程中,带有凸台或表面焊有钢丝网的转鼓能获得良好的效果。对于测定或检验汽车动力性和燃料经济性的转鼓试验台或模拟汽车行驶工况的转鼓试验台上的转鼓,其表面多为光滑的,车轮与光滑鼓面间的附着能力能够产生足够的牵引力。对于供汽车振动试验用的转鼓试验台,其转鼓表面有的为覆盖一层厚度按正弦规律变化的木块,有的则按所要模拟的道路振动特性而做成凸凹不平的形状。

转鼓的直径对轮胎发热有直接影响,轮胎在转鼓上滚动时,转鼓直径小则轮胎的摩擦功增加,长时间的高速运转,其温度将升高使胎面可能达到临界温度而早期损坏。因此,速度达200 km/h,转鼓直径不小于350 mm;速度达160 km/h,转鼓直径不小于300 mm。

② 飞轮： 在测定稳定工况下的汽车性能时，在转鼓试验台上只装有作为负载的测功器，而且希望旋转部分的惯性矩应尽量小，以减小惯性对测试装置的影响。而在测定非稳定工况的汽车性能时，为了模拟汽车质量，试验台旋转质量的动能应与行驶汽车的动能相等。因此，必须采用惯量可调节的飞轮，传动比可以改变的增速器或通过电力驱动的调节来改变试验台旋转质量的动能，以适应各种车型的需要。

(4)纵向约束装置

为了保证汽车在转鼓上运行时其车轮能稳定地置于准确的位置，必须防止汽车在转鼓上的纵向移动，否则，将出现与实际行驶状态完全不同的运动特性。因此，必须使用纵向约束装置，其方法如下：

① 从动轮固定。 对于后轮驱动的汽车，一般固定前轮；对于前轮驱动的汽车则固定后轮，以制止汽车移动。

② 钢丝绳固定。 若汽车的所有车轮都在转鼓试验台上运转，则汽车的前、后、左、右或用张紧的钢丝绳，或用如图 5-9 所示的方法加以固定。

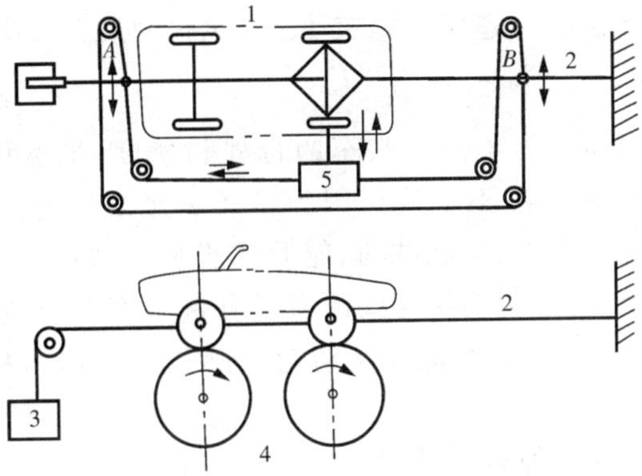

图 5-9 钢丝绳固定法

1 试验车 2—前后限制用钢丝绳 3—重锤 4—转鼓 5—位移测定器(伺服马达)

用横向位移限制器测出后轴的横向位移，并通过伺服电动机使 A 和 B 两点有相同的横向位移。这样，后轴中心总是保持在 AB 上，从而消除随着汽车的横向位移和倾斜所产生的横向力。

(5)汽车举升装置

① 防止轮胎爆破时损伤转鼓。

② 轮胎在转鼓上运转，其温度会逐渐升高达到平衡。若汽车在轮胎处于某一高温情况下停止运转，则轮胎有变形的可能，因此要用举升装置举起车体，以防轮胎变形。

③ 便于更换和检验轮胎。

(6)轮胎冷却装置

汽车在转鼓上长时间运转时，轮胎就会过热。因此要用鼓风机向轮胎直接吹风，使它冷却，以防过热。冷却用的鼓风机安装在地坑覆盖板上，有的鼓风机能随着鼓风机运转而产生的风压，自动地调节其出风口开度。

(7)发动机冷却装置

根据试验目的,发动机冷却鼓风机大致有以下三方面的用途:

① 单纯地冷却发动机;

② 用风速模拟车速来冷却发动机,这时的风速和车速相等;

③ 用风速模拟车速来冷却发动机,并观察气流的流线,这时的风速可大于、等于或小于车速。

(8)发动机冷却鼓风机移动方式

① 移动式鼓风机本体能移动,以适应不同车型的需要;

② 管道伸缩式鼓风机的出风口能前后伸缩,以调节鼓风机与汽车的距离。

前一种是手动的小型鼓风机,后一种是大型的电动式鼓风机。尽管它们的移动方式不同,但都是作前后直线移动。

(9)鼓风机风速调节方式

① 风速不变,不管车速大小,风速总是一定,一般用三相感应电动机驱动的鼓风机。

② 连续无级调节风速,这种调节方式采用直流电动机来实现,以手动方式给定风速或随着车速增加而自动地给定风速。为了不使驱动电机的容量太大,当风速随车速增高到某一值之后,风速就不再变化,即风速跟车速随动至鼓风机的最大风速之后,风速为定值。

二、第五轮仪

在进行汽车道路试验时,为了测量汽车的行程和速度,虽然可以利用由传动系驱动的里程表和速度表,但这种方法不准确。因为汽车驱动轮的滚动半径直接受着驱动力矩、地面对轮胎的切向反作用力、车轴载荷、轮胎气压及其磨损程度等影响,此外,车用里程表和速度表的精度也较低。为消除这些因素对测量精度的影响,在汽车旁边附加一个测量用的轮子,故称第五轮仪,第五轮是从动轮,行驶中无滑转,故能在平坦的路面上精确测量距离。

第五轮仪有两种类型:一种是机械式第五轮仪,它由传动机构、机械记录机构、时间信号发生器(机械式电时钟机构)等部分组成,有的还附带有踏板压力记录机构。机械式第五轮仪现在已经淘汰了。

另一种是电子式第五轮仪,其核心元件是安装在第五轮轮轴上的脉冲信号发生器,有磁电式和光电式两种,目前常见的是磁电式脉冲信号发生器,它实际上是一个磁电式传感器,由磁极、线圈、齿盘(旋转盘)、支架等组成,如图 5-10 所示。

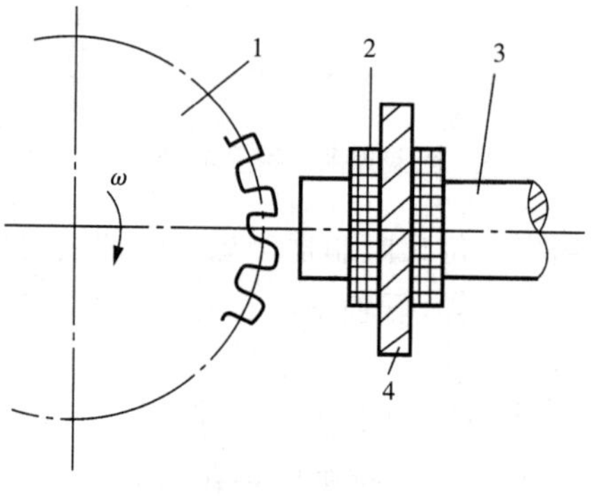

图 5-10　磁电式转速传感器

1—旋转盘　2—线圈　3—磁极　4—支架

其中,齿盘由导磁材料制成,与第五轮的车轴固定连接并随车轮旋转,而由磁极和线圈组成的电磁头固定不动,电磁头与齿盘的齿顶间隙约为 1 mm。当第五轮旋转时,齿盘与电磁头的间隙发生变化,使闭合磁路的磁阻产生变化,导致通过线圈的磁通量发生变化,从而在线圈中感应出一个近似正弦波的信号。该信号经整形后呈矩形波脉冲信号进入测量仪,若齿盘有 156 个齿，当轮子旋转一周，便会产生 156 个信号，若轮子的周长为 156 cm，则每个信号就表示 1 cm 的距离(即 1cm/信号)。轮胎圆周长与接地压力和气压有关，应予以修正。其脉冲数经修正圆周长后输入计数器，并由晶体振荡器控制时间，求得速度、距离、时间并显示在仪器上，3 种数据可以输出，继电器输出信号作为起始、停止等标志，仪器有遥控箱，可以作为外部控制输入，如图 5-11 所示。

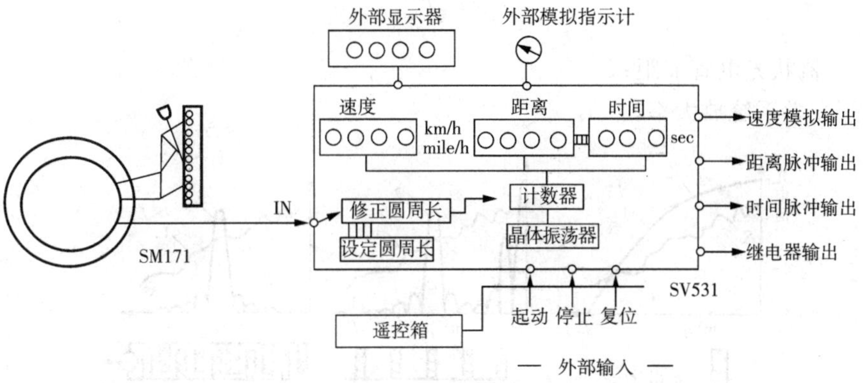

图 5-11　电子式第五轮仪的原理图

试验时，需采用夹具将第五轮与试验汽车牢固相连，夹具可视测试车型和连接部位进行自制。为减少第五轮的跳动，防止脱离地面，以保证测量精度，第五轮对地的压力需保持适中。调节对地压力机构是由壳体、丝杠、丝母、手把、弹簧等组成，转动手把可调整螺母，从而压缩弹簧以调整车轮对地面压力。

三、非接触式车速仪

第五轮仪因其结构上的限制，而不适用于 180 km/h 以上的高速测试。有时因打滑或轮胎气压等原因，从而使测试精度降低。非接触式车速仪采用光电技术，是第五轮仪换代产品。测试范围可达 1.5～250 km/h。其核心元件是空间滤波器，这是一种非常特殊的传感器，可从路面上的小石块、砂粒、柏油路面的各种粒子，或轮胎印在路面上的不规则纹路中，提取特定的反射斑纹(色斑、凸凹斑等)，并作出空间(地面)反射信息处理。

如图 5-12 所示为 SF 系列空间滤波器的示意图，它是由投光器和受光器组成。投光器将强光射在地面上，由于地面凹凸不平，形成阴暗对比度不同的反射，由受光器中梳状光电管接受。当单个受光光电管接受路面反射光时，其产生的光电流频谱如图 5-13a 所示，可见，单个矩形光电管几乎没有滤波作用。如果受光器采用梳状光电管，则只允许与梳状光电管节距相对应的频率处光电流和低频光电流通过，如图 5-13b 所示，从而产生滤波作用。若采用差动结构的梳状光电

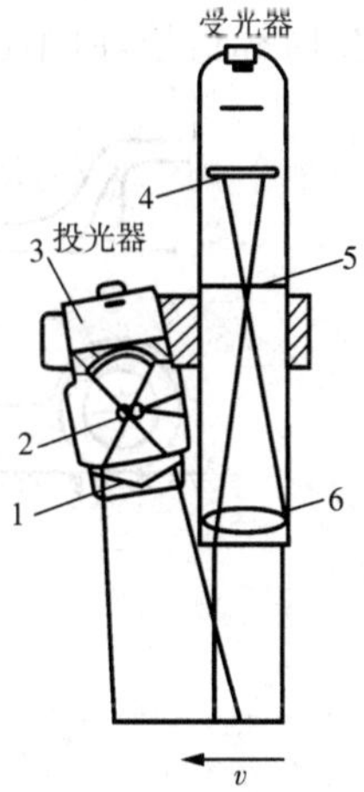

图 5-12　空间频率传感器

1—透镜　2—灯　3—反射镜
4—梳状光电管　5—光栅　6—聚光透镜

管，则滤波器特性可滤去低频成分，仅允许与梳形节距相对应的频率成分通过，以实现空间滤波，获得窄带信号，如图 5－13c 所示。

空间频率传感器就是利用空间滤波原理，获得汽车行驶时的空间频率的光电流信号。空间频率 f 与车速 v 的关系为

$$v=\frac{p_0}{m}f \tag{5-19}$$

式中：p_0——梳状光电管节距；

f——光学系统放大率。

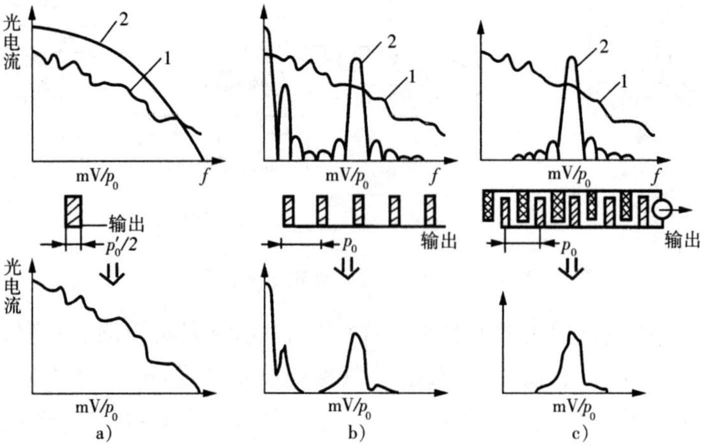

图 5－13　空间滤波器原理

1—反射光空间频谱　2—受光器滤波特性

空间频率传感器将采集的光电流信号经 A/D 转换，变成数字量送入车速仪，如图 5－14 所示。跟踪滤波器分析出中心频率 f，通过(5－19)式计算出车速 v，并作外部显示。脉冲时钟产生时标信号，由车速和时间可计算出行驶距离。

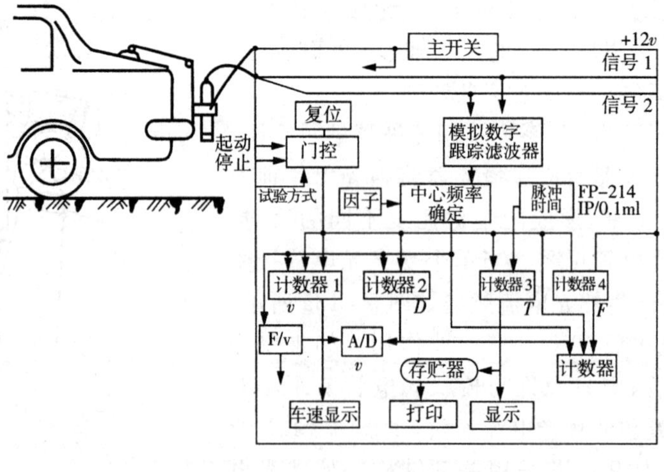

图 5－14　车速仪原理框图

非接触车速仪在安装时，受光器的端面距离地面一般为 500 mm±100 mm，并垂直地面，其侧面的白色记号应与汽车前进方向保持严格一致。

四、汽车综合测试仪

汽车综合测试仪是一种以微电脑为核心的智能化仪器，配以不同的传感器，可用于测定汽车、拖拉机、工程机械等汽车的动力性（如滑行性能，加速性能、最高车速，最小稳定车速等）、经济性（如等速油耗、加速油耗、多工况油耗、百公里油耗等）、制动性能、牵引性能等多种技术性能参数，并具有数据处理、显示、存储、打印等功能。汽车综合测试仪的系统框图，如图 5－15 所示。

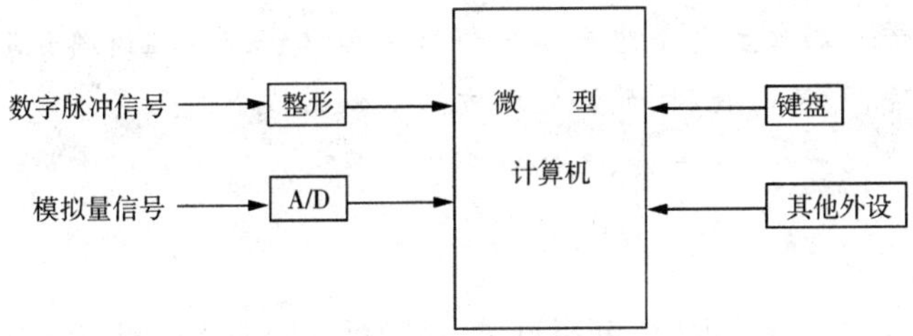

图 5－15　汽车综合测试仪原理框图

用于道路试验的汽车综合测试仪，因受车上空间条件的限制以及存在供电、振动、冲击和电磁干扰等方面的问题，所以多采用单片机和嵌入式系统。利用接口电路可配接第五轮、油耗传感器、拉力传感器、转速传感器等传感器，具有操作灵活、携带方便、测量准确、动作稳定、读数直观等优点，并可大大提高测试精度和效率。

各类汽车综合测试仪的操作规程大体可分以下六个阶段。

（1）初始阶段：开机或启动程序；

（2）选择工况：进行所需的试验项目；

（3）预置数据：根据各工况的试验规程，预先输入试验所需的有关数据；

（4）准备阶段：检测是否满足试验开始的条件；

（5）试验过程：自动进行有关数据的采集、存储、显示；

（6）打印阶段：自行打印试验结果和曲线，试验结束。

思考与练习

5－1　汽车动力性检测项目主要有哪些？简述其评价参数和试验方法。

5－2　汽车加速试验检测项目主要有哪些？并简述超车加速性能试验过程。

5－3　什么是滑行？进行滑行试验的目的是什么？

5－4　试述接触式第五轮仪磁电传感器的工作原理。

5－5　简述汽车综合测试仪的检测功能和操作规程。

5－6　简述转鼓试验台的型式、组成和工作原理。

5－7　简述汽车综合测试仪的功能和操作规程。

5－8　简述空间频率传感器的组成及工作原理。

第六章 汽车燃料经济性试验

内容提要：本章主要介绍乘用车和商用车燃料经济性道路试验和台架试验的一般条件、试验规程、数据处理方法及仪器设备。

第一节 乘用车燃料经济性试验

一、燃料经济性评价指标和试验方法

1. 燃料经济性评价指标

在保证动力性的条件下，汽车以尽量少的燃料消耗量经济行驶的能力，称作汽车的燃料经济性。汽车的燃料经济性常用一定运行工况下汽车行驶百公里的燃料消耗量，或一定燃料量能使汽车行驶的里程来衡量。在我国及欧洲，燃料经济性指标的单位为 L/100 km，即行驶 100 km 所消耗的燃料升数，其值越大，汽车燃料经济性越差。为了便于比较不同载质量汽车的燃料经济性，也可以用每吨总质量行驶 100 km 所消耗的燃料升数来评价，即吨百公里燃料消耗量(L/100 km・t)。美国采用 MPG 或 mile / USgal，指的是每加仑燃料能行驶的英里数。这个数值愈大，汽车燃料经济性愈好。

2. 试验方法

汽车燃料经济性是通过燃料消耗检测仪测定燃料消耗量的容积或质量来表示，通常通过道路试验和在底盘测功试验台上模拟路试验来检测其燃料消耗量。汽车燃料经济性道路试验，包括不控制的道路试验、控制的道路试验和循环道路试验 3 种。

(1)不控制的道路试验

是指对行驶道路、交通情况、驾驶习惯和周围环境等各方面因素都不加控制的道路试验方法。由于各种使用因素的随机变化，要获得分散度小的数据是很困难的。为此，必须用相当数量的汽车(几十辆以上)进行长距离(10 000～16 000 km)的试验，才能获得可以信赖的数据。所以，虽然这是一种非常接近实际情况的试验，但由于试验的费用巨大，时间很长，却是一种通常很少采用的试验方法。

(2)控制的道路试验

是指测量时维持行驶道路、交通情况、驾驶习惯和周围环境等中的一个或几个因素不变

的方法。例如我国海南试验场进行的、包含考察汽车各项使用性能指标在内的全国汽车质量检查试验中，规定了要测量在一般路面、恶劣路面和山区公路上的百公里油耗，试验规范中对试验路线作了较明确的规定，但对试验中的交通情况、驾驶员的习惯以及气温、风、雨等并无规定，这是一种可以控制的道路试验。国外汽车试验场地在自己的专用试验道路上也进行类似的燃料消耗试验。

(3)路上的循环试验

指的是汽车完全按规定的车速-时间规范进行试验，何时换挡、何时制动以及行车的速度、加速度、制动减速等都在规范中加以规定。

3. 试验标准

乘用车是指在其设计和技术特性上主要用于载运乘客及其随身行李、或临时物品的汽车，包括驾驶员座位在内最多不超过 9 个座位。它也可以牵引一辆挂车，在一定范围内乘用车也可俗称轿车。

乘用车燃料经济性试验是按照《乘用车燃料消耗量试验方法》GB/T12545.1—2001 标准进行，代替《汽车燃料消耗量试验方法》GB/T12545—1990(轿车部分)，该标准适用于 M_1 类车辆和最大总质量小于 2t 的 N_1 类车辆。

4. 试验项目

(1)90 km/h 等速行驶燃料消耗量的试验；

(2)120 km/h 等速行驶燃料消耗量的试验；

(3)模拟城市工况循环燃料消耗量的试验。

二、乘用车 90 km/h 和 120 km/h 等速行驶燃料消耗量道路试验

1. 道路试验条件

试验前，应对试验的车辆进行磨合，乘用车至少应行驶 3 000 km；试验时，试验车辆必须进行预热行驶，使发动机、传动系及其他部分预热到规定的温度状态。轮胎充气压力应符合该车技术条件的规定，误差不超过 10 kPa。

装载质量除有特殊规定外，乘用车试验质量为装备质量加上 180 kg，当车辆的 50%载质量大于 180 kg 时，则车辆的试验质量为装备质量加上 50%的载质量；装载物应均匀分布且固定牢靠，试验过程中不得晃动和颠离；不应因潮湿、散失等条件变化而改变其质量，以保证装载质量的大小、分布不变。

试验车辆必须清洁，关闭车窗和驾驶室通风口，由恒温器控制的空气流必须处于正常调整状态，做各项燃料消耗量试验时，汽车发动机不得调整。

试验道路应为清洁、干燥、平坦的，用沥青或混凝土铺成的直线道路，道路长 2～3 km，而宽不小于 8 m，纵向坡度在 0.1%以内。

试验应在无雨无雾，相对湿度小于 95%，气温 0℃～40℃，风速不大于 3 m/s 的天气条件下进行。

车速测定仪器和燃料流量计的精度为 0.5%，计时器最小读数为 0.1 s。

2. 试验所用的挡位

如果车辆在最高挡(n)时的最大速度超过 130 km/h，则只能使用该挡位进行燃料消耗量的测定；如果在($n-1$)挡的最大速度超过 130 km/h，而 n 挡的最大速度仅为 120 km/h，则 120 km/h 的试验应在($n-1$)挡进行，但制造厂可要求 120 km/h 的燃料消耗量在($n-1$)

挡和 n 挡同时测定。

为了确定在规定速度时的燃料消耗量，应至少在低于或等于规定速度时进行两次试验，并在至少等于或高于规定速度时进行另两次试验，但应满足规定的误差。

在每次试验行驶期间，速度误差为 ±2 km/h，每次试验的平均速度与试验规定速度之差不得超过 2 km/h。

3. 燃料消耗量的计算

(1)采用重量法确定燃料消耗量 C

$$C=\frac{M}{DS_{g}}\times 100 \tag{6-1}$$

式中：S_g——标准温度 20 ℃(293 K)下的燃料密度(kg/dm^3)；

D——试验期间的实际行驶距离(km)；

M——燃料消耗量测量值(kg)。

(2)采用容积法确定燃料消耗量 C

$$C=\frac{V[1+\alpha(T_0-T_F)]}{D}\times 100 \tag{6-2}$$

式中：V——燃料消耗量(体积)测量值(L)；

α——燃料容积膨胀系数，燃料为汽油和柴油时，该系数为 0.001/℃；

T_0——标准温度为 20 ℃(293 K)测取的温度(℃)；

T_F——燃料平均温度，即每次试验开始和结束时，在容积测量装置上读取的燃料温度的算术平均值(℃)。

(3)指定速度的燃料消耗量计算

指定速度的燃料消耗量计算按规定的方法取得的试验数据用线性回归法来计算，在试验道路上的两个方向上进行试验时，应分别记录在每个方向上获得的值。为了使置信度达到 95%，燃料消耗量的精度应达到 ±3%。为了得到此精度，可增加试验次数。燃料消耗量测量精度由下式计算：

$$\text{精度}=K\,\frac{\sqrt{\dfrac{\sum(C_i-\hat{C}_i)^2}{n-2}}\cdot\sqrt{\dfrac{1}{n}+\dfrac{(v_{\text{ref}}-\bar{v})^2}{\sum(v_i-\bar{v})^2}}}{C}\times 100\% \tag{6-3}$$

式中：C_i—— 在 v_i 速度时测量的燃料消耗量；

C—— 在 v_i 速度时用线性回归法计算出的燃料消耗量；

C—— 在指定速度 v 时，用线性回归法计算出的燃料消耗量；

v_{ref}—— 指定速度；

v_i——i 时的实际速度；

$\bar{v}$—— 平均速度，$\bar{v}=\frac{\sum v_i}{n}$；

n—— 试验次数；

K—— 由表 6－1 给出。

表 6－1　K 值

n	4	5	6	7	8	9	10	12	14	16	18	20
K	4.30	3.18	2.78	2.57	2.45	2.37	2.31	2.23	2.18	2.15	2.12	2.10

如果在平均速度等于指定速度±0.5 km/h 时测量燃料消耗量，可用获得的试验数据的平均值计算规定速度下的燃料消耗量。

4. 试验结果的校正

如果在等速试验时，当环境条件变化超过 2 ℃或 0.7 kPa 时，则在确定燃料消耗量和试验精度值之前，采用下述给出的校正公式进行校正，即

$$C_{校正}=K'C_{测量} \tag{6-4}$$

式中：$C_{校正}$——标准条件下的燃料消耗量（L/100 km）；

$C_{测量}$——在试验环境条件下测量的燃料消耗量（L/100 km）；

K'——校正系数。

$$K'=\frac{R_R}{R_T}[1+K_R(t-t_0)]+\frac{R_{AERO}}{R_T}(\frac{\rho_0}{\rho}) \tag{6-5}$$

式中：R_R——试验速度下的滚动阻力；

R_{AERO}——试验速度下的空气阻力；

R_T——总行驶阻力，$R_T=R_R+R_{AERO}$；

t——试验期间的环境温度（℃）；

K_R——滚动阻力相对温度的校正系数，取值为 3.6×10^{-3}/℃；

ρ——试验条件下的空气密度（kg/m^3）；

ρ_0——标准条件下的空气密度，$\rho_0=1.189\ kg/m^3$。

乘用车 90 km/h 和 120 km/h 等速行驶燃料消耗量试验既可以在道路上进行，也可以在试验台（底盘测功机）上进行。

三、乘用车模拟城市工况循环燃料消耗量台架试验

1. 试验运转循环

本试验规定十五工况循环试验，其中有怠速、加速、等速等。试验要求在试验台（底盘测功机）上进行，并严格按 GB/T12545.2—2001 标准试验运转循环的规定，全循环累计时间 195 s。试验运转循环如图 6－1 所示、表 6－2、表 6－3 和表 6－4 所示。

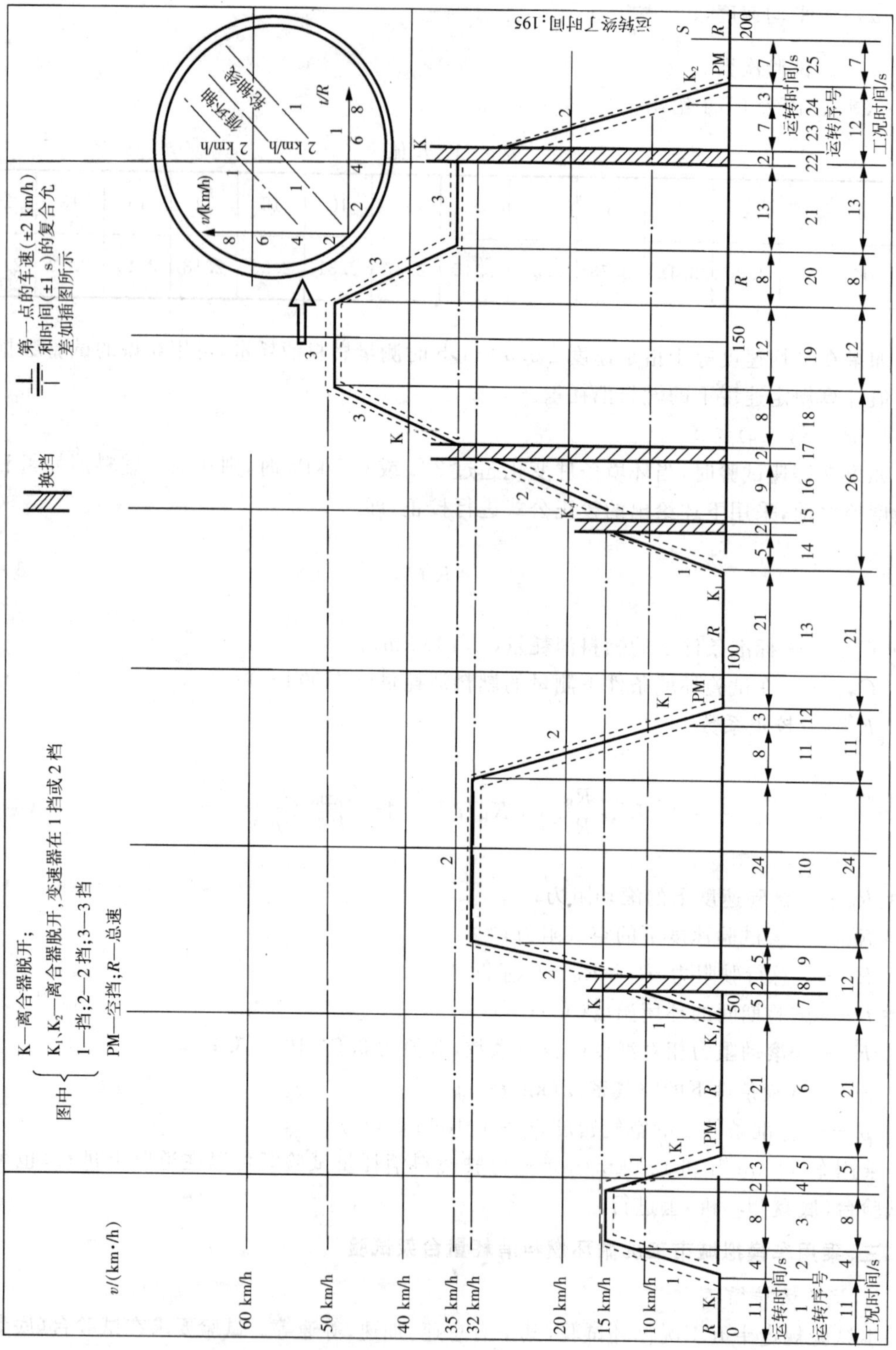

图 6-1　乘用车模拟城市工况试验运转循环

2. 试验质量

(1)M_1类车辆的试验质量为整车整备质量加上 100 kg；

(2)N_1类车辆试验为整车整备质量加上 180 kg，当车辆的 50%装载质量大于 180 kg 时，测试质量为整车整备质量加上 50%的装载质量(包括测量仪器和人员的质量)。

按表 6－3 规定的汽车试验质量对应的当量惯量调整测功机，如果推荐的当量惯量无法在所使用的测功机上得到，则应采用大于基准质量的最接近等效当量惯量试验质量。

3. 燃料消耗量的测量

燃料消耗量的测量值由两个连续的模拟城市工况循环所消耗的燃料量来决定。进行循环之前，应使发动机在规定条件下进行足够次数(至少进行 5 次循环)的模拟城市工况循环试验，直到温度稳定，特别应使机油温度稳定。发动机温度应保持在制造厂规定的正常工作范围内，如有必要，可采用附加冷却装置。

为了便于测量燃料消耗量，两个连续的模拟城市工况循环之间的间隔时间(怠速状态)不应超过 60 s。

4. 试验结果

按模拟城市工况循环测量的燃料消耗量，应等于按上述规定进行的 3 次连续测量的算术平均值。如果进行 3 次试验后的燃料消耗量极限值与平均值之差超过 5%，则按上述规定继续试验，直至获得至少 5%的测量精度为止。

如果进行 10 次试验后测量精度仍未达到 5%，应更换 1 辆同型式的试验车辆进行试验。

测量精度由下式计算：

$$\text{精度}=K\frac{S}{\sqrt{n}}\frac{100}{C}\% \tag{6-6}$$

$$S=\sqrt{\frac{\sum_{i=1}^{n}(\bar{C}-C_i)^2}{n-1}} \tag{6-7}$$

式中：$\bar{C}$——n 次 C 值的算术平均值；

C——采用质量法或容积法确定的燃料消耗量(L/100 km)；

n——测量次数；

K——由表 6－4 给出。

表 6－2 试验运转循环

工况号数	运转次序	加速度 (m·s⁻²)	速度 (km·h⁻¹)	每次时间		累计时间/s	手动变速器使用挡位
				运转/s	工况/s		
1	1 怠速	—	—	11	11	11	6sPM[1)] +5sK_1[2)]
2	2 加速	1.04	0→15	4	4	15	1
3	3 等速	—	15	8	8	23	1

（续表）

工况号数	运转次序	加速度 $(m \cdot s^{-2})$	速度 $(km \cdot h^{-1})$	每次时间		累计时间/s	手动变速器使用挡位
				运转/s	工况/s		
4	4 等速	−0.69	15→10	2	5	25	1
	5 减速、离合器脱开	−0.92	10→0	3		28	K_1
5	6 怠速	—	—	21	21	49	16 sPM+5 sK_1
6	7 加速	0.83	0→15	5	12	54	1
	8 换挡			2		56	—
	9 加速	0.94	15→32	5		61	2
7	10 等速	—	32	24	24	85	2
8	11 减速	−0.75	32→10	8	11	93	2
	12 减速、离合器脱开	−0.92	10→0	3		96	K_2
9	13 怠速	—	—	21	1	117	16sPM+5sK_1
10	14 怠速	0.83	0→15	5	26	122	1
	15 换挡			2		124	—
	16 加速	0.62	15→35	9		133	2
	17 换挡			2		135	—
	18 加速	0.62	35→50	8		143	3
11	19 等速	—	50	12	12	155	3
12	20 等速	0.52	50→35	8	8	163	3
13	21 等速	—	35	13	13	176	3
14	22 换挡	—	—	2	12	178	—
	23 减速	−0.86	32→10	7		185	2
	24 减速、离合器脱开	−0.92	10→0	3		188	K_2[2]
15	25 怠速	—	—	7	7	195	7sPM

注：(1)PM 指变速器在空挡，离合器结合。

(2)K_1(或 K_2)指变速器挂 1 挡(或两挡)，离合器脱开。

(3)如车辆装备自动变速器，驾驶员可根据工况自行选择合适的挡位。

表 6-3　当量惯量下的试验车辆质量

试验车辆总质量 T_{mv}(kg)	试验车辆质量(kg)
$T_{mv} \leqslant 480$	455
$480 < T_{mv} \leqslant 540$	510
$540 < T_{mv} \leqslant 595$	570
$595 < T_{mv} \leqslant 650$	625
$650 < T_{mv} \leqslant 710$	680
$710 < T_{mv} \leqslant 765$	740
$765 < T_{mv} \leqslant 850$	800
$850 < T_{mv} \leqslant 965$	910
$965 < T_{mv} \leqslant 1\,080$	1 020
$1\,080 < T_{mv} \leqslant 1\,190$	1 130
$1\,190 < T_{mv} \leqslant 1\,305$	1 250
$1\,305 < T_{mv} \leqslant 1\,420$	1 360
$1\,420 < T_{mv} \leqslant 1\,530$	1 475
$1\,530 < T_{mv} \leqslant 1\,640$	1 590
$1\,640 < T_{mv} \leqslant 1\,760$	1 700
$1\,760 < T_{mv} \leqslant 1\,930$	1 800
$1\,930 < T_{mv} \leqslant 2\,155$	2 040
$2\,155 < T_{mv}$	2 270

表 6-4　*K* 值

测量次数	4	5	6	7	8	9	10
K	3.2	2.8	2.6	2.5	2.4	2.3	2.3

第二节　商用车燃料经济性试验

一、试验条件

1. 试验标准

商用车是指在设计和技术特性上用于运送人员和货物的汽车，并且可以牵引挂车，如各种客车和货车。

商用车燃料经济性试验是按照《商用车辆燃料消耗量试验方法》GB/T12545.2—2001标准进行，代替《汽车燃料消耗量试验方法》GB/T12545—1990(客车和载货汽车部分)。该标准规定了 M_2、M_3 类和最大总质量大于或等于 2 t 的 N 类车辆的燃料消耗量试验方法。

2. 试验质量

除有特殊规定外，适用于 M_2、M_3 类城市客车的试验质量为装载质量的 65%；其他车辆为满载，乘员质量及其装载要求按 GB/T12534—1990《汽车道路试验方法通则》的规定。

3. 试验的一般规定

试验车辆必须按规定进行磨合，道路试验的其他试验条件、试验车辆准备按 GB/T12545—1990《汽车燃料消耗量试验方法》的规定。

试验车必须进行预热行驶，使发动机、传动系及其他部分预热到规定的温度状态。轮胎充气压力应符合该车技术条件的规定，误差不超过 10 kPa。

试验车辆必须清洁，关闭车窗和驾驶室通风口，由恒温器控制的空气流必须处于正常调整状态，做各项燃料消耗量试验时，汽车发动机不得调整，只允许开动为驱动车辆所必须的设备。

试验道路应为清洁、干燥、平坦，用沥青或混凝土铺成的直线道路，道路长 2～3 km，宽不小于 8 m，纵向坡度在 0.1%以内。

试验应在无雨无雾，相对湿度小于 95%，气温 0℃～40 ℃，风速不大于 3 m/s 的天气条件下进行。

4. 试验项目

(1)等速行驶燃料消耗量试验；

(2)多工况循环燃料消耗量试验。

二、商用车等速行驶燃料消耗量试验

1. 测试路段长度的确定

测试路段长度为 500 m。

2. 试验车速的确定

试验车速从 20 km/h(最小稳定车速高于 20 km/h 时，从 30 km/h 开始)开始，以车速 10 km/h 的整数倍均匀选取车速，直至最高车速的 90%，至少测定 5 个试验车速。

3. 试验方法

(1)汽车用常用挡位，等速行驶，通过 500 m 的测试路段，测量通过该路段的时间及燃料消耗。

(2)试验车速从 20 km/h(最小稳定车速高于 20 km/h 时，从 30 km/h)开始，以每隔 10 km/h 均匀选取车速，直至最高车速的 90%，至少测定 5 个试验车速，同一车速往返各进行两次。

4. 绘制等速行驶燃料消耗量特性曲线

绘制等速燃料消耗量特性曲线，以车速为横轴，燃料消耗量为纵轴，绘制等速燃料消耗量散点图，根据散点图绘制等速燃料消耗量的特性曲线。

三、商用车多工况燃料消耗量试验

1. 试验方法

汽车运行工况可分为匀速、加速、减速和怠速等几种，实际运行时，往往是上述几种工况的组合，并以此决定了汽车的油耗。所以，各国根据不同车型车辆的常用工况，制定了不同的试验循环，既使得试验结果比较接近于实际情况，又可缩短试验周期。

多工况燃料消耗量试验的方法就是将不同车型的车辆严格依据各自的试验循环进行燃料消耗量测定。

汽车尽量用高挡进行试验，当高挡位达不到工况要求，超出规定偏差时，应降低 1 挡进行，当车辆进入可使用高挡行驶的等速行驶段和减速行驶段时，再换入高挡进行试验，换挡应迅速、平稳。

减速行驶中，应完全放松加速踏板，离合器仍结合。当试验车速降至 10 km/h 时，分离离合器，必要时，减速工况允许使用车辆制动器。

试验车辆在多工况的终速度的偏差为±3 km/h，其他各工况速度偏差为 1.5 km/h。在各种行驶工况改变过程中允许车速的偏差大于规定值，但在任何条件下超过车速偏差的时间不大于 1 s，即时间偏差为±1 s。

每次循环试验后，应记录通过循环试验的燃料消耗量和通过的时间。当按各试验循环完成 1 次试验后，车辆应迅速调头，重复试验，试验往返各进行两次，取 4 次试验结果的算术平均值为多工况燃料消耗量试验的测定值。

2. 工况循环

(1)六工况循环如图 6－2 所示，具体说明见表 6－5 所示，适用于城市客车及双层客车除外的车辆。

(2)四工况循环如图 6－3 所示，具体说明见表 6－6 所示，适用于城市客车和双层客车(包括城市铰接客车)。

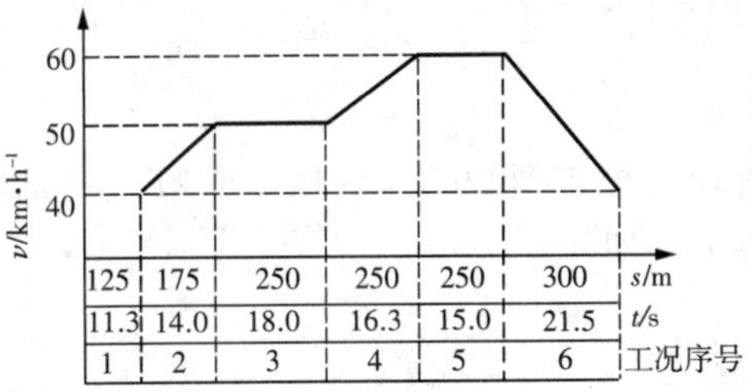

图 6－2　六工况循环

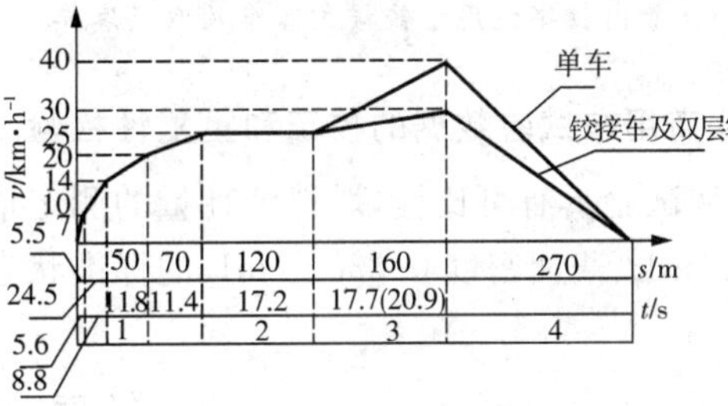

图 6－3　四工况循环

表 6－5　六工况循环

工况序号	运行状态 /(Km·h^{-1})	行程/m	累计行程/m	时间/s	加速度 /(m·s^{-2})
1	40	125	125	11.3	—
2	40～50	175	300	14.0	0.20
3	50	250	550	18.0	—
4	50～60	250	800	16.3	0.17
5	60	250	1050	15.0	—
6	60～40	300	1350	21.6	0.26

表 6-6 四工况循环

工况序号	运转状态/(km·h⁻¹)	行程/m	累积行程/m	时间/s	变速器挡位	换挡车速/(km·h⁻¹)
1	0～25 换挡加速	5.5	5.5	5.6	Ⅱ～Ⅲ	6～8
		24.5	30	8.8	Ⅲ～Ⅳ	13～15
		50	80	11.8	Ⅳ～Ⅴ	19～21
		70	150	11.4	Ⅴ	
2	25	120	270	17.2	Ⅴ	
3	(30)25～40	160	430	(20.9) 17.7	Ⅴ	
4	减速行驶	270	700		空挡	

注:(1)对于5挡以上变速器采用Ⅱ挡起步,按表中规定循环试验;对于4挡变速器Ⅰ挡起步,将Ⅳ挡代替表中Ⅴ挡,其他依次代替,则按表中规定试验循环进行。

(2)括号内数字适用于铰接式客车及双层客车。

四、商用车试验数据的校正和重复性检验

为使试验具有可比性,燃料消耗量的测定值均应校正到20 ℃、气压100 kPa、汽油密度0.742 g/mL、柴油密度0.830 g/mL的标准状态下。即

$$Q_0 = \frac{\bar{Q}}{C_1 C_2 C_3} \tag{6-8}$$

式中:Q_0——校正后的燃料消耗量(L/100 km);

$\bar{Q}$——实测的燃油消耗量的均值(L);

C_1——环境温度校正系数,$C_1 = 1 + 0.025(20 - t)$;

C_2——大气压力的校正系数,$C_2 = 1 + 0.021(P - 100)$;

C_3——燃料密度的校正系数,$C_3 = 1 + 0.8(0.742 - G_s)$(汽油机),$C_3 = 1 + 0.8(0.83 - G_d)$(柴油机);

t——试验时的环境温度(℃);

P——试验时的大气压力(kPa);

G_s——试验用的汽油平均密度(g/mL);

G_d——试验用的柴油平均密度(g/mL)。

商用车等速行驶燃料消耗量试验和多工况燃料消耗量试验的试验结果须经重复性检验。若等速行驶燃料消耗量试验和多工况燃料消耗量试验是严格按基本试验条件进行的,根据误差理论可认为试验是在等精度下进行的测量,测量结果符合正态概率分布规律,测量值的算术平均值最接近真值,试验的重复性可按第95百分位分布来判断。

第95百分位分布的标准差R与重复试验次数n有关,见表6-7所示。

表 6-7　标准差 R 与重复试验次数 n 的对应关系

n	2	3	4	5	6
R	$0.053\bar{Q}$	$0.063\bar{Q}$	$0.069\bar{Q}$	$0.073\bar{Q}$	$0.085\bar{Q}$

其中，$\bar{Q}$ 为每项试验时，n 次试验所测得燃料消耗量的算术平均值，单位 L/100 km。

设 $\Delta Q_{\max}$ 为每项试验时，n 次试验结果中最大燃料消耗量值与最小燃料消耗量值之差。

当 $\Delta Q_{\max}<R$ 时，认为试验结果的重复性好，不必增加试验次数。当 $\Delta Q_{\max}>R$ 时，认为试验结果的重复性差，应增加试验次数。

根据试验结果的置信区间 $\Delta Q_{\max}$（置信度 90%），得

$$\Delta Q_v=\pm\frac{0.031}{\sqrt{n}}\bar{Q} \tag{6-9}$$

【例 6-1】　一汽车以某试验循环进行试验，4 次试验的燃料消耗量实测值分别为 14.5、14.8、15.5 和 15.1 L/100 km，试判断重复性，得

$$\bar{Q}=\frac{14.5+14.8+15.1+15.5}{4}=14.975$$

标准差查表 6-7，得 $R=0.069\times14.975=1.033$。

而 $\Delta Q_{\max}=15.5-14.5=1$，因为 $\Delta Q_{\max}<R$，说明试验的重复性好，不必增加试验次数。置信区间为

$$\Delta Q_v=\pm\frac{0.031}{\sqrt{4}}\times14.975=\pm0.232\ \text{L/100 km}$$

【例 6-2】　若例 6-1 的试验结果为 14.5、14.8、15.1 和 15.6L/100 km，试再判断重复性，得

$$\bar{Q}=\frac{14.5+14.8+15.1+15.6}{4}=15$$

标准差 $R=0.069\times15=1.035$，而 $\Delta Q_{\max}=15.6-14.5=1.1$。因为 $\Delta Q_{\max}>R$，说明试验的重复性不好，应增加试验次数。

第三节　燃料消耗量试验仪器与设备

一、油耗仪

在燃料消耗量测定的试验中主要测量车速、距离、时间和燃料消耗量等参数，车速、距离和时间的测量仍然用五轮仪或非接触式车速仪。燃料消耗量的检测仪器为油耗仪，它可测量某一段时间间隔或某-里程内，流体通过管道的总体积或总质量。为提高测量精度，在流量仪表前应有足够的直管段长度或加装流量整流器，以使仪表前的流速分布保持稳定。

1. 油耗仪种类

按测量方法可以分为容积式油耗仪、重量式油耗仪、流量式油耗仪和流速式油耗仪，大多数油耗仪都能连续、累计测量，但测试的流量范围和流量误差各不相同。

由于实车道路试验的仪器布置和电源等问题，目前使用的流量计多半是活塞式的，它是容积式流量计的一种。

2. 容积式油耗仪工作原理和结构

(1)工作原理

容积式油耗仪的工作原理是使被测流体充满一定容量的测量室，靠流体压差推动齿轮、腰轮、活塞或刮板等旋转，再由传动机构带动计数器，累计液体充满测量室的次数，则可得出被测流体的总量，再除以测定时间间隔或行驶里程即可得平均燃料消耗量。

容积式油耗仪的量程比较宽，一般为 10∶1，精度较高，可达 0.2 级，安装方便，仪表前后的直管段要求不高，但其结构较复杂，使用时需小心维护。

(2)椭圆齿轮式油耗仪结构

椭圆齿轮式油耗仪是一种典型的容积式油耗仪，它对被测液体的粘度变化不敏感，故常用于粘度较大液体的流量测量，其结构原理如图 6－4 所示。在计量室内装有一对互相啮合的椭圆齿轮，在流体压差的作用下，它们交替地相互驱动，各自绕定轴旋转，每转一周，两齿轮从月牙空腔中排出液体，用齿轮传动和计算部分连接，由仪表指针直接指出被测流体总量。

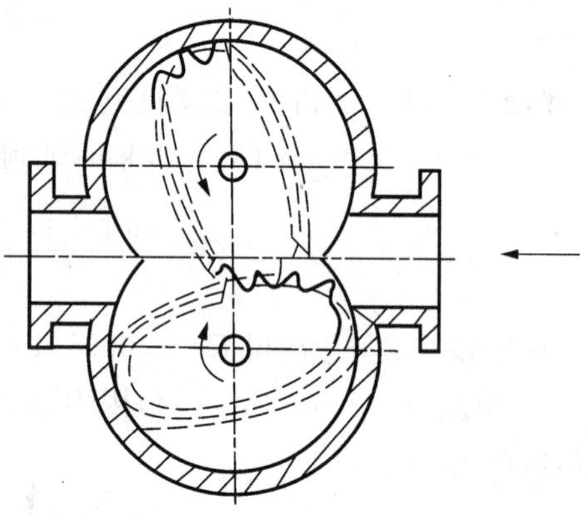

图 6－4 椭圆齿轮式油耗仪

(3)活塞式油耗仪结构

活塞式油耗仪由传感器和二次仪表两部分组成，其结构原理图如图 6－5 所示。传感器是一小型四缸油压马达，当燃油通过时，传感器内的油压马达在油压作用下旋转，马达的活塞与油缸体精密加工磨合，故马达每转排油量是恒定的，则马达的转数与流量成正比。其下面部分为测量器，燃料经滤油器 5 进入，推动 4 个活塞 4 运动，使曲柄轴 6 转动，曲柄轴每转 1 周，4 个活塞各排油一次，经排油腔 3 排出定量燃油。4 个活塞安装在一个曲柄轴上，活塞尾部进油，推动曲柄轴转动，如图 6－5b 所示 1、2、3、4 为排油孔，与出油管相连；5、6、7、8 是油缸进、排油公用油路，旋转方向的前一活塞控制后一个油缸的进排油，起三通阀的作用，通过活塞的排油量与曲柄轴转速成正比。

上面部分为光电检测器，曲柄轴转动，经磁偶合连轴器带动控制器轴 8 转动，由轴上光隙板 1 经光电管 2，转换为电脉冲信号输出。

传感器产生的脉冲信号经放大整形、分频，然后送入计数器，累计燃油消耗量。当车辆进入测量段起点时，油耗仪开始测量，当车辆离开测量段终点时，停止测量，则记数器记录了车辆通过测量段的累加燃油消耗量，如同时记录车辆通过测量段的时间，则可计算出车辆的百公里油耗。传感器与二次仪表安装时，传感器串联在测量油路中，远离发动机热源，水平固定，流经传感器的燃油不准倒流，必要时应加单向阀，或在光电检测器中，增加回流流量的检测电路。

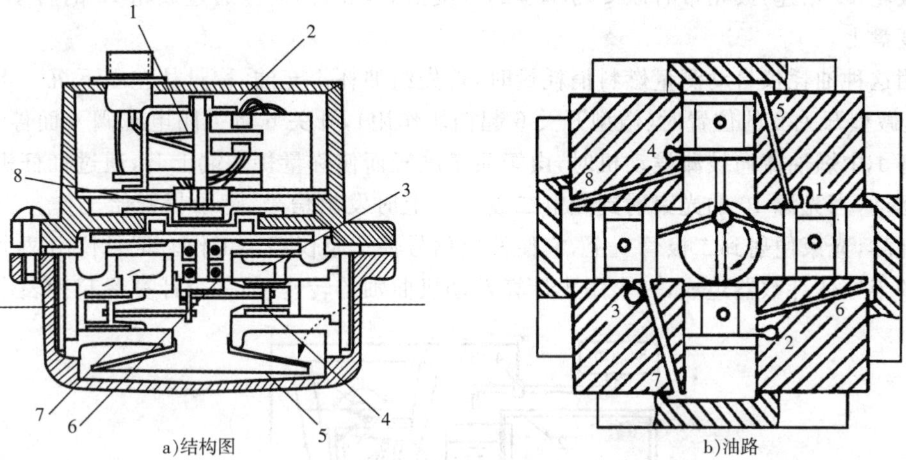

a)结构图　　　　b)油路

图 6-5　活塞式油耗仪

1—光隙板　2—光电管　3—排油腔　4—活塞　5—滤油路　6—曲轴　7—油缸体　8—磁偶合轴

(4)平衡电桥式油耗仪结构

平衡电桥式油耗仪属容积式油耗仪,可测定汽车每消耗单位容积燃料所能行驶的里程(即 km/L)。

平衡电桥式油耗仪由桥式电路、车速表 4、流量计 3 和电流表 5 所组成,如图 6-6 所示。桥式电路的 1 只可调电阻臂 R_l 装在流量计中,用以提供发动机燃料消耗量信号;桥式电路的另 1 只可调电阻臂 R_4,用于调整电桥平衡。桥式电路两对角线分别接车速表 4 和电流表 5,车速表提供车速信号,电流表指示测量结果。

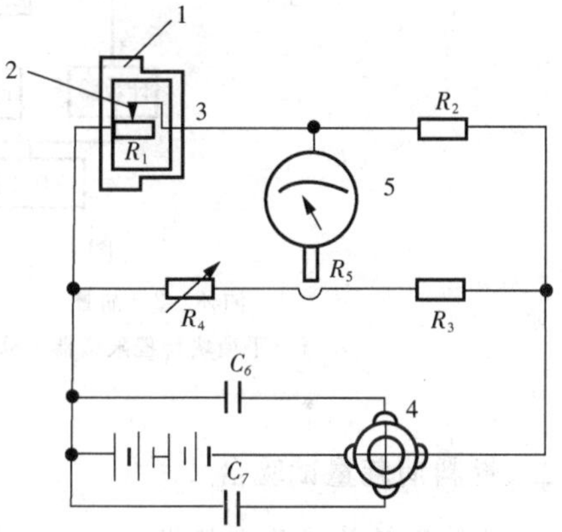

图 6-6　平衡电桥式油耗计电路图

1—膜片盒　2—滑动臂　3—流量计

4—车速表　5—电流表

由于电流表的读数近似与车速电流信号和流量计引起桥式电路不平衡电流信号的乘积成正比,所以电流表的读数是汽车行驶时,消耗单位容积燃料所行驶的里程数,即以 km/L为计量单位。

3. 重量式油耗仪工作原理和结构

按容积测定的燃料消耗量,会因燃料和环境温度的变化而引起测量误差。而按质量法测定燃料消耗量,则不受燃料密度等条件的影响,方法也比较简单,广泛用于油耗精密测量中。

如图 6-7 所示是一种重量式油耗仪简图,这种油耗仪可用来测量汽油或柴油的消耗量。它由称重装置、控制装置和记录装置等组成。燃油从贮油箱经电磁阀 4 和管 3 注入称重装置秤盘上的油杯 1 中,通过油管 2 供给被测定的发动机。电磁阀的开闭由两个微型限位开关 5 和 6 来控制,而微型开关装在平衡块行程限位器 7 和微型开关 6 的继电器上。需要测量的油量由两个光电二极管 8 和 9 以及装在指针上的光源 10 来控制。光电二极管 8 是固定的,可用于控制记录装置。二极管 9 装在活动滑块上,滑块通过齿轮齿条移动,齿轮轴与鼓轮 11 相连，鼓轮带有以 g 为单位的分度盘。燃料消耗量通过鼓轮 12 的转动，可显示在分度盘上。

用这种油耗仪自动测量燃料消耗量时，首先给油杯 1 充油，称量秤左端下沉。当平衡块 7 到达微型开关 6 的位置时(微型开关 6 起挡块作用)，开关 6 将关闭电磁阀 4 而停止充油。当油杯 1 中燃油流向被测发动机时，由于质量减轻而使称量秤左端上升，通过杠杆机构推动指针摆动，当光源 10 的光束射到光电二极管 8 上时发出信号，记录仪开始工作。当油杯中燃油耗尽，光束便射到二极管 9 上，它便发出信号使记录仪停止工作。记录仪由两个带数字显示的半导体计数器组成，一个用于计算发动机曲轴的转速，另一个计算器起秒表作用。

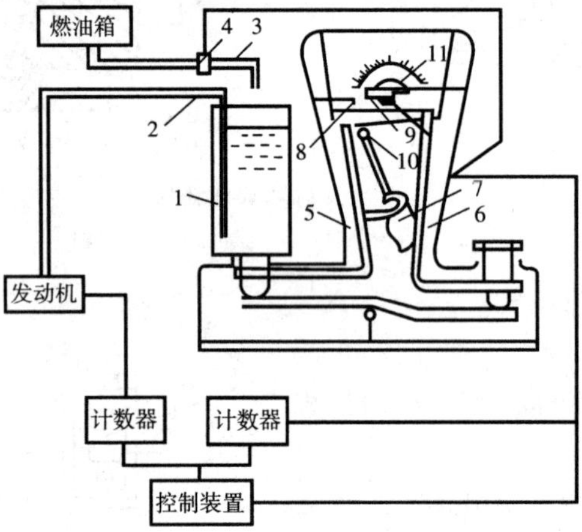

图 6-7　重量式油耗仪简图

1—油杯　2—油管　3—管　4—电磁阀　5、6—微型限位开关

7—平衡块行程限位器　8、9—光电二极管　10—光源　11—鼓轮

二、燃料消耗量试验台

1. 燃料消耗量试验台特点

在汽车底盘测功机(即转鼓试验台)上进行循环试验(测定油耗)是近年来新发展的试验方法，已日益受到广泛重视。所用底盘测功机能反映汽车行驶阻力与加速时的惯性阻力，以模拟道路上的行驶工况。

在室内底盘测功机上可以按照很复杂的循环进行试验。如图 6-8 所示是美国 UDDS 循环的速度-时间关系曲线，整个循环费时 23 min，行程 12 km。它是根据美国洛杉矶市的交通情况拟订的，包含了一系列不重复的加速、减速、怠速和接近于等速的行驶过程。经过研究，UDDS 循环确实能代表洛杉矶市中心的汽车运行状态，但比美国其他一些城市的平均速度要低些，怠速时间多一点。

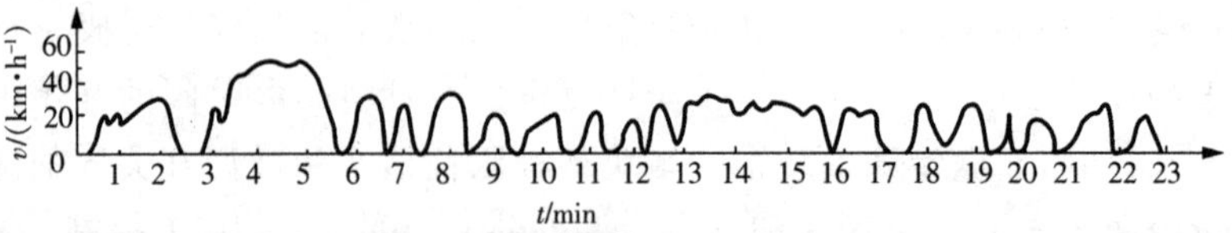

图 6-8　美国市内测功器行驶循环(UDDS)的速度-时间曲线

如图 6－9 所示，将汽车驱动轮置于试验台（底盘测功机）的转鼓之上，驱动轮既可拖动转鼓又可进行反拖。如果将底盘测功机装在有空调设施的试验室内，则就不会有风和气温的变化，使行驶阻力保持一定，所以，试验具有良好的再现性。

对于 10 工况油耗和 EPA 油耗，均是利用试验台（底盘测功机）测定的，其中 10 工况油耗行驶规范是模拟东京市区汽车运行情况制定的，EPA 油耗试验规定了市区和干线公路两种行驶规范。

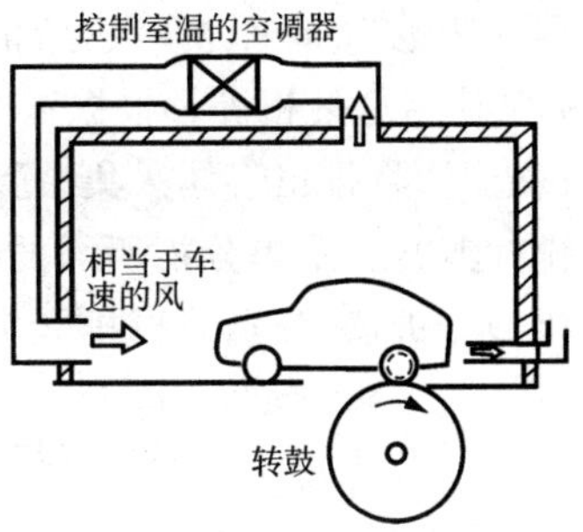

图 6－9　燃油消耗量试验台示意图

（1）燃油消耗量试验台的优点

① 在室内进行试验不受外界气候条件的限制，且油耗测量值重复性好。

② 由于能控制试验条件，周围环境影响的修正系数可以减到最小。

③ 若能控制室温，可在不同气温条件下进行试验。

④ 由于室内便于控制行驶状况，能采用符合实际的复杂循环。

⑤ 可以同时进行燃料经济性与排气污染试验。

⑥ 能采用多种测量油耗的方法，如质量法、体积法与碳平衡法等。

（2）燃油消耗量试验台的缺点

① 不易准确模拟路上的滚动阻力与空气阻力。

② 室内冷却风扇产生的冷却气流与道路上行驶时的实际情况不-致。

③ 不易给出准确的惯性阻力。

可见，与其他方法相比，用试验台（测功器）测量油耗优点较多。

2. 燃料消耗量试验台负荷设定方法

在试验台上进行油耗试验时的负荷设定根据发动机的型式，可选择负荷法和滑行法。

负荷法一般适用于汽油车的负荷设定，汽车行驶阻力随车速的提高而增加，所以，一般节气门开度也要随之加大。在同一种速度下，如果汽车在底盘测功机上和在试车场跑道上的节气门开度是相同的话，则说明两者阻力是一样的。可利用其中之一原理确定底盘测功机的设定负荷。汽油车的节气门开度和负荷（进气管真空度）大致成正比，所以，可控制节气门开度，使测功机负荷与跑道负荷相同，即控制了测功机的制动力矩。

柴油车不能用负荷法试验，需采用滑行法确定设定负荷。当汽车从某一车速脱挡滑行时，由于汽车行驶阻力特性不同，速度变化所需时间也不一样，利用这一原理，可使底盘测功机试验和跑道试验保持同样的减速时间，从而控制了底盘测功机的制动力矩。

3. 燃料消耗量试验台的测定方法

由于试验台的燃料消耗试验是在室内进行，仪器布置及电源问题比较容易解决，因而燃料消耗量的测定方法可采用容积法、质量法、速度法、排气法等多种方法。

（1）容积法

容积法采用容积式油耗仪在底盘测功试验台上进行油耗检测。

（2）质量法

质量法采用质量式油耗仪在底盘测功试验台上进行油耗检测。

(3)排气法

排气法也称“碳平衡”法，所谓碳平衡，就是指所耗燃油中的碳量与排气中的 CO、CO_2 和 HC 所含碳的总量相等。根据这个道理，可应用排气分析的结果计算出燃料消耗量。

试验时，将排出气体采集装置装在试验汽车排气管的开口处，连接部应安装固定好，不能有排气泄漏。采集分析所需的排气量(100 L 左右)，用非分散型红外线分析仪和氢火焰离子化型分析仪，分别分析排气中 CO、CO_2 和 HC 成分，并按下式计算燃料消耗量，即

$$Q=\frac{0.866\times G}{0.429\rho_1+0.866\rho_2+0.273\rho_3} \tag{6-10}$$

式中：Q——燃油消耗量(km/L)；

G——1L 燃油的质量(g)；

ρ_1——CO 的排出量(g/km)；

ρ_2——HC 的排出量(g/km)；

ρ_3——CO_2 的排出量(g/km)。

当汽车驶上底盘测功试验台后，连接好检测油路，排净油路中的空气泡，然后在底盘测功试验台上进行加载，使加载量符合该车在路试状态下的各种阻力，然后进行油耗检测。

思考与练习

6-1 乘用车燃油消耗量试验项目主要有哪些？燃料消耗量常用计算方法主要有几种？

6-2 什么是等速燃料消耗量特性曲线？并简述商用车等速行驶燃料消耗量试验规程。

6-3 某汽车以同一工况进行四次试验的燃料消耗量的测量结果依次为：12.98 L/100 km、12.87 L/100 km、13.07 L/100 km 和 13.12 L/100 km，试判断重复性，并计算测量结果的置信区间。

6-4 车辆油耗仪主要有哪些种类？

6-5 简述容积式油耗仪组成和工作原理。

6-6 燃料消耗量台架试验的检测方法主要有哪些？

6-7 燃料消耗量道路试验结果进行重复性检验的依据是什么？

6-8 燃料消耗量道路试验的基本试验条件有哪些？

第七章　汽车制动性能试验

内容提要：本章主要介绍汽车制动性道路试验的检测参数、检测方法与设备，台架试验检测原理、方法及设备。

制动性能是汽车的重要使用性能之一，制动性能的好坏直接关系到行车安全，性能良好和可靠的制动系统可保证行车安全，避免交通事故。反之，很容易造成车毁人亡的恶性事故，同时，制动性能的好坏还影响到汽车动力性的发挥。因此，无论是新车出厂检测还是在用车辆，都将其作为重点检测项目之一。

第一节　汽车制动性能的道路试验

汽车制动性能的道路试验主要通过检测制动距离、平均减速度等参数来检测汽车行车制动和应急制动性能，用坡道试验检测汽车驻车制动性能，为了全面考察汽车制动性能，通常还需要进行磨合试验、冷态效能试验、热态效能试验、制动管路失效试验、热衰退性能试验、涉水恢复试验、制动系统时间特性试验和驻车制动试验。装有防抱死制动系统的汽车，需要进行防抱死制动性能试验。

一、制动性能评价参数

汽车制动性能是指汽车在行驶中能强制地减速以至停车，或下长坡时维持一定速度的能力。评价汽车制动性能指标一般有制动距离、充分发出的平均减速度、制动力和制动时间。

1. 制动距离

从制动的全过程来看，可包括驾驶员见到信号后作出行动反应阶段、制动器起作用阶段、持续制动阶段和放松制动器阶段等。

制动距离一般是指开始踩着制动踏板到完全停车的距离，它包括制动器起作用和持续制动两个阶段中汽车驶过的距离。

制动器起作用时间包括驾驶员反应时间 t_1 和机械滞后时间 t_2（即消除制动自由行程的时间），这段时间称为空驶时间，空驶时间所走过的距离称为空驶距离 S_1，即

$$S_1=\frac{(t_1+t_2)v_0}{3.6} \qquad (7-1)$$

式中：v_0——制动初速度(km/h)；

t_1——驾驶员反应时间(s)；

t_2——机械滞后时间(s)。

持续制动阶段所走过的距离称为有效制动距离 S_2，一般可用下式估算：

$$S_2=\frac{v_0^2}{25.9}\frac{m(1+\varepsilon)}{F} \tag{7-2}$$

式中：m——汽车质量(kg)；

F——各轮制动力总和(N)；

$\varepsilon=\frac{\Delta m}{m}$，(其中 Δm 为汽车旋转零部件当量质量(kg)。

所以，制动距离 S 为

$$S=S_1+S_2=\frac{(t_1+t_2)v_0}{3.6}+\frac{v_0^2 m(1+\varepsilon)}{25.9F} \tag{7-3}$$

可见，决定汽车制动距离的主要因素是制动器起作用的时间，附着力(或最大制动器制动力)、制动初速度和整车质量等，制动距离是评价汽车制动系最直观的参数。

2. 充分发出的平均减速度

减速度反应了汽车制动时汽车速度下降的速率。在持续制动阶段，由于轮胎与地面摩擦使轮胎温度升高、附着系数下降，在此阶段，汽车并不是匀减速度运动。所以，在GB7258—2004《机动车运行安全技术条件》中，不用制动减速度来评价制动性能，而用充分发出的平均减速度来评价制动性能。

充分发出的平均减速度用符号 MFDD(Mean Fully Development Deceleration)表示，其定义如下：

$$v_{\mathrm{MFDD}}=\frac{v_b^2-v_e^2}{25.92(S_e-S_b)} \tag{7-4}$$

式中：v_0——制动初速度(km/h)；

v_b——0.8 v_0 汽车的速度(km/h)；

v_e——0.1 v_0 汽车的速度(km/h)；

S_b——在速度 v_0 和 v_b 之间汽车驶过的距离(m)；

S_e——在速度 v_0 和 v_e 之间汽车驶过的距离(m)。

从行车安全的角度出发，制动减速度越大，则制动效果越好。因此，采用平均减速度能有效评价汽车制动性能。

单用充分发出的平均减速度来评价制动性能，检查不出制动系反应时间，试验的重复性较差，且受路面附着系数的影响很大，同时也反映不出各车轮的制动力及分配情况。

3. 制动力

汽车在行驶中，能强制减速以至停车，最本质的因素是制动器所产生摩擦阻力，这就是制动力。因此，制动力参数是从本质上评价制动性能的指标。

对于制动力与制动减速度的关系，当车轮同时制动到全滑动状态，即

$$F_{\mu}=F_{j}=mj_{a}=\frac{G_{a}}{g}j_{a}$$

则

$$j_{a}=\frac{F_{\mu}g}{G_{a}} \tag{7-5}$$

式中：F_{μ}——制动力(N)；

F_{j}——在制动状态下的汽车惯性力(N)；

j_{a}——制动减速度(m/s^2)。

从上式可以看出，制动力的大小决定了制动减速度值。用制动力这一参数来检验汽车的制动系统对整车制动性能时，因为用测力试验台来测试，它主要反应制动系统对整车制动性能的影响，反应不出制动系统以外的因素对整车制动性能的影响。

4. 制动时间

一般用制动协调时间(空驶时间)来评价汽车的制动性能，它是一个间接评价指标，很少单独作为一个参数评价汽车的制动性能。

根据国家标准 GB7258—2004《机动车运行安全技术条件》的规定，机动车可以用制动距离、制动减速度和制动力检测制动性能，只要其中之一符合要求，即判为合格。

二、制动性能道路试验项目和技术要求

1. 制动性能道路试验的主要项目

(1)制动距离；

(2)充分发出的平均减速度；

(3)制动稳定性；

(4)制动协调时间；

(5)驻车制动坡度。

2. 制动性能道路试验条件

(1)试验路面应为平坦(坡度不超过1%)、干燥和清洁的水泥或沥青路面。

(2)轮胎与路面之间的附着系数不小于0.7，风速不大于5 m/s。

(3)在试验路面上应画出标准中规定的制动稳定性要求相应宽度试车道的边线。

(4)被测汽车沿着试验车道的中线行驶至高于规定的初速度后，置变速器于空挡。

(5)当滑行到规定的初速度时急踩制动踏板，使汽车停住。

3. 制动性能道路试验的技术要求

国家标准 GB7258—2004《机动车运行安全技术条件》对用制动距离、充分发出的平均减速度、制动稳定性和制动时间来检测汽车制动性能时，应符合以下规定：

(1)制动距离和制动稳定性要求，如表7-1所示。

(2)平均制动减速度和制动稳定性要求，如表7-2所示。

(3)制动系协调时间要求，如表7-3所示。

表 7-1 制动距离和制动稳定性要求

汽车类型	制动初速度/(km·h^{-1})	满载检验制动距离/m	空载检验制动距离/m	试车通道宽度/m
三轮汽车	20	≤5.5	≤5.5	2.3
乘用车	50	≤20.0	≤19.0	2.5
总质量≤3 500 kg 的低速货车	30	≤9.0	≤8.0	2.5
其他总质量≤3 500 kg 的汽车	50	≤22.0	≤21.0	2.5
其他汽车、汽车列车	30	≤10.0	≤9.0	3.0
两轮摩托车	30	≤7.0	≤7.0	—
边三轮摩托车	30	≤8.0	≤8.0	2.5
正三轮摩托车	30	≤7.5	≤7.5	2.3
轻便摩托车	20	≤4	≤4	—
轮式拖拉机运输机组	20	≤6.5	≤6.0	3.0
手扶变型运输机	20	≤6.5	≤6.5	2.3

表 7-2 平均制动减速度和制动稳定性要求

汽车类型	制动初速度(km·h^{-1})	满载检验平均减速度/(m·s^{-2})	空载检验平均减速度/(m·s^{-2})	试车道宽度/m
三轮汽车	20	≥3.8	≥3.8	2.5
乘用车	50	≥5.9	≥6.2	2.5
总质量≤3 500 kg 的低速货车	50	≥5.2	≥5.6	2.5
其他总质量≤3 500 kg 的汽车	50	≥5.4	≥5.8	2.5
其他汽车、汽车列车	30	≥5.0	≥5.4	3.0

表 7-3 制动系协调时间要求

汽车类型	协调时间/s	汽车类型	协调时间/s
单车	≤0.6	汽车列车	≤0.8

(4)制动性能检测时制动踏板力或制动气压要求：

① 满载检测时　对于气压制动系，气压表的指示气压≤额定工作气压；对于液压制动系的踏板力，座位数小于或等于 9 的载客汽车≤500 N，其他汽车≤700 N。

② 空载检测时　对于气压制动系，气压表的指示气压≤600 kPa；对于液压制动系的踏板力，座位数小于或等于 9 的载客汽车≤400 N，其他汽车≤450 N。

(5)应急制动性能要求：

应急制动必须在行车制动系统有一处管路失效的情况下，在规定的距离内停车。应急制动可以是行车制动系统具有应急特性，也可以是与行车制动分开的独立系统。应急制动系统的布置应使驾驶员容易操作，驾驶员在座位上至少用一只手握住转向盘的情况下，就可以实现制动，它的操作机构可以与行车制动系统的操作机构结合，也可以与驻车制动系统的操作机构结合，但 3 个不得结合在一起。应急制动性能要求汽车在空载和满载状态下，在规定的初速度下测量从应急制动操纵始点到汽车停住时的制动距离(或平均减速度)，应符合如表 7－4 所示中规定的要求。

表 7－4　应急制动性能要求

汽车类型	制动初速度 /($km \cdot h^{-1}$)	制动距离 /m	平均减速度 /($m \cdot s^{-2}$)	允许操纵力/N	
				手操纵	脚操纵
乘用车	50	≤38.0	≥2.9	≤400	≤500
客车	30	≤18.0	≥2.5	≤600	≤700
其他汽车(三轮车除外)	30	≤20	≥2.2	≤600	≤700

(6)驻车制动性能要求，如表 7－5、表 7－6 所示。

表 7－5 空载状态驻车制动性能要求

汽车类型	附着系数 φ	停驻坡道坡度/(%)	保持时间/min
总质量/整备质量<1.2 的汽车	≥0.7	15	≥5
其他汽车	≥0.7	20	≥5

表 7－6 驻车制动性能检验时的操纵力要求　　(N)

汽车类型	手操纵	脚操纵
座位数≤9 的载客汽车	≤400	≤500
其他汽车	≤600	≤700

三、汽车制动性能道路试验方法

汽车制动性能道路试验应在符合试验条件的道路上进行，试验之前应在试验路面上画出与表 7－1 所示制动稳定性要求相应宽度试车道的边线，被测汽车沿着试验车道的中线行驶至表中规定的初速度后，置变速器于空挡，当滑行到规定的初速度时，急踩制动使车辆停住。测量汽车的制动距离应采用速度计、第五轮仪等直接测得。汽车充分发出的平均减速度应先用速度计、制动减速度仪测得(7－4)式中相关参数后，再代入(7－4)式计算求得。

1. 磨合试验

磨合试验包括磨合前的检查试验、磨合前的制动效能试验及磨合试验。

(1)磨合前的检查试验

磨合前的检查试验用于初步检查各汽车仪表技术状况、汽车制动性能。若仪表性能和制动性能太差,则应检修好后再进行各项试验,或由于性能不能恢复而中断试验。

试验时,制动初速度为 30 km/h,末速度为零,减速度为 3.0 m/s^2,或保持相应的制动踏板力、制动管路压力,制动间隔距离 1.6 km,制动次数为 10 次。同时,测量制动管路压力、制动减速度及制动器初始温度。

(2)磨合前的制动效能试验

制动初速度为 30 km/h、65 km/h(对于最高车速超过 100 km/h 的汽车,需加做制动初速度为 80 km/h 的制动试验),制动末速度全为零。每次制动时,离合器分离,并保持制动减速度一定,或制动踏板力一定。或制动管路压力一定。对于每一制动初速度的制动,应由较低的制动减速度或踏板力或制动管路压力开始,然后逐渐升高进行试验(推荐减速度从 1.5 m/s^2 开始,递增幅度为 ± 0.2 m/s^2),直至车轮抱死,或汽车驶出 3.7 m 宽的通道,或制动踏板力超出汽车制造厂的规定值任何一种情况为止,此时测定的汽车制动效能即为最大制动效能。同时,测量制动初速度、制动踏板力或管路压力、制动减速度和制动距离。制动过程中,虽然制动踏板力保持恒定,但减速度仍有波动,甚至波动较大,所以标准中规定以减速度曲线中的初期值、中期值和终期值 3 点的算术平均值来判断制动性能是否合格。

(3)磨合试验

对于最大总质量小于 4 500 kg 的汽车,制动初速度为 65 km/h,制动末速度为零,制动减速度为 4.5 m/s^2;对于最大总质量等于或大于 4 500 kg 的汽车,制动初速度为 65 km/h,制动末速度为 30 km/h,制动减速度为 3.0 m/s^2。制动间隔里程都不大于 1.6 km,制动器温度不得高于 120 ℃,制动次数都为 200 次。在制动过程中,记录第 1 次,以后每 25 次制动,记录 1 次制动减速度、制动踏板力、制动管路压力及制动器初始温度。

2. 冷态制动效能试验

冷态制动效能试验规范与磨合前制动效能试验规范相同。

3. 制动系统部分回路失效效能试验

制动系统回路失效是指行车制动系统部分控制回路失效,在模拟制动失效时,可折断制动管路。对气压制动系统,气压可以直接排入大气。对于液压制动系统,制动液可另接管路返回储液室。在装有制动调节装置的汽车上进行试验时,可拆除机械控制装置。

部分回路失效试验时,可选择失效最严重的实效方案,如对载货汽车,可折断后轴制动回路,对轿车可分别折断前或后轴制动回路,具体失效方案应根据制动系统结构而定。按 GB7258—2004《机动车运行安全技术条件》的要求,部分回路失效后其剩余制动效能应能保持原规定值的 30%以上。

制动系统部分回路失效后,制动效能试验规范与磨合前制动效能试验规范相同。但本试验允许汽车配备必要的附加装置和管路,并且附加装置等不得影响汽车的制动效能和制动部分回路失效后的制动效能。

4. 应急制动试验

应急制动是指行车制动失效后,在适当的一段距离内将车停住,应急制动机构必须可控制、可调节。

若应急制动系统与行车制动系统合为一体,则应急制动试验实际上就是行车制动部分回路失效试验。试验方法同制动系统部分回路失效试验。不同的是应急制动效能和部分回路失效的制动效能要求不同，此要求国家尚无统一规定，通常按设计要求进行评定。一般情况下，应急制动的制动减速度至少应能达到行车制动的 50%，而剩余制动效能应达到25%～30%。

5. 制动器热衰退试验

制动器热衰退试验包括基准试验、热衰退性能试验及恢复试验。对于基准试验时的冷制动器效能试验，其试验结果作为评价抗热衰退性能的基准值；热衰退性能试验主要考查制动性能的衰退率；恢复试验考查制动器的恢复能力。评价制动器抗热衰退性能用制动效能衰退率表示，其计算公式为：

$$\text{衰退率}=\frac{\text{第 } i \text{ 次踏板力(管路压力)}-\text{基准踏板力(管路压力)}}{\text{基准踏板力(管路压力)}}\times 100\% \qquad (7-6)$$

(1)基准试验

基准试验的制动初速度为 65 km/h，制动末速度为零，最大总质量≤4 500 kg 的汽车制动减速度为 4.5 m/s^2，最大总质量>4 500kg 的汽车制动减速度为 3 m/s^2，制动器初始温度为 90 ℃，共制动 3 次。试验过程中，测量制动减速度、制动踏板力或制动管路压力。

(2)热衰退性能试验

制动器热衰退性能试验，对于最大总质量≤4 500 kg 的汽车，制动初速度为 65 km/h，制动末速度为零，制动减速度为 4.5 m/s^2；对于最大总质量>4 500 kg 的汽车，制动初速度为 65 km/h，制动末速度为 30 km/h，制动减速度为 3.0 m/s^2。制动时间间隔为 60 s，冷却车速为 65 km/h，制动次数为 20 次。试验时，记录制动踏板力、制动管路压力、制动减速度及制动器初始温度。

(3)恢复试验

制动器热衰退性能试验后，立即进行恢复试验。恢复试验的制动初速度、制动末速度、制动减速度与热衰退性能试验相同，制动间隔时间为 180 s，冷却车速为 65 km/h，制动次数为 15 次，要求最后一次制动器初始温度应降到 120 ℃以下。试验时，记录制动踏板力、制动管路压力、制动减速度及制动器初始温度。

6. 涉水试验

涉水试验包括基准试验、涉水试验和恢复试验，其性能评价指标也用衰退率表示。

(1)基准试验

基准试验的制动初速度为 30 km/h，制动末速度为零。对于最大总质量≤4 500 kg 的汽车，制动减速度为 4.5 m/s^2；对于最大总质量>4 500 kg 的汽车，制动减速度为 3.0 m/s^2；制动器初始温度不超过 90 ℃，共制动 3 次，试验时记录制动踏板力、制动管路压力及制动减速度。

(2)涉水试验

将汽车驶入水槽，车轮浸入水中的深度大于车轮半径，并使制动器处于放松状态，然后驾驶汽车以 10 km/h 以下的速度往、返行驶，行驶 2 min 后驶出水槽。

(3)恢复试验

汽车涉水试验后，驶出水槽 1 min 后进行恢复试验，此时制动初速度为 30 km/h，制动末速度为零。对于最大总质量≤4 500 kg 的汽车，制动减速度为 4.5 m/s^2；最大总质量>

4 500 kg的汽车，制动减速度为 3.0 m/s^2；冷却车速为 30 km/h，制动间隔时间为 180 s。试验时记录制动踏板力、制动管路压力及制动减速度。

7. 制动系统时间特性测定试验

制动系统时间特性用制动促动时间和放松时间评价。制动促动时间指汽车全程制动过程中，从制动踏板开始动作至管路压力达到最大值的 75％时所经历的时间；制动放松时间指制动全过程中，从制动踏板开始松开至管路压力下降到最大值 10％时所经历的时间。制动促动时间和制动放松时间测定在汽车静止状态下进行，管路压力是在前后制动气室（液压油路）进口处测量。装有制动力调节装置时，应将其置于满载位置。

试验前按制造厂技术要求提供能量，促动时间（放松时间）从踩踏板开始计算，试验时应快踩下（松开）制动踏板。

普通制动系统制动性能试验还有储能器容量测定试验和驻车停坡试验等。

8. 防抱制动系统性能试验

装有防抱死制动系统（ABS）的汽车，还应进行防抱死制动系统性能试验。防抱死制动系统性能试验按 GB13594—2003 规定，主要包括防抱死制动系统指示灯检查试验、剩余制动效能试验、防抱死制动系统特征校核试验、附着系数利用试验、对开路面上的适应性和制动因数试验、对接路面上的适应性试验、能耗试验和抗电磁干扰试验等。

（1）防抱死制动系统性能试验典型路面

防抱死制动系统性能试验所用的典型路面，如表 7－7 所示。

表 7－7　防抱死制动系统性能试验所用典型路面

路面类型	路面类型代号	轮　胎	图例路宽/m
高附着系数路面	G	$\varphi_G \geqslant 0.5$	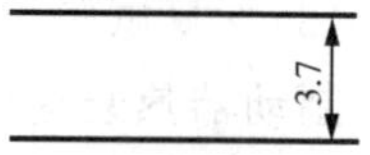
低附着系数路面	D	$\varphi_D < 0.5$	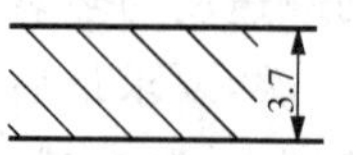
高低附着系数对开路面	DK	$\varphi_G \geqslant 0.5, \varphi_D < 0.5$ $\varphi_G/\varphi_D \geqslant 2$	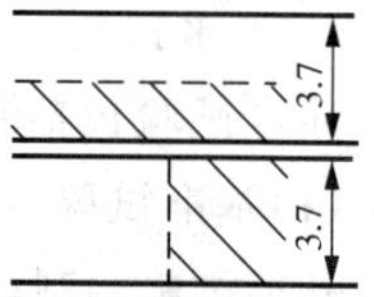
高低附着系数对接路面	DJ		

（2）防抱死制动系统特征校核试验

按 GB13594 规定，在“G”、“D”路面上，以较低车速（$v = 40$ km/h）和以较高车速（$v = 0.8v_{max} \leqslant 120$ km/h）行驶，急踩制动，由防抱系统直接控制的车轮不应抱死，汽车任何部位都不许超出试验道。

试验时，试验车分别以 $v_0 = 40$ km/h、$v_0 = 0.81\ v_{max}$ km/h 且 $v_0 \leqslant 120$ km/h 的初速度，在“G”、“D”两种路面上各进行 4 次急踩制动，直到汽车停止；检查防抱系统直接控制的车轮是否抱死，以及汽车的任何部位是否跑出 3.7 m 宽的试验道路。

(3)附着系数利用率试验

GB13594 规定，装有一、二类防抱死制动系统的汽车，在“G”($\varphi_G \approx 0.8$)、“D”($\varphi_D \approx 0.3$)路面上附着系数利用率不小于 0.75。

要确定附着系数利用率需先确定最大制动因数 Z_m、附着系数峰值 φ_m 以及制动因数 Z_{FB}。

① 确定 Z_m 试验　试验前，解除试验车防抱死制动系统，解除后轴制动器，仅使用前轴制动器，并且要求前轴制动器制动力左右分配均匀。试验分别在“G”($\varphi_G \approx 0.8$)、“D”($\varphi_D \approx 0.3$)两种路面上进行。制动初速度为 50 km/h，制动过程中应保持恒定的操纵力。试验中，测量车速由 40 km/h 降至 20 km/h 时所需的时间为 t，按下式计算制动因数 Z_{FB}：

$$Z_{FB} = \frac{0.56}{t} \tag{7-7}$$

逐渐增加管路压力，增大制动强度，直至求出最大的制动因数 Z_{FB}。

② 确定附着系数峰值(φ_m)　考虑到未制动车轴的滚动阻力和质心转移，按下式求附着系数峰值(φ_m)，则

$$\varphi_m = \frac{Z_m F_m - 0.015 F_{m2}}{F_{m1} + \frac{h_g}{L} Z_m F_m} \tag{7-8}$$

式中：F_m——静法向力总和(N)；

F_{m1}——前轴静法向力(N)；

F_{m2}——后轴静法向力(N)；

h_g——汽车质心高度(m)；

L——轴距(m)。

③ 确定附着系数利用率试验　重新连接好防抱死制动系统，使各轴制动器正常工作，试验路面、制动初速度与最大制动因数试验相同。试验时，测量最大制动管路压力时，车速由 40 km/h 降至 20 km/h 时所需的时间为 t，利用式(7-7)计算防抱死制动系统汽车的制动因数(Z_{FB})。重复三次试验，以三次试验的测量结果计算出平均的 $\bar{Z}_{FB}$，则附着系数利用率 ε 计算公式为

$$\varepsilon = \frac{\bar{Z}_{FB}}{\varphi} \tag{7-9}$$

(4)对开路路面适应性及制动因数试验

国家标准要求，装有一、二类防抱死制动系统的汽车在对开路面上以 50 km/h 的初速度急踩制动踏板时，直接控制的车轮不应抱死，汽车任何部位不能超出试验道路；装有一类防抱死制动系统的汽车，在满载状态下的制动因数应满足下式：

$$z_{Dk} = \frac{0.75(4\varphi_D + \varphi_G)}{5} \qquad z_{DK} \geq \varphi_D \tag{7-10}$$

该试验在“DK”路面上进行，并且允许在试验开始后的最初 2 s 内，转向盘在120°内修正方向，试验中允许转向盘在240°内修正方向。

① 装有一、二类防抱死制动系统汽车的适应性试验　试验车以 50 km/h 的速度稳速行驶在“DK”路上，车至“DK”路中间时，进行紧急制动，观察直接控制的车轮是否抱死，汽车任何一处是否跑出试验道路，试验可往返进行多次。

② 装有一类防抱死制动系统汽车制动因数 Z_{DK} 确定试验　先通过附着系数利用率试验中确定附着系数峰值的方法，确定出“DK”路面的“D”路面和“G”路面的 φ_D 和 φ_G；再按最大制动因数(Z_m)确定试验的方法测出汽车在“DK”路面上最大制动因数，(Z_{DK})，利用式(7－10)判断制动因数是否满足要求。注意，该试验汽车应处于满载状况。

(5)“DJ”路面适应性试验

按国家标准规定，汽车以较低速度(v＝40 km/h)和较高速度(v＝0.8 v_{max}≤120 km/h)，在“DJ”路面上急踩制动，当防抱系统在“G”路面上完全起作用时，以高低两种车速从“G”路面驶往“D”路面，直接控制的车轮不应抱死，汽车任何部分不应超出试验道路。在“D”路面上急踩制动，当防抱系统在“D”路面完全作用时，从“D”路面以大约(50±5)km/h的速度驶往“G”路面，汽车制动减速度应明显增加，汽车任何部位不应超出试验道路。

汽车由“G”路面驶向“D”路面作适应性试验时，制动初速度由 40 km/h 和 0.8 v_{max}≤120 km/h，当防抱系统在“G”路面起作用时，汽车以高低两种车速由“G”路面驶往“D”路面，观察直接控制的车轮是否有抱死现象，汽车任何部位是否跑出试验道路。汽车由“D”路面驶向“G”的适应性试验，主要观察汽车防抱系统在“D”路面上完全起作用时，以 50 km/h 的速度驶往“G”路面时，汽车制动减速度是否明显增加，汽车任何部位是否跑出试验道路。

第二节　汽车制动性能试验仪器与设备

检测不同的参数需要使用不同的仪器，根据汽车制动性能道路试验有关参数，主要使用第五轮仪、非接触速度计和制动减速度仪。

一、减速度仪

减速度仪分摆锤式制动减速度仪和滑块式制动减速度仪两种。摆锤式制动减速度仪是在汽车制动时，随着摆锤的摆动而指示不同的减速度值；滑块式减速度仪是重块沿一铜管制成的导轨在惯性力作用下移动，按位移不同，指示减速度的大小。摆锤式制动减速度仪的误差较滑块式制动减速度仪大。

1. 摆锤式制动减速度仪的结构原理

摆锤式制动减速度仪的结构如图 7－1 所示，由振动元件、传动放大装置、示度机构和阻尼器组成。

当汽车恒定速度行驶时，摆锤处在垂直位置；当汽车速度变化时，即汽车具有加速度或减速度时锤摆在惯性力的作用下产生摆动，从摆动的方向可以示出是加速还是减速，从摆角的大小可以示出减或加速度的强度。

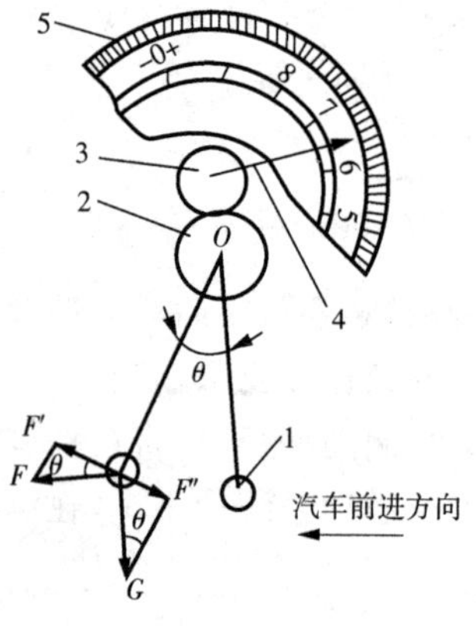

图 7－1　摆锤式减速度仪

1—金属摆　2—大齿轮　3—小齿轮　4—主动指针　5—仪表板

设一质量为 m 的摆锤悬挂仪器内的 O 点上，(如图 7－1 所示)，当汽车因制动而有减速度 j_a 时，摆锤就受到一惯性力 F，其方向与汽车前进方向相同，大小为 $F=mj_a$，沿摆运动圆周切线方向的分力 F'，使摆绕 O 点向前摆动，并产生一个朝前摆角 θ，分力为

$$F'=F\cos\theta=mj_a\cos\theta$$

当摆向前摆动时，摆的重力 G 随之也产生另一个分力 F''，其方向恰好与 F' 相反，其大小为

$$F''=G\sin\theta=mg\sin\theta$$

当 F' 与 F'' 大小相等时，摆就停止向前摆动，而稳定在某一摆角的位置上，出现平衡状态。从这一平衡状态可以求出摆角与减速度之间的基本关系，即

$$F'=F''$$

$$mj_a\cos\theta=mg\sin\theta$$

从而得

$$j_a=\frac{mg\sin\theta}{m\cos\theta}=g\tan\theta$$

减速度的单位是 m/s²，与重力加速度的单位相同。因此，减速度也可以用重力加速度 g 的百分数来表示，这称为减速率，以 D 表示。例如 $j_a=5.5\ \text{m/s}^2$，则

$$D=\frac{j_a}{g}=\frac{5.5}{9.81}=0.56$$

当以减速度 D 表示减速度时，则

$$j_a=g\tan\theta,\ D=\frac{j_a}{g}$$

$$D=\tan\theta$$

上式说明减速度的大小与摆角的正切成正比关系，只要测出制动时摆的摆角，就可以求出减速度值。

2. 滑块式制动减速度仪的结构原理

滑块式制动减速度仪的结构如图 7－2 所示，在纵轴方向安装有上、下平行的 2 根导轨，在其中放置 1 个滑块，滑块通过 3 个滑轮以很小的摩擦力在导轨上滑动。滑块通过一个螺旋弹簧系在减速度仪的主体上，为了防止滑块移动时冲击过大，用空气阻尼器加以限制。减速度仪记录纸由干电池的微电动机带动，记录纸的送进方向与滑块移动方向垂直，滑块移动

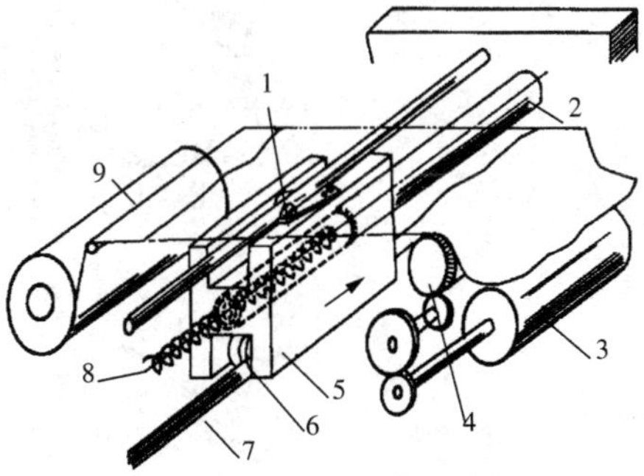

图 7－2　滑块式制动减速度仪

1—记录指针　2—空气阻尼器　3—微电动机　4—纸带传送机　5—滑块　6—滑轮　7—导轨　8—记录纸　9—螺旋弹簧

方向与汽车行驶方向平行。汽车以一定的初速度制动时，滑块以原车运动的惯性继续向前移动，直至滑块惯性力与螺旋弹簧的张力相等，则滑块停止在其位置上。滑块的滑动过程由固定在滑块上的记录触针记录在记录纸上，滑块移动的距离与汽车减速度成比例。为减小测量误差，一般应将减速度仪安装在汽车中部进行检测。

二、制动试验台

GB18565—2001《营运汽车综合性能要求和试验方法》规定，可用台架试验方法检测制动性能，也可用道路试验方法检测制动性能。通常，用台架试验方法检测制动性能时，对检测结果发生争议时，用道路试验方法进行复检，并以满载状态道路试验方法的检测结果为准，以保证对其制动性能判断的准确性。

1. 制动试验台的类型

(1)按试验台测量原理不同，可分为反力式和惯性式；

(2)按试验台支撑车轮形式不同，可分为滚筒式和平板式；

(3)按试验台同时能测车轴数不同，可分为单轴式、双轴式和多轴式。

2. 制动试验台的结构与工作原理

(1)单轴反力式滚筒制动试验台

试验台由框架、驱动装置、滚筒装置、测量装置、举升装置和指示与控制装置等组成，如图 7-3 所示。为使制动试验台能同时检测汽车轴两端左、右车轮的制动力，除框架、指示与控制装置外，其他装置分别独立设置。

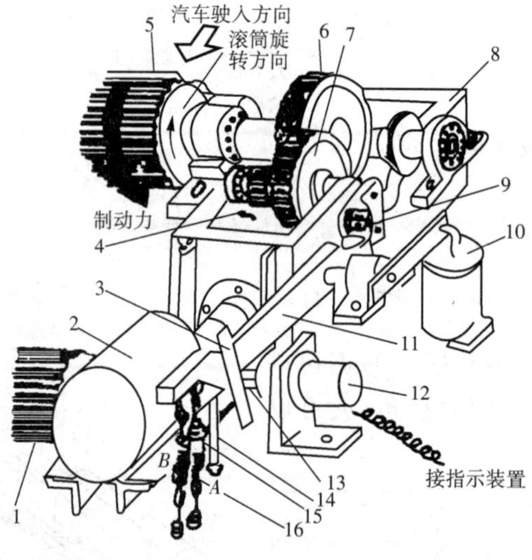

图 7-3　反力式滚筒制动试验台简图

1—滚筒　2—电动机　3—齿条　4—1级减速齿轮　5—滚筒　6—2级减速齿轮　7—齿轮　8—减速器壳　9—测力刀口　10—缓冲器　11—测力力臂　12—自整角电机　13—小齿轮　14—限位杆　15—测力弹簧(A)　16—测力弹簧(B)

① 驱动装置由电动机、减速器和链传动组成，电动机的转动通过减速器内的蜗轮蜗杆传动和一对圆柱齿轮传动后传递给主动滚筒，主动滚筒又通过链传动把动力传递给从动滚筒。减速器与主动滚筒共用一轴，减速器壳体处于浮动状态。

② 滚筒装置由 4 个滚筒组成,每对滚筒独立设置,分主动滚筒和从动滚筒。

③ 测量装置由测力杠杆测力传感器和测力弹簧等组成,测力杠杆一端与传感器连接,另一端与减速器连接,如图 7-4 所示。安装在测力杠杆前端的测力传感器,有自整角电动式、电位计式、差动变压器式或电阻应变式等多种类型,能把测力杠杆的位移或力变成反映制动力大小的电信号,并送到指示与控制装置。驱动装置、滚筒装置和测量装置或间接安装在框架上。

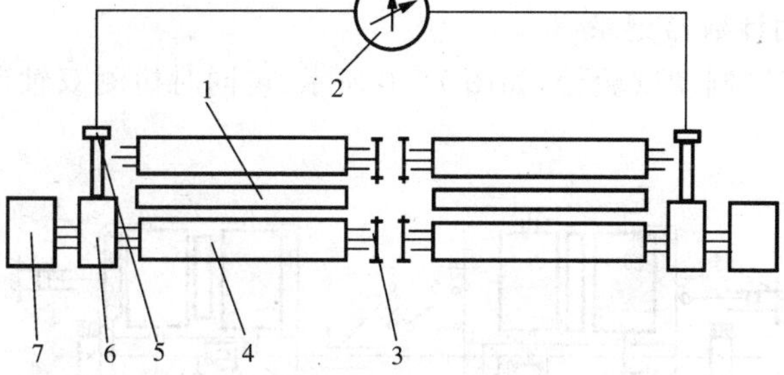

图 7-4 反力式滚筒制动试验台的驱动装置于测量装置

1—举升器 2—测量表 3—链传动 4—滚筒 5—测力传感器 6—减速器 7—电动机

④ 举升装置由举升器、举升平板和控制开关组成,每个举升平板下一般设置 1～2 个举升器。

⑤ 指示与控制装置分为电子式控制和微机式控制两种。电子式控制装置多配以指针式仪表,微机式控制装置多配以数字式显示器,也可配置指针式指示仪表。国产反力式滚筒制动试验台多为微机式,其指示与控制装置主要由放大器、A/D 转换器、微机、数字式显示器和打印机等组成。

(2)惯性式滚筒制动试验台

它用旋转飞轮的转动惯量模拟汽车在道路上行驶时的平移动能,使汽车在试验台再现道路行驶状况。惯性式滚筒制动试验台的滚筒,可由电动机或汽车驱动轮驱动,并能进行高速试验,测试结果更接近实际工况。该试验台可检测各轮的制动距离、制动时间或制动减速度。

① 单轴惯性式滚筒制动试验台,如图 7-5 所示,两对滚筒可同时检测 1 根轴上的两个车轮。

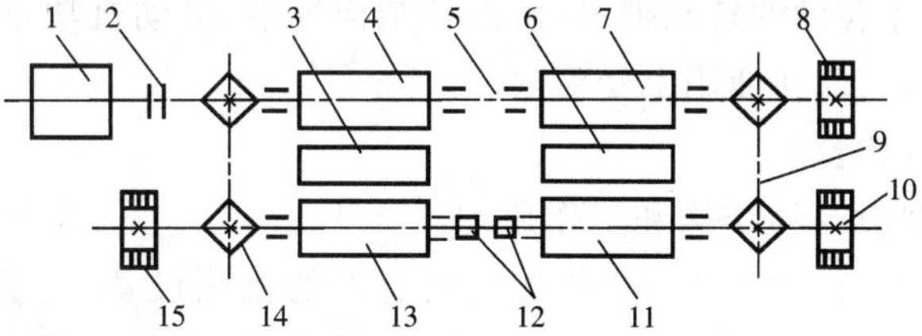

图 7-5 单轴惯性式滚筒制动试验台

1—电动机 2、5—联轴器 3、6—举升器 4、7、11、13—滚筒 8、10、15—飞轮

9、14—链传动 12—测速传动器

检测时，汽车驶上单轴惯性式滚筒制动试验台，被检测车轮置于两滚筒之间，发动机熄火，变速杆置于空挡位置，然后启动电动机，通过滚筒的转动使车轮达到制动初速度。制动前先关掉电动机电源，并断开联轴器 5，再按规定的踏板力或制动气压踩下制动踏板。当车轮制动后，滚筒及飞轮在惯性力矩作用下继续转动，其转动的圈数与滚筒周长的乘积即相当于车轮的制动距离。在规定的制动初速度下，制动距离的大小取决于被测车轮制动器和整个制动系的技术状况。滚筒的制动初速度、制动减速度和依靠惯性力矩转动的圈数，由测速传感器发出电信号，用计数器记录。

② 双轴惯性式滚筒制动试验台，如图 7-6 所示，可同时检测双轴汽车所有车轮的制动距离。

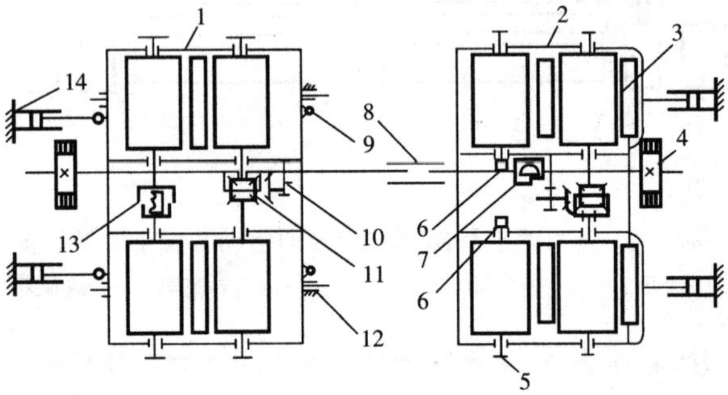

图 7-6　双轴惯性式滚筒制动试验台

1—前滚筒组　2—后滚筒组　3—第三滚筒　4—飞轮　5—传感器　6—测速发电机
7、13—电磁离合器　8—花键轴　9—夹紧液压缸　10、11—差速器　12—导轨　14—推拉液压缸

检测时，由被检汽车的驱动轮驱动后滚筒旋转，并经过电磁离合器 7、花键轴、变速器和差速器带动前滚筒及汽车前轮一起旋转，此时，按被检汽车行驶时的惯性等效质量配置的飞轮也一起旋转。当汽车制动后，滚筒及飞轮在惯性力矩作用下继续转动，滚筒转动的圈数与其周长的乘积相当于车轮的制动距离。在规定制动初速度下，滚筒继续转动的圈数决定于车轮制动器和整个制动系的技术状况。滚筒制动圈数由装在滚筒端部的光电传感器转变为电信号，送入计数器记录。在滚筒的端部还装有测速发电机，能把试验车速转变为电信号。

惯性式滚筒制动试验台采用高速模拟试验，比较接近道路行驶条件。但由于试验台旋转部分要具有被检汽车各轴的转动惯量，使设备结构复杂、电动机功率大、占地也大和不适应多车型检测等缺点，因此在使用上受到限制。

(3)平板式制动试验台

① 平板式制动试验台的结构和工作原理

平板式制动检测台是 20 世纪 80 年代发展起来的检测设备，它凭借汽车在测试平板上的实际紧急制动过程来测定汽车前、后轴制动力，因此能比较客观地反映汽车制动器产生制动力的大小，正确评价汽车的制动性能。

平板式制动试验台主要由测试平板、控制和显示装置、辅助装置等组成，如图 7-7 所示。

测试平板(包括前测试平板 2、后测试平板 4)是制动力和垂直力的承受与传递装置，面板为一长方形钢板，其下表面 4 个角上安置 4 个压力传感器 8，压力传感器底部加工成可以放置钢珠的纵向 V 形沟槽，底板 11 与压力传感器底部的纵向沟槽对应处也加式有 4 条可以放置钢珠的纵向沟槽。这样，面板既可以通过钢珠在底板上沿纵向移动，又可以通过钢珠将作用于面板上的垂直力传递到底板上。此外，面板还经过一根装有拉力传感器 7 的纵向拉杆固结在底板上。当汽车行驶到 4 块测试平板上进行制动时，这些压力传感器和拉力传感器就能同时测出每个车轮作用于测试平板上的制动力与垂直力。为提高面板的附着系数，面板上焊有网状钢板，试验表明其附着系数可达到 1.1 以上。

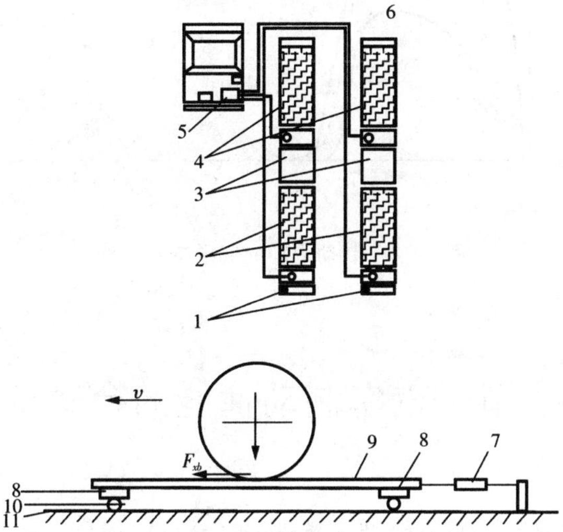

图 7－7　平板式制动试验台

1—前引板　2—前测试平板　3—过渡板　4—后测试平板　5—控制和显示装置　6—后引板　7—拉力传感器　8—压力传感器　9—面板　10—钢球　11—底板

控制和显示装置包括数据采集系统、计算机、键盘打印机、显示器及遥控接收模块等。数据采集系统即多路信号采集转换板，它对平板检测中各路传感器的输出信号进行高速采样，并将其转换为数字信号，同时计算机对这些数字信号加以处理计算，最终得到被检测汽车的制动力、轴重、侧滑等各类数据结果。当测试软件需要修改（如检测判定标准改变）时，可以通过键盘进行测试软件的操作。显示器主要用于显示检测结果，如制动力和轴荷变化过程曲线、提示被检车辆的驾驶员进行相应的操作、显示在数据库中存储的被检车辆的检测结果以及在进行系统检定时，实时显示系统输出数字量及对应物理量的示值。打印机可打印各类检测数据报告单，遥控接收模块用来接收遥控器发射的信号、控制软件流程，实现遥控作功能。

② 平板式制动试验台的使用方法

平板式制动试验台凭借汽车在测试平板式上的实际紧急制动过程，测定汽车前、后制动力。检测汽车制动性能时，试验台应处于开机工作状态，被检汽车以 5～10 km/h 的速度驶上测试平板，引车员根据显示器提示的信号及时迅速地踩下装有踏板压力计的制动踏板，使汽车在测试平板上制动直至停车。车轮则在汽车惯性力作用下，对测试平板作用了大小与车轮制动力相等、方向与汽车行驶方向相同的作用力 F_{xb}。该作用力通过纵向拉杆传给纵向拉力传感器，传感器则将该作用力转换成相应大小的信号输入放大器，与此同时，压力传感器将各轮荷的大小转换成电信号输入放大器，然后通过控制装置处理，并由显示装置显示检测结果。如图 7-8 所示为某吉普车经检测获得的制动力-时间变化曲线。

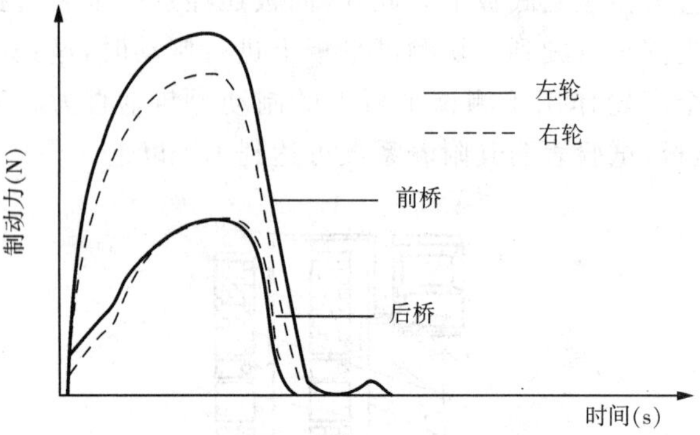

图 7-8　制动力随时间的变化曲线

第三节　汽车制动性能的台架试验

GB7258—2004《机动车运行安全技术条件》规定，可以用台架试验方法或道路试验方法检测汽车制动性能，只要检测指标符合检测标准，则认为汽车制动性能合格。

一、汽车制动性能的台架试验项目

汽车制动性能的台架试验是在室内制动试验台上进行的，其主要项目为：

(1)制动力；

(2)制动力平衡要求；

(3)车轮阻滞力；

(4)制动协调时间。

二、台架试验的行车制动技术要求

(1)制动力

汽车、汽车列车在制动试验台上测出的制动力应符合表 7-8 的要求；制动力检测时，其制动踏板力或制动气压符合表 7-9 的要求。

表 7-8　台试检测制动力要求　(%)

汽车类型	制动力总和与质量的百分比		轴制动力与轴荷的百分比	
	空载	满载	前轴	后轴
汽车、汽车列车	≥60	≥50	≥60[1]	—

注：空满载状态下测试均应满足此要求。

表 7－9　制动性能检测时制动踏板力或制动气压要求

检测参数	空　载	满　载
气压制动系气压表指示气压/kPa	＜600	≤额定工作气压
座位数≤9 的载客汽车制动力/N	≤400	≤500
其他汽车制动踏板力/N	≤450	≤700

(2)制动力平衡

在制动力增长全过程中，左、右轮制动力之差与该轴左、右制动力大者之比，对前轴不得大于 20%，对后轴不得大于 24%。

(3)制动协调时间

汽车单车制动协调时间应不大于 0.6 s，单车列车制动协调时间应不大于 0.8 s。

(4)车轮阻滞力

汽车各车轮的阻滞力不得大于该轴轴荷的 5%。

(5)制动释放时间

汽车制动从松开制动踏板到制动消除所需要的时间，对单车不得大于 0.8 s。

三、台架试验的驻车制动技术要求

当采用制动试验台检查汽车驻车制动时，汽车空载、乘坐 1 名驾驶员、使用驻车制动装置，驻车制动力的总和应不小于该车测试状态下整车质量的 20%；对总质量为整备质量 1.2 倍以下的汽车，此值应为 15%。

台试检测时，若对空载检测制动力有质疑，则用表 7－8 中规定的满载检验制动力要求进行检测；若对台试检测的制动性能有质疑，则用路试验方法进行复检，并以满载路试的检测结果为准。

四、台架试验的主要操作规程

以反力式滚筒制动试验台为例，主要操作规程如下：

(1)被测汽车驶上制动试验台，车轮置于主、从动滚筒之间，放下举升器(或压下第三滚筒，装在第三滚筒支架下的行程开关被接通)；

(2)通过延时电路，起动电动机，经减速器、链传动和主、从动滚筒，带动车轮低速旋转；

(3)待车轮转速稳定后驾驶员踩下制动踏板，车轮在车轮制动器的摩擦力矩作用下开始减速旋转。此时电动机驱动的滚筒对车轮轮胎周缘的切线方向作用制动力，以克服制动器摩擦力矩，维持车轮缓慢旋转。同时制动力检测装置记录各车轮制动力，每轴左、右轮的制动力差、阻滞力、制动协调时间等数值，并记录车轮是否抱死。

(4)显示并打印记录结果，一般可以把左、右轮最大制动力、制动力和、制动力差、阻滞力和制动力—时间曲线等一并打印出来。

思考与练习

7-1 评价汽车制动性能的指标主要有哪些?

7-2 何谓制动距离?试分析其影响因素。

7-3 什么是车轮阻滞力?

7-4 汽车制动性能道路试验的检测项目主要有哪些?

7-5 简述摆锤式制动减速度仪的结构和工作原理。

7-6 汽车制动性能台架试验的检测项目主要有哪些?

7-7 简述滚筒式制动试验台的组成和工作原理。

7-8 简述平板式制动试验台工作原理。

第八章　汽车操纵稳定性试验

内容提要：本章主要介绍汽车操纵稳定性评价和试验内容，汽车操纵稳定性试验条件、试验规程、数据处理方法及试验仪器设备等。

第一节　汽车操纵稳定性评价和试验内容

汽车操纵稳定性是指在驾驶员不感到过分紧张、疲劳的条件下，汽车能遵循驾驶员通过转向系及转向车轮给定的方向行驶，且当遭遇外界干扰时，汽车能抵抗干扰而保持稳定行驶的能力。它不仅影响汽车驾驶的操纵方便程度，而且也是决定高速汽车安全行驶的一个主要性能。汽车操纵稳定性用稳态转向特性、瞬态转向特性、回正性和转向轻便性等进行评价。

一、汽车操纵稳定性评价方法

试验评价有主观评价和客观评价两种方法：

1．客观评价法

客观评价法是通过测试仪器测出表征性能的物理量，如通过横摆角速度、侧向加速度、侧倾角及转向力等来评价操作稳定性。

2．主观评价法

主观评价法就是感觉评价，让试验评价人员根据试验时自己的感觉进行评价，并按规定的项目和评分办法进行评分。

研究汽车自身特性的开路系统试验只采用客观评价，研究人-汽车-环境的闭路系统试验常同时采用客观评价与主观评价两种方法。

二、汽车操纵稳定性试验内容

汽车操纵稳定性涉及到的问题较为广泛，因此试验的项目比较多。通常汽车操纵稳定性的试验项目有两种：

1．室内台架试验

室内台架试验主要测定并评价有关操纵稳定性的汽车基本特性（质心位置和惯性矩等）。

2．道路试验

(1)开路系统试验

汽车开路系统如图 8－1 所示，对试验车辆给出一个特定的与驾驶员操作特性无关的输入，然后观察车辆的输出，如转向盘角位移输入或转向盘力输入，然后观察汽车的输出(运动特性或称响应)。属于这一类输入的试验方法有转向盘转角阶跃、脉冲输入、转向盘力脉冲、转向盘回正能力试验等项目，它通过测定横摆角速度、侧向加速度等表征性能的物理量来进行客观评价。

(2)闭路系统试验

汽车闭路系统如图 8－2 所示，驾驶员在进行转向控制时，不仅受到外界环境的影响，还受到来自汽车各输出响应反馈信息的影响，它将驾驶员和汽车作为统一的整体对汽车操纵稳定性进行研究，如蛇形试验等。这些试验的结果不仅反映汽车固有的性能特点，还包括驾驶员自身操作技能在内，对试验结果的评价通常还要求驾驶员对汽车性能作出主观评价。

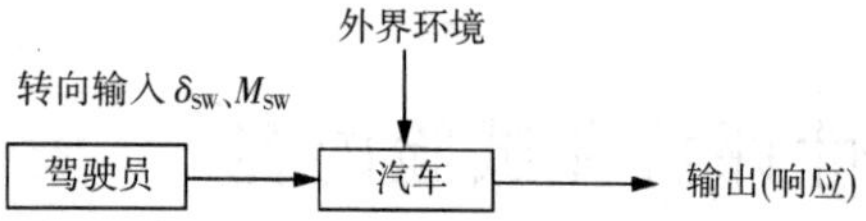

图 8－1　驾驶员-汽车开路控制系统

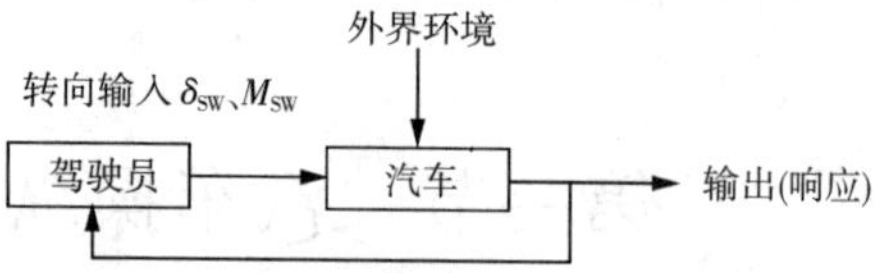

图 8－2　驾驶员-汽车闭路控制系统

第二节　汽车操纵稳定性道路试验

一、基本试验条件

试验汽车应是按厂方规定装备齐全的汽车，试验前应测量车轮定位参数，并对转向系、悬挂系进行检查、调整和紧固，按规定进行润滑。只有认定试验汽车已符合厂方规定的技术条件时，才能进行试验。轮胎和轮辋型式及尺寸必须符合厂方规定，轮胎冷充气压力须符合该车技术条件的规定，误差不超过±10 kPa。

试验汽车按试验项目可在厂定最大总质量和轻载两种状态下进行试验。厂定最大总质量为包括试验员、驾驶员及测试仪器质量的汽车总质量。轻载状态是指除了驾驶员、试验员及仪器外，没有其他加载物的状态。对于承载能力小的汽车，如果轻载时的总质量已超过最大总质量的 70%，则不必进行轻载状态的试验，轴载质量应符合设计任务书的规定。其中货车装载时，其装载物应均匀分布于货箱内；客车装载时，其装载物分布于座椅和地板上。

试验场地应为干燥、平坦而清洁的水泥混凝土或沥青铺装的路面，任意方向上的坡度不大于 2%。试验时风速不大于 5 m/s，大气温度在 0 ℃～40 ℃范围内。

常用的测量仪器及设备有第五轮仪、测力转向盘、陀螺仪、侧向加速度计等，整个测量系统的频带宽度不小于 3 Hz，试验用各种传感器按各自使用说明书进行安装。常用的测量变量和测量仪器的测量范围及最大误差，如表 8－1 所示。

表 8-1　测试仪器的精度要求

测量变量	测量范围	测量仪器的最大误差
转向盘转角/(°)	±360	±2(转角≤180) ±4(转角>180)
转向盘力矩/N·m	±50 ±100	±1 ±3
汽车横摆角速度/(°)·s^{-1}	±50	±0.5
汽车前进速度/m·s^{-1}	0～50	±0.5
车身侧倾角/(°)	±15	±0.15
汽车质心侧偏角/(°)	±15	±0.5
汽车侧向加速度/m·s^{-2}	±9.8	±0.15

二、蛇行试验

蛇行试验属驾驶员-汽车-外界环境组合而成的闭路系统性能试验方法之一，其目的是评价汽车的随动性、收敛性、方向操纵轻便性和事故可避性等，适用于轿车、客车、载货汽车及越野汽车等车型。

1. 试验变量和仪器

(1)试验变量

试验时测量的变量有：① 转向盘转角；② 横摆角速度；③ 车身侧倾角；④ 侧向加速度；⑤ 汽车通过有效标桩区的时间。

(2)试验仪器

试验时，所用测试仪器有：①第五轮仪或非接触式车速仪；② 测力转向盘；③ 陀螺仪；④ 加速度计；⑤ 磁带记录仪等。

2. 试验规程

(1)试验准备

① 在试验场地上按如图 8-3 所示的形式布置标桩 10 根，标桩间距应符合表 8-2 的规定。

② 接通仪器电源，使之预热到正常工作温度。试验驾驶员应具有较丰富的驾驶经验，正式试验前，应在试验场地上练习 5 个往返。

③ 各种类型车辆试验基准车速按表 8-2 的规定进行。

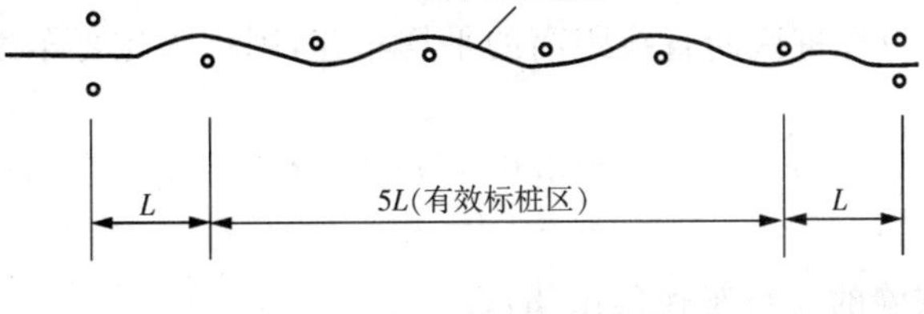

图 8-3　蛇行试验场地示意图

表 8-2　蛇行试验的基准车速

汽车类型	标桩间距/m	基准车速/(km·h⁻¹)
轿车、轻型客车及最大总质量小于或等于 2.5 t 的货车和越野汽车	30	65
中型客车及最大总质量大于 2.5 t 而小于或等于 6 t 的载货汽车和越野汽车	30	50
大型客车及最大总质量大于 6 t 而小于或等于 15 t 的货车和越野汽车	50	60
特大型客车及最大总质量 15 t 以上的载货汽车和越野汽车	50	50

(2)试验过程

试验汽车以近似基准车速 1/2 的稳定车速直线行驶，在进入试验区段之前，记录各测量变量的零线，然后蛇行通过试验路段，同时记录各测量变量的时间历程曲线及汽车通过有效标桩区的时间，如图 8-4 所示。试验按自行规定的车速间隔，从低到高，每一个车速各进行一次，共 10 次(撞倒标桩的次数不计在内)。试验最高车速以保证试验安全为原则，自行选定，但试验最高车速不得超过 80 km/h。

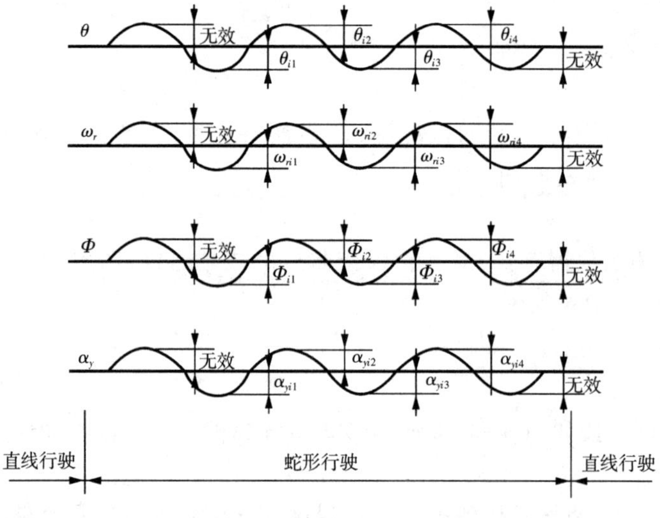

图 8-4　蛇行试验时各变量的时间历程曲线

3. 试验数据处理

(1)蛇行车速

汽车蛇行通过有效标桩区间直线距离的平均车速，则称为蛇行车速。按下式计算：

$$v_i = 3.6L(N-1)/t_i \tag{8-1}$$

式中：v_i——第 i 次试验的蛇行车速(km/h)；

L——标桩间距离(m)；

N——有效标桩区起始至终了标桩数，$N=6$；

t_i——第 i 次试验通过有效标桩区的时间(s)。

(2)平均转向盘转角

第 i 次试验平均转向盘转角用下式计算：

$$\theta_i = \frac{1}{4}\sum_{j=1}^{4}|\theta_{ij}| \tag{8-2}$$

式中：θ_i——第 i 次试验平均转向盘转角(°)；

θ_{ij}——在有效标桩区内，转向盘转角时间历程曲线峰值(如图 8-4 所示)(°)。

(3)平均横摆角速度

第 i 次试验平均横摆角速度，用下式计算：

$$r_i = \frac{1}{4}\sum_{j=1}^{4}|r_{ij}| \tag{8-3}$$

式中：r_i——第 i 次试验平均横摆角速度(°/s)；

r_{ij}——在有效标桩区内，横摆角速度时间历程曲线峰值(见图 8-4)(°/s)。

(4)平均车身侧倾角

第 i 次试验的平均车身侧倾角，用下式计算：

$$\varphi_i = \frac{1}{4}\sum_{j=1}^{4}|\varphi_{ij}| \tag{8-4}$$

式中：φ_i——第 i 次试验平均车身侧倾角，(°)；

φ_{ij}——在有效标桩区内，车身侧倾角时间历程曲线峰值(如图 8-4 所示)，(°)。

(5)平均侧向加速度

侧向加速度值可用侧向加速度计测量，也可用横摆角速度乘以汽车前进速度来计算得出。用侧向加速度计测量时，其输出轴应与车辆坐标系的 y 轴(平行于地面，从质心指向驾驶员的左侧)对正或平行，如加速度传感器随车身一起侧倾较大时，应按下式修正：

$$a_y = \frac{\bar{a}_y - g\sin\varphi}{\cos\varphi} \tag{8-5}$$

式中：a_y——真实的侧向加速度值(m/s^2)；

$\bar{a}_y$——加速度传感器指示的侧向加速度值(m/s^2)；

g——重力加速度(m/s^2)；

φ——车身侧倾角(°)。

第 i 次试验的平均侧向加速度，用下式计算：

$$a_{yi}=\frac{1}{4}\sum_{j=1}^{4}|a_{yij}| \qquad (8-6)$$

式中：a_{yi}——第 i 次试验平均侧向加速度(m/s^2)；

a_{yij}——在有效标桩区内，侧向加速度时间历程曲线峰值(m/s^2)(如图 8-2 所示)。

(6)试验结果的表达

按上述各式处理试验数据，并拟合画出如下关系图：

① 平均横摆角速度与车速的关系图；

② 平均转向盘转角与车速的关系图；

③ 平均车身侧倾角与车速的关系图；

④ 平均侧向加速度与车速的关系图。

三、转向瞬态响应试验(转向盘转角阶跃输入)

本项试验测定从转向盘转角阶跃输入开始，到所测变量达到新稳态值为止，这一段时间内汽车的瞬态响应过程，与其他瞬态响应试验一起，共同评价汽车的动态特性，适用于轿车、客车、货车及越野汽车车型。

1. 试验变量

试验时测试变量有汽车前进速度、转向盘转角、横摆角速度、侧向加速度、车身侧倾角和汽车质心侧偏角。

2. 试验规程

(1)试验准备

试验前以试验车速行驶 10 km，使轮胎升温，接通仪器电源，使仪器达到正常工作温度。

汽车转向盘自由行程在直线行驶时不大于±10°，必要时应进行调整。

(2)试验车速

试验车速为试验汽车最高车速的 70%，并四舍五入为 10 的整数倍，以 60、80、100 或 120 km/h 的车速进行试验。

(3)试验过程

试验前，在停车状态下记录车速零线，然后，汽车以试验车速直线行驶，先按输入方向轻轻靠紧转向盘，消除转向盘自由行程并开始记录各测量变量的零线，经过 0.2～0.5 s，以尽快的速度(起跃时间不大于 0.2 s 或起跃速度不低于 200 °/s)转动转向盘，使其达到预先选好的位置，并固定转向盘数秒钟，同时保持车速不变，待所测变量过渡到新稳态值，停止记录。试验中转向盘预选位置(输入角)按稳态侧向加速度值 1～3 m/s^2 确定，试验从 1 m/s^2 侧向加速度做起，每间隔 0.5 m/s^2 进行一次试验。

试验应向右转与向左转两个方向进行，可以两个方向交替进行，也可以先连续地进行一个方向的试验，然后再进行另一个方向的试验。

3. 试验数据处理

(1)响应时间

它是以转向盘转角达到终值的 50%的时刻做为时间坐标原点，到所测变量过渡到新稳态值 90%所需的时间称为响应时间。对于横摆角速度响应时间、侧向加速度响应时间，如图 8-5 所示。

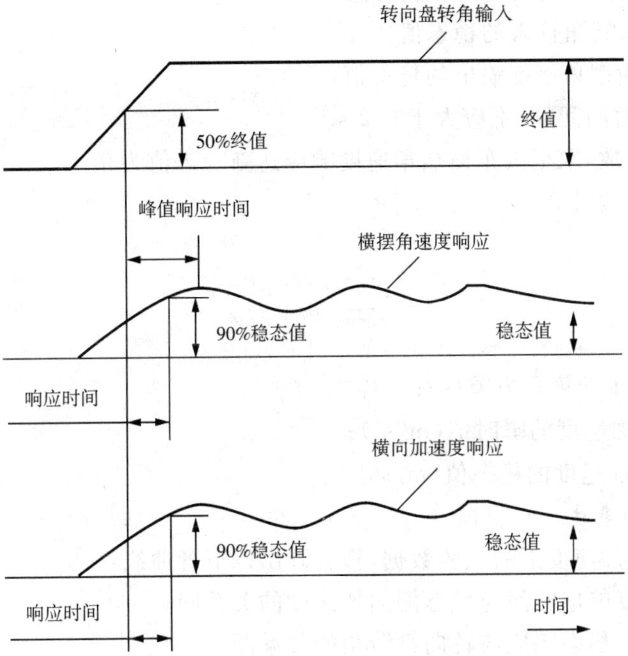

图 8－5　各测量变量的时间历程曲线

(2)横摆角速度峰值响应时间

它是从以转向盘转角达到终值的 50％时刻为时间坐标原点开始，到所测变量响应达到其第一个峰值为止的时间，如图 8－5 所示。如不出现峰值，应在试验报告中加以说明。

(3)侧向加速度

侧向加速度值可用侧向加速度计测量，也可用横摆角速度乘以汽车前进速度来计算得出。用侧向加速度计测量时，其输出轴应与车辆坐标系的 y 轴(平行于地面，从质心指向驾驶员的左侧)对正或平行，如加速度传感器随车身一起侧倾较大时，应按(8－5)式修正。

4．横摆角速度超调量

$$\sigma=\frac{r_{max}-r_0}{r_0}\times 100\% \tag{8-7}$$

式中：σ——横摆角速度超调量(％)；

r_0——横摆角速度响应稳态值(°/s)；

r_{max}——横摆角速度响应最大值(°/s)。

5．横摆角速度总方差

$$E_r=\sum_{i=0}^{n}\left(\frac{\theta_i}{\theta_0}-\frac{r_i}{r_0}\right)^2\Delta t \tag{8-8}$$

式中：E_r——横摆角速度总方差(s)；

θ_i——转向盘转角输入的瞬时值(°)；

r_i——汽车横摆角速度输出的瞬时值(°/s)；

θ_0——转向盘转角输入的稳态值(°)；

r_0——汽车横摆角速度输出的稳态值(°/s)；

Δt——采样时间间隔，不应大于 0.2 s。

n——采样点数，取至汽车横摆角速度响应达新稳态值为止。

6. 侧向加速度总方差

$$E_{ay}=\sum_{i=0}^{n}\left(\frac{\theta_i}{\theta_0}-\frac{a_{yi}}{a_{y0}}\right)^2\Delta t \tag{8-9}$$

式中：E_{ay}——侧向加速度总方差(s)；

a_{yi}——侧向加速度的瞬时值(m/s^2)；

a_{y0}——侧向加速度的稳态值(m/s^2)。

7. 试验结果的表达

根据不同侧向加速度下的试验数据，拟合画出以下各曲线：

(1)横摆角速度响应时间与稳态侧向加速度的关系图；

(2)侧向加速度稳态响应与转向盘转角的关系图；

(3)横摆角速度稳态响应与转向盘转角的关系图；

(4)侧向加速度响应时间与稳态侧向加速度的关系图；

(5)汽车质心侧偏角与稳态侧向加速度的关系图；

(6)横摆角速度总方差与稳态侧向加速度的关系图；

(7)侧向加速度总方差与稳态侧向加速度的关系图。

四、转向盘转角脉冲输入试验

本项试验从转向盘转角脉冲输入开始，到所测变量达到新稳态值为止，这一段时间内汽车的瞬态响应过程，与其他瞬态响应试验一起，共同评价轿车、客车、载货汽车及越野汽车等车型的动态特性。测量的变量有汽车前进速度、转向盘转角、汽车侧向加速度和汽车横摆角速度。

汽车转向盘自由行程在直线行驶时不大于±10°，必要时应进行调整。试验车速为试验汽车最高车速的 70%，并四舍五入为 10 的整数倍。

汽车以试验车速直线行驶，使其横摆角速度为(0°±0.5°)/s，作一标记，记下转向盘中间位置(直线行驶位置)。保持车速不变，然后给转向盘一个三角脉冲转角输入(向左或向右转动转向盘，并迅速转回原处保持不动)，如图 8-6 所示，记录全部过渡过程，直至汽车回复到直线行驶状态。转向盘转角输入脉宽为 0.3～0.5 s，其最大转角应使本次试验过渡过程中最大侧向加速度为 4 m/s^2。试验至少按左、右方向转动转向盘(转角脉冲输入)各 3 次，每次输入的时间间隔不得少于 5 s。

每次试验后，应对所记录的汽车车速和转向盘转角时间历程进行观察。其中，车速的变化不应超过规定车速的±5%，转向盘转角的零线在转动转向盘进行脉冲输入的前后应一致，其差别不大于转向盘转角最大值的±10%，并将转向盘脉冲输入的起点和终点的连线作为参考零点，否则本次试验记录作废。

在专门的信号处理设备或通用电子计算机上，进行转向盘脉冲输入和横摆响应的幅频特性与相频特性的分析，并根据试验数据处理结果的平均值，按向左与向右转分别绘制出汽车的幅频相频特性图（横坐标为对数坐标，亦可采用线性坐标，横坐标值应为0～3 Hz)，在图中确定谐振频率、谐振峰水平及相位滞后角。

如图 8－7 所示为某款轿车的频率特性曲线。

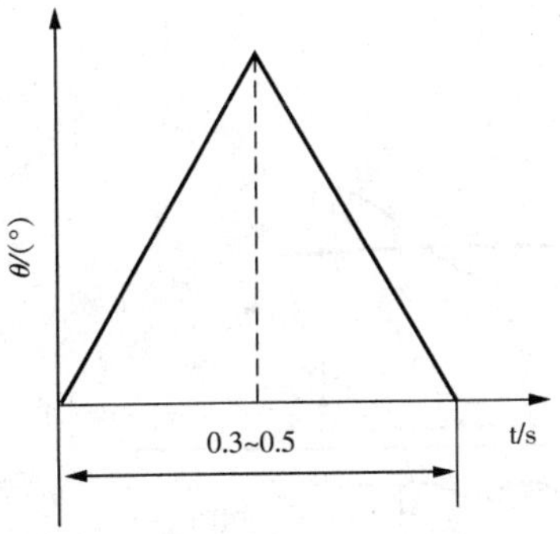

图 8－6 三角脉冲转角输入示意图

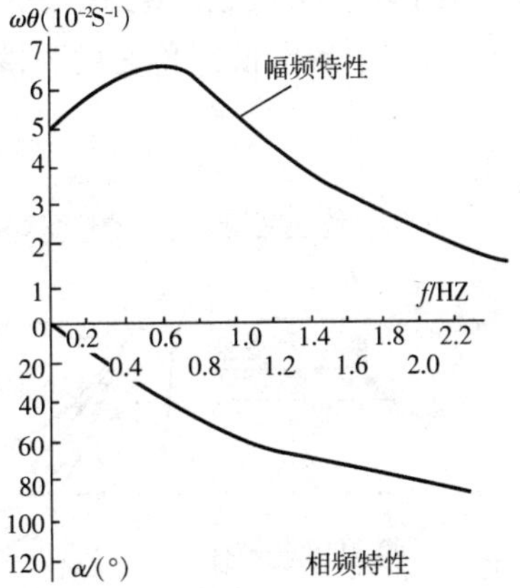

图 8－7 某款轿车的频率特性曲线

五、转向回正性能试验

本试验是汽车转向盘力输入的一个基本试验，用以表征及评价汽车从曲线行驶自行回复到直线行驶的过渡过程和能力，与操纵稳定性其他试验项目一起，共同评价轿车、客车、载货汽车及越野汽车等车型的操纵稳定性。试验时测量的变量有汽车前进速度、横摆角速度和侧向加速度。

1．试验规程

(1)试验准备

在试验场上用明显的颜色画出半径为 15 m 的圆周，试验前，汽车以侧向加速度为 3 m/s^2 的车速沿半径为 15 m 的圆周行驶 500 m，以使轮胎升温。接通仪器电源，使仪器达到正常工作温度。试验分低速回正性能试验和高速回正性能试验两种，每种试验均应向右转与向左转两个方向进行，每个方向进行 3 次试验。

(2)低速回正性能试验规程

低速回正性能试验时，汽车直线行驶，记录各测量变量零线，然后调整转向盘转角，使汽车沿半径为(15±1)m 的圆周行驶，调整车速，使侧向加速度达(4±0.2) m/s^2 之后固定转向盘转角，稳定车速并开始记录，待稳定 3 s 后，驾驶员突然放开转向盘，至少记录松手后 4 s 的汽车运动过程，记录时间内节气门开度保持不变。试验均应向右转与向左转两个方向进行，每个方向进行 3 次试验。对于侧向加速度达不到(4±0.2) m/s^2 的汽车，按试验汽车所能达到的最高侧向加速度进行试验，并在试验报告中加以说明。

(3)高速回正性能试验规程

对于最高车速超过 100 km/h 的汽车，要进行高速回正性能试验，试验车速按试验车最高车速的 70%，并四舍五入为 10 的整数倍来确定。试验时，按试验车速沿试验路段直线行驶，记录各测量变量零线，随后驾驶员转动转向盘使侧向加速度达到(2±0.2) m/s^2，待稳定并开始记录后，驾驶员突然松开转向盘，至少记录松手后 4 s 的汽车运动过程。记录时间内节气门开度应保持不变。试验均应向右转与向左转两个方向进行，每个方向进行 3 次试验。

2. 试验数据处理

如图 8-8 所示，汽车横摆角速度时间历程曲线可分为收敛型(中曲线 1～4)和发散型(中曲线 5、6)两类。对于发散型的不进行数据处理；对于收敛型的，按向右转与向左转分别计算评价指标，其中残留横摆角速度和横摆角速度总方差为基本评价指标，其余为争取获得的指标。

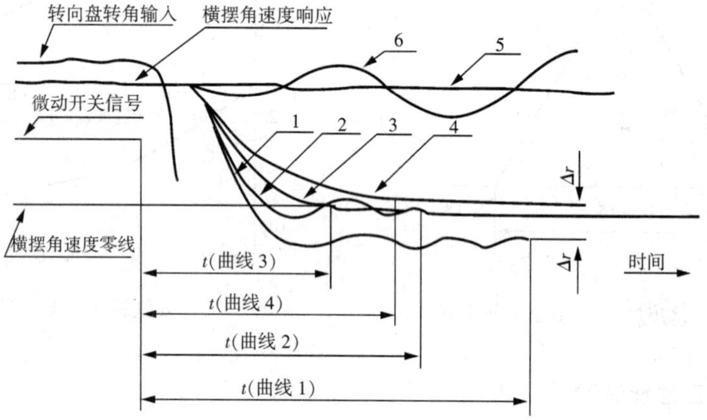

图 8-8 汽车横摆角速度时间历程曲线

以松开转向盘时微动开关所做的标记为时间坐标原点，到汽车横摆角速度达到新稳态值(包括零值)为止的一段时间间隔定为稳定时间，并将 3 次试验结果的平均值作为稳定时间均值。

在汽车横摆角速度时间历程曲线上，松开转向盘 3 s 时刻的横摆角速度值(包括零值)定为残留横摆角速度，并将 3 次试验结果的平均值作为残留横摆角速度均值。

在汽车横摆角速度时间历程曲线上，横摆角速度响应第一个峰值超过新稳态值的部分与初始值之比定为横摆角速度超调量，并将 3 次试验结果的平均值作为横摆角速度超调量均值。

横摆角速度自然频率由下式计算：

$$f_{oi} = \frac{\sum_{j=1}^{n} A_{ij}}{2\sum_{j=1}^{n} A_{ij}\,\Delta t_{ij}} \tag{8-10}$$

式中：f_{oi}——横摆角速度自然频率(Hz)；

A_{ij}——横摆角速度响应时间历程曲线的波峰值(°/s)，见图 8-9；

Δt_{ij}——横摆角速度响应时间历程曲线上两相邻波峰的时间间隔(s)；

n——横摆角速度响应时间历程曲线的波峰数。

将 3 次试验结果的平均值作为横摆角速度自然频率均值。

相对阻尼系数由下式计算：

$$\xi_i=\frac{1}{\sqrt{\left[\frac{\pi}{\ln(1-D_i')}\right]^2+1}} \tag{8-11}$$

式中：D——衰减率，$D_i'=\frac{A_{ij}}{\sum_{j=1}^{n}A_{ij}}$。

某收敛型横摆角速度的典型时间历程曲线，如图 8-9 所示。

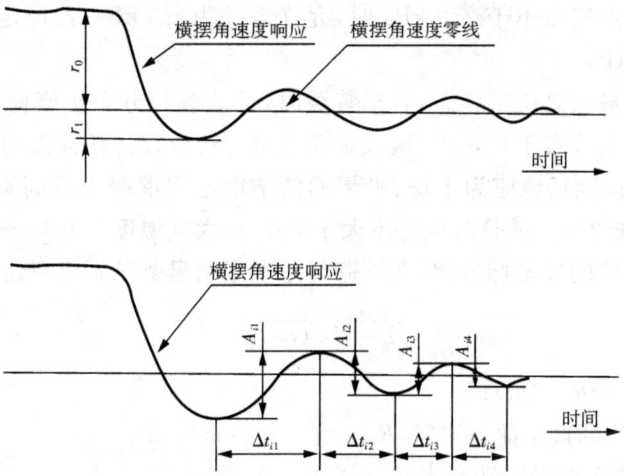

图 8-9　某收敛型横摆角速度的典型时间历程曲线

将 3 次试验结果的平均值作为横摆角速度相对阻尼系数均值，横摆角速度响应总方差用下式计算：

$$E_{ij}=\left[\sum_{j=0}^{n}\left(\frac{r_{ij}}{r_{oi}}\right)^2-0.5\right]\Delta t \tag{8-12}$$

式中：E_{ij}——第 i 次试验时横摆角速度总方差(s)；

r_{ij}——横摆角速度响应时间历程曲线瞬时值(°/s)；

r_{oi}——横摆角速度响应初始值(°/s)；

n——采样点数，一般按 $n\Delta t=3$s 来选取；

Δt——采样时间间隔，一般不大于 0.2 s。

将 3 次试验结果的平均值作为横摆角速度总方差均值。

在试验报告中，记录上述性能指标，并绘出向左转及向右转各 3 次试验的横摆角速度时间历程曲线(低、高速回正性能试验的分别画出)。

六、转向轻便性试验

本试验方法通过测定轿车、客车、载货汽车及越野汽车在低速大转角时的转向轻便性，评价驾驶员操纵汽车转向盘的轻重程度。测量的变量有转向盘转角、转向盘作用力矩、汽车前进车速和转向盘直径，其转向盘中间位置的自由行程应不大于±10°，

1. 试验规程

(1)试验准备

① 车辆准备　试验汽车应是按厂方规定装备齐全的汽车，试验前应测量车轮定位参数，并对转向系、悬挂系进行检查、调整和紧固，按规定进行润滑。只有认定试验汽车已符合厂方规定的技术条件时，才能进行试验。

试验车所用的轮胎和轮辋型式及尺寸，必须符合厂方规定。轮胎气压力须符合该车技术条件的规定，若规定气压小于 250 kPa 时，允许偏差为±5 kPa；若规定气压大于 250 kPa 时，允许偏差为±2 kPa。

试验时，汽车为最大总质量状态，客车装载时，其装载物分布于座椅和地板上。货车装载时，其装载物应均匀分布于货箱内，最大轴荷质量应符合设计任务书的规定。

② 场地准备　试验场地应为干燥、平坦而清洁的水泥混凝土或沥青铺装的路面，任意方向上的坡度不大于 2%。试验时风速不大于 5 m/s，大气温度在 0 ℃～40 ℃范围内。

试验前，按双纽线的极坐标方程，在试验场地上用明显颜色画出双纽线轨迹，其方程为

$$L=d\sqrt{\cos 2\varphi} \tag{8-13}$$

式中：d——系数，$d=3R_{\min}$(m)；

$R_{\min}$——双纽线的最小曲率半径，$R_{\min}=1.1r_{\min}$(m)；

$r_{\min}$——试验汽车的最小转弯半径(m)。

在双纽线最宽处、顶点和中点(即结点)的路径两侧各放置两个标桩，共计放置 16 个标桩，如图 8-10 所示。标桩与试验路径中心线的距离为车宽的一半加 50 cm，或转弯通道圆宽的一半加 50 cm。

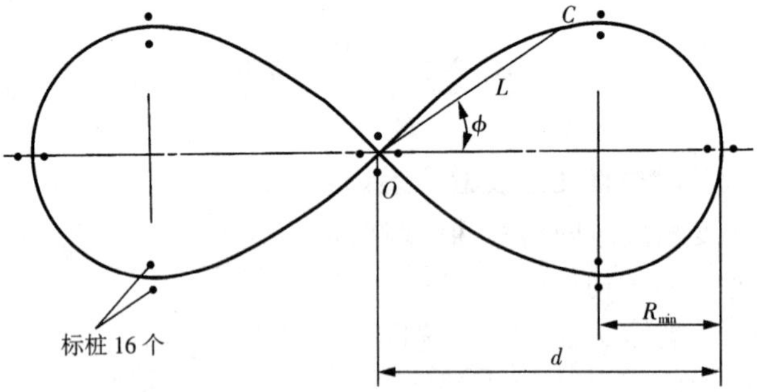

图 8-10　双纽线试验场地示意图

(2)试验过程

试验时，接通仪器电源，使之预热到正常工作温度。驾驶员可操纵汽车沿双纽线路径行驶若干周，以熟悉路径和相应操作。随后，使汽车沿双纽线中点 O 的切线方向作直线滑行，并停车于 O 处。松开转向盘，记录转向盘中间位置及作用力矩的零线。

驾驶员操纵转向盘使汽车以(10±2)km/h 的车速沿双纽线路径行驶，待车速稳定后，开始记录转向盘转角及作用力矩，并记录行驶车速作为监督参数。汽车绕双纽线行驶 1 周回到起始位置，即完成 1 次试验，全部试验应进行 3 次。在测量记录过程中，驾驶员应保持车速稳定和平稳地转动转向盘，并且不准撞倒标桩。

2. 试验数据处理

如图 8－11 所示，根据记录的转向盘转角及作用力矩，按双纽线路径每 1 周整理成 $M-\theta$ 关系曲线，或者直接采用计算机采样所得的转向盘转角及作用力矩，确定出各项汽车转向轻便性的参数。

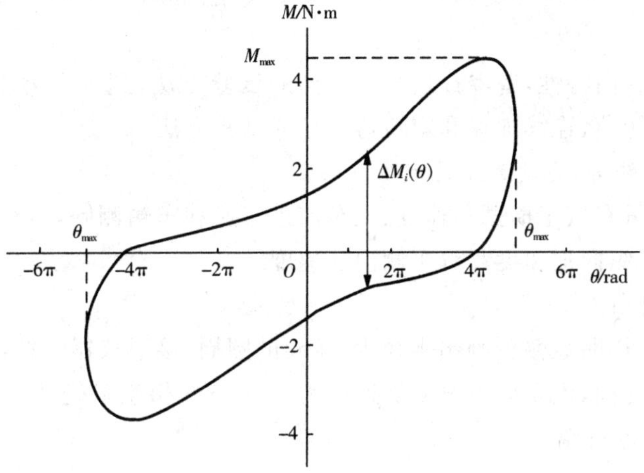

图 8－11　M－θ 关系曲线示意图

(1)转向盘最大作用力矩均值 $\overline{M}_{max}$

即 3 次试验的转向盘最大作用力矩的算术平均值，单位为 N·m。

(2)转向盘最大作用力均值 $\overline{F}_{max}$

$$\overline{F}_{max}=\frac{2\overline{M}_{max}}{D} \tag{8-14}$$

式中：D——试验汽车原有转向盘的直径(m)。

(3)绕双纽线路径每一周的作用功 W_i

$$W_i=\left[\int_{-\theta_{maxi}}^{+\theta_{maxi}}\left|\Delta M_i(\theta)\right|d\theta\right]/57.3 \tag{8-15}$$

式中：$\Delta M_i(\theta)$——绕双纽线轨迹行驶第 i 周中的随转向盘转角变化的转向盘往返力矩之差(N·m)；

θ_{maxi}——绕双纽线轨迹行驶第 i 周的转向盘向左、向右最大转角(rad)。

将 3 次试验的转向盘作用功的算术平均值作为转向盘作用功均值 W。

(4)绕双纽线轨迹行驶每一周的转向盘平均摩擦力矩 $\overline{M}_{swi}$

$$\overline{M}_{swi}=\frac{W_i}{\left|+\theta_{maxi}\right|+\left|-\theta_{maxi}\right|} \tag{8-16}$$

将 3 次试验的转向盘平均摩擦力矩的算术平均值作为转向盘平均力矩 $\overline{M}_{sw}$。

(5)转向盘摩擦力 $\overline{F}_{swi}$

$$\overline{F}_{swi}=\frac{2\overline{M}_{swi}}{D} \tag{8-17}$$

将 3 次试验的转向盘摩擦力的算术平均值作为转向盘平均摩擦力 $\overline{F}_{sw}$。

七、稳态回转试验

稳态转向特性决定了汽车作为一个动力学系统在转向输入下是否稳定，本试验通过测定汽车运动的稳态响应，共同评价轿车、客车、载货汽车及越野汽车等车型的操纵稳定性。我国国家标准中，明确规定稳态回转试验不及格的车辆，其操纵稳定性的总评价为不及格。

对汽车的稳态转向特性，曾经提过多种多样的试验方法，到现在为止，得到普遍应用的有采用固定转向盘转角、连续加速和定转弯半径的试验方法。

1. 固定转向盘转角，连续加速的试验方法

必须测量的变量有汽车横摆角速度、汽车前进车速和车箱侧倾角，希望测量的变量有汽车重心侧偏角、汽车纵向加速度和汽车侧向加速度。

(1)试验前的准备

在试验场地上，用明显颜色画出半径为 15 m 的圆周，接通仪器电源，使之预热到正常工作温度。试验开始之前，汽车应以侧向加速度为 3 m/s^2 的相应车速，沿半径为 15 m 的圆周行驶 500 m，以使轮胎升温。

(2)试验过程

驾驶员操纵汽车以最低稳定速度沿所画圆周行驶，待车速传感器(或第五车轮)尽可能对准地面所画圆周时，固定转向盘不动，停车并开始记录各变量的零线。

接着，汽车起步，缓缓连续而均匀地加速(纵向加速度不能超过 0.25 m/s^2)，直到汽车的侧向加速度达到 6.5 m/s^2(或汽车出现不稳定状态)为止。

试验车辆的运行轨迹如图 8-12 所示，记录整个过程。试验按向左转和向右转两个方向进行，每个方向试验 3 次，每次试验开始时车身应处于正中位置。

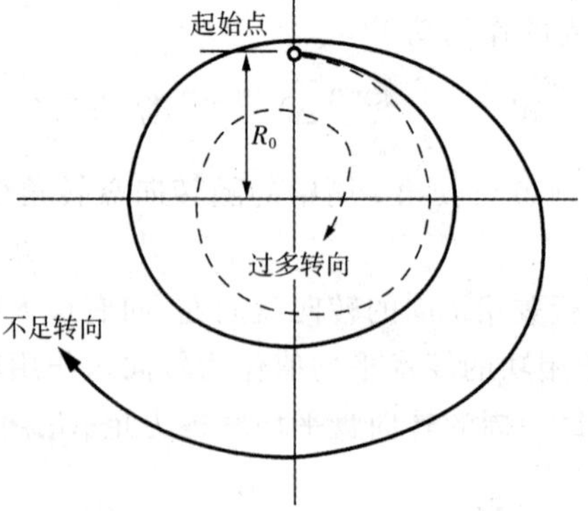

图 8-12　固定转向盘转角连续加速的试验车辆的运行轨迹

(3)试验数据处理

根据试验数据，处理出以下关系曲线和参数。

① 转弯半径比 R_i/R_0 与侧向加速度 a_y 关系曲线。根据记录的横摆角速度及汽车前进车速，计算各点的转弯半径及侧向加速度，即

$$R_i = v_i / r_i \tag{8-18}$$

$$a_y = v_i r_i \tag{8-19}$$

式中：v_i——第 i 点前进车速(m/s)；

r_i——第 i 点横摆角速度(rad/s)；

R_i——第 i 点转弯半径(m)；

a_y——第 i 点侧向加速度(m/s^2)；

n——采样点数，$i=1,2,\cdots,n$。

进而算出各点的转弯半径比 R_i/R_0(R_0 为初始半径)，根据计算结果，绘出向左转和向右转两个方向的 $R_i/R_0 - a_y$ 曲线。

② 汽车前后轴侧偏角差值($\delta_1-\delta_2$)与侧向加速度 a_y 关系曲线。对于两轴汽车，可根据 $R_i/R_0 - a_y$ 曲线上各点的转弯半径 R_i 求出($\delta_1-\delta_2$)$-a_y$ 曲线。为了计算及阅读方便，在数据处理时，各变量可不严格按坐标系规定，即左转及右转均取为正。汽车稳态回转时，($\delta_1-\delta_2$)用下式计算：

$$\delta_1-\delta_2 = 57.3L\left(\frac{1}{R_0}-\frac{1}{R_i}\right) \tag{8-20}$$

式中：δ_1、δ_2——前、后轴侧偏角(°)；

L——汽车轴距(m)。

③ 根据记录的车箱侧倾角 φ 和侧向加速度 a_y，整理出车箱侧倾角 φ 与侧向加速度 a_y 的 $\varphi-a_y$ 关系曲线。

④ 根据以上各关系曲线，整理出中性转向点的侧向加速度 a_n、不足转向度 U 和车身侧倾度 K_φ 三个参数。

其中，中性转向点的侧向加速度 a_n 定义为($\delta_1-\delta_2$)$-a_y$ 关系曲线上，斜率为零处的侧向加速度值。若在所试验的侧向加速度范围内，未出现中性转向点时，a_n 值可用最小二乘法，按无常数项的三次多项式拟合曲线进行推算。不足转向度 U 定义为($\delta_1-\delta_2$)$-a_y$ 关系曲线上，侧向加速度值为 2 m/s^2 处的平均斜率值。车身侧倾度 K_φ 定义为 $\varphi-a_y$ 关系曲线上，侧向加速度值为 2 m/s^2 处的平均斜率值。

2. 定转弯半径法

必须测量的变量有转向盘转角、汽车横摆角速度和汽车前进车速；希望测量的变量有车箱侧倾角、汽车重心侧偏角和汽车重心侧向加速度。

(1)试验准备

在试验场地上，用明显颜色画出半径为 30 m 的圆弧形试验路径，如图 8-13 所示，路径两侧沿圆弧中心线每隔 5 m 放置标桩，以形成通道，通道宽度等于车宽加 B，如表 8-3 所示。

表 8-3　定转弯半径试验方法的标桩距离 B　(m)

试验汽车轴距	标桩距离
≤2.5	0.6
>2.5,≤4.0	1.0
>4.0	1.4

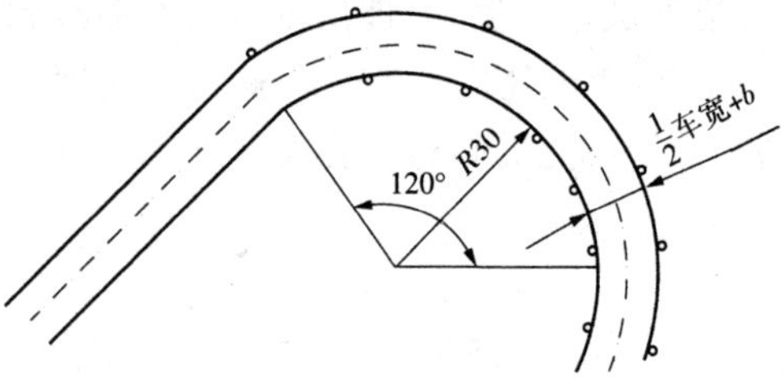

图 8-13　定转弯半径试验场地示意图

(2)试验过程

试验时,汽车以最低稳定车速行驶,调整转向盘转角,使汽车能沿圆弧行驶,在进入圆弧路径并达到稳定状态后开始记录,保持节气门和转向盘位置在 3 s 内不动后停止记录。汽车通过试验路径时,如撞倒标桩,则试验无效。增加车速,但侧向加速度增量每次不大于 0.5 m/s^2。重复上述试验,直至做到侧向加速度达到 6.5 m/s^2. 或汽车出现不稳定状态时为止。

(3)试验数据处理

根据试验数据,处理出以下关系曲线和参数。

① 侧向加速度 a_y 可用加速度计直接测出,也可用横摆角速度 r 乘以汽车前进车速 v,或用前进车速的平方除以圆弧路径中心线的半径计算。当用加速度计测量时,加速度计的输出轴应与汽车纵轴线垂直。如果加速度计的输出包括有车箱侧倾角 φ 的作用,则应按所记录的加速度值减去 $g\sin\varphi$ 加以修正(g 为重力加速度)。

② 根据记录的转向盘转角 θ 与侧向加速度 a_y 绘出 $\theta—a_y$ 曲线。

③ 根据记录的车箱侧倾角 φ 与侧向加速度 a_y 绘出 $\varphi—a_y$ 曲线。

④ 根据记录的汽车重心侧偏角 β 与侧向加速度 a_y 绘出 $\beta—a_y$ 曲线。

⑤ 根据转向盘转角 θ 与侧向加速度 a_y 曲线,按下式转换成$(\delta_1-\delta_2)—a_y$ 曲线:

$$\delta_1-\delta_2=\frac{L}{R}\left(\frac{\theta_i}{\theta_0}-1\right) \tag{8-21}$$

式中:δ_1、δ_2——汽车前、后轴侧偏角(°);

θ_0——汽车以最低稳定速度通过圆弧路径时转向盘转角(°);

θ_i——汽车以某一车速(即以某一侧向加速度)通过圆弧路径时转向盘转角(°);

L——汽车轴距(m);

R——圆弧路径的半径,$R=30$ m。

⑥ 根据以上各关系曲线,同“固定转向盘转角,连续加速”的试验方法,整理出中性转向点的侧向加速度 a_n、不足转向度 U 和车身侧倾度 K_φ 3 个参数。

第三节　试验仪器及设备

汽车操纵稳定性路上试验时常用的仪器有第五轮仪或非接触车速仪,用以测定车速和时间;转向盘测力仪用以测量转向盘作用转矩及转角;加速度计用以测定汽车作曲线行驶时的侧向和纵向加速度；角速度陀螺仪又称二自由度陀螺仪，用以测定汽车横摆角速度；垂直陀螺仪又称三自由度陀螺仪，用以测定汽车车身侧倾角和俯仰角。记录和处理仪器一般有磁带记录仪、车辆动态测试仪或操纵稳定性现场数据处理系统。

一、转向盘测力仪

转向盘测力仪用于测定施加在转向盘上的力矩和转角，转角量程一般为±1 080°，力矩为±1 000 N·m。这种仪器的测力元件要求有较大的扭转刚度，因转向系的力学模型本身就是质量、弹簧、阻尼系统，转向盘上装上测力仪后，测力元件被串联在转向系中，如果其扭转刚度小，则会使系统力学特性发生变化，或者说，测量汽车的运动特性会与原车不一样。

转向盘测力仪有两种形式。一种是带一个装有测力元件的副转向盘，试验前将副转向盘与被试汽车的转向盘刚性地串联在一起，试验时操纵副转向盘进行转向输入。这种结构形式的转向盘测力仪的优点是安装方便，但由于增加了一个副转向盘，相当于增大了被试汽车转向盘的转动惯量，使系统的运动特性发生改变，特别是进行力输入试验时影响更大，驾驶员操作起来亦会感到不方便。另一种转向盘测力仪不带副转向盘，它只有力传感器和角度传感器的组件，可装在原车转向盘下方。试验时，驾驶员操纵的是原车转向盘，不会产生不适感觉，也不会影响原车的动态特性。但安装传感器组件时，比前一种要复杂些。

两种形式转向盘测力仪的工作原理基本相同，转向操作力通过转向盘（或副转向盘）传递到转向盘测力仪的刚性非常高的弹簧上，用电阻应变仪等方法可测定弹簧的微小变形，从而测出转向操作力和转向力矩。

为了测出转向盘转角，通常采用弯成圆形的电位计式测角仪。正圆形的线圈电阻装在转向盘测力仪的转轴上，如图 8－14 所示，图示 $OO'O''$间通以一定的电流，另外把作为不动侧的触臂 TN 固定在转向盘转角为零的位置，圆形线圈电阻与滑动触点 N 接触，从线圈电阻的中点 M 引出导线，如果测得 NM 之间的电位差，就可求得 NM 间的角度。如果 M 与 N 重合，记录计指针的摆动则为零（即转向盘的原点）。当 M 在 N 的左侧或右侧转动，则指针将正、负连续变化。当 OO''转到 N 上时（转向盘转角±180°时），指针从正到负或从负到正不连续地变化，所以可以识别±180°点。另外，通过零点和不连续的变化点可识别±180°以上的转向盘角度。

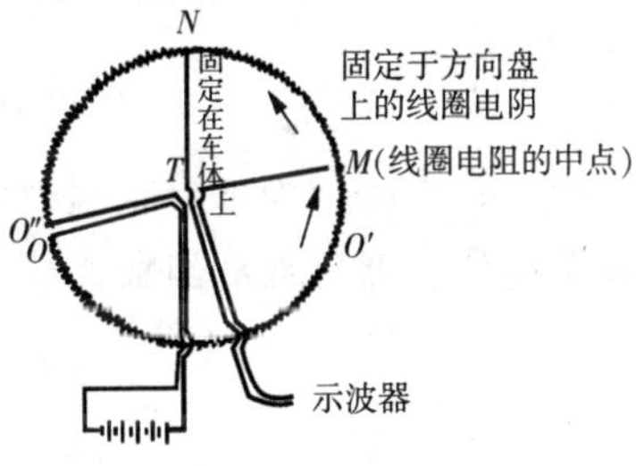

图 8－14　电位计式测角仪原理图

二、陀螺仪

“陀螺仪”是敏感角运动的一种装置，其主要组成部分是安装在框架内能绕任意轴高速旋转的转子。转子绕自转轴高速旋转而具有动量矩，当框架翻转时，转子的动量矩能使转子保持其姿态，这就是通常所称的陀螺特性。这一特性使陀螺仪在飞机、船舶等运载器的导航与惯性制导系统以及运载器测倾角、俯仰角和角速度的测量中得到了广泛应用。转子并不是陀螺仪不可缺少的部分，所有能够测量相对于惯性空间中固定坐标系角速度的仪器，都可叫陀螺仪。如20世纪80年代发展起来的激光陀螺和光纤陀螺等光学陀螺，它们基于萨格纳克(Sagnac)干涉原理，没有转子等运动部件，具有结构简单、耐冲击、寿命长、检测灵敏度和分辨率极高、启动时间极短等优点。

1. 垂直陀螺仪

垂直陀螺仪是具有保持自转轴垂直陀措施的三自由度陀螺仪，可测量车辆的侧倾角与俯仰角。

当三自由度陀螺仪的转子绕自转轴高速旋转，即具有动量矩 H 时，如果不受外力矩作用，自转轴将相对惯性空间保持方向不变，这种特性称为陀螺仪的定轴性。若在陀螺仪上施加外力矩 M，会引起陀螺仪绕着与外力矩矢量相垂直的方向转动，这种转动称为进动，其转动角速度称为进动角速度，这就是陀螺仪的进动性。如图8－15a所示，当外力矩 M 绕内框轴作用在陀螺仪上，则动量矩 H 绕外框轴相对惯性空间转动；当外力矩 M 绕外框轴作用在陀螺仪上，则动量矩 H 绕内框轴相对惯性空间转动，如图8－15b所示。三自由度陀螺仪的一个基本特性是：当动量矩为一定值时，进动角速度与外力矩成正比；当外力矩为一定值时，进动角速度与动量矩成反比；当动量矩和外力矩均为一定值时，进动角速度也保持为一定值。

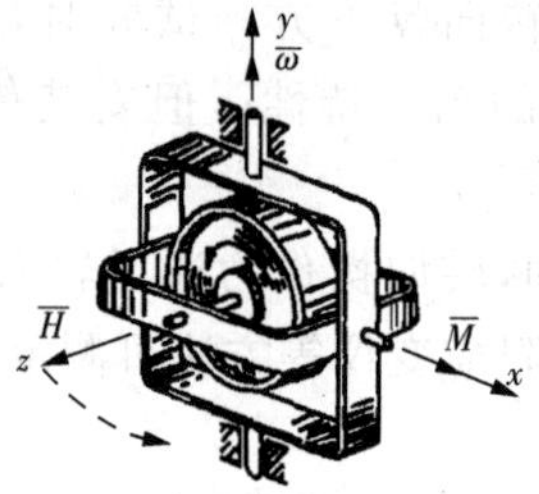

a)外力矩绕内环轴作用

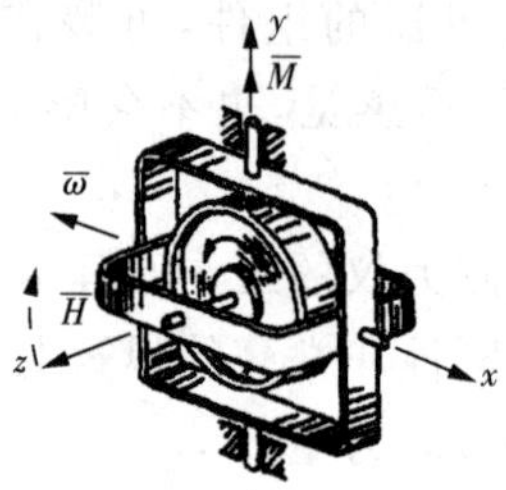

b)外力矩绕外环轴作用

图8－15　外力矩作用下陀螺仪的进动

如图8－16所示为垂直陀螺仪的结构原理，它主要由三自由度陀螺仪、修正装置和指示机构或角度传感器等部分组成。

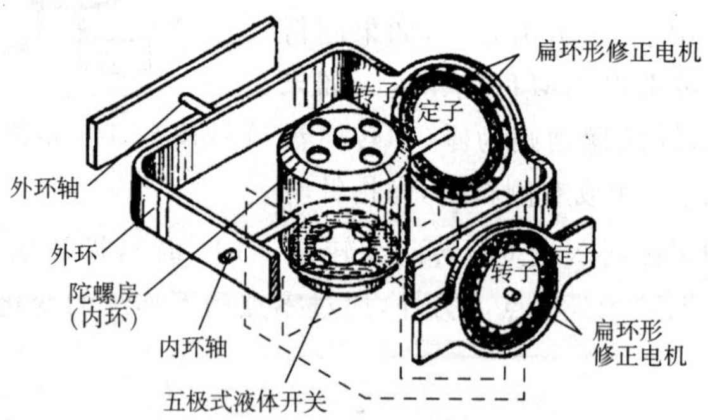

图8－16　垂直陀螺仪的结构原理图

修正装置由摆式敏感元件和力矩器组成，摆式敏感元件常用液体开关或水银开关；液体开关实为液体摆，相当于一个能够传输电信号的气泡水准仪，故其中装的是特殊导电液体并设置有电极。图中示意的液体开关为五极式，其中心电极与液体开关的壳体相连，另4个电极均布在壳体上部的圆周上，构成相互垂直的两对电极，液体开关安装在陀螺内框架的底面上。力矩器常用力矩电机，但其结构做成扁环形或弧形，以使仪表结构紧凑，两个力矩电机分别安装在陀螺内、外框轴方向。当陀螺外框轴平行于机体纵轴安装时，外框轴和内框轴方向的力矩电机分别称为纵向和横向修正力矩电机，液体开关与力矩电机的联接电路称为修正电路。

当自转轴偏离垂线时，液体开关保持水平，气泡处于中央位置，均等地盖住 4 个电极表面约一半的面积，中心电极经导电液体至四个电极的电阻相等，这时每个力矩电机中两个控制绕组所通过电流的大小相等，方向相反，因而不产生修正力矩作用在陀螺仪上。

当自转轴偏离垂线时，液体开关随之倾斜，气泡向处于高位的电极移动，中心电极经导电液体至相应一对电极中两个电极的电阻不等，这时相应的力矩电机中两个控制绕组所通过电流的大小不等，因而产生修正力矩作用在陀螺仪上，使自转轴绕框架轴进动，直到液体开关中的气泡中央位置，即自转轴回到垂线为止。利用指示机构或角度传感器测出自转轴绕框架轴的进动角度，即可得到车辆的侧倾角与俯仰角。

使用这种陀螺仪测量车身侧倾角最大的问题，是由于其自转轴不完全垂直于地面所造成的正弦波信号输出。因此，试验前应使汽车以极低的车速转圈行驶，测出由此而产生的偏差，以便在数据处理时进行修正。

使用带修正装置的三自由度陀螺仪时，试验前可以利用修正装置把陀螺仪自转轴自动修正到地垂线位置，试验时断开修正装置电路，以避免修正装置发出错误信号，例如由离心力引起的信号。但试验时间不能太长，通常可允许数分钟，否则，将会由于其他原因引起自转轴产生漂移而导致测量误差。

2. 角速度陀螺仪

角速度陀螺仪又称二自由度陀螺仪，用来测定汽车横摆角速度。角速度陀螺仪通常是刚性地安装在汽车地板上，安装时应保证其敏感轴与地垂线平行，偏差不应大于 1°。汽车在稳态转圈时，车身侧倾角对横摆角速度输出影响很小，通常可忽略不计。但在转向和制动联合作用时，则应进行修正。为使动态测试值不产生太大的相位滞后，当仪器相对阻尼系数为 0.2 时，其自振频率不应小于 50 Hz。角速度陀螺仪还应保证输入频率为 0～2.5 Hz 范围内，其输出是线性的。

二自由度陀螺仪的结构组成同三自由度陀螺仪相比，其区别是只有 1 个框架，而无内外两个框架，故相对基座而言，它少了一个转动自由度。因此，在陀螺力矩作用下，陀螺仪将绕框架轴相对基座转动并出现转角，这被称之为“强迫进动”。

如图 8－17 所示为角速度陀螺仪的原理图，它是在二自由度陀螺仪的基础上增设弹性元件、阻尼器等组成。

弹性元件也称定位弹簧，一端与框架相连，另一端与壳体相连。阻尼器常用空气阻尼器或液体阻尼器。

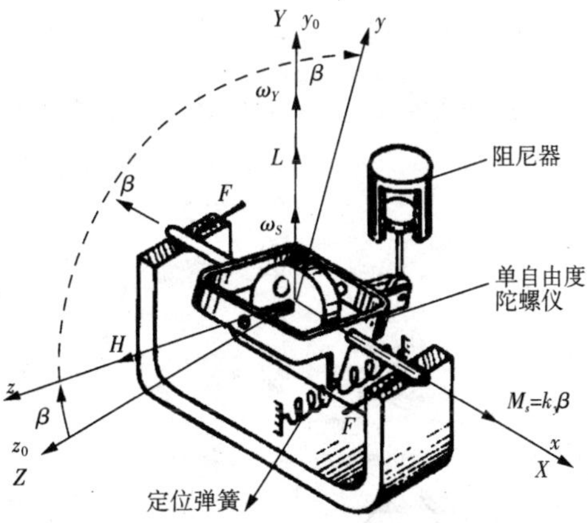

图 8－17　角速度陀螺仪的原理图

根据二自由度陀螺仪特性可知，当基座绕二自由度陀螺仪所缺少自由度的轴线方向以角速度 ω_Y 转动时，由于支承推力矩 L 的作用，使陀螺仪产生绕内环轴的进动，进动转角为 β，定位弹簧便发生弹性变形而产生绕内环轴的弹性力矩 M_s 作用在陀螺仪上。弹性力矩的方向与陀螺仪绕内环轴的偏转方向相反（图中为绕内环轴 Ox 的正向），弹性力矩的大小与陀螺仪绕内环轴的相对转角 β 大小成正比，可表达为

$$M_s = k_s \beta \tag{8-22}$$

其中，k_s 是定位弹簧的刚性系数，即在单位转角下定位弹簧所产生的弹性力矩，其单位常用 g · cm/rad 表示。

当基座转动的方向改变为相反方向时，陀螺仪绕内环轴的进动方向也随之改变，因此测量出陀螺仪绕内环轴转角 β 的大小和方向。

思考与练习

8-1　车辆操纵稳定性的道路试验项目通常有哪些？

8-2　蛇行试验测量的变量主要有哪些？所用的测量仪器主要有哪些？并简述试验过程。

8-3　名词解释。

(1)蛇行车速；

(2)横摆角速度响应时间；

(3)侧向加速度响应时间；

(4)稳定时间；

(5)残留横摆角速度。

8-4　简述转向回正性能试验的目的和低速回正性能试验过程。

8-5　转向轻便性试验测量的变量主要有哪些？

8-6　稳态回转试验有哪两种试验方法？

8-7　陀螺仪的基本特性有哪些？分别简述垂直陀螺仪和角速度陀螺仪的工作原理。

8-8　汽车操纵稳定性道路试验的基本试验条件有哪些？

第九章　汽车平顺性试验

内容提要：本章主要介绍汽车悬挂系统特性参数的检测原理、方法，平顺性道路试验方法，道路模拟试验机结构与试验方法。

汽车平顺性主要是指保持汽车在行驶过程中产生的振动和冲击环境，对乘员舒适性的影响在一定界限之内的性能，对于载货汽车还包括保持货物完好的性能，它是现代高速汽车的主要性能之一。进行平顺性试验的目的是根据乘员主观感觉的舒适性来评价被检车辆的平顺性，同时，通过试验发现它们在平顺性方面存在的问题，探索产生问题的原因，然后在此基础上采取改进措施，使平顺性达到设计要求。

第一节　汽车悬挂系统的特性参数测定

一、汽车悬挂系统刚度、阻尼和惯性参数的测定

1. 悬挂的振动系统构成

汽车在不平路面上行驶时所引起的振动，经过由轮胎、悬架、座垫等弹性、阻尼元件和悬挂质量、非悬挂质量所构成的振动系统，传递到悬挂质量和人身，影响汽车的乘坐舒适性。

(1)弹性元件为轮胎、悬架、座垫；

(2)阻尼元件为阻尼器(减振器)；

(3)质量元件为悬挂质量(车身部分质量)、非悬挂质量(车轮部分质量)。

这种振动能量的输出与汽车悬挂系统固有频率和阻尼比有直接的关系，其大小对汽车的振动特性有很大的影响，是评价汽车平顺性的基本参数。

2. 汽车悬挂系统刚度、阻尼和惯性参数的测定

通过测定轮胎、悬架、座垫的弹性特性(载荷与变形的关系曲线)，可以求出在规定载荷下轮胎、悬架、座垫的刚度。由加、卸载曲线包围的面积，可以确定这些元件的阻尼，由减振器的示功图(即阻力与位移关系曲线)可以得到减振器的阻力系数。

另外还要测量簧载(车身)质量、非簧载(车轮)质量、车身质量分配系数等振动系统惯性方面的参数，通常用称量方法直接测定簧载或非簧载质量是不现实的，因为这需要拆卸汽车。由于许多零件质量是在悬挂部分和非悬挂部分间进行分配的(如弹性元件、转向操作柱杆等)，所以即使拆卸了测定，也只能近似地得到簧载或非簧载质量值，通常采用一种不需拆卸汽车悬架而能测出簧载或非簧载质量的动力试验方法。

因现代汽车的质量分配系数可近似地认为$\varepsilon=1$，这样前后悬挂系统的垂直振动几乎是独立的，于是可得到两自由度汽车简化模型，如图 9－1 所示。

图中m_2为簧载质量，m_1为非簧载质量，K为悬挂弹簧刚度，K_t为轮胎刚度，C为阻尼器阻力系数。其运动微分方程为

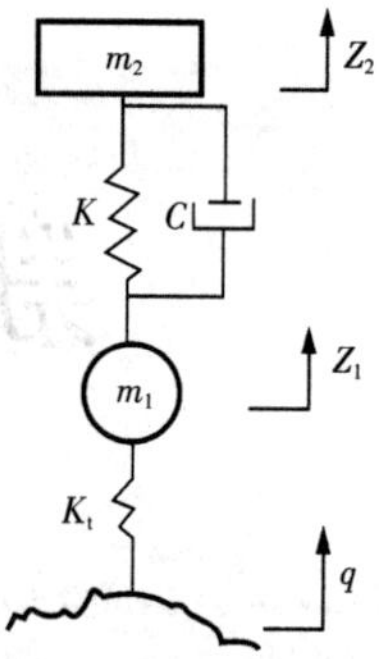

图 9－1　两自由度汽车简化模型

$$m_2\ddot{Z}_2+C(\ddot{Z}_2-\ddot{Z}_1)+K(Z_2-Z_1)=0$$

$$m_1\ddot{Z}_1+C(\ddot{Z}_1-\ddot{Z}_2)+K(Z_1-Z_2)+K_tZ_1=K_tq \tag{9-1}$$

当无阻尼自由振动时，运动方程变成

$$m_2\ddot{Z}_2+KZ_2-KZ_1=0$$

$$m_1\ddot{Z}_1-KZ_2+KZ_1+K_tZ_1=0 \tag{9-2}$$

可见m_2与m_1的振动是互相耦合的。

当m_1不动，即$Z_1=0$时，得

$$m_2\ddot{Z}_2+KZ_2=0 \tag{9-3}$$

相当于只有车身质量m_2的单自由度无阻尼自由振动，其固有频率为

$$\omega_0^2=K/m_2 \tag{9-4}$$

若将辅加质量Δm加于簧载质量上，则可得到新的频率值，即

$$\omega_\Delta^2=K/(m_2+\Delta m) \tag{9-5}$$

将(9－5)式除以(9－4)式，并整理得

$$m_2=\frac{\Delta m}{\omega_0^2/\omega_\Delta^2-1} \tag{9-6}$$

利用偏频试验方法测定ω_0、ω_Δ后，即可求出m_2值。因为簧载质量与非簧载质量之和即为汽车空车质量，因此非簧载质量也可计算出。

二、悬挂系统部分固有频率和阻尼比的测定试验

1. 试验内容（本试验也称偏频试验）

(1)测定车身部分（簧载质量或悬挂质量）的固有频率和阻尼比；

(2)测定车轮部分（非簧载质量或非悬挂质量）固有频率。

这 3 个参数是分析悬挂系统振动特性和对汽车平顺性进行研究和评价的基本数据，这种试验适用于各种类型双轴汽车悬挂系统的固有频率和阻尼比测定。

2. 试验条件

(1)试验在汽车满载时进行，根据需要也可补做空载时的试验，试验前称量汽车总质量及前、后轴的质量。

(2)悬挂弹性元件、减振器和缓冲块应符合技术条件规定，根据需要可补充拆下减振器和拆下缓冲块的试验。

(3)轮胎花纹完好，轮胎气压符合技术条件所规定的数值。

(4)振动传感器装在前、后轴和其上方车身或车架相应的位置上，测量仪器的频率范围应能满足 0.3～100 Hz 的要求。

3. 试验时使汽车悬挂系统产生自由衰减振动的方法

(1)滚下法

将汽车测试端的车轮，沿斜坡驶上凸块(横向宽度要保证车轮全部置于凸块上)，在熄火停车后，汽车挂空挡，再将汽车从凸块上推下，滚下时应尽量保证左、右轮同时落地，凸块断面如图 9-2 所示。

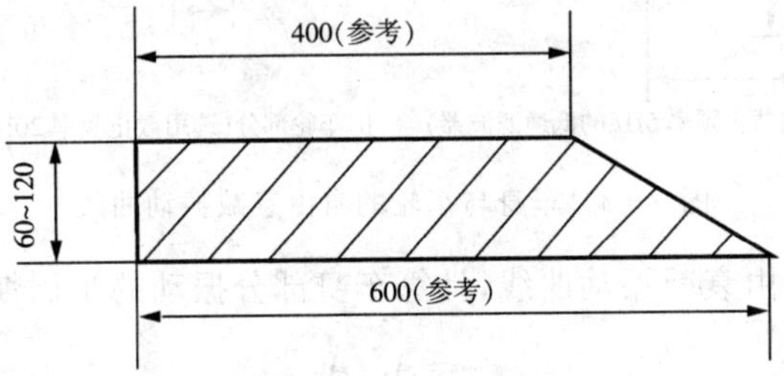

图 9-2　凸块断面图

(2)抛下法

用跌落机构将汽车测试端车轴中部由平衡位置支起 60 mm 或 90 mm，然后跌落机构释放，汽车测试端突然抛下。

(3)拉下法

用绳索和滑轮装置将汽车测试端车轴附近的车身或车架中部由平衡位置拉下 60 mm 或 90 mm，然后用松脱器使绳索突然松脱。

试验时，凸块高度、支起高度或下拉的位移量的选择，要保证悬挂在压缩行程时不碰撞限位块，又要保证振动幅值足够大。

4. 试验过程

首先使汽车悬挂系统产生自由衰减振动，然后用记录仪记录车身和车轴上自由衰减振动的时间历程，如图 9-3 所示。每次记录时间不少于 3 s，保证衰减振动曲线完整，共记录 3～5次。试验时，非测试端悬挂一般不用卡死以限制其振动。在汽车前、后端振动相互联系较强时，非测试端悬挂要卡死，但要在报告中注明。

5. 数据处理

数据处理可在时域和频域内分别进行，具体处理时可选择其中一种。

(1)时间历程法

由记录得到的车身及车轴上自由衰减振动曲线，如图 9-3 所示。与时标比较或在信号处理机上读出时间间隔，可以得到车身部分振动周期 T 和车轮部分振动周期 T'，然后按下式算出各部分的固有频率，即

$$f_0=1/T \tag{9-7}$$

$$f_t = 1/T' \tag{9-8}$$

式中：f_0——车身部分固有频率(Hz)；

T——车身部分振动周期(s)；

f_t——车轮部分固有频卒(Hz)；

T'——车轮部分振动周期(s)。

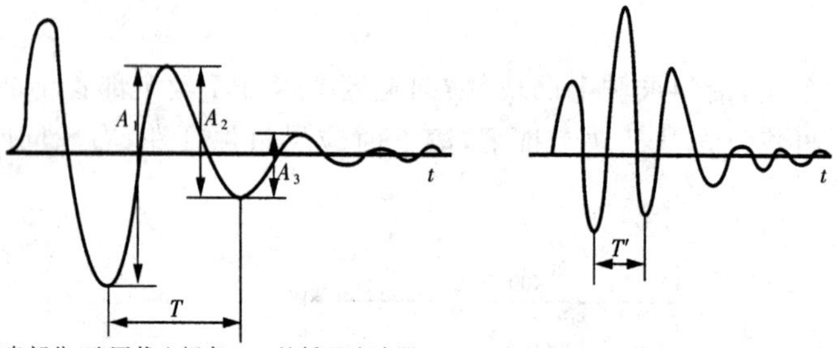

a)车身部分(选用截止频率 5Hz 的低通滤波器)　b)车轮部分(选用截止频率 20Hz 的低通滤波器)

图 9-3　车身与车轮的自由衰减振动曲线

利用试验获得的自由衰减振动曲线，计算车身部分振动的半周期衰减率 τ，即

$$\tau = A_1/A_2 \tag{9-9}$$

式中：A_1——自由衰减振动曲线上第 2 个峰至第 3 个峰的峰-峰值；

A_2——自由衰减振动曲线上第 3 个峰至第 4 个峰的峰-峰值。

然后求出阻尼比 ζ，即

$$\zeta = \frac{1}{\sqrt{1+\frac{\pi^2}{\ln^2\tau}}} \tag{9-10}$$

当阻尼较小时，A_1 与 A_2 相比没有突然减小，可先求出衰减率 τ'，即

$$\tau' = A_1/A_3 \tag{9-11}$$

式中：A_3——自由衰减振动曲线上第 4 个峰至第 5 个峰的峰-峰值。

按下式计算阻尼比：

$$\zeta = \frac{1}{\sqrt{1+\frac{4\pi^2}{\ln^2\tau'}}} \tag{9-12}$$

(2)频率分析法

用记录仪记录车身与车轮上自由衰减振动的加速度信号 $\ddot{Z}_2(t)$ 和 $\ddot{Z}_1(t)$，然后在信号处理机上进行频率分析，处理出车身部分与车轮部分的加速度均方根自谱，如图 9-4 所示。处理时可用截止频率 20 Hz 进行低通滤波，采样时间间隔 Δt 取 20 ms，频率分辨率 Δf = 0.05 Hz。

其中，车身部分加速度均方根自谱的峰值频率即为车身部分固有频率 f_0，车轮部分加速度均方根自谱的峰值频率为车轮部分固有频率 f_t。

以车轴上加速度信号 $\ddot{Z}_1(t)$ 为输入，车身上加速度信号 $\ddot{Z}_2(t)$ 为输出，进行频率响应函数处理得到幅频特性 $|\ddot{Z}_2/\ddot{Z}_1|$（如图 9－4 所示）。处理时采样时间间隔 Δt 取 5 ms，幅频特性的峰值频率为车轮部分不运动时的车身部分的固有频率 f'_0，它比车身部分的固有频率 f_0 高。

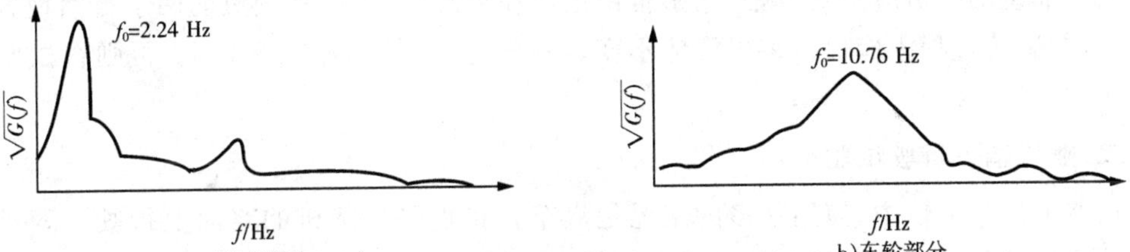

a)车身部分　　b)车轮部分

图 9－4　加速度均方根自谱

以汽车加速度为输入，以车身加速度为输出，处理频率响应函数，其幅频特性的峰值频率略高于车身固有频率。幅频特性曲线，如图 9－5 所示。

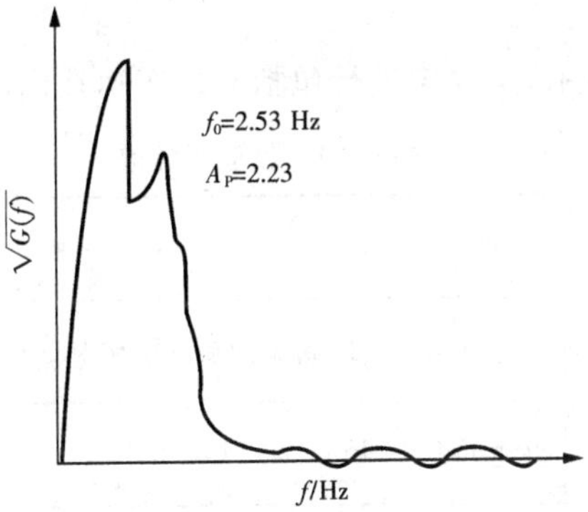

图 9－5　幅频特性曲线

由幅频特性的峰值 A_P，可以近似地计算出阻尼比，即

$$\zeta=\frac{1}{2\sqrt{A_P^2-1}} \tag{9-13}$$

第二节　道路行驶试验

一、基本试验条件

根据试验内容要求，汽车平顺性道路行驶试验可在相当于二级公路或次高级路面的水泥或沥青路以及相当于三级公路或中级路面的砂石路的两种道路上进行，路面应平直、干燥，纵坡不大于 1%，长度不小于 3 km，两端应有 30～50 m 的稳速段，风速不大于 5 m/s。

汽车各总成、部件、附件及附属装置（包括随车工具与备胎）必须按规定装备齐全，并装在规定的位置上。调整状况应符合该车技术条件的规定，轮胎气压应符合汽车技术条件的规定，误差不超过±10 kPa。

试验在额定满载的条件下进行，根据需要可增作半载或空载条件下的试验。测试部位的载荷应为身高(1.70±0.05)m、体重为(65±5)kg的真人，非测试部位的载荷可以用65 kg重的砂袋代替，汽车载荷应均匀分布，并安放牢固。

测试部位的乘员应全身放松，两手自由地放在大腿上，其中驾驶员的两手自然地置于方向盘上，在试验过程中应保持乘坐姿势不变。一般地，乘员不靠在靠背上，否则在试验报告中应注明。

二、随机输入行驶试验

在整个汽车运输中，使用最多的工况是汽车在接近平稳随机的路面上行驶。随机输入行驶试验就是采用平稳随机振动的研究方法，通过测定汽车在随机不平路面上行驶时的振动对乘员及货物的影响，评价轿车、客车和货车的平顺性。

1. 试验要求

(1)频响范围

测人—椅系统仪器的频响范围应为0.1～100 Hz，测货厢的应为0.3～500 Hz。

(2)试验车速

试验车速如表9-1所示，至少应进行包括常用车速在内的3个车速下的试验。

表9-1 试验车速表

车　型	道　路	试验车速
M类车辆	良好路面	40 km/h——最高车速(每隔10 km/h或20 km/h选取一种车速)
	一般路面	40 km/h,50 km/h,60 km/h,70 km/h
N类车辆	良好路面	40 km/h——最高车速(每隔10 km/h或20 km/h选取一种车速)
	一般路面	30 km/h,40 km/h,50 km/h,60 km/h

(3)加速度传感器的安装位置

① 轿车的左侧前排和后排座椅上；

② 客车的驾驶员座椅、后轴上方座椅和最后排座椅上；

③ 货车的驾驶员座椅上，车厢底板中心及距车厢边板、车厢后板各300 mm处。其中，安装在座椅上的加速度传感器应能测纵向和横向(前后方向和左右方向)3个方向的加速度时间历程。

传感器应与人体紧密接触，一般在人体与座椅间放入安装传感器的垫盘，如图9-6所示。

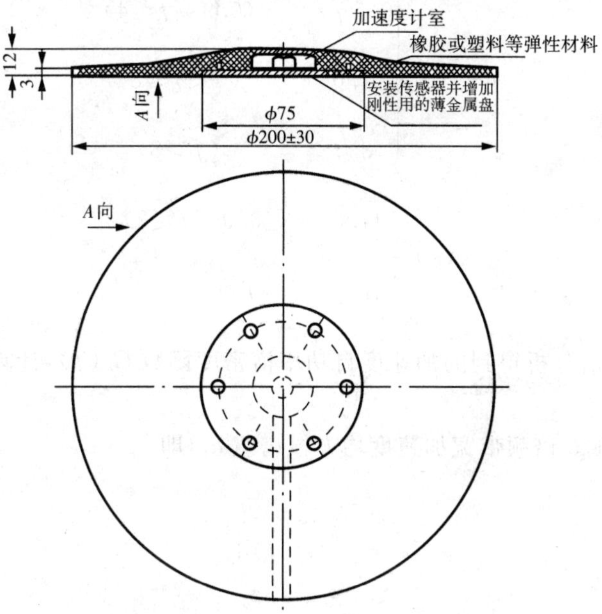

图 9－6　安装传感器用垫盘的结构图

2. 试验过程

试验时，汽车在稳速段内以规定的车速稳定行驶，然后以该稳定车速匀速地驶过试验路段，记录各测量点的加速度时间历程（样本记录长度不小于 3 min）和平均行驶车速。

3. 试验数据处理

处理试验数据时，对人-椅系统推荐采用下列参数：截断频率 $f_c=100$ Hz；采样时间间隔 $\Delta t=0.005$ s；分辨带宽 $\Delta f=0.1953$ Hz；独立样本个数 $q\geqslant25$；使用窗函数。对车厢，建议截断频率 $f_c=500$ Hz，其他参数亦可作相应改变。

对于人体振动的评价仅用总加权加速度均方根值 a_v，对于车厢底板及车轴上可采用该处的加速度均方根值和加速度功率谱密度函数来共同评价。

加速度功率谱密度函数是根据记录的加速度时间历程 $a(t)$，由等带宽频谱分析得到。而加权加速度均方根值 a_v 是按振动方向，根据人体对振动频率的敏感程度而进行计算的。具体计算方法是先分别计算出各振动轴向的加权加速度均方根值 a_{wj}，再计算总的加权加速度均方根值。

(1)单轴向加权加速度均方根值 a_{wj} 的计算

① 对记录的加速度时间历程 $a_j(t)$，通过相应频率加权函数 $w(f)$ 的滤波网络得到加权加速度历程 $a_{wj}(t)$，再按下式计算加权加速度均方根值 a_{wj}：

$$a_{wj}=\left[\frac{1}{T}\int_0^T a_{wj}^2(t)\mathrm{d}t\right]^{1/2} \tag{9-14}$$

式中：T——振动的分析时间，一般取 120 s。

频率加权函数 $w(f)$ 可用以下公式表示，即

Z 轴向：

$$w(f)=\begin{cases}0.5\sqrt{f} & (0.9<f\leqslant 4)\\ 1.0 & (4<f\leqslant 8)\\ 8/f & (f>8)\end{cases} \tag{9-15}$$

X、Y 轴向：

$$w(f)=\begin{cases}1.0 & (0.9<f\leqslant 2)\\ 2/f & (f>2)\end{cases} \tag{9-16}$$

② 由等带宽频谱分析得到的加速度自功率谱密度函数 $G_a(f)$，计算加权加速度均方根值 a_{wj}。

先按下式计算 1/3 倍频带宽加速度均方根谱值 a_j，即

$$a_j=\left[\int_{f_{lj}}^{f_{uj}} G_a(f)\mathrm{d}f\right]^{1/2} \tag{9-17}$$

式中：f_{uj}、f_{lj}——分别是 1/3 倍频带的中心频率为 f_j 的上下限(Hz)。

然后计算各轴向加权加速度均方根值 a_{wj}：

$$a_{wj}=\left[\sum (W_j a_j)^2\right]^{1/2} \tag{9-18}$$

式中：w_j——第 j 个 1/3 倍频带的频率加权函数。

(2)3 个方向总的加权加速度均方根值 a_{wo}

$$a_{wo}=\sqrt{(1.4a_{xw})^2+(1.4a_{yw})^2+a_{zw}^2} \tag{9-19}$$

式中：a_{xw}——前后方向(即 x 轴向)的加权加速度均方根值($\mathrm{m/s^2}$)；

a_{yw}——左右方向(即 y 轴向)的加权加速度均方根值($\mathrm{m/s^2}$)；

a_{zw}——垂直方向(即 z 轴向)的加权加速度均方根值($\mathrm{m/s^2}$)。

有些“人体振动测量仪”采用加权振级 L_{aw}，计算公式如下：

$$L_{aw}=20\lg(a_w/a_0) \tag{9-20}$$

式中：a_0——参考加速度均方根值，$a_0=10^{-6}\ \mathrm{m/s^2}$

三、脉冲输入行驶试验

汽车在公路上行驶时，有时会遇到石块、凹坑、铺装在路面上的管道等障碍物，这些障碍物使路面对汽车的振动输入突然增大。这种脉冲输入虽然出现次数少，作用时间短，但是，立刻会使乘员感到不舒服，严重时会损害乘员的健康或者使运输的货物遭到破坏。脉冲输入行驶试验就是从汽车驶过单凸块时的冲击对乘员及货物影响的角度，研究汽车振动的这一极端状况。

本试验是测定汽车行驶单凸块时，对乘员及货物形成的冲击响应，用来评价汽车的平顺性，这种试验适用于轿车、客车、载货汽车及越野汽车。

1. 测试准备

如图 9－7 所示，模拟汽车行驶时遇到的障碍物，一般采用木质材料，外包铁皮的单凸块作为脉冲输入。单凸块有三角形（如图 9－7a 所示）、长坡形（如图 9－7b 所示）两种形状。凸块的宽度 B 按需要而定，但必须大于轮宽。通常只作三角形凸块的试验，根据需要也可作长坡形凸块的试验。

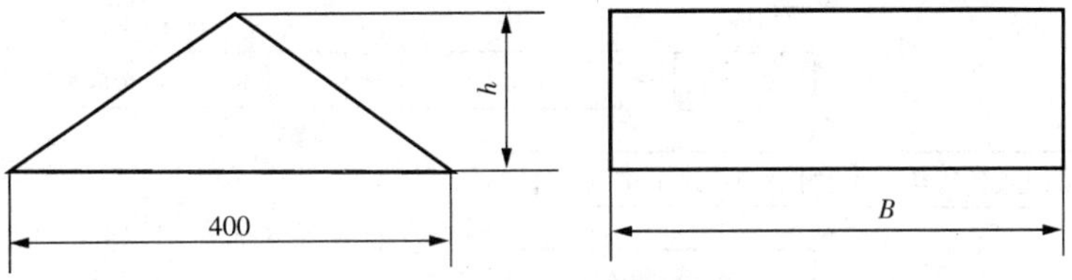

a)三角形凸块

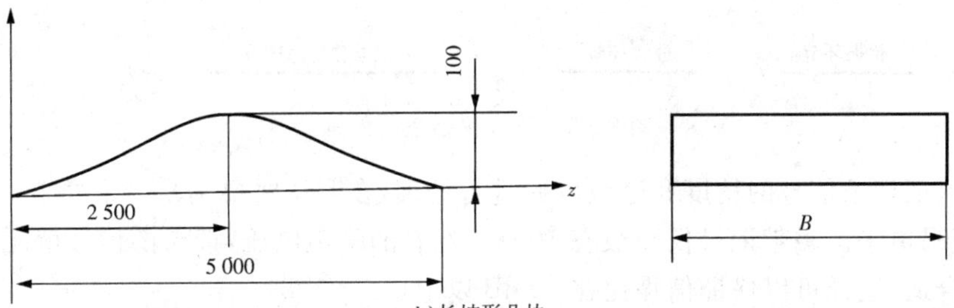

b)长坡形凸块

图 9－7　凸块的结构简图

试验时，将凸块放置在试验道路中间，并按汽车轮距调整好两个凸块间的距离。为保证汽车左、右车轮同时驶过凸块，应将两凸块放在与汽车行驶方向垂直的一条线上。

2. 试验过程

试验车速分别为 10、20、30、40、50、60 km/h，每种车速的试验次数不得少于 8 次。当汽车行驶到距凸块 50 m 远时车速应稳定在试验车速上，而后以稳定的试验车速驶过凸块，同时用磁带记录器记录汽车振动的全过程，待汽车驶过凸块并冲击响应消失后，停止记录。测试系统应适宜于冲击测量，其性能应稳定、可靠，频响范围为 0.3～1 000 Hz，其中加速度传感器的量程不得小于 10g。

3. 试验数据处理

当采用信号处理机进行数据处理时，要求采样时间间隔 $\Delta t \leqslant 0.005$ s。

汽车脉冲输入试验用响应的最大加速度值 $\ddot{Z}_{\max}$ 与车速 v 的关系曲线（也称车速特性量）$\ddot{Z}_{\max}-v$ 或加权加速度 4 次方根值方法，振动剂量值（VDV）作为评价指标。其中，乘员的舒适性用乘员座垫上传递给乘员的 $\ddot{Z}_{\max}-v$ 来评价，座椅底部地板、车厢的平顺性，分别用该处的 $\ddot{Z}_{\max}-v$ 来评价。

响应的最大加速度值 $\ddot{Z}_{\max}$ 为该车速下各次试验的加速度最大值的算术平均值。

利用加权加速度 4 次方根值方法能更好地估计偶尔遇到过大的脉冲引起的高峰值系数振动对人体的影响，其中振动剂量值为

$$\mathrm{VDV}=\left[\int_0^T a_w^4(t)\,\mathrm{d}t\right]^{1/4} / ms^{-1.75} \tag{9-21}$$

四、试验仪器与设备

汽车平顺性试验需要采集各种振动与冲击信号，特别是大量随机振动信号，然后进行平顺性评价指标的处理。其测试仪器系统包括拾振（加速度传感器）、放大（前置放大器）和记录处理（磁带记录仪或直接数据处理设备等）3 个主要环节，如图 9－8 所示。

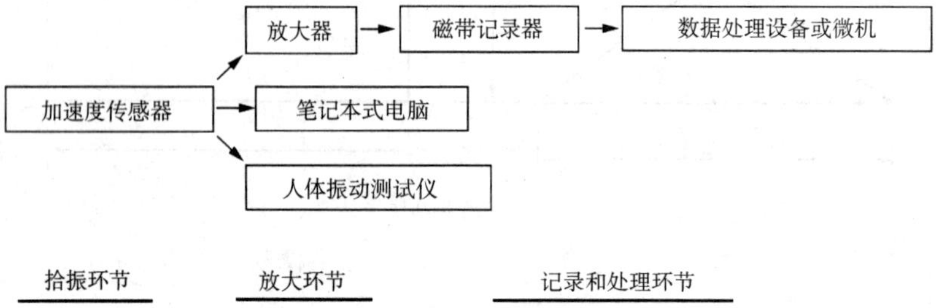

图 9－8　测试仪器系统的框图

为了保证记录信号的精度和适应以后进行处理，在测试时要满足以下要求：

（1）记录电平。磁带记录仪一般有 10 mV 左右的噪声电压，记录的信号电压保持在 1 V 左右比较合适，这样可以保证信噪比在 40 dB 以上。

（2）记录时间。根据实测得到的有限长度记录，在数据处理设备上计算出的功率谱等参数，只是所研究参数的估计值，以功率谱为例，其估计值波动的大小用标准化随机误差 ε_r 表示，它与分析带宽 Δf 以及记录时间 T 的关系为：$\varepsilon_r = 1/\sqrt{\Delta f T}$。

在工程上，一般满足 $\varepsilon_r \leqslant 0.2$ 即可。如当选择分析带宽 $\Delta f = 0.2$ Hz 时，可以求出需要的记录时间 $T = 125$ s。

1. 加速度传感器

在汽车平顺性试验中，广泛使用压电式加速度传感器。其特点是尺寸小，结构简单，质量轻，工作可靠，测量频率范围宽，具有良好的物理特性和环境特性。压电传感器的工作原理是以某些物质的压电效应为基础，某些电介质物体，在沿一定方向对其施加压力或拉力而使之变形时，在它们的表面上会产生电荷，当将外力去掉时，它们又重新回到不带电的状态，这种现象，就称为压电效应。

具有这种压电效应的物体称为压电材料或压电元件，常见的压电材料有压电晶体（如石英晶体等）和压电陶瓷（如钛酸钡、锆钛酸铅等）两类。

由于外力作用而在压电材料上产生的电荷只有在无泄漏的情况下才能保存，即需要测量回路具有无限大的输入阻抗。

这实际上是不可能的，因此压电传感器不能用于静态测量。而在交变力的作用下，电荷可以不断补充，可以供给测量回路以一定的电流，故压电传感器适宜于动态测量，一般其工作频率的下限为 0.2～0.3 Hz。

（1）压电加速度传感器的结构

现用的压电加速度传感器有三种结构，如图 9－9 所示。

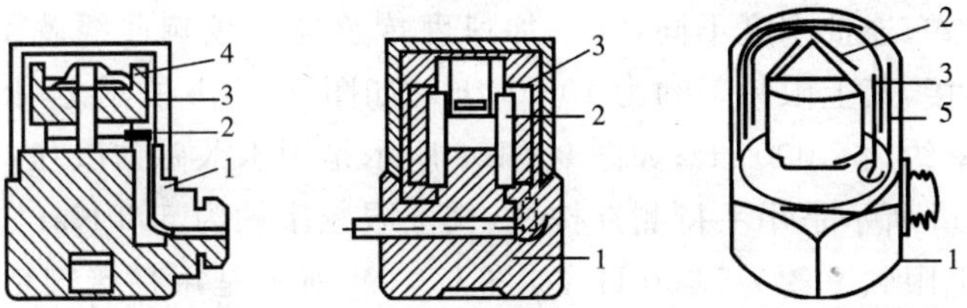

a)中心压缩式　b)环形剪切式　c)三角剪切式

图 9－9　压电加速度传感器

1—基座　2—压电晶体　3—质量块　4—弹簧　5—锁紧环

基本工作原理是在压电晶体上固定一质量块，当传感器受到振动加速度时，质量块产生的惯性力作用在压电晶体上，使压电晶体的表面产生电荷。由于质量块的质量是恒定的，所以电荷量的大小与外界的加速度成正比。剪切型加速度传感器比压缩式具有更好的环境特性和低频特性，已成为目前主要的结构型式。

(2)压电加速度传感器的技术指标

① 电荷灵敏度是加速度计受单位加速度值产生的电荷量。

② 电压灵敏度是加速度计开路时，受单位加速度值时输出的电压值。

③ 横向灵敏度是加速度作用在垂直于加速度计主轴线平面的灵敏度，由于加速度计具有横向灵敏度，因此，其输出不仅反映主轴线方向加速度，而且也包括了横向加速度，为提高测量精度，要求横向灵敏度越小越好。

④ 频率特性一般是指加速度计的振幅频率响应特性，加速度计固有频率决定了加速度计的使用频率范围。通常几何尺寸小的加速度计具有较高的固有频率，使用频率范围较宽。

⑤ 温度瞬变灵敏度指温度变化 1 ℃时产生的加速度变化，通常由晶体元件决定的。

⑥ 基座灵敏度由于安装使加速度计基座产生应变造成的附加输出。

此外，技术指标还有安装谐振频率、加速度传感器电容(不包括电缆)、最小漏电阻及质量等。一般地，加速度传感器应按振动测试要求、振动体加速度大小、振动频率高低和环境条件(如温度、磁场、噪声等)来选择。

(3)压电加速度传感器的安装方法

压电式加速度传感器本身的固有频率虽然很高，但使用上限频率还受加速度传感器的安装固定方式的限制，常用的 6 种安装方法如图 9－10 所示。

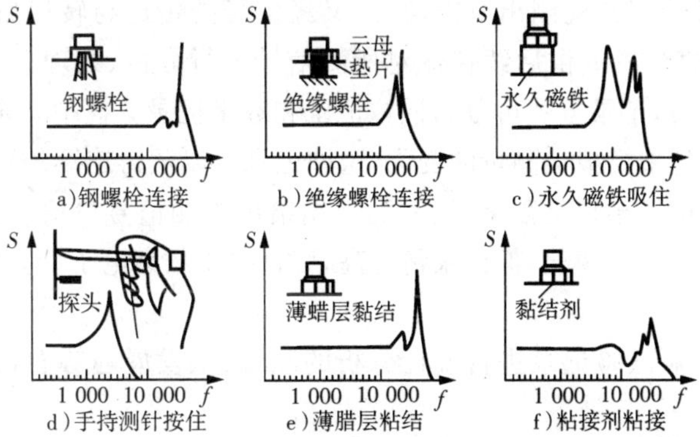

a)钢螺栓连接　b)绝缘螺栓连接　c)永久磁铁吸住

d)手持测针按住　e)薄腊层粘结　f)粘接剂粘接

图 9－10　加速度传感器安装方法

不同的安装方式，连接刚度不同，同一加速度传感器的频响曲线就不同。如图 9－10a 所示是用钢螺栓连接，其上限频率约为 10 000 Hz；如图 9－10b 所示是用绝缘螺栓加云母垫圈连接，其上限频率约为 7 000 Hz；如图 9－10c 所示是用永久磁铁吸住，其上限频率约为 3 000 Hz；如图 9－10d 所示是用手持测针按住，其上限频率约为 500 Hz；如图 9－10e 所示是用薄腊层粘结，其上限频率约为5 000 Hz；如图 9－10f 所示是用粘接剂粘接，其上限频率约为 7 000 Hz。

因此加速度传感器固定在振动体上一定要选择合适的安装方法，否则会增加测量误差，同时，加速度传感器安装时，接触表面必须十分平滑。

2. 前置放大器

压电传感器的前置放大器有两个作用，一是将压电传感器微弱输出信号放大，另一作用是把压电传感器的高阻抗输入变换为低阻抗输出。

根据压电材料在传感器中的连接方式不同，压电传感器的输出有电荷和电压两种，相应的，前置放大器也有电荷放大器和电压放大器两种。

电压放大器的功用是放大压电式加速度传感器微弱的电压输出信号，并把加速度传感器的高输出阻抗转换成较低值。由于其电路特性，易产生很大的低频误差，并且电缆线的电容量对电压放大线路测试的影响很大。随着电缆种类和长度改变，则输入电压也改变，电压灵敏度也起变化，同时，使用频率下限也要变化。为了保证足够的灵敏度，电缆线不能太长，型号要用低噪声电缆，实际使用时很不方便，所以多采用电荷放大器。电荷放大器一般是由电荷放大级、适调放大级、低通滤波器、输出放大级、过载指示器、复零装置和稳压电源等部分组成。比起电压放大器，结构复杂、成本高、易损坏，但它有很多优点。

(1)低频性能好，一般电荷放大器的下限频率都可低到 0.3Hz。

(2)电荷放大器的输出电压与传感器和电荷放大器之间的连接电缆的电容无关，可进行远距离测量，并且换用不同电缆(但都应是低噪声电缆)时，系统灵敏度不用重新标定。

(3)电荷放大器一般都具有上限频率可调的低通滤波器，可用于消除各种途径产生的高次谐波、振荡、干扰等影响，以及避免以后对记录数据进行离散数字分析时产生混淆误差。

(4)电荷放大器的适调开关可使不同灵敏度的传感器有归一化的输出，使测量分析非常方便。

(5)电荷放大器在线性度和信噪比方面比电压放大器好。

3. 记录仪器

被测物理量经过传感器检测出所需信号，又经信号的传送与转换后，必须通过记录或显示仪器，以便直接观察分析或供后续仪器对所测信号进行分析、处理。

按记录信号的性质，记录方式可分为模拟记录和数字记录。模拟记录的结果是模拟量，以曲线振幅(电量)的变化来模拟被测量的变化，这种记录可以获得连续的数据，直接显示被测信号的变化情况。数字记录结果是数字，用一列数据给出被测信号量值，这种数据是断续的，且不能直观地看到信号的变化情况，但记录精度高，可直接用数字电子计算机进行数据处理。

4. 数据处理系统

数据处理系统是对试验记录进行统计分析的装置，从发展趋势看，大致可以分为如下两种形式。

(1)用硬件控制专用计算机形成的处理机

它的实时性能最高，处理速度快，但只能做几种固定的处理，一般用于监督或控制振动台系统,例如快速傅里叶信号分析仪等。

(2)PC 机及便携式计算机

通常在计算机上安装专用的 A/D 板,将输入的模拟信号转换成数字量,并配置一些数据处理程序,可对测试信号进行处理并输出评价指标。便携式计算机可直接在试验现场实时处理,使用方便。

许多数据处理系统能进行多通道信号的放大、采集、记录和显示,为方便数据的二次开发,有的数据处理系统还可对采集的数据以二进制码或 ASCII 码存盘,因此可替代放大器、磁带机或示波器等设备。

近年来,人体振动测试仪在平顺性评价试验中得到了广泛采用,它对连续的加速度模拟信号 $a(t)$,经模拟 $W(f)$ 频率加权滤波器滤波得到加权的加速度模拟信号 $a_w(t)$,再由模数转换器离散采样数字化为 $a_w(i\Delta t)$,然后在幅值域进行均方根值计算,给出加权的加速度均方根值 a_w 或相应的计权振级 L_{aw}。

第三节　道路模拟台架试验

道路模拟试验是 20 世纪 60 年代开始发展起来的一种室内试验技术,随着现代随机理论、控制技术以及计算机的迅猛发展,在室内对整车进行道路模拟试验的方法及设备日趋完善。试验时,将整车或车辆的部分总成、构件置于试验机上,其中对总成或构件的组合和加振的方法,应能尽量正确地再现在实际车辆上产生的现象,而后通过激振机构进行加振。因为这种试验机能够再现汽车实际行驶中所遇到的各种复杂工况,所以叫做道路模拟机。在道路模拟机上进行试验的优点是试验条件恒定,可实施复杂的振动测试,可精确地测定和观察汽车各部分的振动状态,这是道路行驶试验所不具备的,因此日益被广泛采用。

由于平顺性是属低频范围里的振动问题,所以,试验时需要大型的频率低、激振力和振幅均很大的激振设备。激振机构有电磁式振动台和电子液压式振动台两种,通常使用的是后者。除此之外,还可以将近似于各种路面的凹凸板安装在转鼓上,进行车辆振动试验,此方法较接近于车辆前后方向振动输入的实际状况。

一、道路模拟台架试验的内容

道路模拟试验机可以比较准确地再现预定路面、预定行驶条件下汽车运动情况,再现振动环境。就功能来说,它可以开展的试验主要有两大类。

(1)汽车振动性能研究

主要是研究汽车本身的振动特性,如汽车平顺性评价、悬挂特性研究评价、模态试验等。此类功能的道路模拟机要求激振的幅值不大(20 mm 左右),但频率范围要足够宽(0 ~200 Hz)。

(2)汽车结构耐久性试验

就是给予汽车以苛刻的路面负荷,达到耐久性试验的目的。一般是以汽车在实际路面行驶时的期望响应点的响应信号为目标,通过迭代再现汽车在实际路面上行驶的响应。该类模拟机激振振幅必须足够大(达到 250 mm),而激振频率低(0 ~50 Hz),这种试验对新开发的样车或车身是必须的。

二、道路模拟试验机的组成

道路模拟试验机按功能可分为五大部分。

1. 信号产生系统

主要包括计算机及其外设、磁带记录仪、函数发生器等。计算机可以按照预定程序不断发出指令信号,并不断对试件振动情况进行检测,能对随机数据进行分析处理,在建立驱动信号时有迭代逼近的功能。

2. 电控系统

对指令信号加以处理变成电驱动信号,并通过闭环严格地控制执行机构,准确地完成各种指令动作。当前电控系统已全部实现数字量控制,并和计算机结合到一起共同完成复杂的控制功能。

3. 伺服控制系统

将不断变化的电信号对应地转换成动力液压油的流量及压力输出,主要部件是伺服阀。

4. 机械执行系统

由于平顺性是属低频范围里的振动问题,试验时需要大型的频率低而激振力和振幅均很大的激振设备。所以,激振机构常采用电子液压式激振器,其将动力液压油的流量及压力转换成机械运动,通过一定的夹具驱动被试汽车,并将运动情况反馈到电控系统。主要包括作动器、位移传感器、压差传感器、夹具等。

5. 动力供给系统

负责提供足够稳定的液压驱动力,主要包括液压泵站、储能器、分油器、液压管道等。

三、道路模拟试验机的工作原理

如图 9-11 所示为该试验台的工作原理简图,它有 4 个电子液压振动装置,即电子液压激振器,汽车的 4 个车轮直接放在激振器上部的工作台上。

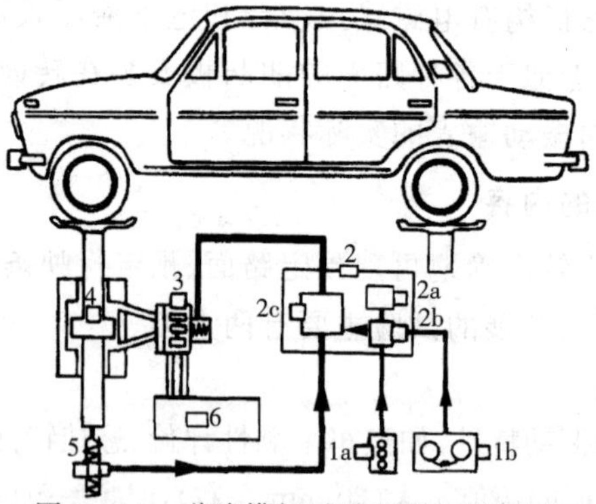

图 9-11　道路模拟试验机的工作原理

1a—遥控台　1b—磁带记录仪　2a—标准信号发生器　2b—放大器　2c—校正放大器

3—电子伺服阀　4—工作油缸　5—位移传感器　6—油压泵

试验时,从油压泵 6 输出的高压液流,在电子伺服阀 3 的控制下,进入激振器内双向作用的工作油缸 4,使工作台作上下往复运动。装在激振器柱塞下端的位移传感器 5 检测所得的位移量，在检测放大器中按正比地转换为电的信号。该信号在校正放大器 2c 中，与磁带记录仪、函数发生器或其他特定仪器输出的指令信号进行比较和校正形成控制信号，并在校正放大器内放大，然后输入到伺服阀，使激振器的柱塞按指令信号工作。因此，伺服阀、装有柱塞的工作油缸、位移传感器、检测放大器以及校正放大器便构成一个具有按柱塞位移进行反馈的封闭校正回路。

液压激振器的操纵是借助于记录仪 1b，通过放大器 2b、遥控台 1a 和标准信号发生器 2a 等来实现的，在上述封闭校正回路中起主导作用的是电动液压伺服阀。

激振器工作时所需的高压液流由泵站供给，它除了高压油泵外，还包括贮油池、滤清器和油液冷却器等。高压油泵的功率通常为 5～200 kW，排量为 12～600 L/min，供油压力为 19 600～29 400 kPa，当要求的排量大时，通常采用多泵同时供油的办法。油泵是由滤清器供给过滤后的油液，而泵腔内的高压油是用高压橡胶导管导入伺服阀，其间还装有滤清器和保证供应瞬间峰值流量的贮油器。汽车振动试验的特点是静载荷大，相对动载荷小，因此采用了贮能器来支承静载荷，这样可以减少泵站的排量和功率消耗。

道路模拟试验机闭环数控系统如图 9－12 所示，闭环数控系统是实现室内再现技术的关键。试验时，把规定的载荷谱输入到计算机中，由计算机中输出的控制信号，经由数模转换器，把数字信号转变为模拟信号，通过功率放大器去控制激振器的动作，以进行各种试验。各种传感器从被试对象上取出各种加载后的信息，经由电荷放大器输入到数模转换器，把模拟量数字化。数字量的信息被输入到快速傅里叶解析器中，求出傅里叶系数，送入计算机中与标准载荷频谱进行比较，并进行相应的修正，然后再把修正的频谱重新传递给加载系统，通常须经过若干个这样的过程，才能使加载程度达到所要求的水平和预定的精度与标准。

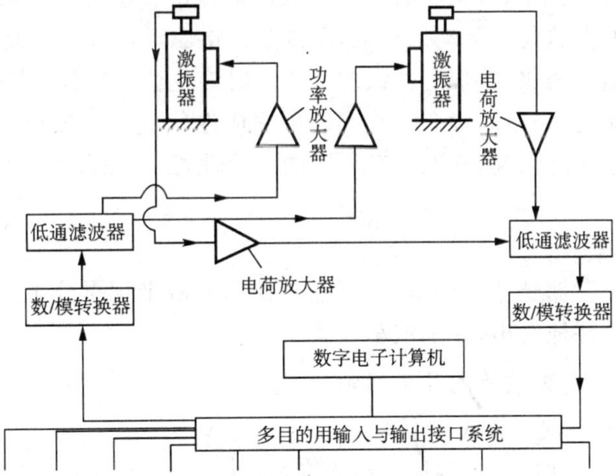

图 9－12　道路模拟试验机闭环数控系统

四、道路模拟台架试验的工作过程

道路模拟技术的基本工作原理是：通过由计算机、信号测量装置和液压伺服系统组成的道路模拟系统，再现汽车实际行驶工况的力和运动，其主要过程如图 9－13 所示。

1. 数据采集(也称路面采样)

被试汽车在选择的路段按试验要求行驶，通过传感器、前置放大器和信号记录装置，同时记录各期望响应点的控制变量(如加速度、应变等)的时间历程。

2. 数据编辑

将道路上记录的信号输入到计算机，按试验要求所确定的准则对原始信号进行取舍、编辑，从而获得汽车在模拟机上再现路面振动的期望响应信号。

3. 求系统的传递函数

把被试汽车置于道路模拟机上，求出由汽车、传感器、前置放大器、试验台架、电控系统、计算机等组成的系统的传递函数。

4. 导出初始驱动信号

由期望响应信号和系统的传递函数，计算初始驱动信号。

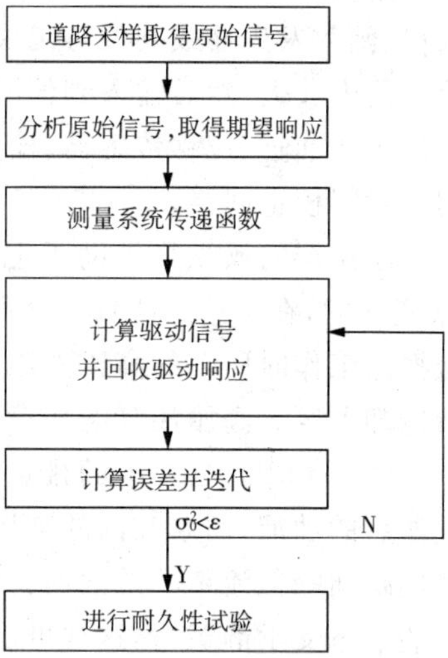

图 9-13　道路模拟的基本过程

5. 迭代过程

用初始驱动信号激振，同时回收期望响应点的驱动响应信号。将此信号与期望响应信号比较，取得驱动响应的误差函数，该函数与传递函数计算可以得到驱动的误差函数。把此函数乘以小于 1 的加权系数叠加到初始驱动信号上，获得第一次迭代的驱动信号，用该信号激振汽车，同样可以得到第二次驱动的误差函数。把这次驱动的误差函数又乘以小于 1 的加权系数叠加到第一次迭代的驱动信号上，得到第二次驱动信号。如此重复，直到回收的响应信号与期望响应信号相比，在规定的误差范围内时终止迭代过程，最后一次迭代的驱动信号即是正式的试验驱动信号，一般 5～10 次即可完成迭代过程。加权系数的选择取决于驱动响应对期望响应的逼近情况，选取时有一定的经验性，正常收敛的迭代过程一般选取系数为 0.3～0.6。

6. 程序循环试验

最终驱动信号可存储于计算机里，也可记录在调频磁带记录仪上。计算机或磁带记录仪将驱动信号不断循环地发出，激励汽车振动。

五、关于道路模拟台架试验的几个问题

1. 模拟机与汽车的耦合方式

根据道路模拟机对被试车辆的输入结构形式，可分为轮耦合和轴耦合两大类。

(1)轮耦合

在作动器的活塞杆上部有托盘或平面钢带，汽车车轮置于其上，主要模拟道路的垂直冲击振动，适用于研究汽车悬挂系统的特性，以及考核汽车的行驶系和承载系的可靠性等。

(2)轴耦合

将汽车车轮去掉，用夹具夹住汽车的轴头，再与作动器联结，该耦合方式可对轴头施加 3 个方向的载荷，可以模拟驱动力、制动力、侧向力对汽车的影响，适用于对轻型载货车和轿车的试验。除一般的整车考核外,能更好地考核汽车钣金件的可靠性。设计夹具时应考虑惯性力和运动干涉等,对夹具的质量和几何尺寸有一定要求。

2. 再现方式

(1)时间域再现(波形再现)

在试验室内严格地再现汽车在采样路面上的时间历程,其特点是能准确地描述非平稳随机过程,对被试汽车激振点与响应点之间的线性程度要求较低。由于再现较直观,所以应用比较广泛。

(2)频率域再现(功率谱模拟)

在模拟机上保持汽车的振动功率谱与期望响应的功率谱相同,对具体的时间历程无关紧要。它要求汽车在道路采样时应是平稳的随机过程,激振点与响应点之间的线性程度较好,频率域再现只用于轮胎联结方式中。

(3)期望响应点(反馈点)位置及控制量

期望响应点是影响驱动信号迭代逼近的速度和模拟精度的重要因素,要遵循以下原则:

① 期望响应点尽可能接近激振点,能准确地反映被试车辆所受到的振动(或力)的输入情况;

② 期望响应点的信号大,干扰信号小;

③ 期望响应点接近试验最感兴趣的部位。

对控制量的选择如下:

① 垂直力来源于路面不平的作用,频率在 0.5～40 Hz 范围内,宜采用加速度进行模拟控制;

② 纵向力来源于汽车驱动力、制动力的作用,低频成分丰富,宜采用应力模拟的控制方式;

③ 侧向力来源于汽车转弯和路面横向作用,宜采用应力模拟控制方式。

思考与练习

9-1　偏频试验时有几种方法使汽车悬挂系统产生自由衰减振动?数据处理时有几种处理方法?

9-2　如何利用偏频试验来测量汽车的簧载或非簧载质量?

9-3　车辆平顺性试验的测试系统主要包括哪些设备?

9-4　何谓压电效应?简述压电式加速度传感器的工作原理和安装方法。

9-5　简述道路模拟试验机的特点、组成和工作过程。

9-6　简述道路模拟台架试验的主要内容。

9-7　脉冲输入行驶试验时,作为脉冲输入的凸块有几种形状?

9-8　随机输入行驶试验的评价指标有哪些?

9-9　电荷电大器的优点有哪些?

第十章 汽车试验场

内容提要：本章主要介绍汽车试验场功用及其类型，汽车试验场室外试验设施的组成和作用等。

第一节 概 述

汽车试验场亦称试车场，是进行汽车整车道路试验的场所。为满足汽车的实际行驶要求，汽车试验场的主要试验设施是集中修筑的各种各样的试验道路，包括汽车能持续高速行驶的高速环形道路、可造成汽车强烈颠簸的凹凸不平路，以及易滑道、陡坡、转向广场等，给汽车试验提供稳定的路面试验条件。汽车试验场的规模有大有小，试验道路的品种和长短也不尽相同，而且随着汽车技术的发展，不断会提出修筑新的试验设施的要求。

一、汽车试验场功用

汽车试验场是重现汽车使用中遇到的各种各样的道路条件和使用条件的试验场地，试验道路是实际存在的各种各样的道路，经过集中、浓缩、不失真的强化并典型化的道路。汽车在试验场试验，比在试验室或一般行驶条件下的试验更严格、更科学、更迅速、更实际。

汽车试验场的主要功用是：

(1)汽车产品的质量鉴定试验；

(2)汽车新产品的开发、鉴定和认证试验；

(3)为试验室零部件试验或整车模拟试验以及计算机模拟确定工况和提供采样条件；

(4)汽车标准及法规的研究和验证试验等。

由于控制技术和计算机的高速发展，汽车的部分行驶工况能够在试验室进行模拟试验和用计算机进行仿真计算，如在整车振动试验台上模拟汽车在道路上行驶的振动情况，在驾驶模拟器上模拟汽车的加速、制动、侧滑、甩尾、高速失控等极限工况，用虚拟试车场技术进行仿真计算等。但这并不意味着汽车试验场的作用的减少，恰恰相反，这些先进的试验手段应用的前提是汽车在实际道路上行驶的各种工况数据，这些数据大部分是在试车场采集的。现代化试验技术将汽车道路试验与试验室内的试验研究紧密配合、相互验证、相互依存、相互补充，达到全面检验和评价汽车性能和可靠性的目的。

二、汽车试验场的类型

1. 按试验场的功能分类

(1)综合性汽车试验场

综合性汽车试验场内有各种试验道路、专门性试验设施和大型专门试验室，有的发展成为试验研究的基地或汽车技术研究中心，多用作车辆性能的检查、鉴定、研究和样本分析。

(2)特殊地区车辆试验场

特殊地区车辆试验场是利用自然地区条件，如寒带、热带、沙漠干热地区等建立的，对车辆在该地区使用情况，进行考核和研究。

(3)汽车厂专用试验场(或试验跑道)

汽车厂专用试验场主要以跑速度为主，跑道为混凝土或沥青路面，两端有转回弯道，故又称哑铃式跑道。

(4)军用汽车试验场

军用汽车试验场专供越野汽车、军用汽车和其他军用特种车辆作性能试验研究与鉴定之用，有的还可以供多种军用车辆及其全套武器和各种装备作性能试验研究与鉴定之用。

试验场一般都包括室外试验和室内试验两大部分，各试验场之间的差异仅在于试验场的规模和可进行的试验项目数量上。

2. 按试验场的规模分类

(1)大型试验场

大型试验场面积在 10 km^2 以上，试验道路总长超过 100 km，种类相对比较齐全，多属于综合性试验场，美国三大汽车公司(即通用、福特、克莱斯勒)都有这样的大型综合性试验场。如通用汽车公司(GM)的 Milford 汽车试验场，占地 16.2 km^2，试车道路总长 200 km，年总试车里程 2500 万 km～3000 万 km。该试验场自 1924 年建成以来不断补充完善，是目前最具代表性的汽车试验场。德国大众汽车公司(VW)在 Ehra - Lessin 的试验场是目前欧洲最大的汽车试验场，其总体布置很有特色，电话听筒形高速环道周长达 20.5 km。

(2)中、小型试验场

在各有特色的汽车试验场中，中小型规模的占大多数，其中综合性试验场由于受面积所限，布置上相对比较紧凑。但试验道路和设施的种类比较齐全，亚洲和欧洲大部分试验场属于此类，如欧洲汽车工业协会汽车试验场、日本自动车研究所汽车试验场等。

在中小型试验场中，很大一部分是汽车零部件公司为满足产品开发和法规要求而修建的专用功能试验场，如德国 WABCO 公司设在汉诺威附近的试验场，其主要试验道路是附着系数从 0.15～0.5 以上五条制动试验路，以满足该公司开发和评价制动防抱死系统 ABS、ASR、EBS 等的需要。

专用功能试验场也有大型的，如美国通用汽车公司在梅萨(Mase)的沙漠热带汽车试验场，总面积 18 km^2。当地气候干燥，夏季最高温度可达 45 ℃，是鉴定发动机冷却系、供油系以及整车的动力性、经济性、空调系统等性能的理想试验环境。世界上具有代表性的汽车试验场规模如表 10 - 1 所示，其中也列人了中国的 4 个汽车试验场。

表 10-1 具有代表性的汽车试验场规模表

试验场名称	总面积/km^2	高速环道		
		形状	长度/km	设计车速/$km \cdot h^{-1}$
GM,Milford	16.2	圆形	7.2	177
Ford,Romeo	15.6	长圆形	8.0	225
Chrysler,Chelsea	16	长圆形	7.6	225
Volkswagen	10.6	电话听筒形	20.5	190
TRC,Ohio	3.0	长圆形	12	225
MIRA	2.63	三角形	4.4	145
JARI	2.5	长圆形	5.5	190
海南汽车试验场	0.68	电话听筒形	6.0	120
襄樊汽车试验场	1.93	长圆形	5.3	160
定远汽车试验场	2.39	长圆形	4	120
交通部公路交通试验场	2.4	长圆形	5.5	190

中国的 4 个汽车试验场，即海南汽车试验场、襄樊汽车试验场、定远汽车试验场、交通部公路交通试验场，虽然规模不大，却在中国汽车产业中发挥着重要作用。如图 10-1 所示是襄樊汽车试验场的布置示意图，其设计和施工经过英国 MIRA 的技术咨询，在试验道路种类和路面参数上有些是相近和相似的。1998 年在北京通县建成的交通部公路交通试验场，高速环道设计车速达到 190 km/h，从-个侧面反映出汽车高速试验的需求。

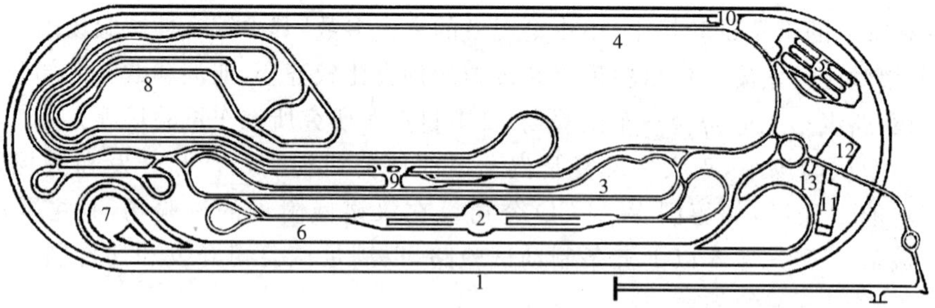

图 10-1 襄樊汽车试验场布置示意图

1—高速环道 2—综合试验路 3—比利时环道 4—普通路环道 5—标准坡道 6—综合性能路 7—转向试验圆广场 8—二号综合路 9—停车场 10—停车场 11—中控室 12—油库 13—控制岗

第二节　道路试验设施

一、高速环形跑道

如图 10－2 所示，高速环行跑道是为汽车在高速度情况下持续行驶用的，以考核整车的高速行驶性能，发动机、传动系、悬架轮胎的润滑发热情况，以及零、部件可靠性、耐久性。在转弯部分，为了不依靠打转向盘而能作圆周行驶，就应使路面倾斜，使自重力和离心力的合力垂直作用于路面，这时就没有横向力作用于车体上，这种车速称为平衡速度。转弯部分断面形状，一般用三次曲线和直线接合形成，这时的平衡速度，对于距跑道内侧的距离呈线性变化。

高速环行跑道一般都建成椭圆形或圆形，周长通常为 4～8 km，长达 14 000 m 的也有，宽度一般为 12～18 m(3～5 条车道)，其允许行车速度为汽车所能达到的最高速度，试验时最高车速一般为 220～240 km/h，有的可达 290 km/h。路面多采用混凝土路面，也有采用沥青混凝土路面，但弯道部分仍采用混凝土路面。跑道直线部分的路形精度，在利用 3 m 直线规检验时，其间隙不超过 3 mm。

图 10－2　高速环道

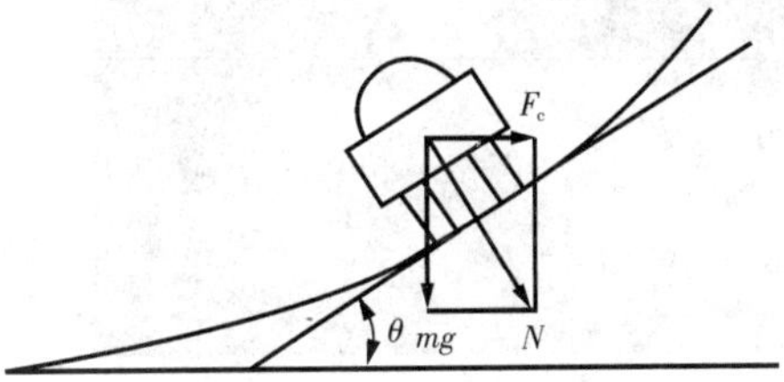

图 10－3　汽车在弯道行驶时的受力图

为了保证行驶安全，通常不允许在跑道上停车或在跑道的直线部分进行动力性、制动性或燃料经济性试验。此外，在同一行车道上行驶的车辆数量，也应根据车辆的行驶速度来确定，但圆形跑道不利于测最高车速。

二、高速直线跑道

高速直线跑道主要用来进行汽车的动力性能、制动性能和燃料经济性能等各种基本性能试验。高速直线跑道一般长 2 500～4 000 m、宽 8～18 m，纵向坡度接近于零度，个别跑道还是按地球曲率建造的，车速可达 200 km/h。跑道两端有回转弯道，在汽车高速行驶时，回转弯道能大大提高试验的安全性，特别是在汽车的制动器突然失效时更是如此。因此，要求回转弯道的过渡区段有足够的长度，以便汽车在高速行驶情况下制动器失灵时，可使汽车的行驶速度逐渐降至一定数值，回转弯道的曲线部分就是据此要求而设计出来的。

因风力对试验汽车的速度及其燃料经济性都有影响，所以许多大型综合试验场都建造有相互垂直的两条高速直线跑道，高速直线跑道的路形精度和路面材料与高速环形跑道中的直线部分相同。

三、可靠性和耐久性强化试验路段

可靠性强化试验路段主要用来进行车辆可靠性行驶试验，以期在很短的行驶里程内暴露车辆结构的可靠性和强度方面的薄弱环节。

1. 比利时路（石块路）

可靠性强化试验路段一般采用比利时路面，如图 10－4 所示，它源于比利时的石砌路，作为典型坏路的代表而命名，其路段一般较短，供汽车试验的长 1 000～2 000 m，宽约 4 m，花岗岩石块基本尺寸为（长×宽×高）225 mm×125 mm×170 mm，标准差为 15～28 mm（英国 MIRA 石块路数据）。

2. 大卵石路面

大卵石路是将直径 310～180 mm 的大鹅卵石稀疏地、不规则地埋入水泥混凝土路槽中，如图 10－5 所示。

大卵石高出地表部分的高度为 40～120mm，铺砌成儿百米长的大卵石路。汽车在大卵石路上行驶时，除了引起垂直跳动外，不规则分布的卵石还对车轮、转向系统和悬架系统造成较大的纵向和横向冲击，大卵石路是大中型载货汽车、自卸车等可靠性试验路之一。

图 10－4　比利时路

图 10－5　大卵石路

四、悬架试验跑道

悬架试验跑道是用来进行悬架和行走机构的可靠性行驶试验，以及汽车行驶平顺性的试验与研究。常用的试验跑道有：

1. 搓板路和长波状路

如图 10－6 所示，搓板路呈波浪式高低不平形状，系用混凝土建造，一般长 600～800 m，波距多为（760±5）mm，波峰高约在 25 mm 左右，左右突起相互对应或相互交错地排列。长波状路试验道路多呈正弦曲线形，其波长一般为 10 m，波峰高为±50 mm，左右两侧波形可相互对应或相互交错地排列。通过汽车行驶速度的变化来改变输入频率，能够模拟下述工况。

（1）汽车悬挂部分和非悬挂部分不产生共振的行驶工况。

（2）汽车悬挂部分在垂直于道路的平面内的共振（即只作上下垂直振动而无纵向角振动），或综合性的共振（即包括纵向角振动）。

（3）正弦曲线长波状路和搓板路对于悬架和减振器工作的鉴定、汽车共振的研究都具有重要的意义，其中搓板路也可用于舒适性的简单测试。

2. 连续凸起路

这种试验道的凸起部分有圆拱形、棱锥体形、平行六面体或枕木形，其高度和形状也各不相同，在道路表面上的排列方式也是各式各样的，这种凸起部分有的是固定的，也有的是可移动的，也有的试验场采用单凸起或单坑洼路段。这种试验道造价较低，场地设置较灵活，可用来进行汽车的平顺性试验及评价减振器的作用。

五、扭曲试验路段

如图 10－7 所示，扭曲试验路段是用来考验汽车车身与车架的抗扭曲性能和对差速器、万向节及悬架进行考验，同时还可以用来进行汽车承载系统快速的抗扭曲可靠性试验。这种路段左右交替地凸起凹下呈高低不平的扭曲状，其凹凸不平的高度和间距也各不相同。汽车在这种跑道上行驶时，其承载系统发生扭曲、前后轴交叉地倾斜、车身摇动和变形、车轴内的差速器频繁地工作。

一般可使汽车车架的扭角达到 10°～15°，这种路段均较短，为 100～200 m。

图 10－6 搓板路

图 10－7 扭曲试验路

六、爬坡试验路段

如图 10－8 所示，爬坡试验路段是用来测定汽车的最大爬坡能力，确定在各种坡度的坡道上的最佳传动比，可达到的最高车速、手制动器的停车能力和合适的接近角和离去角。在试验中，还可以考察车辆上、下坡时的润滑、燃油的供应、化油器的功能以及在上坡起步时离合器的工作情况。

这种试验坡道的坡度范围为 5％～60％，其间大致可分为 15％、20％、30％、45％和 60％等几级。坡度小的坡道通常用沥青铺面，坡度大于 20％的用混凝土路面，有的还嵌有横向木条以增加附着力。坡道的长度因坡度而异，坡度越大长度越短。为了保证试验安全，在坡顶还设有绞盘牵引机构和回转平台。

七、操纵性稳定性试验路段

1. 转向试验圆场

如图 10－9 所示，这种圆场是用来测定汽车转向特性、转向半径和转向轻便性，直径为 30～100 m 不等，一般能进行最大车辆的 8 字形转向轻便性试验。圆场表面多采用混凝土路面，也有采用沥青路面，并画有大小不等的同心圆圈，用以标示试验汽车给定的行驶轨迹。为了便于排水，圆场的边缘向其中心有很小的均匀倾斜度，其值为 0.5％～1.0％。

图 10-8　试验坡道

图 10-9　转向试验圆场

2. 侧滑试验圆场

这种圆场用来进行汽车的侧滑试验，直径较大，为 100～150 m，装有的连续洒水装置能使场地在试验时保持一定厚度的水膜。

3. 操纵性试验广场

这种广场主要进行脉冲响应试验和撒手稳定性等试验，广场呈正方形，边长约 500 m，场面水平，采用混凝土或沥青混凝土铺设。广场两端分别与半圆形的加速跑道相连，以保证试验车辆进入广场时，其速度能达到所要求的数值。

4. 多附着系数制动试验路

多附着系数制动试验路亦称易滑路，如图 10-10 所示，中间是加宽的试验段，长 200 m 以上，两端设有加速跑道。试验段由几种不同附着系数的路面对接或并接成组合路面，以检验汽车从高 μ（附着系数）路到低 μ 路，或左右两侧车轮各在高 μ 路和低 μ 路面上制动的稳定性，这是研究汽车防抱死装置（ABS）不可缺少的试验道路。

图 10-10　多附着系数制动试验路

各种附着系数的路面用不同的耐磨材料铺砌，两侧装有淋水量可调的喷头，可以形成湿滑路面，最低时可达到 $\mu=0.15\sim0.3$，相当于冰雪路面的效果。英国 MIRA 试车场用玄武岩瓦铺砌的低 μ 路是比较有代表性的易滑路，路面上有 100 mm×100 mm 的含水槽，起到及时恢复制动时被汽车前轮破坏的水膜的作用。

有的试车场还建有多附着系数的试验广场，设有水量可调的喷头，用来研究汽车在转弯制动的情况下的运动状态。

5. 横向风路段

这种路段用来试验横向阵风对汽车操纵性和稳定性的影响，即高速行驶的汽车在突遇横向阵风时，其运动特性是如何变化的。横向风路段往往是试验场内某直线跑道中的一段，在该路段的一侧相隔几十米安装横向送风装置，以模拟汽车在行驶时所遇到的横向阵风。

如日本日产汽车公司的追滨试验场，在横向风路段上安装两套由发动机驱动的鼓风机，以产生强大的阵风沿着垂直于汽车行驶的方向吹向汽车的侧面。送风带宽为 6 m，能够以 22.5 m/s 最大的连续风速进行试验。

6. 横向倾斜路段

这种路段用来试验车辆侧坡行驶稳定性和操纵性，横向坡度一般为20%、30%和40%等几种。

八、通过性试验设施

通过性试验设施用来进行越野汽车的地形通过性与地面通过性试验，一般包括凸岭、弹坑、垂直障碍物、壕沟、涉水池、砂地和泥泞地等。

试验用的涉水池和水槽大致有以下几种类型：

1. 浅水池

这种水池一般水深100～150 mm，用来模拟汽车通过水洼路的情况。试验时，汽车高速通过涉水池，以检查水在发动机罩上的溅落情况和水对电气设备及其他部件工作状况的影响。这种浅水池有的长几十米，也有的长达几百米，如图10－11所示。

图10－11　浅水池

2. 深水池

这种水池一般深1～2 m，水深可以调节，是用来检查水对制动器效率的影响、车身的防水性、汽车总成和发动机进、排气系统的工作情况以及非浮动车辆的漂浮特性等。有的深水池的水深可调至4～5 m，用以试验车辆潜水越过内河的性能。

3. 盐水池

这种水池是放有氯化纳和氯化钙溶液的小型水池，可用来进行汽车零部件快速腐蚀试验。在汽车可靠性和耐久性综合试验跑道上，往往设有这种小型的带有盐溶液的水池或路段。

一些军用汽车或专用汽车的试验场，还建有混凝土的脏水池，水深和浓度可通过进、排水系统加以调节。

九、噪声试验路段

噪声试验路段用来进行汽车的车内噪声试验和车外噪声试验，一般包括超静路段和噪声发生路段。超静路段，亦称无声路段，是由水泥或沥青铺设的，其路面极为平坦，像平板一样。噪声发生路段由混凝土、石块或沥青与石砖铺设，或用龟甲状的石块排列而成，其路面呈有规律的凹凸不平状。有时为了使试验车辆的车外噪声反射回来，通常沿着噪声测量路段还修有一定高度、表面平整的墙壁。

十、密封性试验设施

密封性试验设施用来试验车身的密封性和密封件的效能，如日本日产汽车公司的追滨试验场的粉尘隧道和美国阿伯汀试验场的泥泞跑道。前者全长60 m，宽10 m，将一定粒度的粉尘散布在隧道的空间内，当车辆通过隧道时，用光学方法测定进人车辆内部的粉尘量，以评价车身的密封性。后者专门用来评价密封件、制动器及其他部件的磨损以及密封件的效能，该跑道由一条专用水管供水，使路面四季都能保持泥泞状态。路面的土壤由砂、粘土和淤泥构成。

十一、山路

山路一般利用自然地形修筑，或利用现有的公路改建，用以考验汽车发动机、传动系和制动系的使用性能。中国定远汽车试验场场区山路全长 5 700 m，路面由混凝土铺装，最大坡度为 20%，连续坡长 2 000 m，平均坡度 5%，如图 10－12 所示。

图 10－12 山路

以上这些试验道路和设施，对于汽车试验场，一般均具有高速跑道和耐久性试验路段。为了配合车辆及其部件的试验研究工作，场内还设有必要的辅助建筑和设施，如调度塔、气象观测台、车库、油库、保修车间、供水供电设备以及场内通讯设备等。

由于室内试验与室外试验是紧密联系的，所以一般试验场还具有室内试验设施部分。试验场的室内部分，比较完整的有整车参数测量室、发动机试验室、部件试验室、材料试验室、振动试验室、噪声试验室、密封性试验室、温湿度试验室及轮胎试验室等，有的还设有风洞试验室。

思考与练习

10－1 简述汽车试验场的作用。

10－2 汽车试验场按其功能可分为几大类？

10－3 简述高速环形跑道和可靠性强化试验路段的作用。

第十一章　汽车排放污染物测试

内容提要：本章主要介绍汽车排放污染物主要成分及危害，汽油车、柴油机车排放污染物测试原理、测试方法及测试设备等。

第一节　汽车排放污染物及其测试方法

汽车排放的污染物是公认的城市公害之一，它污染了生存环境，影响了人们的身体健康，而且随着汽车保有量的迅速增加，这种危害越来越大，并发展成为严重的社会问题。因此，监督并检测排气污染物浓度已成为汽车检测项目中极为重要的部分。美国、日本和欧洲等国家和地区对汽车排放制定了严格的法规。我国于1983年发布，并于1984年实施了《汽车污染物排放标准和测量方法》。其后又相继制定了几项排放标准，严格规范了在用汽车排气污染物限值和测量方法，并逐渐与国际接轨。

一、汽车排放污染物的主要成分及其危害

1. 汽车排放污染物的主要来源

(1)从排气管排出的废气，主要成分是一氧化碳CO、碳氢化合物HC、氮氧化合物NO_x、二氧化硫SO_2以及铅化物、微粒物(由碳烟、铅氧化合物等重金属氧化物和烟灰等组成)和硫化物等。

(2)曲轴箱窜气，其主要成分是HC，还有少量的CO、NO_x等。

(3)从油箱、化油器浮子室以及油管接头等处蒸发的汽油蒸汽，成分是HC。

此外，还有含氯氟烃和二氧化碳CO_2等各种有害成分，直接或间接危害人类的健康。

2. 汽车排放污染物的成分及其危害

(1)一氧化碳

CO是汽油烃类成分燃烧的中间产物，理论上当混合气空燃比为14.7∶1时，在氧气充足情况下，排气中将不含CO，取而代之产生CO_2和未参加燃烧的O_2。但现实中由于混合气的分布并不均匀，总会出现局部缺氧的情况，当空气量不足，混合气空燃比≤14.7∶1时，必然会有部分燃料不能完全燃烧而生成CO。如发动机在怠速时，燃烧的混合气偏低，此时发动机工作循环中的气体压力与温度不高，混合气的燃烧速度减慢，就会引起不完全燃烧，使CO浓度增加。发动机在加速和大负荷范围工作或点火时刻过分推迟时，也会使尾气中CO的浓度增高。同时即使燃料和空气混合很均匀，由于燃烧后的高温，已经生成的CO_2也

会有小部分被分解成CO和O_2。另外,排气中的H_2和未燃烧的HC也可能将排气中的部分CO_2还原成CO。

CO是一种无色、无刺激的气体,是汽车及内燃机排气中有害浓度最大的成分。人体吸入的CO很容易和血红蛋白结合并输送到体内,阻碍血红素带氧,造成体内缺氧而引起窒息。

(2)碳氢化合物

排气中的HC由未燃烧的燃料烃、不完全氧化物以及燃烧过程中部分被分解的产物所组成。当混合气过稀或缸内废气过多时会出现火焰传播不充分,即燃烧室部分地区由于混合气过稀或缸内残余废气系数过高而不能燃烧,出现断火。这时,排气中的HC浓度会显著增加。碳氢化合物总称烃类,是发动机未燃尽的燃料分解产生的气体,汽车排放污染物中的未燃烃的20%~25%来自曲轴箱窜气,20%来自化油器与燃油箱的蒸发,其余55%由排气管排出。

单独的HC只有在浓度相当高的情况下才会对人体产生影响,一般情况下作用不大,但它却是产生光化学烟雾的重要成分。

(3)氮氧化合物

氮氧化合物主要指一氧化氮NO和二氧化氮NO_2,它经由排气管排出。汽油机排出的氮氧化合物中,NO占99%,而柴油机排出的氮氧化合物中NO_2比例稍大。高浓度的NO能引起神经中枢障碍,并且容易氧化形成剧毒的NO_2。NO_2有特殊的刺激性臭味,严重时会引起肺气肿。

HC与NO_2的混合物在紫外线作用下进行光化学反应,由光化学过氧化物而形成的黄色烟雾的主要成分是臭氧(O_3),该现象称为"光化学烟雾"。大气中产生的臭氧等过氧化物对人的眼、鼻和咽喉黏膜有较强的刺激作用,引起结膜炎、鼻炎、支气管炎等症状,并伴随有难闻的臭味,严重时可致癌。

(4)浮游微粒

汽油机中主要微粒为铅化物、硫酸盐、低分子物质,柴油机中主要微粒为石墨形的含碳物质(碳烟)和高分子量有机物(润滑油的氧化和裂解产物)。柴油机的微粒量比汽油机多30~60倍,成分比较复杂,特别是碳烟,主要由直径0.1~10 μm的多孔性碳粒构成。它除了会被人体吸入肺部沉淀下来外,还往往黏附有SO_2及致癌物质,严重危害人体健康。

(5)硫氧化物

汽车内燃机尾气中硫氧化物的主要成分为二氧化硫(SO_2),当汽车使用催化净化装置时,即使很少量的SO_2也会逐渐在催化剂表面堆积,造成所谓的催化剂中毒。不但危害催化剂的使用寿命,还危害人体健康,而且SO_2还是造成酸雨的主要物质。

二、汽车排放污染物的测试方法

汽车有害排放物的测试方法主要有整车测试法和台架测试法两种。

1. 整车测试法

整车测试法是从汽车的排气管取样进行分析或对整个排气进行分析,根据各国汽车排放规定,整车测试法主要用于轻型汽车的排放认证、产品一致性试验和各种在用汽车的排放监测等。整车测试系统如图11-1和图11-2所示。

由图 11－1 可知，汽油车排放测试系统主要由冷却风扇、车况显示屏、定容采样系统、底盘测功机、控制系统、记录装置、排气分析系统、控制装置、数据处理装置等组成。通过底盘测功机的转鼓给汽车加载，模拟汽车在道路上的行驶阻力，冷却风扇用来模拟汽车在道路行驶时的冷却情况。车况显示屏的作用是帮助驾驶员了解汽车车速的变化情况，操纵汽车加速踏板，精确模拟汽车的实际道路运行时的各种工况。定容采样系统、控制系统、记录装置、排气分析系统、控制装置、数据处理装置等，用以完成采样、分析气样并记录试验结果。

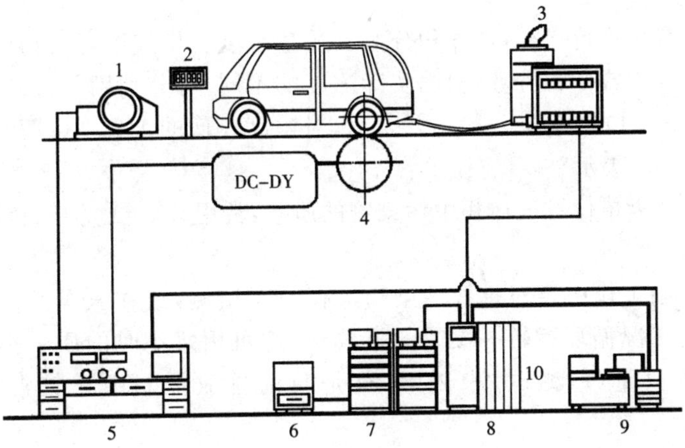

图 11－1　汽油车排放测试系统示意图

1－冷却风扇　2－车况显示屏　3－定容采样系统　4－底盘测功机　5－控制系统
6－记录装置　7－排气分析系统　8－控制装置　9－数据处理装置　10－取样袋

由图 11－2 可知，柴油车排放测试系统主要由冷却风扇、燃油测试系统（燃油箱和燃料流量计等）、透光式烟度计、测试控制系统、底盘测功机、数据处理装置、数据记录仪、排气分析系统等组成。

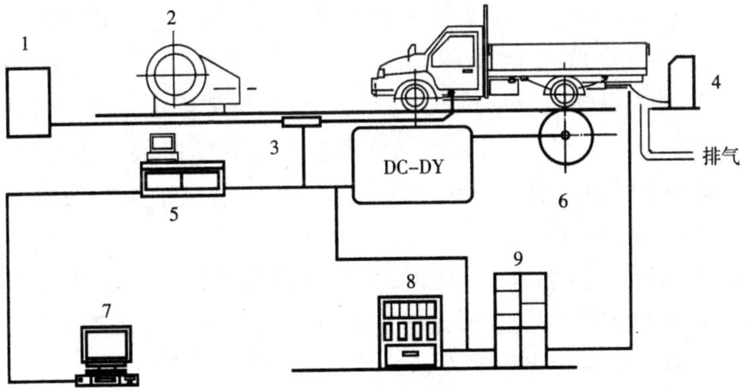

图 11－2　柴油车排放测试系统示意图

1－燃油箱　2－冷却风扇　3－燃料流量计　4－透光式烟度计　5－测试控制系统
6－底盘测功机　7－数据处理装置　8－数据记录仪　9－排气分析系统

2. 台架测试法

仅对车用发动机和其附带的排放装置进行测试，试验装置中除气体采样及分析系统外，与普通发动机性能试验台相同。

三、汽车排放污染物的评价指标

对于污染物的排放量有3种评定指标，即浓度排放量、质量排放量和比排放量，可分别用于不同的场合。

1. 浓度排放量

浓度排放量有两种评价指标，即体积分数和质量浓度。排气中污染物所占的体积比称为该污染物的排放浓度或体积分数，根据实际浓度的不同，可分别用%、10^{-6}或10^{-9}来表示。对排放中浓度较高的CO和CO_2一般用%表示，对浓度较低的HC、NO_x用10^{-6}表示，而浓度更低的成分可用10^{-9}表示。

质量浓度的定义为单位排气体积中污染物的质量，常用mg/m^3等单位计量。

2. 质量排放量

在实际排放控制工作中要对排放污染物进行总量监测，或在汽车及发动机排放检测中要测定按规定的工况循环运转一次时的排放量，这可用每小时的质量排放量(g/h)、每测试循环的质量排放量(g/测试)来表示，这是目前排放控制中比较常用的排放评价指标。

3. 比排放量

进行发动机排放特性测试时，可用单位kW·h所排放出的污染物质量[g/(kW·h)]作为评价指标，称为比排放量G_e。

在整车试验时，用单位测试循环的质量排放量(g/测试)除以每测试循环的运转公里数，可得到每公里的排放量(g/km)，这是排放法规中最常用的比排放量单位。

四、汽车排放污染物的测试标准

1. 点燃式发动机汽车排气污染物排放限值及测量方法

2005年5月30日发布并于当年7月1日起实施的国家标准GB18285—2005《点燃式发动机汽车排气污染物排放限值及测量方法(双怠速法和简易工况法)》(以下简称GB18285—2005)，是我国点燃式发动机汽车排气污染物排放限值及测量方法的最新国家标准，代替了原国家标准GB14761.5—1993《汽油车怠速污染物排放标准》、GB/T3845—1993《汽油车排气污染物的测量怠速法》、GB 18285—2000《在用汽车排气污染物排放限值及测量方法》中的点燃式发动机汽车部分。

GB18285—2005规定了点燃式发动机汽车怠速和高怠速工况下排气污染物排放限值及测量方法，同时规定了稳态工况法、瞬态工况法和简易瞬态工况法等3种简易工况测量方法，GB18285—2005适用于装用点燃式发动机的新生产和在用汽车。

(1)新生产汽车排气污染物排放限值

装用点燃式发动机的新生产汽车，型式核准和生产一致性检查的排气污染物排放限值(体积分数)如表11-1所示。新生产汽车是指制造厂合格入库或出厂的汽车。

表　11-1　新生产汽车排气污染物排放限值

车　　型	怠　速		高怠速	
	$\varphi(CO)/\%$	$\varphi(HC)/\times10^{-6}$	$\varphi(CO)/\%$	$\varphi(HC)/\times10^{-6}$
2005 年 7 月 1 日起新生产的第 1 类轻型汽车	0.5	100	0.3	100
2005 年 7 月 1 日起新生产的第 2 类轻型汽车	0.8	150	0.5	150
2005 年 7 月 1 日起新生产的重型汽车	1.0	200	0.7	200

轻型汽车是指最大总质量不超过 3 500 kg 的 M_1 类、M_2 类和 N_1 类车辆。

第 1 类轻型汽车是指设计乘员数不超过 6 人(包括司机),且最大总质量≤2 500 kg 的 M_1 类车。

第 2 类轻型汽车是指 GB18285—2005 标准适用范围内除第 1 类车外其他所有轻型汽车。

重型汽车是指最大总质量超过 3 500 kg 的车辆。

M_1 类车是指至少有 4 个车轮,或有 3 个车轮且厂定最大总质量超过 1 000 kg,除驾驶员座位外,乘客座位不超过 8 个的载客车辆。

M_2 类车是指至少有 4 个车轮,或有 3 个车轮且厂定最大总质量超过 1 000 kg,除驾驶员座位外,乘客座位超过 8 个,且厂定最大总质量不超过 5 000 kg 的载客车辆。

N_1 类车是指至少有 4 个车轮,或有 3 个车轮且厂定最大总质量超过 1 000 kg,厂定最大总质量不超过 3 500 kg 的载货车辆。

怠速工况指发动机无负载运转状态,即离合器处于接合位置,变速器处于空挡位置(对于自动变速箱的车应处于“停车”或“P”挡位)。采用化油器供油系统的车,阻风门应处于全开位置,油门踏板处于完全松开位置。

高怠速工况指满足上述(除最后一项)条件,用油门踏板将发动机转速稳定控制在 50% 额定转速或制造厂技术文件中规定的高怠速转速时的工况。GB18285—2005 中将轻型汽车的高怠速转速规定为(2 500±100)r/min,重型车的高怠速转速为(1 800±100)r/min,如有特殊规定的,按照制造厂技术文件中规定的高怠速转速。

(2)在用汽车排气污染物排放限值

装用点燃式发动机的在用汽车排气污染物排放限值如(体积分数)表 11-2 所示,在用汽车是指已经登记注册并取得号牌的汽车。

表　11-2　在用汽车排气污染物排放限值

车　　型	怠　速		高怠速	
	$\varphi(CO)/(\%)$	$\varphi(HC)/\times10^{-6}$	$\varphi(CO)/(\%)$	$HC/\times10^{-6}$
1995 年 7 月 1 日前生产的轻型汽车	4.5	1 200	3.0	900
1995 年 7 月 1 日起生产的轻型汽车	4.5	900	3.0	900
2000 年 7 月 1 日起生产的第一类轻型汽车①	0.8	130	0.3	100
2001 年 10 月 1 日起生产的第二类轻型汽车	1.0	200	0.5	150
1995 年 7 月 1 日前生产的重型汽车	5.0	2 000	3.5	1 200
1995 年 7 月 1 日起生产的重型汽车	4.5	1 200	3.0	900
2004 年 9 月 1 日起生产的重型汽车	1.5	250	0.7	200

注:①对于 2001 年 5 月 31 日以后生产的 5 座以下(含 5 座)的微型面包车,执行此类在用汽车排放限值。

(3)过量空气系数(λ)的要求

对于使用闭环控制电子燃油喷射系统和三元催化转化器技术的汽车进行过量空气系数(λ)的测定，发动机转速为高怠速转速时，λ应在1.00±0.03或制造厂规定的范围内。进行λ测试前，应按照制造厂使用说明书的规定预热发动机。

GB18352.1—2001《轻型汽车污染物排放限值及测量方法(Ⅰ)》和GB18352.2—2001《轻型汽车污染物排放限值及测量方法(Ⅱ)》是GB18285—2005的规范性引用文件，也成为GB18285—2005新标准的相关条款。

2. 车用压燃式发动机和压燃式发动机汽车排气烟度排放限值及测量方法

2005年5月30日发布并于当年7月1日起实施的国家标准GB3847—2005《车用压燃式发动机和压燃式发动机汽车排气烟度排放限值及测量方法》(以下简称GB3847—2005)，是我国压燃式发动机和压燃式发动机汽车排气烟度排放限值及测量方法的最新国家标准，代替了原国家标准GB3847—1999《压燃式发动机和装用压燃式发动机的车辆排气可见污染物限值及测试方法》、GB14761.6—1993《柴油车自由加速烟度排放标准》、GB/T3846—1993《柴油车自由加速烟度的测量滤纸烟度法》、GB14761.7—93《汽车柴油机全负荷烟度排放标准》、GB3847—1983《汽车柴油机全负荷烟度测量方法》和GB18285—2000《在用汽车排气污染物限值及测试方法》中的压燃式发动机汽车部分。

GB3847—2005在修改中，采用联合国欧洲经济委员会(UNECE)1986年4月20日生效的ECER24/03法规《对压燃式发动机和压燃式发动机汽车排气可见污染物排放的核准规则》的主要技术内容。对于在用汽车自由加速试验的排放限值及测量方法，参考了欧洲共同体委员会96/96/EC指令中8.2.2条对装用压燃式发动机汽车排气可见污染物排放的相关规定，增加了附录I《在用汽车自由加速试验不透光烟度法》。

GB3847—2005适用于压燃式发动机排气烟度的排放，包括发动机型式核准和生产一致性检查。压燃式发动机汽车排气烟度的排放，包括新车型式核准和生产一致性检查、新生产汽车和在用汽车的检测。

GB3847—2005适用于按原GB14761.6—1993《柴油车自由加速烟度排放标准》生产制造的在用汽车，测量方法与原GB/T3846—1993《柴油车自由加速烟度的测量滤纸烟度法》规定的波许烟度法相同，相应的排放限值及测量方法列入新标准中。

GB3847—2005也适用于污染物排放符合GB 18352的装用压燃式发动机的轻型汽车，但不适用于低速载货汽车和三轮汽车。

(1)对于GB3847—2005实施后生产的在用汽车排气烟度排放控制要求

自GB3847—2005实施之日起，按该标准规定，经型式核准批准车型生产的在用汽车，应按该标准附录I的要求进行自由加速试验，所测得的排气光吸收系数不应大于车型核准批准的自由加速排气烟度排放限值，再加0.5 m^{-1}。

(2)对于2001年10月1日起生产的在用汽车排气烟度排放控制要求

自2001年10月1日起至GB3847—2005实施之日生产的汽车，应按附录I的要求进行自由加速试验，所测得的排气光吸收系数不应大于以下数值：

① 自然吸气式为2.5 m^{-1}；

② 涡轮增压式为3.0 m^{-1}。

(3)对于 2001 年 10 月 1 日前生产的在用汽车排气烟度排放控制要求

① 自 1995 年 7 月 1 日起至 2001 年 9 月 30 日期间生产的在用汽车，应按 GB3847—2005 附录 K 的要求进行自由加速试验，所测得的烟度值应不大于 4.5 Rb。

② 自 1995 年 6 月 30 日以前生产的在用汽车，应按 GB3847—2005 附录 K 的要求进行自由加速试验，所测得的烟度值应不大于 5.0 Rb。

GB17691—2001《车用压燃式发动机排气污染物排放限值及测量方法》是 GB18352—2005 的规范性引用文件，也成为 GB3847—2005 新标准的相关条款。

3. 欧洲汽车排放试验规范

欧洲经济委员会 1993 年开始对轻型汽车实施更严格的 MVEG－1 法规，行驶工况作了相应的变更，冷起动后 40 s 怠速，在原来的 ECE15 工况（如图 11－3a 所示）4 个循环后，增加了 1 个郊外高速 EUDC 工况，如图 11－3b 所示，共行驶 1 220 s，最高车速 120 km/h，行驶距离 19.44 km，用定容采样系统取样，分析确定试验结果。

欧洲重型柴油车采用的 13 工况试验规范，如表 11－3 所示。

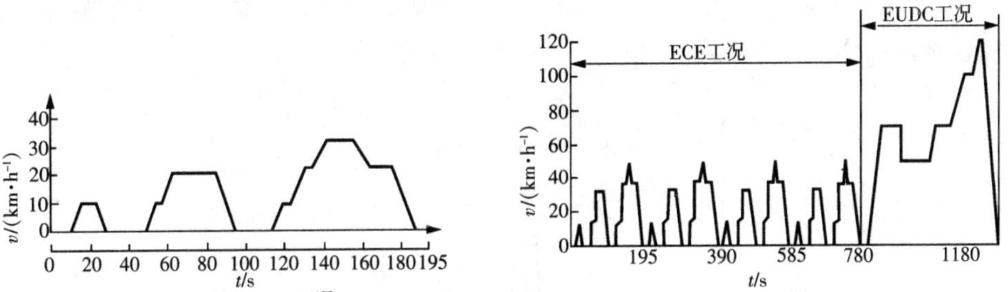

a)ECE15 工况　　b)EUDC 工况

图 11－3　欧洲轻型汽车 ECE15＋EUDC 工况试验循环

表 11－3　欧洲重型柴油车 13 工况循环试验

工况	发动机转速	负荷/(%)	加权系数	工况	发动机转速	负荷/(%)	加权系数
1	怠速	0	0.25/3	8	额定转速	100	0.10
2	中速	10	0.08	9	额定转速	75	0.02
3	中速	25	0.08	10	额定转速	50	0.02
4	中速	50	0.08	11	额定转速	25	0.02
5	中速	75	0.08	12	额定转速	10	0.02
6	中速	100	0.25	13	怠　速	0	0.25/3
7	怠速	0	0.25/3				

第二节　汽油车排放污染物的测试

一、汽油车排放污染物的测试仪器

目前在汽车排气分析仪中，测定汽油车排放污染物的仪器有不分光红外线分析仪、氢化焰离子型分析仪、化学发光分析仪等。根据国家标准 GB18285—2005 的规定，CO、CO_2、HC 采用不分光红外线分析仪（NDIR）检测。

1. 不分光红外线分析仪（NDIR，Non－Dispersive Infrared Analyzer）

（1）不分光红外分析法的测试原理

汽车排气中的 CO、HC、NO 和 CO_2 等气体都具有能吸收一定波长范围红外线的性质，如图 11－4 所示，而且红外线被吸收的程度与排气浓度之间有一定的关系。不分光红外线分析法就是利用这一原理，根据检测红外线被汽车排气吸收一定波长范围红外线后能量的变化，检测排气中各种污染物的含量。在各种气体混在一起的情况下，这种检测方法具有测量值不受影响的特点。

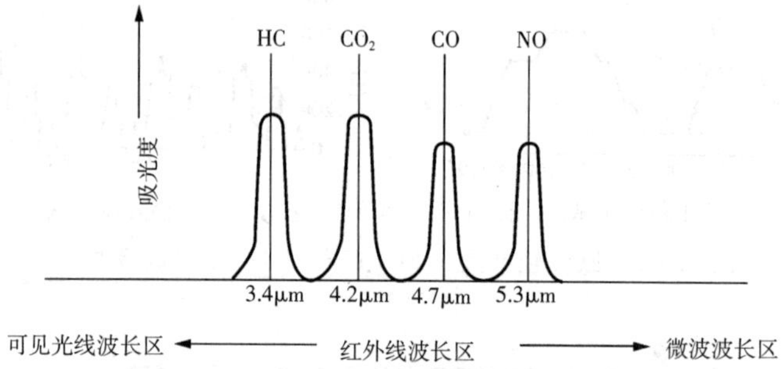

图 11－4　气体吸收红外线示意图

（2）不分光红外线气体分析仪的结构与工作原理

不分光红外线 CO 和 HC 两气体分析仪是一种能够从汽车排气管中采集气样，对其中 CO 和 HC 含量连续进行分析的仪器，外形如图 11－5 所示。

如图 11－6 所示为 NDIR 分析仪的工作原理示意图。在检测室里充满了不吸收红外线的气体（如 N_2），被测气体流过分析室，从红外光源射出的强度为 I_0 的红外射线经过旋转的光栅周期性地射入标准气样室和测量气样分析室。由于被测气体吸收红外线，使得透射过测量气样室的红外线减少，其强度变为 I；而标准气样室内的气体不吸收红外线，其透射红外线强度仍保持为 I_0；两室透射出的红外线周期性地进人检测器，检测器有两个接收室，里面充有与被测气体成分相同的气体，中间用兼作电容器极板的金属膜片隔开。接收室中的气体周期性地被红外线加热，因而产生周期性的压力变化。由于来自分析室的红外线强度 I 小于来自标准气样室的红外线强度 I_0，使金属膜片向测量气样室一侧凸起，电容量减少，并且正比于被测气体的浓度。把电容量的变化调制为交流电压信号的变化，经放大器后显示在指示仪或其他的输出装置上。另外，检测器除电容式的以外，也可用半导体等方式。

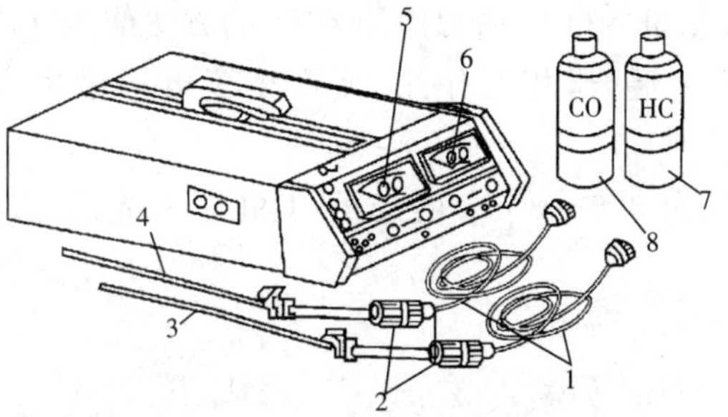

图 11-5　不分光红外线气体分析仪

1—导管　2—滤清器　3—低含量取样探头
4—高含量取样探头　5—CO 指示仪表
6—HC 指示仪表　7—标准 HC 气样瓶
8—标准 CO 气样瓶

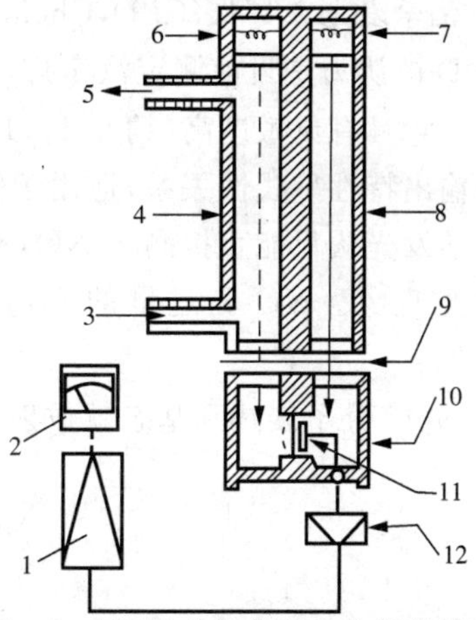

图 11-6　NDIR 分析仪的工作原理示意图

1—主放大器　2—指示仪表　3—废气入口
4—测量气样室　5—排气口　6—红外线光源
7—红外线光源　8—标准气样室　9—遮光扇轮
10—检测室　11—电容器　12—前置放大器

2. 氢火焰离子检测器(FID, Hydogen Flame Ionization Detector)

FID 的工作原理是利用碳氢化合物在氢火焰的高温(2 000 ℃左右)中热致电离形成自由离子,且离子数与碳原子数基本成正比。如图 11-7 所示,被测气体与含有体积分数为 40%的 H_2(其余为 He)的燃料气体混合后进人燃烧器,在氢火焰的高温下,碳氢化合物裂解产生元素态碳,然后形成碳离子 C^+,在 100～300 V 外加电压作用下形成离子流,微弱的离子电流(约 10^{-12} A)经放大后输出。

FID 的测量结果不受水蒸气、H_2、CO 以及 CO_2 等无机气体的影响,但会受到碳氢化合物分子结构的影响。FID 测得的 C 原子数与实际 C 原子数之比,对烷烃不低于 0.95,对环烷烃和烯烃一般不低于 0.9,对芳香烃特别是含氧有机物(如醇、醛、醚、酯、酸等)会产生较大偏差。

为防止高沸点的 HC 在采样过程中发生凝结,需要对采样管路加热。测量汽油机排气时应加热到 130 ℃左右,柴油机则须在 190 ℃。

FID 可测量体积分数为 10^{-7}～10^{-2} 含量的 HC,而且线性和频响特性好。

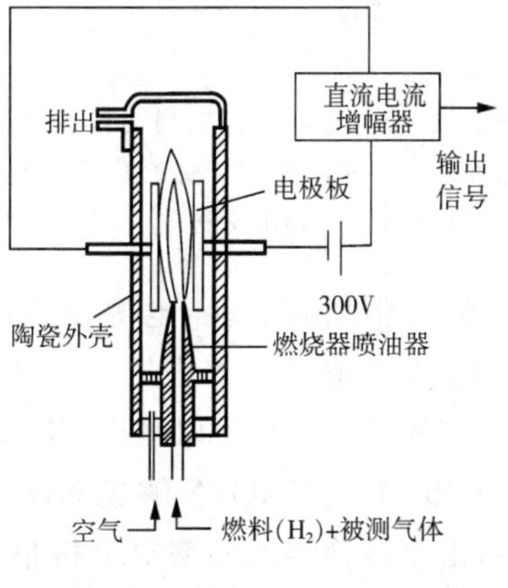

图 11-7　FID 的测量原理示意图

3. 化学发光分析仪(CLD,Chemiluminescent Detector)

CLD 被认为是目前测定汽车排气中 NO_x 的最好方法,也是各国汽车排放法规规定的测量方法。它具有灵敏度高(约 0.1×10^{-6}),反应速度快(2～4 s),在 NO_x 体积分数为 0～0.1 范围内输出特性呈线性关系,适用于低浓度连续分析等优点。

化学发光法只能直接测定 NO,不能直接测量 NO_2。通常用加入 O_3 的方法使 NO 产生化学发光现象。NO 和过量的 O_3 在反应器中混合,相互作用,便产生了电子激发态分子 NO_2°。

当 NO_2° 分子衰减到基态就放射出了波长为 0.6～3 μm 的光子,其化学发光的反应机理为

$$NO+O_3=NO_2^{\circ}+O_2$$
$$NO_2^{\circ}=NO_2+hv$$

其中,h 为普朗克常数;v 为光子的频率。

化学发光的强度直接与 NO、O_3 两反应物的浓度乘积成正比,由于在正常工作情况下 O_3 数量大,其浓度几乎无变化,故化学发光强度正比于 NO 的浓度。

化学发光反应所产生的光子,由光电倍增管转换后,经放大器送往记录器检测。

典型的化学发光检测装置如图 11-8 所示。反应气体 O_3 是一种活性物质,由装在仪器内的发生器 5 产生;发生器是一种放电装置,其中可以产生浓度约为 0.5%的 O_3。反应室 6 是试样 NO 与 O_3 发生反应和产生化学发光的场所,反应器最适宜的大小和几何形状取决于反应速度、内部压力和 NO 的流速。使用滤光片分离给定的光谱区域,以避免反应气体中其他一些化学发光反应的干扰。

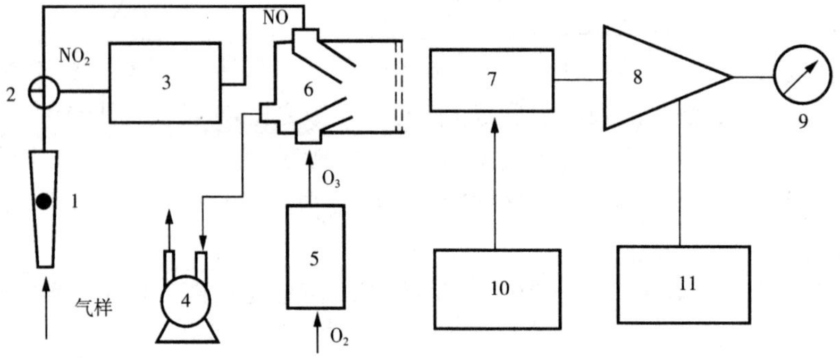

图 11-8 化学发光检测装置示意图

1—流量计 2—三通阀 3—转化器 4—抽气泵 5—O_3 发生器 6—反应室
7—光电倍增器 8—放大器 9—指示仪表 10—高压电流 11—放大器电流

CLD 的基本电子系统是由光电倍增管、高压电源、输出电流放大器和记录仪表组成。虽然 CLD 只能直接测定 NO,但如果先在转换器中把 NO_2 转化成 NO,再用 O_3 检测,则可以测定 NO_x;再利用测定的 NO_x 和 NO 的差值,可以测出 NO_2 的浓度。把 NO_2 转换成 NO,利用转换器的表面热反应(加热到 600 ℃)使 NO_2 分解成 NO。用来测定汽车废气的 CLD 测试仪一般都带有这种转换设备,由于转换器的效率对分析精度有直接影响,故应经常检查,当效率低于 90%时,则需更换新的转换器。

4. 四气体与五气体分析仪

鉴于目前实施的怠速工况测定 CO、HC 两气体的排气检测手段已无法有效地反映汽车排气污染物对大气的污染现状，更不能满足环保部门对全球环境全面严格监测的要求。因此，除测定 CO、HC 外，还必须测定汽车排气中的 NO_x 和 CO_2。汽车排气中含氧量是监测空燃比、控制排放量、保护三元催化反应器正常工况的重要信号，因此，现代开发的汽车尾气分析仪又增加了新的测试功能。

对于 CO、HC、NO_x、CO_2 和 O_2 的 5 种气体成分的浓度，通常采用两类不同方法来测定，其中 CO、CO_2、HC 通过不分光红外线不同波长能量吸收的原理来测定，可获得足够的测试精度。而 NO_x 与 O_2 的浓度通常采用电化学的原理来测定，排气中含氧量的浓度通过在测试通道中设置氧传感器即可测定。根据新的排放标准要求，今后将逐步应用到检测线。从国内外来看，现在使用的氮氧化合物测试仪主要是化学发光分析仪(CLD)。

目前市场上提供的四气体分析仪所测气体为 CO、CO_2、HC 与 O_2 的浓度。因 CLD 法测定 NO_x 浓度的设备结构较复杂，市场上提供的在线快速检测的五气体分析仪没有采用，而多采用与 CO、CO_2、HC 相同的不分光红外线原理。但需说明的是，对 NO_x 来说这种方法测定的精度较低。

5. 气相色谱仪(GC，Gas Chromatography)

气相色谱法是一种将混合气体中各种成分相互分离，以便于对混合气的组成和各成分的浓度进行详细分析的方法。如图 11-9 所示是气相色谱仪的基本构成，其主要部分是用于分离各气体成分的色谱柱和定量分析各成分的检测器。

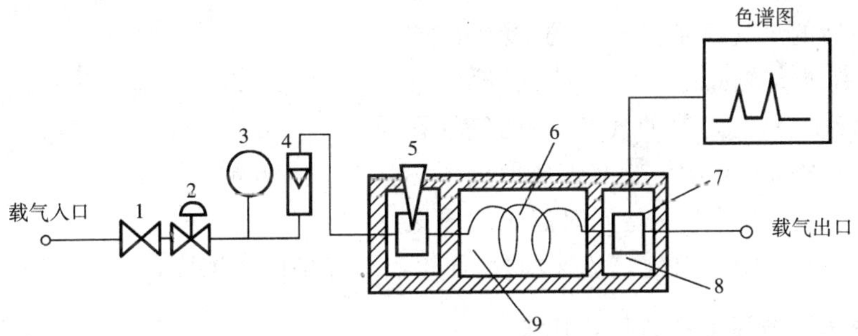

图 11-9　气相色谱仪结构原理简图

1—调压阀　2—流量调节器　3—压力计　4—流量计　5—被测气样导入部　6—色谱柱　7—检测器　8—检测器槽　9—色谱柱槽

气相色谱仪一般以氦(He)、氩(Ar)和氮(N_2)等惰性气体作为载气，载气以不变的流速、温度和压力在色谱仪中流动。将微量的被测气体导入，被测气体在载气的带动下流过色谱柱。色谱柱通常用不锈钢或玻璃管制成，其内径约 0.25 mm，长度为 1～10 m，呈螺旋状，内部充填有氧化铝或硅胶或活性炭分子筛等固定相。由于被测气体中的各种成分对某一固定相的亲和力(对固体固定相表现为吸附性，对液体固定相表现为溶解性)不同，因而导致各种成分最终流出色谱柱的时间不同，即亲和力弱的成分难以被吸附或溶解在固定相上，较早地流出色谱柱，亲和力强的组分流出较晚。这样，就使本来混合在一起的各种成分被分离，并按一定的时间序列进人检测器，检测器依次测定各种成分的浓度，信号经放大调制后记录在色谱图上。

根据试验前用标准样气所作的标定试验得到的预测成分流至检测器的时间，可以判断出每个色谱峰所代表的成分，而色谱峰的面积积分或峰高则与相应成分的浓度成正比。

气相色谱仪所用的检测器主要是热导率检测器（TCD）和氢火焰离子检测器（FID），根据被测气体不同，也可用电子捕获型检测器（ECD）和火焰光度检测器（EPD）。

气相色谱仪可用于确定排放气体中 HC 的具体组分以及各种成分的体积分数，而一般的汽车排放分析仪只能给出 HC 的总体积分数。

6. 顺磁分析仪（O_2 的测量方法）

根据由磁学理论，顺磁性物质的特性是在外磁场为零时，由于热运动，使原子磁矩取向是无规则的。在外磁场的作用下，原子的磁矩有沿磁场方向取向的趋势，显示出磁性。汽车排气中的顺磁性气体有氧和一氧化氮等，并且 NO 的顺磁性较弱仅为氧的 44%。在汽车排气中，一般情况下氧的浓度要比 NO 高，故可以根据顺磁性、物质特性制作的顺磁分析仪来测量排气中的氧。氧顺磁分析仪的原理如图 11－10 所示。气样 3 中的氧 2 在进入永久磁铁 6 的磁场后，受到磁场的作用，并受到指向磁场增强方向的力的作用，使氧气自左向右进入水平玻璃管 5 中。在磁场强度最大的地方，气样被电热丝加热，加热后的氧气原子磁矩减弱，受到的磁铁吸力小于后进人的冷态的氧。这样，冷的气样被吸到磁极中心，挤走热的气样，冷的气样在这里又被加热、挤走，于是在玻璃管里形成了称之为磁风的气流。如果电热丝同时起热线风速仪的作用，就可比较简单测定气流速度，从而得出气样中的氧浓度。

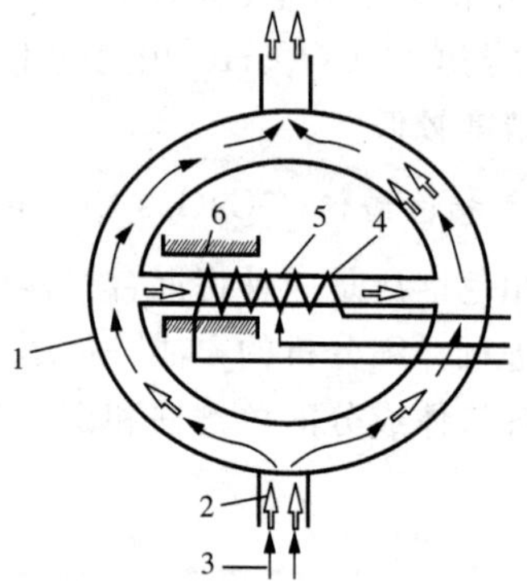

图 11－10 氧顺磁分析仪示意图

1－环行室　2－气样中的氧　3－气样

4－电热丝　5－玻璃管　6－永久磁铁

二、汽油车排放污染物的测试方法

1. 双怠速试验法测量方法

自 GB18285—2005 实施之日起，全国点燃式发动机在用汽车排放监控，采用该标准规定的双怠速法排气污染物限值及测量方法。

(1)测量仪器

① 对于按照 GB 14761.1—93《轻型汽车排气污染物排放标准》的要求生产制造的点燃式发动机汽车和装用符合 GB14761.2—93《车用汽油机排气污染物排放标准》点燃式发动机的汽车，使用的排放测量仪器应符合 HJ/T 3—93《汽油机动车怠速排气监测仪技术条件》的规定。

② 对于按照 GB 18352.1—2001《轻型汽车污染物排放限值及测量方法(Ⅰ)》，或按照 GB18352.2—2001《轻型汽车污染物排放限值及测量方法(Ⅱ)》的要求生产制造的点燃式发

动机汽车以及装用符合 GB14762—2002《车用点燃式发动机及装用点燃式发动机汽车排气污染物排放限值及测量方法》第 2 阶段排放限值的点燃式发动机的汽车，使用的排放测量仪器应符合附录 A 的规定。

(2)测量程序

① 应保证被检测车辆处于制造厂规定的正常状态，发动机进气系统应装有空气滤清器，排气系统应装有排气消声器，并不得有泄漏。

② 应在发动机上安装转速计、点火正时仪、冷却液和润滑油测温计等测量仪器。测量时，发动机冷却液和润滑油温度应不低于 80 ℃，或者达到汽车使用说明书规定的热车状态。

③ 发动机从怠速状态加速至 70%额定转速，运转 30 s 后降至高怠速状态。将取样探头插入排气管中，深度不少于 400 mm，并固定在排气管上。维持 15 s 后，由具有平均值功能的仪器读取 30 s 内的平均值，或者人工读取 30 s 内的最高值和最低值，其平均值即为高怠速污染物测量结果。对于使用闭环控制电子燃油喷射系统和三元催化转化器技术的汽车，还应同时读取过量空气系数(λ)的数值。

④ 发动机从高怠速降至怠速状态 15 s 后，由具有平均值功能的仪器读取 30 s 内的平均值，或者人工读取 30 s 内的最高值和最低值，其平均值即为怠速污染物测量结果。

⑤ 若为多排气管时，取各排气管测量结果的算术平均值作为测量结果。

⑥ 若车辆排气管长度小于测量深度时，应使用排气加长管。

2. 稳态工况法(ASM)测量方法

稳态工况是指汽车预热到规定的热状态后，加速至规定车速，根据汽车规定车速时的加速负荷，通过底盘测功机对汽车加载，使汽车保持等速运转的运行状态，在这样的工况下测试汽车排放情况，进行 ASM 试验需要使用底盘测功机和排气分析仪。稳态工况试验方法简称工况法，工况法由两个试验工况组成，分别称为 ASM5025 和 ASM2540。试验过程如图 11－11 所示。如表 11－4 所示给出了具体试验循环说明。

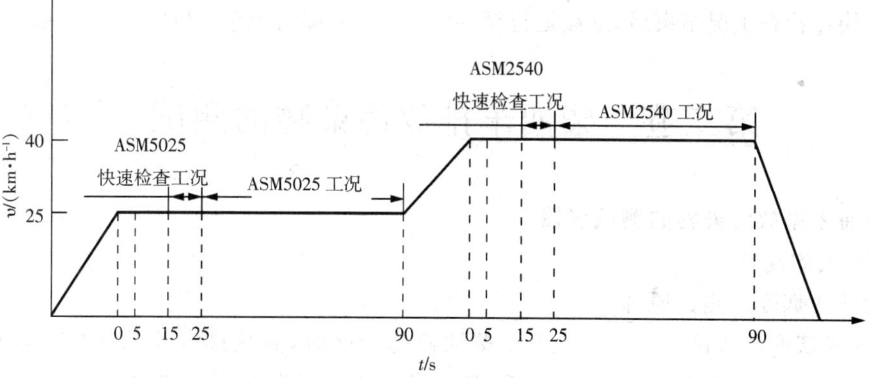

图 11－11　稳态工况法(ASM)试验运转循环

表 11-4　稳态工况法(ASM)试验运转循环表

工况	运转次序	速度/(km·h^{-1})	操作时间/s	测试时间/s
5025	1	25	5	—
	2	25	15	—
	3	25	25	10
	4	25	90	65
2540	5	40	5	—
	6	40	15	—
	7	40	25	10
	8	40	90	65

(1)ASM5025 工况

经预热后的车辆加速至 25.0 km/h,测功机以速度为 25.0 km/h、加速度为 1.475 m/s^2 时的输出功率的 50%作为设定功率对车辆加载,工况计时器开始计时($t=0$)。车辆以(25.0 ±1.5) km/h 的速度持续运转 5 s,如果底盘测功机模拟的惯量值在计时开始后持续 3 s 超出所规定误差范围,工况计时器将重新开始计时($t=0$)。如果再次出现该情况,检测将被停止。系统将根据分析仪最长响应时间进行预置(如果分析仪响应时间为 10 s,则预置时间为 10 s,$t=$15 s),然后系统开始取样,持续运行 10 s($t=25$ s)即为 ASM5025 快速检查工况。ASM 5025 快速检查工况结束后,继续运行至 90 s($t=90$ s)即为 ASM 5025 工况。

(2)ASM 2540 工况

ASM 5025 工况检测结束后车辆立即加速至 40.0 km/h,测功机以车辆速度为 40.0 km/h,加速度为 1.475 m/s^2 时的输出功率的 25%作为设定功率对车辆加载。工况计时器开始计时。车辆以(40.0 ±1.5) km/h 的速度持续运转 5 s,如果底盘测功机模拟的惯量值在计时开始后持续 3 s 超出所规定误差范围,工况计时器将重新开始计时($t=0$)。如果再次出现该情况,检测将被停止。系统将根据分析仪最长响应时间进行预置(如果分析仪响应时间为 10 s,则预时间为 10 s,$t=15$),然后系统开始取样,持续运行 10 s($t=25$ s)即为 ASM 2540 快速检查工况。ASM 2540 快速检查工况结束后,继续运行至 90 s($t=90$ s)即为 ASM 2540 工况。

第三节　柴油车排放污染物的测试

一、柴油车排放污染物的测试仪器

1. 滤纸式烟度计

(1)滤纸式烟度计测试原理

用滤纸式烟度计测试自由加速工况下柴油机的烟度时,需从排气管抽取规定容积的废气,并使之通过规定面积的标准洁白滤纸,其滤纸被染黑的程度称之为烟度。烟度用符号 S_F 表示,烟度单位是无量纲的量。滤纸染黑的程度不同,则对照射到滤纸表面光线的反射能力不同。据此,烟度 S_F 表示为

$$S_F=10(1-R_d/R_c) \tag{11-1}$$

式中：R_d、R_c——污染滤纸和洁白滤纸的反射因数。

R_d/R_c的值由 0 到 100%，分别对应于全黑滤纸的反射和洁白标准滤纸的反射。当污染滤纸为全黑时，烟度值为 10；滤纸没有受到污染时，烟度值为 0。

(2)滤纸式烟度计的工作原理

滤纸式 BOSCH 烟度计是一种吸气泵-滤纸-光反射式烟度计，它是利用吸气泵在一定时间内吸取一定量的废气，并使这部分废气通过一定面积的滤纸，使废气中的碳烟粒子吸附在滤纸上，滤纸变黑，然后用一定的光线照射滤纸，并用光电池接受反射光，再根据光电池产生的电流使仪表指针偏转，把烟度用污染度百分比的形式显示出来。

(3)滤纸式烟度计结构

滤纸式烟度计有手动、半自动和全自动 3 种类型，其结构都是由废气取样装置、污染度测量装置、污染度指示装置和校准装置等组成，如图 11－12 所示。

① 废气取样装置。　废气取样装置由取样头、导管、吸气泵等组成，由装在加速踏板上的脚踏开关来控制吸气泵取样开始时刻与发动机加速同步。

② 污染度测量装置与指示装置。如图 11－13所示，它是由白炽灯泡，光电元件（硒光电池）等组成。把取样后表面带有黑烟的滤纸，放到测量装置的规定位置，灯泡发出的光线照射到滤纸上后被反射回来，反射光被环形光电池接收，光电池产生电流使测试仪表指针偏转。

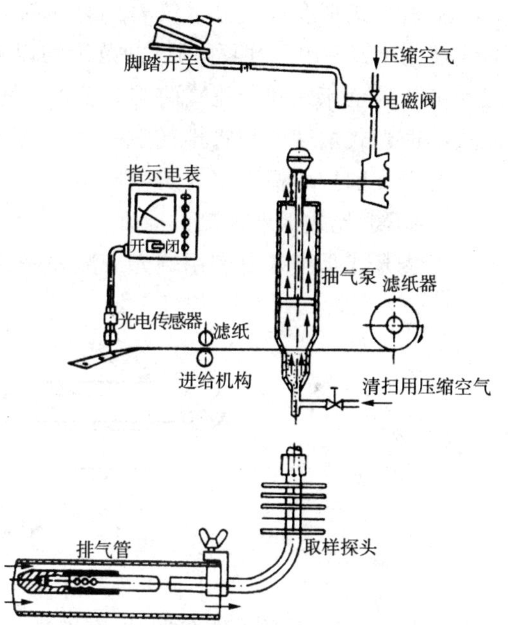

图 11－12　滤纸式烟度计检测原理图图

测量装置实际是一只电流表，精度不低于 0.5 级，表盘刻度按污染度(%)进行刻度，它刻有 0～100%的刻度值。滤纸污染严重时，反射光线少，仪表指针向 100%方向偏(100%表示全黑)；滤纸污染轻微时，反射光线多，仪表指针向 0%方向偏(0%表示白色)。

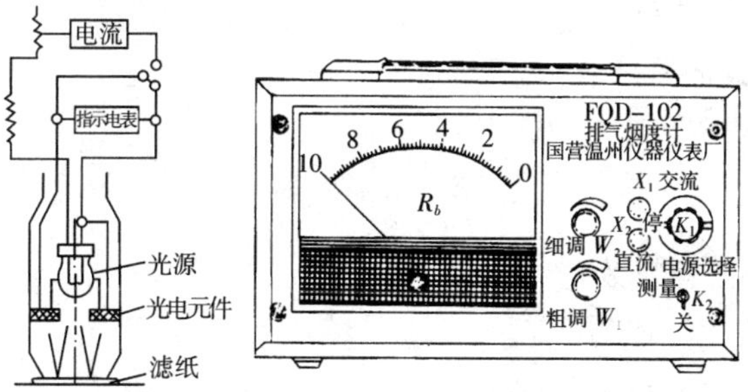

图 11－13　污染度测量与指示装置简图

实际使用的烟度计表盘刻度以 0～10 数字用波许单位表示，反射光线少时指针向 10 Rb 方向偏转，其最小分度为满刻度的 2%，即在表盘上可以直接读出波许单位烟度值。

③ 校准装置　烟度计在使用过程中，由于电源电压的变化，引起灯光发光强度改变，影响测量精度，因此要随时校准。烟度计附带有 3 张供标定用的标准烟样纸，用标准烟样纸校准烟度计，精确度应为 0.5%。

对烟度计进行标定时，把标准烟样纸放在污染计测量装置的规定位置上，开灯照射，再用仪表调整旋钮把仪表指针调到标准烟样纸所代表的污染度数值上。只要保存好标准烟样纸，用这种方法很容易对仪表进行校准，使烟度计保持指示精度，以得出正确测量值。

2. 不透光式烟度计

不透光式烟度计的显示仪表有两种刻度：一种为绝对光吸收的单位，0～4 m^{-1}；另一种为线性刻度 0～100。两种刻度的范围均以光全通过时为 0，全暗时为满刻度。不透光式烟度计可分为全流式和分流式两类。全流式不透光式烟度计测试全部排气的透光衰减率；分流式不透光式烟度计是将排气中一部分废气吸入取样管，然后送入不透光式烟度计进行继续分析。我国排放标准中规定应使用分流式不透光式烟度计。

(1)不透光式烟度计测试原理

不透光式烟度计是利用透光衰减率来测定排气烟度，如图 11－14 所示。

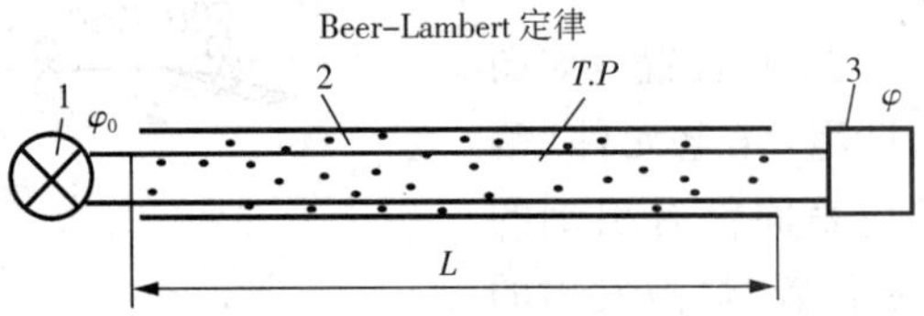

图 11－14　不透光式烟度计测量原理

1—光源　2—烟气测量管　3—电管检测器

该烟度计的主要元件有光源、充满排气并有一定长度的光通路，及放置在光源对面将透光信号转变成电信号的光电元件。光电元件的输出与烟气所造成的光强度衰减(遮光度)成正比。通常，透光法测得的不透光度(即烟度)N 用百分比表示，即

$$N=100\left(1-\frac{\varphi}{\varphi_0}\right) \tag{11-2}$$

式中：φ——有烟时的光强度；

φ_0——无烟时的光强度。

根据比耳-兰勃特(Beer－Lambert)定律：

$$\frac{\varphi}{\varphi_0}=e^{-nAQL}$$

式中：n——单位容积内的颗粒数；

A——颗粒物平均投影面积；

Q——颗粒物衰减系数；

L——光通路的有效长度。

根据测量光通路的光吸收系数 K 定义，有

$$K=nAQ$$

故有

$$K=\left(-\frac{1}{L}\right)\ln\left(1-\frac{N}{100}\right) \tag{11-3}$$

上式表明不透光度 N 与光吸收系数 K 之间的关系。在测量排烟时，碳烟颗粒的 A 和 Q 值对于发动机大部分运行工况变化不大，而每个颗粒本身的密度也大致相等，因此可以近似认为 K 与碳烟的质量浓度成正比。

(2)全流式不透光烟度计

全流式不透光烟度计测量全部排气的透光衰减率，美国 PHS 烟度计就是这种全流式不透光烟度计，其基本原理如图 11-15 所示。在排气管口端不远处的排气烟束两侧分别布置有光源和光电池，光电池接受到的光线与排气烟度成正比。为了不受排气热影响，光源和光电元件放在离排气通路有一定距离的地方。

(3)分流式不透光烟度计

分流式不透光烟度计就是将排气的一部分引入测量烟度取样管，送入烟度计进行连续分析。如图 11-16 所示为英国哈特里奇(Hartridge)透光烟度计的工作原理示意图。

测定前用风机向校正管吹入干净空气，转动手柄使光源和光电池置于校正管两端，进行烟度计零点校正。在测试时，将光源和光电池转至测试管两侧，从排气管取样，光线透过烟气，光电池即可检测出光线的衰减率。指示值 0 为无烟，100 为全黑。

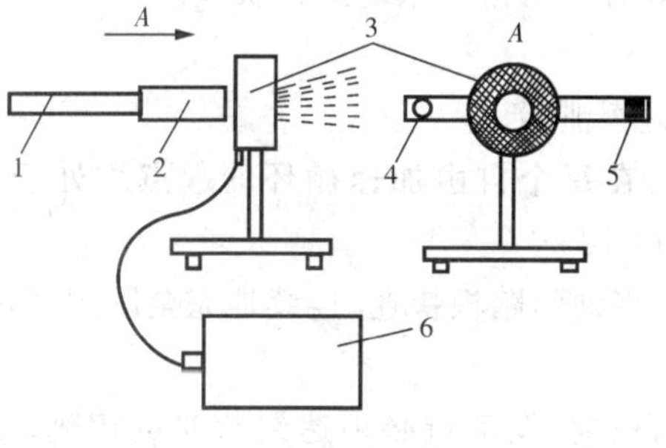

图 11-15 PHS 烟度计工作原理示意图

1—排气管 2—排气导入管 3—检测通道

4—光源 5—光电检测单元 6—烟度显示记录仪

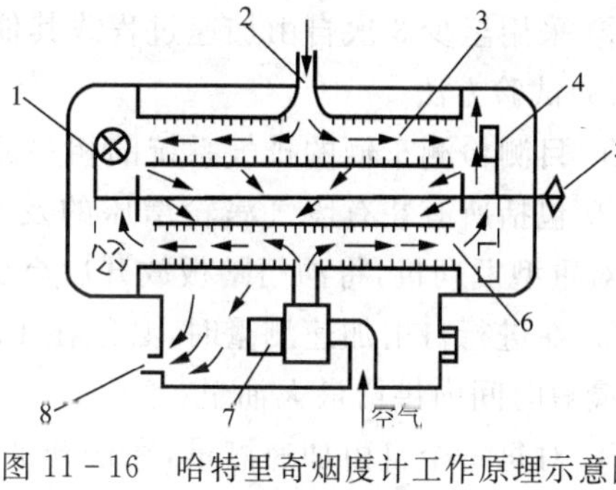

图 11-16 哈特里奇烟度计工作原理示意图

1—光源 2—排气入口 3—排气测试管

4—光电池 5—转换手柄 6—空气校正器

7—鼓风机 8—排气出口

二、柴油车烟度测试方法

1. 全负荷稳定转速试验(不透光烟度法)

柴油车冒黑烟在全负荷运转时较为严重，因此稳态烟度检测通常是在柴油车全负荷稳态运转时进行，各国都有各自的烟度测试规范与排放标准。我国按 GB3847—2005 附录 C 的要求进行全负荷稳定转速试验(不透光烟度法)，附录 C 规定了在全负荷曲线上不同稳定转速下测定排气烟度排放的方法。

全负荷稳定转速试验(不透光烟度法)既可以在发动机上进行，也可以在汽车上进行。测量原则如下：

(1)应在发动机全负荷稳定转速下测量发动机排气的光吸收系数值。

(2)要进行足够数量转速工况点测量，其范围在最高额定转速和最低额定转速之间，且适当分布，其中测点必须包含最大功率转速和最大转矩转速。

具体测量程序见标准 GB3847—2005 附录 C。

2. 在用汽车自由加速试验—(不透光烟度法)

自 GB3847—2005 实施之日起，自 2001 年 10 月 1 日起至 GB3847—2005 实施之日生产的汽车，均按 GB3847—2005 附录 I 的要求进行自由加速试验。

自由加速工况是指在发动机怠速下，迅速但不猛烈地踏下油门踏板，使喷油泵供给最大油量。在发动机达到调速器允许的最大转速前，保持此位置。一旦达到最大转速，立即松开油门踏板，使发动机恢复至怠速。

(1)试验条件

① 试验应在汽车上进行；

② 试验前不应长时间怠速，以免燃烧室温度降低或积污；

③ 试验采用符合国家标准的商品燃料。

(2)车辆准备

① 车辆在不进行预处理的情况下也可以进行试验，出于安全考虑，必须确保发动机处于热状态，并且机械状态良好。

② 发动机应充分预热，例如，在发动机机油标尺孔位置测得的机油温度应至少为 80 ℃，如果低于 80 ℃，发动机也应处于正常运转温度。因车辆结构无法进行温度测量时，可以通过其他方法使发动机处于正常运转温度，例如，通过控制发动机冷却风扇。

③ 采用至少 3 次自由加速过程或其他等效方法对排气系统进行吹风。

(3)试验方法

① 目测检测车辆的排气系统的相关部件是否泄漏。

② 包括所有装有废气涡轮增压的发动机，在每个自由加速循环的起点均处于怠速状态。对重型发动机，将油门踏板放开后至少等待 10 s。

③ 在进行自由加速测量时，必须在 1 s 内，将油门踏板快速、连续地完全踩到底，使喷油泵在最短时间内供给最大油量。

④ 对每一个自由加速测量，在松开油门踏板前，发动机必须达到断油点转速。对带自动变速箱的车辆，则应达到制造厂申明的转速(如无该数据值，则应达到断油转速的 2/3)。关于这一点，在测量过程中必须进行检查，例如，通过监测发动机转速，或延长油门踏到底后与松开油门前的间隔时间，对于重型汽车，该间隔时间应至少为 2 s。

⑤ 计算结果取最后 3 次自由加速测量结果的算术平均值，在计算均值时可以忽略与测量均值相差很大的测量值。

3. 在用汽车自由加速试验(滤纸烟度法)

1995 年 6 月 30 日以前生产的汽车和自 1995 年 7 月 1 日起至 2001 年 9 月 30 日期间生产的在用汽车，均按 GB3847—2005 附录 K 的要求进行自由加速试验。

自由加速滤纸式烟度是指在自由加速工况下，从发动机排气管抽取规定长度的排气柱所含的碳烟，使规定面积的清洁滤纸染黑的程度，称为自由加速滤纸式烟度。

(1)测量前测试仪器的准备

通电之前检查指示表指针是否在机械零点上，否则用零点调整旋钮使指针与 0 刻度重合。通电后，仪器进行预热。用标准色纸(白滤纸和标准烟样)检查指示表指针是否符合染黑度数据，并进行调整。然后检查取样装置和控制装置中各部件的工作情况；特别要检查脚踏开关与充气泵动作是否同步。检查控制和清洗用压缩机的压力是否符合要求；检查滤纸进给机构的工作情况。检查滤纸是否合格，应洁白无污。

（2）被测汽车的准备

发动机进气系统应安装有空气清洗器，排气系统应装有消声器并且不得泄漏，启动、预热发动机至规定的热状态。排气管应能够保证取样探头插入深度 300 mm，否则排气管应加接管，并保证接口不漏气。必须使用生产厂规定的柴油机润滑油和未加消烟剂的柴油，发动机应预热至规定的热状态。自 1995 年 7 月 1 日起新生产柴油车装用的柴油机应保证启动加浓装置在非启动工况下不再作用。

（3）测量程序

① 安装取样探头，将取样探头固定于排气管内，插入深度等于 300 mm，并使其中心线与排气管轴线平行。

② 吹除积存物，按自由加速工况进行 3 次，以清除排气系统中的积存物。

③ 测量取样，将抽气泵开关置于油门踏板上，按自由加速工况及循环组成中规定的循环测量 4 次，取后 3 次读数的算术平均值即为所测烟度值。

④ 当汽车发动机黑烟冒出排气管的时间和抽气泵开始抽气的时间不同步的现象时，应取最大烟度值。

思考与练习

11-1　简述汽车排放污染物的主要成分和来源。

11-2　排放污染物的评价指标有哪些？

11-3　简述不分光红外线分析仪的组成和工作原理。

11-4　汽油车排放污染物的检测方法主要有哪些？

11-5　柴油车排放污染物的检测方法主要有哪些？

11-6　简述滤纸式烟度计的组成和工作原理。

11-7　汽车排放污染物的成分有哪些？

11-8　简述气体分析仪的使用步骤。

11-9　简述双怠速测量程序。

11-10　简述柴油机自由加速排放试验烟度检测方法。

第十二章 汽车噪声测试

内容提要：本章主要介绍有关声学物理参数的概念，汽车噪声机理及汽车噪声控制限值，汽车噪声检测仪的结构和工作原理，汽车噪声检测内容及检测方法。

第一节 概 述

根据噪声声源分类，可分为交通噪声、工业噪声和生活噪声3种。汽车产生的噪声几乎可以占交通噪声的80%，随着交通运输的发展和汽车保有量的激增，噪声污染越来越严重。我国不少城市的噪声，特别是汽车噪声已达到了非治理不可的程度。为此，我国颁发了汽油机、柴油机等噪声极限值方法等标准，对控制汽车噪声起到了积极作用。

一、汽车噪声的形成和分类

1. 根据汽车噪声对环境的影响分类

根据汽车噪声对环境的影响，可将汽车噪声分为车外噪声和车内噪声。

(1)车外噪声

车外噪声是指汽车各部分噪声辐射到车外空间的那部分噪声，其噪声主要包括发动机噪声、排气噪声、轮胎噪声、制动噪声和传动系统噪声等，车外噪声主要影响车外道路两旁的声学环境。

(2)车内噪声

车内噪声是指车厢外的汽车各部分噪声通过各种声学途径传入车内的那部分噪声，以及汽车各部分振动通过各种振动传递路径激发车身板件的结构振动向车厢内辐射的噪声。这些噪声声波在车内空间声学特性的制约下，生成较为复杂的混响声场，从而形成车内噪声。通过声学途径传入车内的汽车噪声，来自发动机噪声、排气噪声、空气动力学噪声、轮胎噪声和传动系统噪声等。通过振动途径激发车身板件振动的汽车激振源包括发动振动、传动系统振动和路面振动等。车内噪声主要影响车内的声学环境。

2. 根据噪声产生的过程分类

按照噪声产生的过程可将汽车噪声源大致分为两类：一类是与发动机运转有关的噪声；另一类是与汽车行驶有关的噪声。与发动机运转有关的噪声主要包括发动机运转时发出的燃烧噪声、机械噪声、进排气噪声和风扇噪声，以及发动机运转时所带动的各种附件发出的噪声。与汽车行驶有关的噪声，主要包括传动机构的机械噪声、轮胎发出的噪声、车身振动和空气作用所发出的噪声。

(1)发动机噪声

发动机工作噪声是汽车的主要噪声源之一，它对整车噪声级有决定性的影响。

① 燃烧噪声。　燃烧噪声是由气缸内周期性变化的气体压力的作用而产生的，它主要表现为气体燃烧时急剧上升的气缸压力，通过活塞、连杆、曲轴缸体及缸盖等引起发动机结构表面振动而辐射出来的噪声。压力升高率是影响燃烧噪声的根本因素，燃烧噪声主要集中于速燃期，其次是缓燃期。柴油机由于压缩比高，压力升高率过大，其燃烧噪声比汽油机高。

② 机械噪声。　机械噪声是指由于气体压力及机件的惯性作用，使相对运动零件之间产生撞击和振动而形成的噪声，它主要包括活塞连杆组噪声、配气机构噪声、柴油机供给系统噪声等。

活塞连杆组噪声是发动机主要的机械噪声源，其噪声大小与活塞和缸壁间隙、发动机转速、负荷、活塞与缸壁间润滑条件、活塞结构及材料、活塞环数及张力、缸套厚度等有关。

配气机构噪声是由于气门开启和关闭时产生的撞击以及系统振动而形成的噪声。气门运动速度、气门间隙、配气机构结构型式、零部件刚度及质量等是影响配气机构噪声的主要因素。齿轮机构噪声是由齿轮啮合时所产生的噪声和齿轮固有振动噪声组成的，影响齿轮噪声的因素主要有齿轮的运转状况、齿轮的设计参数和齿轮的加工精度等。

柴油机供给系统噪声主要是由喷油泵、喷油器和高压油管系统振动引起的，其中喷油泵形成的噪声是主要的机械噪声。为降低喷油泵噪声，可提高泵体刚度，采用特种金属或塑料材料、隔声罩等。

③ 进、排气噪声。　进、排气噪声是由发动机在进、排气过程中的气体压力波动和高速气体流动所引起振动而产生的噪声，进、排气噪声的强弱受发动机转速和负荷的影响较大。随发动机转速增加，进气噪声增大，负荷对进气噪声影响较小；随着发动机转速的增加，空负荷比满负荷增加的比率更大。因此，降低进气噪声的最有效的措施是设计合适的空气滤清器，或采用进气消声器。

④ 风扇噪声。　风扇噪声由旋转噪声和涡流噪声所组成。旋转噪声是由风扇旋转时叶片切割空气，引起空气振动所产生的。涡流噪声是由风扇旋转时，叶片周围产生的空气涡流造成的，影响风扇噪声的主要因素是风扇转速以及一些机械噪声。

(2)传动机构噪声

变速器噪声主要是因齿轮振动引起的噪声以及轴承运转声、润滑油搅拌声、发动机振动传至变速器箱体而辐射的噪声等。

传动轴噪声主要表现为汽车行驶中传动轴发出周期性响声，且车速越高响声越严重，甚至引起车身抖动，驾驶员握转向盘的手有麻木感，这是由于传动轴变形、轴承松旷及装配不良等原因造成的。提高装配精度，检查平衡片有无脱落，避免超速行驶，可减少传动轴噪声。

驱动桥噪声在汽车行驶时车后部发出较大的响声，且车速越高响声越大，它主要是齿隙不合适、齿轮装配不当、轴承调整不当等原因造成的。

(3)制动噪声

制动噪声是汽车制动过程中，由制动器摩擦诱发引起制动器等部件振动发出的响声，通常称为制动尖叫声，特别是制动器由热态转为冷态时更容易产生这种噪声。该高频噪声不仅影响汽车的舒适性，还会给驾驶员带来不必要的担心。

鼓式制动器比盘式制动器产生的噪声大，通常发生在制动器摩擦片端部和根部与制动鼓接触的情况下，其噪声大小取决于制动器摩擦片长度方向上的压力分布规律，还受制动系统及零部件刚度的影响。

(4)轮胎噪声

轮胎噪声包括轮胎花纹噪声、道路噪声、弹性振动噪声以及轮胎旋转时搅动空气引起的风噪声。

花纹噪声和道路噪声都是轮胎和路面相互作用而产生的噪声。汽车行驶时，轮胎接地部分花纹沟槽内的空气以及路面的微小凹凸与地面间的空气在轮胎离开地面时，受到一种类似于泵的挤压作用，引起周围空气压力变化从而产生噪声。弹性振动噪声是由于轮胎不平衡、胎面花纹刚度变化或路面凹凸不平等原因，激发胎体振动而产生的噪声。

影响轮胎噪声的因素主要有轮胎花纹、车速及负荷、轮胎气压、装配情况、轮胎磨损程度、路面状况等。

二、汽车噪声的评价指标

因为人耳听到声音的频率很宽、强弱范围很广，若用时间声压、声调、响度等参数来表示很不方便，此外，大量试验证明，人们对声音强弱变化的感觉，并不是与声压绝对值变化有关，而与声压的相对强弱变化量有关。因此，声音的强弱指标可用“级”来表示，称之为分贝(dB)。所谓级是指实际量与基准量比值的对数，是一种只作相对比较的无量纲单位，在声学中常使用声压级、声强级、声功率级和响度级。

1. 声压级 L_p

大多数声学测量仪器是直接测量声源的声压，因此，声压级是声学中最常用的级，其定义为

$$L_P = 20\lg\frac{P}{P_0} \tag{12-1}$$

式中：P_0——基准声压，取 2×10^{-5} Pa。

2. 声功率级 L_w

定义为

$$L_w = 10\lg\frac{W}{W_0} \tag{12-2}$$

式中：W_0——基准声功率(在 1000 Hz 时，为 10^{-12} W)。

必须指出，声功率级与声压级不同，声压级是表示声场中某点的声学性质，而声功率级则表示声源向周围空间辐射的声功率的大小。

3. 声强级 L_i

定义为

$$L_i = 10\lg\frac{I}{I_0} \tag{12-3}$$

式中：I_0——基准声强（在 1000 Hz 时，为 100 W/m^2）。

4. 响度级 L_n

响度级是人耳听到声音时的主观感觉量的物理描述，因此，它是同时考虑声音的声压级和人耳对不同频率声音响应的一个表示响度的主观评价量，单位是方，方是频率为 1 000 Hz 时纯音的声压级数值，如某纯音的声压级 L_p 为 30 dB 时，则它的响度级为 30 方。

人耳是一种特定的听觉器，它对各种频率的声音有不同的选择性和响应。人耳对高频的声音要比低频的敏感，所以感觉声音响。因此，声源的声压级与人听到的响度级是有区别的。只有当声源频率为 1 000 Hz 时，响度级才与声压级相同，或者说，频率不是 1 000 Hz 的两个声音听起来一样响，但其声压级却不一样。

三、噪声的控制标准

1. 保护听力的容许标准

在高噪声环境中，人耳长期感受高的噪声级之后会使听力受到损伤，从暂时性听阈偏移逐渐演变为永久性听阈偏移，由噪声而产生的永久性听阈偏移，当听力损失大于 25 dB 时称为噪声性耳聋，这种永久性听阈偏移是随着暴露于噪声中的时间的延长而逐渐发展的。为了保护听力，噪声容许标准不应超过 90 dB(A)，这是目前国际上比较一致的认识，许多国家在这一方面的标准均为 90 dB(A)。表 12－1 所示为一些国家的听力保护容许标准。

表 12－1　一些国家的听力保护容许标准

国别	稳态噪声声压/dB	暴露时间/h	最高限度/dB	脉冲声声压级峰值/dB	减半率/dB
中国	90	8	—	—	—
德国	90	8	—	—	—
法国	90	40	—	—	—
英国	90	8	135	150	3
美国	90	8	115	140	5
加拿大	90	8	115	140	5

2. 机动车辆噪声标准

机动车辆噪声标准是控制城市环境噪声的一个重要基础标准，世界上已有几十个国家颁布了这种标准。它不仅作为一种产品质量标准，为各种车辆的研究、设计和制造提供了噪声控制指标，而且也是城市机动车辆管理、监测的依据。

随着我国机动车保有量逐年增加，为了提高我国车辆的设计、制造水平和控制城市交通噪声污染，我国于 2002 年颁布了机动车辆噪声限值和试验方法的国家标准 GB1495—2002。其主要内容见表 12－2 所示。

表 12-2　汽车加速行驶车外噪声限值

汽车分类	噪声限值/dB	
	第一阶段	第二阶段
	2002 年 10 月 1 日至 2004 年 12 月 30 日期间生产的汽车	2005 年 1 月 1 日以后生产的汽车
M_1	77	74
$M_2(M_{GV}\leqslant 3.5\,t)$或 $N_1(M_{GV}\leqslant 3.5\,t)$： $M_{GV}\leqslant 2\,t$ $2\,t<M_{GV}\leqslant 3.5\,t$	 78 79	 76 77
$M_2(3.5\,t<M_{GV}\leqslant 3.5\,t)$或 $M_3(M_{GV}>5\,t)$： $P<150$ kW $P\geqslant 150$ kW	 82 85	 80 83
$N_2(3.5\,t<M_{GV}\leqslant 12\,t)$或 $N_3(M_{GV}>12\,t)$： $P<75$ kW 75 kW$\leqslant P<150$ kW $P\geqslant 150$ kW	 83 86 88	 81 83 84

说明：

(1) M_1、$M_2(M_{GV}\leqslant 3.5\,t)$和 N1 类汽车装用直喷式柴油机时，其限值增加 1 dB(A)。

(2) 对于越野汽车，其 $M_{GV}>2$ t 时：如果 $P<150$ kW，其限值增加 1 dB(A)；如果 $P\geqslant 150$ kW，其限值增加 2 dB(A)。

(3) M_1 类汽车，若其变速器前进挡多于 4 个，$P>140$ kW，P/GVM 之比大于 75 kW/t，并且用第 3 挡测试时其尾端出线的速度大于 61 km/h，其限值增加 1 dB(A)。

注：表中 M_{GV} 为最大总质量(t)；P 为发动机额定功率(kW)。

第二节　汽车噪声的测试设备

国家标准 GB1495—1979 和 1496—1979 分别规定了《机动车允许噪声》与《机动车辆噪声检测方法》，在测量方法上规定了使用的噪声测量仪器声级计。声级计是一种能将汽车噪声，如机动车的行驶噪声、排气噪声和喇叭声音响度等按人耳听觉特性近似地用数值测定其噪声的仪器。噪声级是指用声级计测得的并经过听觉修正的声压级或响度级。

20 世纪 60 年代，根据声级计在标准条件下测量 1 000 Hz 纯音所表现出的精度，国际上把声级计分为两类：一为叫精密声级计，另一类为普通声级计。我国采用这种分类方法，根据声级计所用电源不同，还可将声级计分为交流式声级计和用于干电池的直流式声级计两类。后者也可称之为便携式声级计，便携式声级计具有体积小、质量轻和现场使用方便等优点。现在常用的声级计有 3 类：普通声级计，如国产的 ND－2、ST－1 型、丹麦 BK－2206、日本 NA－09 等；精密声级计，如国产的 DSY－2203、日本 NA－56 等；脉冲噪声精密声级计，如丹麦 BK－2209、日本 NA－57 等。如图 12-1 所示为日本直流式声级计。如图 12-2 为国产 DN-2 所示式直流声级计。

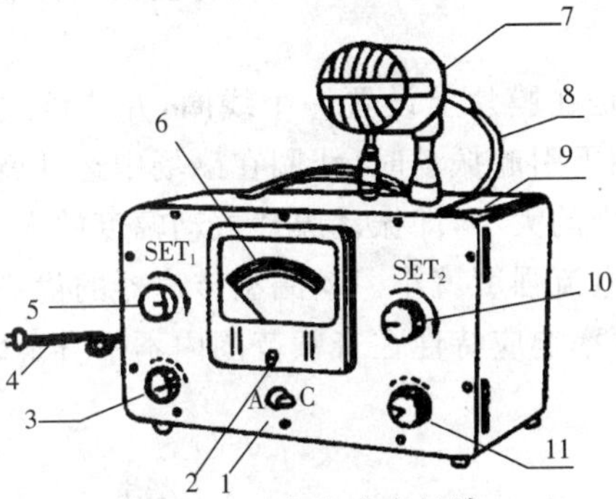

图 12-1　直流式声级计

1－听觉修正网络开关　2－机械零点调整螺钉
3－电源电压控制旋钮　4－电源线
5－电压调整旋钮　6－指示仪表
7－话筒　8－话筒线　9－话筒收藏盒
10－放大倍数调整旋钮　11－仪表控制旋钮

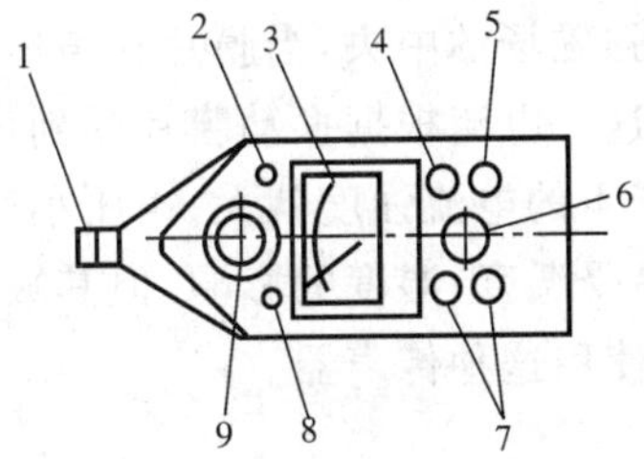

图 12-2　DN-2 式直流声级计

1－话筒　2－仪表灯　3－指示仪表
4－放大器输出插口　5－指示灯
6－控制按钮　7－外接滤波器插口
8－灵敏度调节按钮　9－听觉修正网络按钮

一、声级计的结构与工作原理

声级计的结构形式虽然因厂家不同而异，但其主要部分大致相同，一般由话筒、听觉修正网络(线路)、放大器、指示仪表和校准装置等组成。声级计内设有听觉修正线路，测量时可根据工作需要(被测声音的频率范围)选用适当的修正网络，测得与人耳感觉相适应的噪声值。

声级计一般有传感器、电子线路(包括放大器、衰减器、计权网络、检波器、指示仪表及电源等)组成，其结构原理如图 12-3 所示。

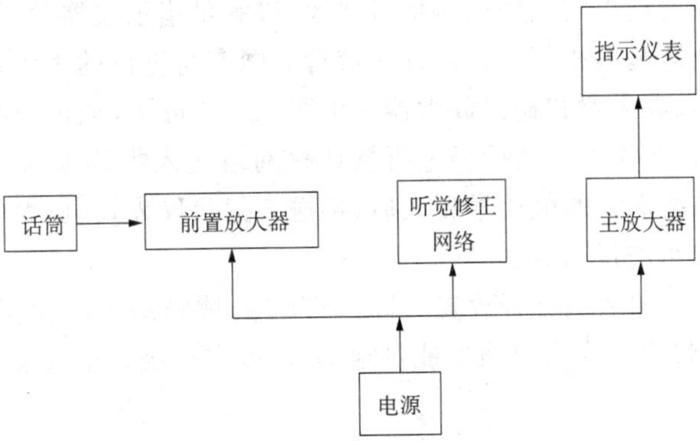

图 12-3　声级计原理方框图

1. 传声器

传声器也称话筒、麦克风，是将声压信号(机械能)转变为电信号(电能)的传感器，是声级计中关键元器件之一。

电压的激发形式很多，一般采用静电型、动圈型和压电型。常用的传声器是静电型和动圈型两种传声器，目前广泛采用频率响应平直且稳定性良好的静电型传感器。

静电型传感器又称电容传声器，其结构如图 12－4 所示。当膜片受声压作用而振动时，膜片与后极板的距离会发生变化，进而引起电容量的变化，这种变化将使膜片与后极板之间产生一个输出电压。

动圈型传声器结构如图 12－5 所示。它是在膜片上设置一个线圈，并让该线圈位置处于圆柱体强磁场的中央，当膜片在声压的作用下引起振动时，线圈在磁场中运动就会产生感应电流。这一电流根据振动膜片受到声波压力的大小，即振动膜片振动幅度的大小而变化。声压大，产生的电流强度就大；声压小产生的电流强度就小。动圈型传声器的优点是本身杂音小，不易受温度、湿度的影响，但其缺点是频率响应特性在音频范围内不平直。因此，精密声级计不使用这种传声器。

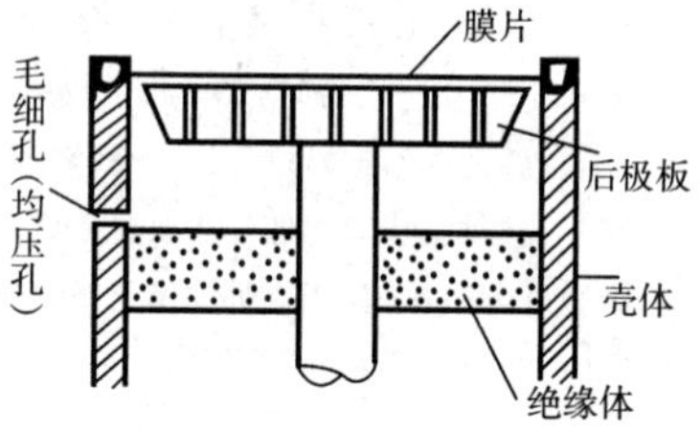

图 12－4　电容传声器

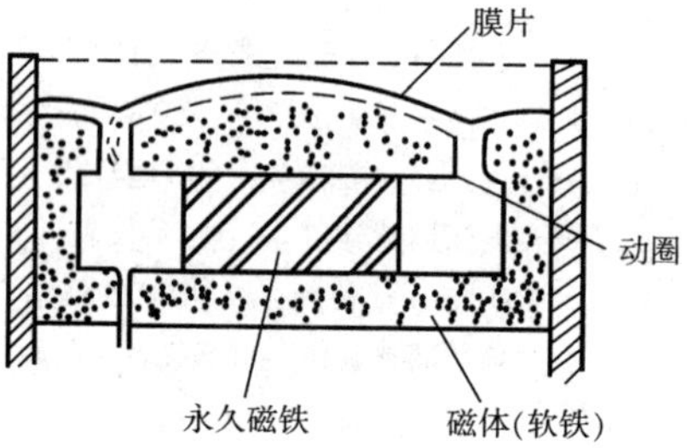

图 12－5　动圈型传声器

压电型传声器在普通声级器中时有采用，它是以锆钛酸铅(PZT)陶瓷为压电元件的一种传声器。

另外，与电容传声器具有同样工作原理的是驻极体传声器，它是由聚酯、聚四氟乙烯制成的高分子膜片，因膜片被永久磁化而保持着电荷。

2. 放大器

放大器是将传声器输出的微弱电压信号放大，以满足指示仪器的需要，其工作原理与结构和一般通用的放大器基本相似。目前许多流行的国产与进口的声级计在放大线路中都采用两级放大器，即输入放大器和输出放大器。由图 12－3 可知，从传声器输出的声压电信号被输入至放大器(输入放大器)，然后经过听觉计权网络送入主放大器(输出放大器)。主放大器将从听觉计权网络送来的电信号放大后，再送入指示仪表，其放大倍数可用仪表控制旋钮和放大倍数调整旋钮进行调节。

放大器的输出级和输入级分开设置，目的是为了按噪声级大小相应地提高信号/噪声比(SIN)。由于传声器将声压变为电压的能量很小，所以在声级计中安装有低噪声放大器。

3. 衰减器

输入衰减器和输出衰减器是用来改变输入信号的衰减量和输出信号的衰减量，以便使表头指针指在适当的位置上。衰减器每一挡的衰减量为 10 dB。输入放大器使用的衰减器调节范围为测量低端(如 0～70 dB)，输出放大器使用的衰减器调节范围为测量高端(如 70～120 dB)。输入和输出两个衰减器的刻度盘常做成不同的颜色，以黑色刻度盘与透明刻度盘配合为多。

4. 计权网络

为了模拟人耳听觉在不同频率的不同灵敏性，在声级计内设有一种能够模拟人耳的听觉特性，把电信号修正为与听觉近似值的网络，这种网络叫计权网络。通过计权网络测得的电压级已不再是客观物理量的声压级(线性声压级)，而是经过修正的声压级，叫做计权声压级或噪声级。

声级计内一般都设有 A、B、C 三种计权网络。从声级计上得出的噪声级读数必须注明采用的是何种计权网络。计权网络由电阻器和电容器组合构成，设置于电路中，可起到使传声器到表头的整个频率响应较为近似于听觉响应。A 挡是模拟人耳对 40 方纯音的响度感觉(LA)，能较大地衰减低频带声音；B 挡是模拟人耳对 70 方纯音的响度感觉(LB)，对低频带有一定的衰减；C 挡是模拟人耳对 100 方纯音的响度感觉，因此可近似代表所测噪声的总声压级。而 A 挡测定值比较接近人耳对声音的感觉，所以常用 A 挡声级(LA)代表噪声的大小。国际上也统一采用 A 计权网络进行测量。计权网络的频率响应如图 12－6 所示。

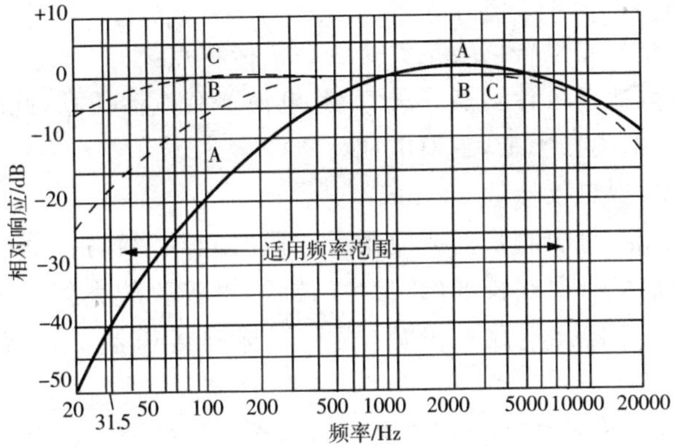

图 12－6 计权网络的频率响应

5. 检波电路

检波电路亦称为有效值检波电路，它能使仪表的指示值与信号中各频率成分的声能按一定的比例关系显示出来。通过采用这种方式，以便把迅速变化的电压信号转变成变化较慢的直流电压信号，这个直流电压的大小要正比于输入信号的大小。根据测量的需要，检波器有峰值检波器、平均值检波器和均方根值检波器之分。峰值检波器能给出一定时间间隔中的最大值，平均值检波器能在一定时间间隔中测量其绝对平均值，在多数的噪声测量中均采用均方根值检波器。

均方根值检波器能对交流信号进行平方、平均和开方，得出电压的均方根值，最后将均方根电压信号输送到指示表头。

6. 指示仪表

指示仪表是一只电表，对其刻度进行一定的标定，可从表头上直接读出噪声级的 dB 值。声级计表头阻尼一般都有“快”和“慢”两个挡。“快”挡的平均时间为 0.27 s，很接近于人耳听觉器官的生理平均时间，“慢”挡的平均时间为 1.05 s。当对稳态噪声进行测量或需要记录声级变化过程时，使用“快”挡比较合适；在被测噪声的波动比较大时，使用“慢”挡比较合适。

7. 电源

声级计的电源一般采用直流和交流两种方式，小型声级计为便于携带，都采用内装电池的直流电源。

8. 校准信号源

声级计在应用时必须能进行校准，有时使用活塞发生器作为标准声源，输入固定声压进行校准。若传声器的灵敏度无特别变化，则能以标准电压校验电气系统的放大量，确定总的增益特性。在一般的声级计中，均备有声级计校准用信号发生器用于声级计的校准。

为适应测量现场的需要，声级计一般都备有三脚支架，以便根据需要将声级计固定在三脚支架上。

二、声级计的使用和维护

由于声级计的品种、形式不同，所以使用时必须根据仪器说明书的要求进行。一般要求在测量前后，仪器应按规定进行校准。

1. 声级计使用前的检查和校准

(1)在未接通电源时，先检查仪表指针是否在机械零点上。

(2)检查电池容量，把声级计功能开关对准“电池”，衰减器任意，此时电表指针应达到额定红线或规定区域，否则读数不准，更换电池。

(3)打开电源开关，预热仪器约 10 min。

(4)对仪器进行校准，每次测量前或使用后一段时间，必须对仪器的电路和传声器进行校准。声级计上一般都配有电路校准的“参考”位置，可校验放大器的工作是否正常。如果不正常，应调节微调电位器。电路校准后，再利用标准传声器对声级计上的传声器进行比较。

(5)将声级计功能开关对准“线性”、“快”挡，由于一般办公室内环境噪声为 40～60 dB，因此声级计上应有相应的示值。变换衰减器刻度盘，表头示值应相应变化 10 dB 左右。

(6)检查计权网络，接以上步骤“线性”位置依次为 C、B、A。由于室内环境噪声多为低频成分，故经频率计权后的噪声级示值将低于线性值，而且应依次递减。

(7)考察“快”、“慢”挡，将衰减器刻度盘调至高 dB 处(例如 90 dB)。通过操作人员发出声响，并注意观察“快”挡时的指针摆动能否跟上发音速度，“慢”挡时的指针摆动是否明显迟缓。

(8)经过上述检查和校准后，声级计便可投入使用。在不知道被测声级多大时必须把衰减器刻度盘预先放在最大衰减位置(即 120 dB)，在实测中再逐步旋至被测声级所需要的衰减挡。

2. 声级计的使用和维护注意事项

(1)使用前应注意查看连线有无损坏和接触不良等。

(2)检测时要注意仪表量程的选择应由高到底，防止指针超出刻度以外。测量前应根据被测声音的大小将量程开关置于合适挡位，如无法估计其值大小，应先将量程开关置于最高挡。

(3)检测时要避免声级计受反射、大风和电磁波的影响。

(4)声级计要避免受到振动和冲击，注意防潮和避免阳光直射。

(5)电池式声级计在不使用期间应取下干电池，电池已低于规定电压，需要更换。在更换电池时要特别注意应将电源开关置于“关”的位置，用完后应及时关闭电源开关，否则电池电量将耗尽。

(6)声级计前端的多孔泡沫塑料圆球是风罩，在室外测量或风速超过 0.5 m/s 时应使用风罩，以减少风噪声的影响。风罩还能保护传声器不受尘埃损害，因此在检测站内也应使用风罩。

(7)使用一个月后应检查传声器有无灰尘。

(8)长期不使用时因潮湿的影响，易发生故障，需对声级计的内部进行干燥。

(9)声级计每年要接受有关部门的检定。

第三节　汽车噪声测试

汽车噪声是城市交通噪声的主要声源，在一定车流量下，降低汽车噪声将有助于降低交通噪声。

由于汽车的噪声随运行状况不同而改变，所以如何评定一辆汽车的噪声，是一个既复杂又重要的问题，因为所测得的噪声，既要代表汽车的特性，又要是行车时常出现的状况。

测试汽车噪声的仪器应使用精密声级计或普通声级计和发动机转速表，声级计误差应不超过±2 dB，同时在测试前后应按规定校准仪器。

一、车外噪声的测试

车外噪声的测试可分为加速行驶车外噪声测试与匀速行驶车外噪声测试两种。

1. 测试条件

测试场地如图 12－7 所示。

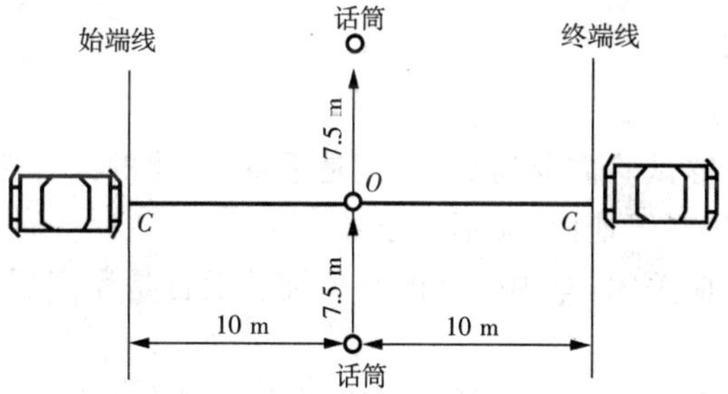

图 12－7　车外噪声测量场地示意图

(1)测试场地应平坦而空旷，在测试中心以 50 m 为半径的范围内，不应有大的建筑物、围墙等反射物。

(2)测试场地跑道应有 20 m 以上的平直、干燥的沥青路面或混凝土路面，路面坡度不超过 0.5%。

(3)本底噪声是指测试对象噪声不存在时，周围环境的噪声。因此，在测试时噪声包括风在内的本底噪声应比所测汽车噪声至少低 10 dB，并保证测试不被偶然的其他声源干扰。

(4)为避免风噪声干扰，可采用防风罩，但应注意防风罩对声级计灵敏度的影响。

(5)声级计附近除测试者之外，不应有其他人员，如确系必不可少的人员，则应站在测试者的背后。

(6)被测汽车不载重，测试时发动机应处于正常使用温度，汽车带有的其他辅助设备都是噪声源，测试时是否开动，应按正常使用情况而定。

(7)如图 12－7 所示中的测试话筒应位于 20 m 跑道中心 O 点两侧，各距中心线 7.5 m，距地面高度 1.2 m，并用三角架固定，话筒平行于路面，其轴线垂直于汽车行驶方向。

2. 加速行驶车外噪声的测试方法

(1)汽车应按下列规定条件稳定地到达始端线：

① 前进挡位为 4 挡以上的汽车用第 3 挡，前进挡位为 4 挡或 4 挡以下的用第 2 挡。

② 发动机转速为发动机标定转速的 3/4，如果此时车速超过了 50 km/h，则汽车应以 50 km/h的车速稳定地到达始端线。

(2)从汽车前端到达始端线开始，立即将加速踏板踏到底或节流阀全开，直线加速行驶，当汽车后端到终端线时，立即停止加速。测试加速行驶噪声时，要求被测汽车在后半区域发动机转速达到其标定转速。如果达不到这个要求，汽车使用挡位要降低一挡。如果汽车在后半区域超过标定转速，可适当降低汽车前端到达始端线时的发动机转速。

(3)声级计用“A”计权网络“快”挡进行测试，取汽车驶过时的声级计表头最大读数。

(4)同样的测试各进行 1 次，汽车同侧 2 次测试结果之差不应大于 2 dB，4 次测试结果的平均值作为被测汽车的最大噪声级。

3. 匀速车外噪声的测试方法

(1)汽车用常用挡位，加速踏板保持稳定，以 50 km/h 匀速通过测试区域。

(2)声级计用“A”计权网络“快”挡进行测试，以便读取汽车驶过时声级计表头的最大读数。

(3)同样的测试往返各进行 1 次，汽车同侧 2 次测试结果之差不应大于 2 dB，4 次测试值的平均值即为该车的匀速车外噪声。

二、车内噪声的测试

1. 车内噪声测试条件

(1)测试跑道应有足够试验需要的长度，应是平直、干燥的沥青路面或混凝土路面。

(2)测试时风速(指相对于地面)应不大于 3 m/s。

(3)测试时汽车门窗应关闭，车内带有的其他辅助设备是噪声源，测试时是否开动，应按正常使用情况而定。

(4)车内噪声比所测车内噪声至少低 10 dB，并保证汽车在测试过程中不被其他声源所干扰。

(5)车内除驾驶员和测试人员外，不应有其他人员。

2. 车内噪声测点位置

(1)车内噪声测试通常在人耳附近布置测点，话筒朝汽车前进方向。

(2)驾驶室车内噪声测点位置如图 12－8 所示。

(3)载客车室内噪声测点可选在车厢中部及最后排座的中间位置，话筒高度参考图 12－8。

3. 测试方法

(1)汽车以常用挡位,50 km/h 以上不同车速匀速行驶,分别进行测试。

(2)用声级计"慢"挡测试 A、C 计权声级,分别读取表头指针最大读数的平均值。

(3)进行车内噪声频谱分析时,应按中心频率为 31.5、63、125、250、500、1 000、2 000、4 000、8 000 Hz 倍频带,依次测量各中心频率下的噪声级。

三、驾驶员耳旁噪声测试

1. 测试条件

汽车应处于静止状态,变速器置于空挡,发动机应处于额定转速状态。

2. 测试地点

测试位置见图 12-8。

3. 测试方法

声级计应置于 A 计权、"快"挡。

四、汽车喇叭噪声测试

城市用汽车喇叭声级的测试位置如图 12-9 所示,声级计位置离地面高度为 1.2 m,距汽车最前端 2 m。测试时应注意不被偶然的其他声源峰值干扰,测试次数宜两次以上,并注意监听喇叭声音是否悦耳。

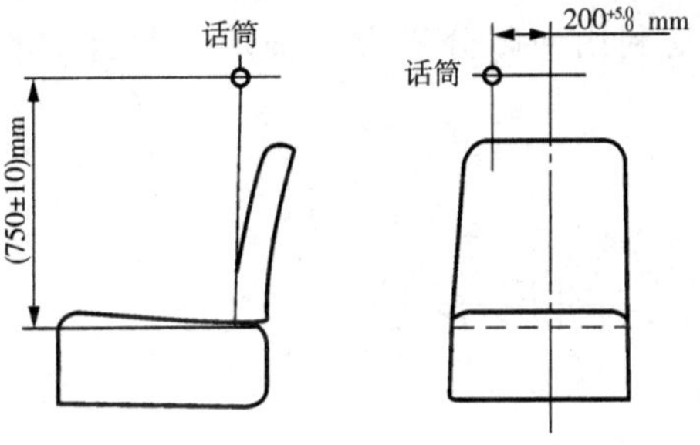

图 12-8　车内噪声测点位置示意图

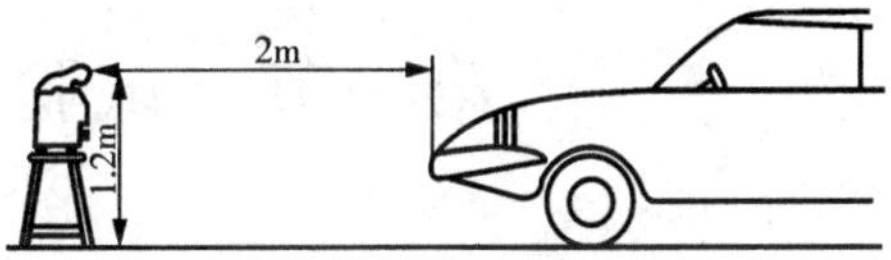

图 12-9　汽车喇叭声级的测点位置

思考与练习

12-1　什么是噪声？常用的噪声评价指标是什么？

12-2　什么是汽车噪声？简述汽车噪声的形成和分类。

12-3　简述噪声检测仪(声级计)的组成和工作原理。

12-4　简述车外噪声的测试方法

12-5　简述车内噪声的测试方法。

12-6　常用的传声器有哪些形式？

第十三章 汽车静态试验数据处理

内容提要：本章介绍的主要内容包括汽车静态试验结果的图形表达，线性回归和非线性回归分析处理试验数据的方法等。

通过试验测量得到汽车试验数据，并不表明工作已完结，还需对试验数据进行处理。依据试验数据特性，可分为静态试验数据和动态试验数据（信号数据）。静态试验数据指的是不随时间变化的试验数据，一般是在等精密度或不等精密度测量条件下获得的离散的带有误差的测量列，测量的结果通常用数字、图形和经验公式 3 种方式表达。数字表达可以采用测量误差分析理论写出试验结果（第 2 章已介绍）；图形表达是根据试验结果作出尽可能反映真实情况的曲线；经验公式表达是利用回归分析方法确定经验公式的函数类型及其参数。

第一节 试验结果的图形表达

图形表达是指在选定的坐标系中，根据试验测量的数据画出几何图形表示试验结果。试验结果的图形表达形象直观，易显示出数据变化的趋势和特征，便于找出数学模型和预测某种现象。

但若在作图过程中对某些问题处理不当，则会造成一些假象而得出错误结论，而且超过 3 个变量难以用图形来表示。因此，正确地用图形法表达试验数据，必须对坐标选择、分度和数据描点等问题进行认真考虑。

把试验结果用图形表示，在实际工作中具有很大的使用价值。用几何图形的点、线、面来表示试验结果，有鲜明的直观性，对试验数据中存在的极值、转折点、周期变化及其他特性，都能在图形中清楚地反映出来。虽然经过间断试验得到的是离散数据，但经过曲线拟合，也可预测出数据连续变化的趋势。对比较精确的图线，在具体数学关系式未知的情况下，也可进行图算。在利用计算法求经验公式时，也可以借助图形选择经验公式的数学模型。所以，利用图形来表示试验结果，是科技工作者必须掌握的一种方法。

从得到试验数据到绘制表示试验结果的图形，一般可分 4 个步骤进行，称为曲线的拟合。只有掌握每一步的技巧和原则，才能得到满意的结果。

一、数据的整理

通过试验测量所得到的数据是作图的基础。通过多次等精度精密测量，将其测量结果作为制图的依据时，就要求对测得的原始数据进行初步处理，取合理的有效数字表示测量结果，剔除可疑值，给出相应的测量误差值。其中若含有可疑值，只能采用在测量过程中剔除的方法判除。

二、坐标与分度的选择

常用的作图坐标有直角坐标和极坐标两种。在直角坐标中，又可分为均匀分度的和非均匀分度，后者有对数坐标、三角函数坐标等。作图时应根据具体情况合理选择，工程上多采用直角坐标。在数据变化具有指数特征时，可用对数坐标以压缩图幅。通常把 x 作为自变量，以横坐标表示；而 y 代表因变量，以纵坐标表示。无论是自变量还是因变量，坐标线的标度值不一定从零开始。在分度值与测量精密度相适应的前提下，坐标线标度值的起点可取低于试验数据最小值的某一整数，终点可取高于最大值的某一整数，以便使试验数据的图像占满整个幅面。两坐标轴的比例尺不一定相同，根据具体情况选择。坐标线标度值标出的有效数字应与测量数据的有效数字相同，每个坐标轴都应注明名称与单位。

三、作散点图

根据确定的坐标分度值，把数据作为点的坐标值在坐标系中标出。若在同一坐标系内比较不同的试验数据，或者虽然是同一试验所得数据，但数据变化与测量的先后次序有关时，应当采用不同的符号标出点的位置。常同的符号有×、○、Δ、⊗、●等，标记的中心即为数据的坐标。

对于精密作图，因给出的作图数据都是精密测量的结果，即给出各点数据的平均值及相应的精度参数，这样在作散点图时就要用区间的形式反映出来。一般有 4 种情况，如图 13－1 所示。图 13－1a 表示 x 的误差可以忽略，只考虑 y 的误差；13－1 b 表示 y 的误差可以忽略，只考虑 x 的误差；13－1c 表示 x、y 皆有误差，且误差值不等；13－1d 表示 x、y 皆有误差，且误差值相等。图中线段、矩形及圆中心点的坐标，分别为 $(x,\bar{y})$、$(\bar{x},y)$、$(\bar{x},\bar{y})$ 和 (x,y)，用 $2\sigma_x$ 或 $2\sigma_y$ 表示线段长、矩形的边长和圆的直径。

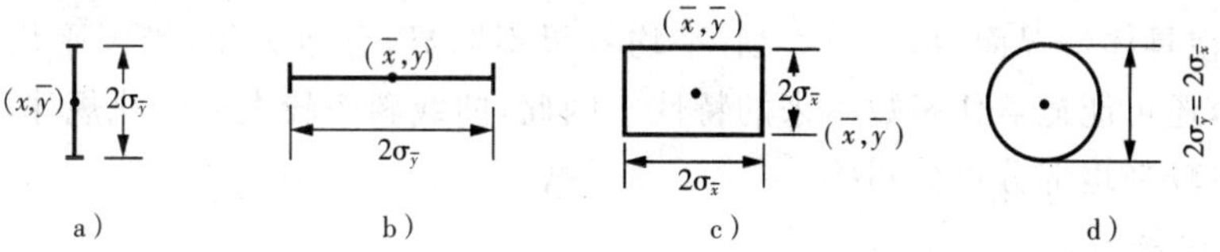

图 13－1 数据精密度的区间反映

这样就可以在坐标系中，根据试验数据标出散点图，如图 13－2 所示。

四、曲线描绘

在曲线描绘中，数据点不可能全部落在一条光滑的曲线上。一般作曲线的原则为：曲线应光滑匀整，所有数据点要靠近曲线，大体上随机地分布在曲线两侧并落在误差带范围内，但不必都在曲线上。在曲线急剧变化的地方，数据点应选密一些，如图 13－3 所示。

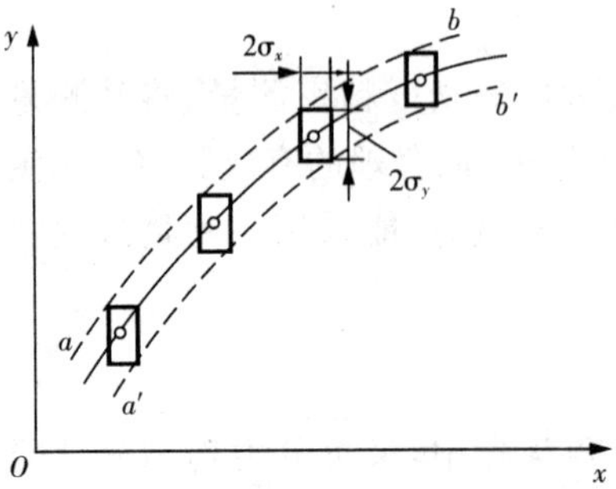

图 13-2　在坐标纸上标出测试数据点

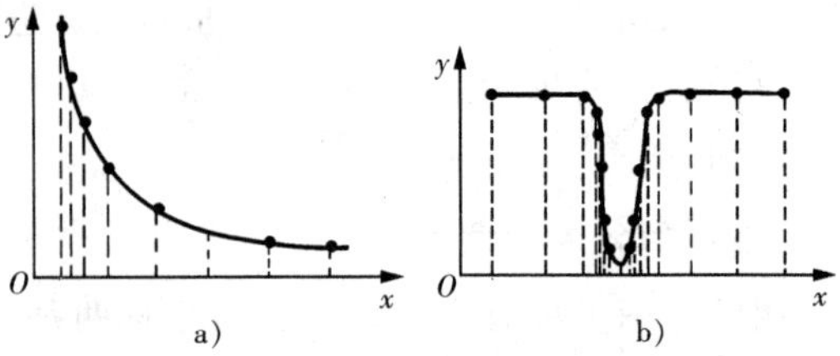

图 13-3　测试数据点的曲线描绘

当数据的分散度较大时，徒手绘制曲线较困难，在要求不太高时，可以采用下面两种简便的方法。

1. 分组平均法

如图 13-4 所示，分组平均法是把试验数据点分成若干组，每组包含 2～4 个数据点不等，然后分别求出各数据点几何质心的坐标($\bar{x}_1$，$\bar{y}_1$)，($\bar{x}_2$，$\bar{y}_2$)，如图 13-4a 所示是取相邻两个数据点平均描绘的曲线；如图 13-4b 所示是取 3～4 个数据点平均描绘的曲线。

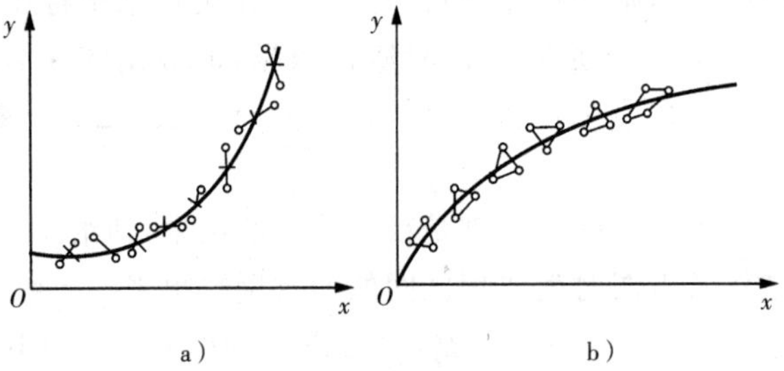

图 13-4　分组平均法描绘的曲线

利用分组平均法描绘的曲线，由于进行了数据平均，因此在一定程度上减少了测量过程中随机误差的影响。各几何质心点的分散程度显著减少，从而使作图较为方便和准确。分组的数目应视具体情况而定，分组太细，平均效果不明显；分组太粗，则因平均点很少，给作图增加困难，还可能掩盖住函数本来的特性。因此，曲线斜率较大或变化规律重要的部分可分细些，曲线较平坦部分可分粗些。

2. 残差图法

当描绘的曲线存在直线关系时，若所得直线是最佳时，则此时的残差和$\sum v_i \approx 0$以及残差平方和$\sum v_i^2$趋向最小值。若所得直线与理想的最佳直线发生了偏斜，则此时的残差和$\sum v_i \neq 0$。作出$v_i \sim x_i$的残差图，分析其变化规律然后予以修正，这就是利用残差图法修正直线的基本思想。

设试验数据服从一条理想的直线AA'，如图 13-5a 所示。图中BB'代表有偏差的直线。对这样有偏差的直线，其修正过程可归纳如下：

(1)列出试验数据对x_i、y_i值，并标注在坐标纸上。

(2)根据坐标点作一条直线如图 13-5b 所示，并求出此直线的方程，即

$$y=ax+b \tag{13-1}$$

(3)求出各 x_i 所对应的残差，即

$$v_i=y_i-(ax_i+b) \tag{13-2}$$

作残差图，如图 13－5c 所示。v_i 的分布表现了所描绘直线的偏差程度。

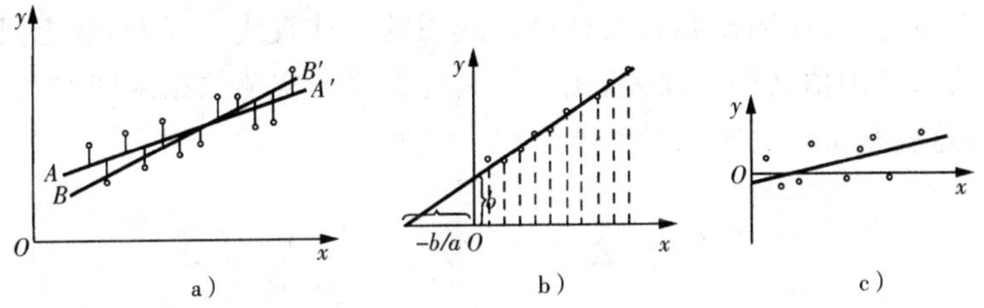

图 13－5　利用残差图法修正直线

(4)求出残差直线方程，即

$$v=a'x+b \tag{13-3}$$

(5)根据修正值的定义，可求得式(13－1)中的直线修正后的直线方程为

$$y=a_1x+b_1 \tag{13-4}$$

其中，$a_1=a+a'$；$b_1=b+b'$。

修正后的直线方程参数 a_1 和 b_1 值并不是理想的最佳方程参数值，只是比 a 和 b 更接近实际值。通常修正一次即能满足一般要求，如果要求特别高时，可进行多次修正，直到满足要求为止。

第二节　回归分析处理试验数据

试验数据经验公式的表达能够比较客观地反应数据的内在规律，并且形式紧凑，便于用数学分析方法进一步从理论上进行研究。

在静态试验数据处理中，通常用简便的经验公式来表达各变量的关系。根据最小二乘法原理确定经验公式的数理统计方法称为回归分析，处理两个变量之间的关系称为一元回归分析，处理多个变量之间关系称为多元回归分析。

一、一元线性回归

若两个变量之间的关系是线性的，则称为一元线性回归，一元线性回归分析是工程上和科研中常见的直线拟合问题。

1. 一元回归方程的确定

将两个变量的各个试验数据点画在坐标纸上，如果各点的分布近似于一条直线，则可考虑采用线性回归。

设实测自变量、因变量分别为 x_i、y_i $(i=1,2,\cdots,n)$，一元线性回归方程为

$$\hat{y}=a+bx \tag{13-5}$$

式中：$\hat{y}$——公式中算出的因变量值；

x——实测自变量的值；

a,b——线性回归系数。

用这条回归直线算出 $\hat{y}$ 值，代表测定数据的平均值，实测值 y 与平均值 $\hat{y}$ 之差 $v=y-\hat{y}$ 代表残差。残差 v 越小，说明回归直线越接近理想的最佳直线。因此，确定回归直线的原则是找出一条直线与实测值之间的误差，比任何其他直线与实测数据之间的误差都小，即残差的平方和最小，这就是最小二乘法的基本思想。可写为

$$Q_y=\sum_{i=1}^{n}v_i^2=\sum_{i=1}^{n}(y_i-\hat{y}_i)^2 \tag{13-6}$$

式中：Q_y—— 残差的平方和；

y_i—— 实测因变量值；

$\hat{y}_i$—— 回归线上的理论计算值。

将式(13－5) 代入(13－6)，则有

$$Q_y=\sum_{i=1}^{n}[y_i-(a+bx_i)]^2 \tag{13-7}$$

令 $\dfrac{\partial Q_y}{\partial a}=0,\dfrac{\partial Q_y}{\partial b}=0$，可求出 a,b 的数值，即

$$a=\bar{y}-b\bar{x} \tag{13-8}$$

$$b=\frac{l_{xy}}{l_{xx}} \tag{13-9}$$

其中

$$\bar{x}=\frac{1}{n}\sum_{i=1}^{n}x_i \tag{13-10}$$

$$\bar{y}=\frac{1}{n}\sum_{i=1}^{n}y_i \tag{13-11}$$

$$l_{xx}=\sum_{i=1}^{n}(x_i-\bar{x})^2=\sum_{i=1}^{n}x_i^2-\frac{1}{n}(\sum_{i=1}^{n}x_i)^2 \tag{13-12}$$

$$l_{xy}=\sum_{i=1}^{n}(x_i-\bar{x})(y_i-\bar{y})=\sum_{i=1}^{n}x_iy_i-\frac{1}{n}\sum_{i=1}^{n}x_i\sum_{i=1}^{n}y_i \tag{13-13}$$

式中：n—— 试验数据个数。

【例 13－1】 某车辆在水平的直线路上行驶，在不同的距离 S 测出车辆行驶的时间 t，对应的数据见表 13－1 所列，试确定其回归方程。

表 13－1 距离 S 与时间 t 试验数据表

序号	1	2	3	4	5	6	7	8
S/m	700	900	1 160	1 190	1 270	1 490	1 620	2 130
t/min	3.8	4.2	4.7	4.8	4.9	5.4	5.6	6.7

解:取距离 S 为自变量,用横坐标表示;时间 t 为因变量,用纵坐标表示。将表 13－1 中的数据画在坐标纸上,如图 13－6 所示。

从图 13－6 看出,这些点近似于一条直线,于是可以利用一条直线来代替变量之间的关系,即

$$\hat{y}=a+bx$$

式中:$\hat{y}$——公式中算出的时间 t 值;

x——距离 S 的值;

a,b——线性回归系数。

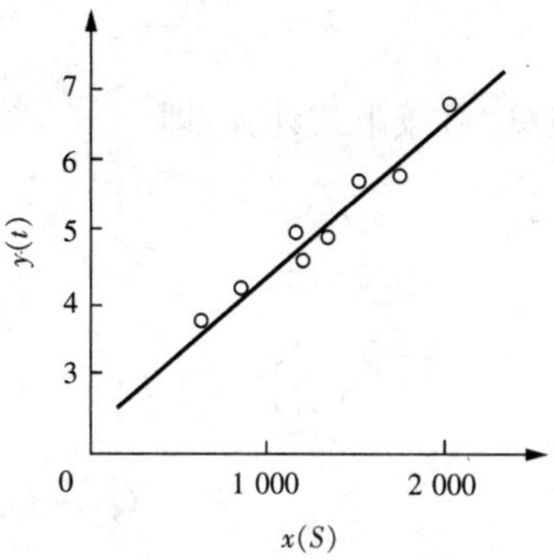

图 13－6　时间 t 与距离 S 的关系曲线

根据表 13－1 的实测数据,利用式(13－8)和式(13－9)可以求出回归系数 a 和 b,并确定车辆行驶时间和距离之间关系的回归方程,即

$$\hat{y}=2.47+0.00195x$$

2. 回归方程的精度及显著性检验

在求回归方程的过程中,回归直线是在误差最小的条件下推导出来的,但是还不能肯定两个变量之间的关系是直线关系。因此,当从一组试验数据中求出回归直线后,必须进一步判断回归直线方程是否有意义,这就是回归方程的显著性检验。另外,确定回归直线后,可以根据自变量 x 值预报或控制因变量 y 值。预报或控制的效果,就是回归方程的精度问题。

通常采用方差分析来检验回归直线的回归效果,确定回归方程的精度。在一组试验数据中,变量 y 的变动情况可以用各测量值 y_i 与其平均值 $\bar{y}$ 之差的平方和来表示,称为总离差平方和,记为 Q_x。

$$Q_x=l_{yy}=\sum_{i=1}^{n}(y_i-y)^2=\sum_{i=1}^{n}[(y_i-\hat{y}_i)+(\hat{y}_i-\bar{y})]^2=$$

$$\sum_{i=1}^{n}(y_i-\hat{y}_i)^2+\sum_{i=1}^{n}(\hat{y}_i-\bar{y})^2+2\sum_{i=1}^{n}[(y_i-\hat{y}_i)(\hat{y}_i-\bar{y})]^2 \qquad (13-14)$$

由于 y_i 随机分布在估计值 $\hat{y}_i$ 的两边(如图 13－6 所示),当试验点数很多时,可以证明式(13－14)中第 3 项为零,则

$$Q_x=\sum_{i=1}^{n}(y_i-\hat{y}_i)^2+\sum_{i=1}^{n}(\hat{y}_i-\bar{y})^2=Q_y+U$$

其中,$Q_y=\sum_{i=1}^{n}(y_i-\hat{y}_i)^2$;$U=\sum_{i=1}^{n}(\hat{y}_i-\bar{y})^2$。

U 称为回归平方和,它反映了回归直线上的点 $\hat{y}_i$ 对平均值 $\bar{y}$ 的变动,如图 13－7 所示。Q_y 称为残差平方和,它反映了试验数据 $\hat{y}_i$ 与回归直线的偏离程度。Q_y 的均方根值 $\hat{\sigma}$ 称为残差标准误差,它可以用来衡量所有随机因素对 y 的一次性观测的平均变差的大小,$\hat{\sigma}$ 越小,回归直线的精度越高。

$$\hat{\sigma}=\sqrt{\frac{Q_y}{n-2}}=\sqrt{\frac{\sum^{n}(y_i-\hat{y}_i)^2}{n-2}}=\sqrt{\frac{\sum^{n}[y_i-(a+bx_i)]^2}{n-2}} \tag{13-15}$$

U 和 Q_y 可按下式计算，即

$$U=\sum_{i=1}^{n}(\hat{y}_i-\bar{y})^2=$$

$$\sum_{i=1}^{n}(a+bx_i-a-b\bar{x})^2=b^2\sum_{i=1}^{n}(x_i-\bar{x}_i)^2=b^2 l_{xx}=bl_{xy} \tag{13-16}$$

$$Q_y=l_{yy}-U=l_{yy}-b^2 l_{xx}=l_{yy}-bl_{xy} \tag{13-17}$$

一个回归方程是否显著，即 y 与 x 的线性关系是否密切，取决于 U 及 Q_y 的大小。U 越大，Q_y 越小，说明 y 与 x 的线性关系越密切。回归方程显著性检验通常采用 F 检验法（即方差分析法）和相关分析法。

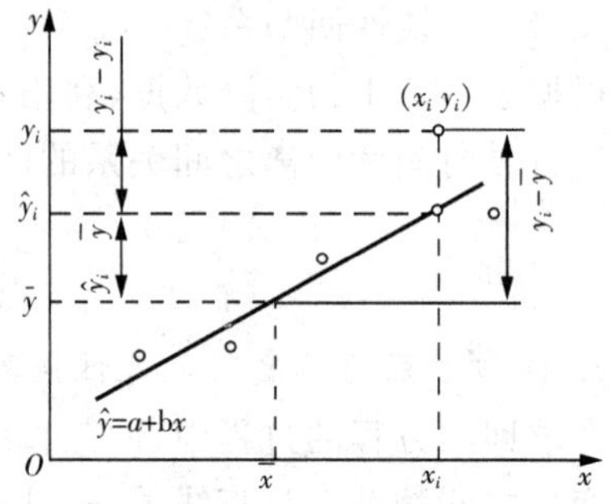

图 13-7　确定回归方程精度的示意图

(1)F 检验法

方差又称为均方，而自由度是表征计算随机变量平方和时，有多少个随机变量独立线性函数要考虑的数。因此，方差分析的关键是在正确计算平方和的基础上，决定其自由度。

总离差平方和 Q_x 的自由度 f 为$(n-1)$，由于平方和相对应的自由度具有可叠加性，因此总的自由度 f 也等于回归平方和的自由度 f_U 与残差平方和的自由度 f_{Q_y} 之和，即

$$f=f+f_{Q_y} \tag{13-18}$$

而回归平方和的自由度 f_U 对应的自变量的个数，在一元线性回归中，$f_U=1$，故

$$f_{Q_y}=f-f_U=n-2 \tag{13-19}$$

令统计量 F 为

$$F=\frac{U/f_U}{Q_y/f_{Q_y}} \tag{13-20}$$

对一元线性回归，则

$$F=\frac{U/1}{Q_y/(n-2)} \tag{13-21}$$

然后，根据显著性水平 α 及自由度 f_U、f_{Q_y}，查 F 分布表得到 $F_\alpha(1,n-2)$ 值，F 分布表中两个自由度 f_1 和 f_2 分别对应于 f_U、f_{Q_y}。检验时，一般需查出 F 分布表中所对应的 3 种显著性水平 α 的数值，记为 $F_\alpha(1,n-2)$，将这 3 个数值与由式(13-21)计算的 F 值进行比较，若 $F\geqslant F_{0.01}(1,n-2)$，则回归高度显著；若 $F_{0.05}(1,n-2)\leqslant F\leqslant F_{0.01}(1,n-2)$，则回归显著；若 $F<F_{0.05}(1,n-2)$，则回归不显著。高度显著，又称为在 0.01 水平上显著；显著，又称为在 0.05 水平上显著；不显著，则是指 y 与 x 的线性关系不密切。

把上述方差分析的所有平方和及自由度归纳在一个简单的表格中，这种表称为方差分析表，如表 13 - 2 所示。

表 13 - 2　方差分析表

变差来源	平方和	自由度	方差	F 值
回归	$U=bl_{xy}$	1		$F=\dfrac{U/1}{Q_y/(n-2)}$
残差	$Q_y=l_{yy}-bl_{xy}$	$n-2$	$\hat{\sigma}^2=\dfrac{Q_y}{n-2}$	
总计	$Q_x=l_{yy}$	$n-1$		

【例 13 - 2】　对表 13 - 1 所提供的试验数据所求得的回归直线进行显著性检验。

解：根据上述分析，将表 13 - 1 所提供的试验数据代入公式，可得回归直线的方程分析表，如表 13 - 3 所示。

表 13 - 3　回归直线的方差分析表

变差来源	平方和	自由度	方差	F 值	显著性
回归	5.57	1		55.7	高度显著
残差	0.06	6	0.01		
总计	5.63	7			

从 F 分布表中查出：$F_{0.01}(1,6)=13.7$；由于 $F=557>F_{0.01}(1,6)$，由此可以得出表 13 - 1提供的试验数据所求得的回归直线高度显著。

(2)相关分析法

检查回归直线是否正确，还可以采用相关分析法。由于回归平方和 U 与总离差平方和 Q_x 的比值反映了回归的效果，比值越大，即 U 越大，Q_x 越小，则两变量的线性关系越密切。因此令

$$r=\sqrt{\frac{U}{Q_x}}=\sqrt{\frac{bl_{xy}}{l_{yy}}}=\frac{l_{xy}}{\sqrt{l_{xx}l_{yy}}} \tag{13-22}$$

式中，r 称为相关系数，$0\leqslant|r|\leqslant1$。若 $|r|=1$，表示所有的试验点都严格地分布在一条直线上，即具有确定的线性关系。若 $|r|$ 趋近于零，则认为 x 与 y 之间没有线性关系。如图13 - 8 所示为不同的相关系数 r 所代表的试验观察点分布情况。

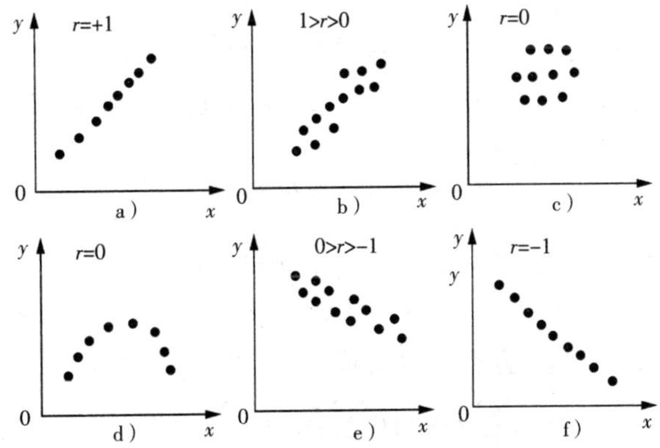

图 13 - 8　相关系数与试验观察点分布

二、二元线性回归

二元线性回归分析是对1个因变量与两个自变量之间建立线性函数的一种方法，其原理与一元线性回归分析完全相同。

1. 二元线性回归方程的建立

设因变量 y 与两个自变量 x 和 z 之间是线性关系，并记第 t 次观察值为(x_t, z_t, y_t)，$t=1,2,3,\cdots,n$。

这 n 组数据在空间坐标上可表示为一个平面，它的结构式为

$$y_t=\alpha+\beta x_t+\gamma z_t+\varepsilon_t t \tag{13-23}$$

式中，ε_t 是第 t 次观测值的试验误差，一般假设 ε_t 是 n 个相互独立且都服从正态分布 $N(0,\sigma^2)$ 的随机变量。

未知系数 α、β、γ 仍用最小二乘法来确定，设 a、b、c 是它们对应的估计值，则得二元线性回归方程，即

$$\hat{y}=a+bx+cz \tag{13-24}$$

式中，$\hat{y}$ 为 y 的理论估计值或回归值，回归系数 a、b、c 是当全部观测值 y_t 与回归值 $\hat{y}_t$ 的总偏差平方和 q 为最小时的最佳估计值，即

$$q=\sum_{t=1}^{n}(y_t-\hat{y}_t)^2=\sum_{t=1}^{n}(y_t-a-bx-cz)^2$$

因为用最小二乘法求 a、b、c，就应将 q 分别对 a、b、c 进行偏微分，然后令各偏导数为零，得出联解 a、b、c 的“正规”方程组，即

$$\sum_{t=1}^{n}y_t=na+b\sum_{t=1}^{n}x_t+c\sum_{t=1}^{n}z_t \tag{13-25a}$$

$$\sum_{t=1}^{n}x_ty_t=a\sum_{t=1}^{n}x_t+b\sum_{t=1}^{n}x_t^2+c\sum_{t=1}^{n}x_tz_t \tag{13-25b}$$

$$\sum_{t=1}^{n}z_ty_t=a\sum_{t=1}^{n}z_t+b\sum_{t=1}^{n}x_tz_t+c\sum_{t=1}^{n}z_t^2 \tag{13-25c}$$

解方程(13-25a)时，以 n 除(13-25a)式，得

$$a=\bar{y}-b\bar{x}-c\bar{z} \tag{13-25d}$$

将其代入式(13-24)、(13-25b)和(13-25c)，于是，得到二元回归方程为

$$\hat{y}-\bar{y}=b(x-\bar{x})+c(z-\bar{z})$$

若记 $Y=\hat{y}-\bar{y}$，$X=x-\bar{x}$，$Z=z-\bar{z}$，则上式可写成

$$Y=bX+cZ$$

于是式(13-25)的“正规”方程组可写成

$$\sum YX=b\sum X^2+c\sum XZ$$

$$\sum YZ=b\sum XZ+c\sum Z^2$$

联解此方程组,求二元线性回归系数 b、c 值,即

$$b=\frac{(\sum YX)(\sum Z^2)-(\sum XZ)(\sum YZ)}{\sum X^2\sum Z^2-(\sum XZ)^2} \tag{13-26}$$

$$c=\frac{(\sum X^2)(\sum YZ)-(\sum YX)(\sum XZ)}{\sum X^2\sum Z^2-(\sum XZ)^2} \tag{13-27}$$

在二元回归系数确定之后,能代表数据的方程(回归方程)即已建立。

2. 二元线性回归方程的方差检验

n 个观察值 $y_1,y_2,\cdots,y_n$ 与其平均值 $\bar{y}_t$ 产生变差,记为 $y_t-\bar{y}_t$。其总变差平方和为:

$$Q=\sum_{t=1}^{n}(y_t-\bar{y}_t)^2=\sum_{t=1}^{n}(\hat{y}_t-\bar{y}_t)^2+\sum_{t=1}^{n}(y_t-\hat{y}_t)^2$$

即

$$Q=Q_{回}+Q_{剩}$$

式中:$Q_{回}$ —— 回归平方和,它表示两个自变量 x,z 对变量 y 的变差影响(物理变差);

$Q_{剩}$ —— 剩余平方和,它表示除自变量外,由试验误差或其他随机因素对 y 的影响。

同理,当 $Q_{回}$ 越大($Q_{剩}$ 越小时),则表示 y 与 x,z 的线性关系越密切,回归方程效果越好。Q、$Q_{回}$、$Q_{剩}$ 的自由度分别为 $f=n-1$、$f_{回}=2$(有两个自变量)、$f_{剩}=f-f_{回}=n-3$,计算 Q、$Q_{回}$、$Q_{剩}$ 的常用公式为

$$\begin{cases} Q=\sum_{t=1}^{n}y_t^2-\frac{1}{n}(\sum_{t=1}^{n}y_t^2)=L_y^2 \\ Q_{剩}=bL_{xy}+cL_{zy} \\ Q_{回}=L_y^2-Q_{剩} \end{cases}$$

其中

$$L_x^2=\sum(x-\bar{x})^2=\sum x^2-\frac{1}{n}(\sum x)^2 \tag{13-28}$$

$$L_{xy}=\sum(x-\bar{x})(y-\bar{y})=\sum xy-\frac{1}{n}(\sum x)(\sum y) \tag{13-29}$$

$$L_{xy}=\sum[(z-\bar{z})(y-\bar{y})]=\sum zy-\frac{1}{n}(\sum z)(\sum y) \tag{13-30}$$

二元线性回归方程的方程检验原理与一元线性回归分析一样,即检验假设 $H_0:\beta=0$,$\gamma=0$。为此应先计算 F,即

$$F=\frac{Q_{回}/f_{回}}{Q_{剩}/f_{剩}}=\frac{Q_{回}/2}{Q_{剩}/(n-3)}$$

而 F 临界值按 $F_{\alpha(2,n-3)}$ 查表,具体检验方法同前。

关于二元线性回归方程的剩余方差,这里记

$$S^2=Q_{剩}/f_{剩}=Q_{剩}/(n-3)$$

则剩余标准差为 $S=\sqrt{Q_{剩}/(n-3)}$。

3. 二元线性回归方程的相关检验

当检验两个变量(一个因变量 y,一个自变量 x)之间的线性密切的程度时,用到了单相关系数 ρ,其定义式为

$$\rho=\frac{\sum(x-\bar{x})(y-\bar{y})}{\sqrt{\sum(x-\bar{x})^2(y-\bar{y})^2}}=\frac{L_{xy}}{\sqrt{L_x^2L_y^2}} \tag{13-31}$$

当自变量在一个以上时,就要用到下列各种相关系数。

(1) 单相关系数

检查两个自变量 x 和 z 之间的线性关联程度时,用

$$\rho_{xz}=\frac{L_{xz}}{\sqrt{L_x^2L_z^2}} \tag{13-32}$$

当 $|\rho_{xz}|$ 越大,说明两个自变量之间线性关系密切,这时要建立的回归方程(平面)并不理想。当 $|\rho_{xz}|=0$ 时,说明两个自变量相互独立,这时建立的平面回归方程比较好。

单独检查每一个自变量 x 或 z 与因变量 y 之间线性关联程度时,用

$$\rho_{xy}=\frac{L_{xy}}{\sqrt{L_x^2L_y^2}} \tag{13-33}$$

或

$$\rho_{zy}=\frac{L_{zy}}{\sqrt{L_z^2L_y^2}} \tag{13-34}$$

其中

$$L_y^2=\sum(y-\bar{y})^2=\sum y^2-\frac{1}{n}\left(\sum y\right)^2 \tag{13-35}$$

$$L_{xz}^2=\sum_{t=1}^{n}(x_t-\bar{x})(z-\bar{z})=\sum xz-\frac{1}{n}\left(\sum x\right)\left(\sum z\right) \tag{13-36}$$

$$L_z^2=\sum_{t=1}^{n}(z_t-\bar{z})^2=\sum z^2-\frac{1}{n}\left(\sum z\right)^2 \tag{13-37}$$

(2)偏相关系数

由于在多元情况下,变量均在不断地变化,要想真正求出任意两个变量间的相关系数,必须除去其他变量的影响,即将其他变量固定后,再求两者的相关系数,这就是偏相关系数。例如,将某一自变量 x 或 z 固定,分析另一自变量 z 或 x 和因变量 y 之间线性密切程度时,可从 x、y、z 的单相关系数计算。

当 x 固定,求 z 和 y 之间的偏相关系数,用

$$\rho_{yz\cdot x}=\frac{\rho_{yz}-\rho_{yx}-\rho_{zx}}{\sqrt{(1-\rho_{yx}^2)(1-\rho_{zx}^2)}} \tag{13-38}$$

当 z 固定,求 x 和 y 之间的偏相关系数,用

$$\rho_{yx\cdot z}=\frac{\rho_{yx}-\rho_{yz}-\rho_{xz}}{\sqrt{(1-\rho_{yz}^2)(1-\rho_{xz}^2)}} \tag{13-39}$$

由于变量之间的关系错综复杂,在多元回归中,只有偏相关系数才能真正反映两个变量的本质联系,而单相关系数甚至会产生假象。

(3)全(复)相关系数或称多元相关系数

它表示自变量 x、z 共同对因变量 y 的线性相关程度。按下式计算：

$$\rho_{yx\cdot z}=\sqrt{\frac{Q_{回}}{L_y^2}}=\sqrt{\frac{bL_{XY}+cL_{ZY}}{L_y^2}}=\sqrt{1-\frac{Q_{剩}}{L_y^2}} \tag{13-40}$$

三、非线性回归

在实际问题中，当两个变量之间不符合线性关系时，一般分两步求得所需的回归方程。选取合适的函数类型；求解相关函数中的回归系数和常数项。一元非线性回归分析是试验数据处理中的曲线拟合问题，用最小二乘法直接求解非线性回归分析方程比较复杂。通常是通过变量把回归曲线转换成直线，然后用一元线性回归方法求解，或直接用回归多项式来描述两变量之间的关系。

1. 化曲线为直线的回归

化曲线为直线的回归分析，通过4个步骤来完成：

(1)选取合适的函数类型；

(2)通过变量转换把非线性关系变换为线性关系函数；

(3)进行一元线性回归分析；

(4)通过变量反转换，将求出的线性关系还原为非线性关系，即得到所要求的拟合曲线。

在选取合适的函数类型时，可以采用比较法。将试验数据作图，并与典型曲线进行比较，以确定曲线类型，也可以根据专业知识，从理论推导或根据试验经验确定两变量之间的函数类型，如图13-9所示。

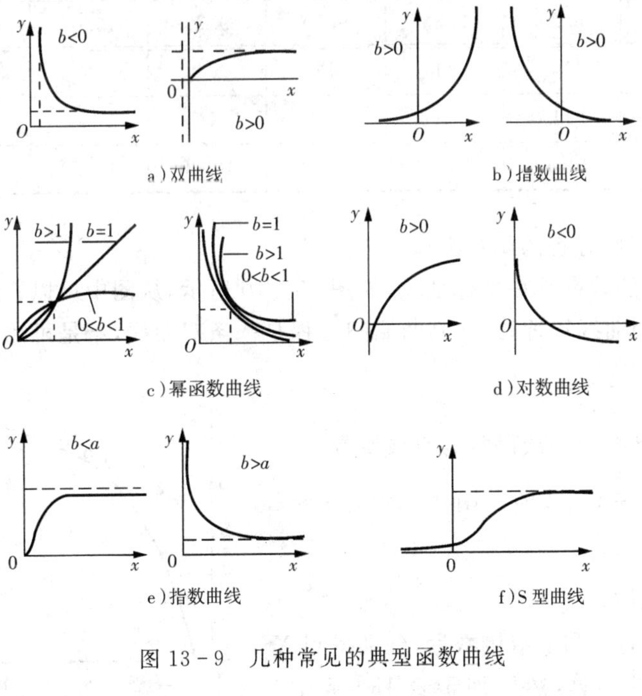

图13-9　几种常见的典型函数曲线

常见的典型曲线通过变量转换化成直线的经验公式如下：

(1)双曲线$\frac{1}{y}=a+\frac{b}{x}$

令$Y=\frac{1}{y}$，$X=\frac{1}{x}$，$A=a$，$B=b$；则$Y=A+BX$。

(2)对数曲线 $y=a+b\lg x$

令$Y=y$，$X=\lg x$，$A=a$，$B=b$；则$Y=A+BX$。

(3)指数曲线 $y=ax^{bx}$

令$Y=\ln y$，$X=x$，$A=\ln a$，$B=b$；则$Y=A+BX$。

(4)幂函数曲线 $y=ax^{b}$

令$Y=\lg y$，$X=\lg x$，$A=\ln a$，$B=b$；则$Y=A+BX$。

必须指出，回归方程$Y=A+BX$是对变量转换后的数据所作的最佳拟合。经过逆转换后所得的回归方程$\hat{y}=f(x)$，虽然在一般情况下，对原始试验数据具有较好的拟合精度，但不一定是最佳的拟合。因此，在可能的情况下，最好用不同的类型的方程进行拟合并比较其精度，然后择优选用。

【例 13-3】 在一项试验中，对变量x和y进行实测，其数据如表 13-4 所示。试确定其回归方程。

表 13-4 试验数据表

序号	1	2	3	4	5	6	7	8
x	2	3	4	5	6	7	8	9
y	6.42	8.20	9.85	9.50	9.70	10.00	9.93	9.99
序号	9	10	11	12	13	14	15	-
x	10	11	12	13	14	15	16	-
y	10.49	10.59	10.60	10.80	10.00	10.90	10.76	-

解 (1)确定回归方程的函数类型

将表 13-4 中的数据画在坐标纸上，如图 13-10 所示，从图中可以看出，数据点的分布与图 13-9a 所示的曲线接近，故初判断回归方程是一条双曲线，于是可用下式表示：

$$\frac{1}{y}=a+\frac{b}{x}$$

(2)通过变量转换化曲线函数为直线函数

令$Y=\frac{1}{y}$，$X=\frac{1}{x}$，则双曲线函数式变成$Y=a+bX$。

(3)进行一元回归

将表 13-4 中的x和y取倒数后，分别得到X和Y，并进行相应的运算，然后列于表 13-5 中。根据表 13-5 中数据可算出：

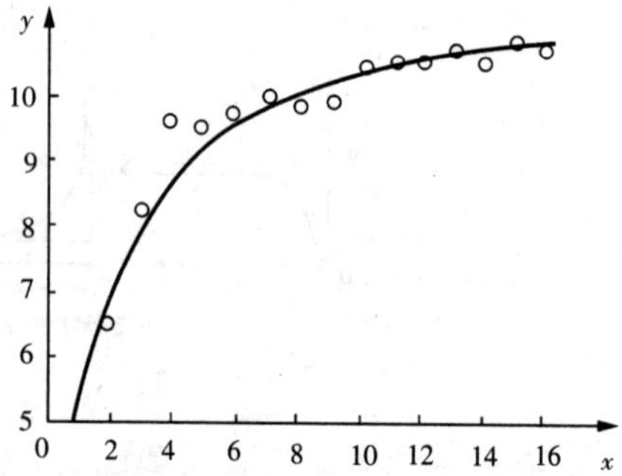

图 13-10 用双曲线拟合试验数据

$$l_{xx}=\sum X^2-\frac{1}{n}(\sum X)^2=0.5843-0.377=0.2064,$$

$$l_{xy}=\sum XY-\frac{1}{n}(\sum X)(\sum Y)=0.2719-0.2451=0.0268,$$

$$\bar{X}=\frac{1}{n}\sum X=0.1587,$$

$$\bar{Y}=\frac{1}{n}\sum Y=0.1029。$$

于是可得线性回归系数：

$$b=\frac{l_{xy}}{l_{xx}}=\frac{0.0268}{0.2064}=0.1298$$

$$a=\bar{Y}-b\bar{X}=0.1029-0.1298\times 0.1587=0.0823$$

得到回归直线为

$$Y=0.0823+0.1298X$$

表 13-5　一元回归计算表

序　号	X	Y	X^2	Y^2	XY
1	0.500	0.156	0.250 0	0.024 3	0.077 9
2	0.333	0.122	0.111 1	0.014 9	0.040 7
3	0.250	0.102	0.062 5	0.010 3	0.025 4
4	0.200	0.105	0.040 0	0.011 1	0.021 1
5	0.167	0.103	0.027 8	0.010 6	0.017 2
6	0.143	0.100	0.020 4	0.010 0	0.043 1
7	0.125	0.101	0.015 6	0.010 1	0.012 6
8	0.111	0.100	0.012 3	0.010 0	0.011 1
9	0.100	0.095	0.010 0	0.009 1	0.009 5
10	0.091	0.09 4	0.008 3	0.008 9	0.008 6
11	0.083	0.09 4	0.006 9	0.008 9	0.007 9
12	0.077	0.09 3	0.005 9	0.008 6	0.007 1
13	0.071	0.09 4	0.005 1	0.008 9	0.006 7
14	0.067	0.09 2	0.004 4	0.003 4	0.006 1
15	0.063	0.09 3	0.003 9	0.008 5	0.005 8
$\sum$	2.381	1.544	0.584 3	0.162 7	0.271 9

(4)通过变量反转换求回归线

将 $Y=\frac{1}{y}$，$X=\frac{1}{x}$，则可得回归曲线为

$$\frac{1}{\hat{y}}=0.0823+\frac{0.1298}{x}$$

2. 多项式回归

在一元线性回归分析中，可以采用变量转换的方法，化曲线为直线进行回归分析。但应指出，并非所有曲线都可以按照这种方法处理。如图 13－9 所示，如果一组试验数据很难用一个典型函数曲线来描述时，那么总可以用一个多项式来逼近。即

$$y=a_0+a_1x+a_2x^2+\cdots+a_mx^m \tag{13-41}$$

对试验数据进行多项式回归，首先要确定多项式的次数，然后再求出系数值。

(1)多项式次数的确定

多项式次数的确定一般采用差分法。设自变量的取值是等间距的，即

$$x_2-x_1=x_3-x_2=\cdots=x_m-x_{m-1}=\Delta x$$

计算出因变量 y 的相邻之间的差值，称为一阶差值 Δy，即

$$\Delta y_1=y_2-y_1,\Delta y_2=y_3-y_2,\cdots,\Delta y_{m-1}=y_m-y_{m-1}$$

二阶差值 $\Delta^2 y$ 为

$$\Delta^2 y_1=\Delta y_2-\Delta y_1,\Delta^2 y_2=\Delta y_3-\Delta y_2,\cdots$$

三阶差值 $\Delta^3 y,\cdots,n$ 阶差值 $\Delta^n y$ 为

$$\Delta^3 y_1=\Delta^2 y_2-\Delta^2 y_1,\Delta^3 y_2=\Delta^2 y_3-\Delta^2 y_2,\cdots$$

$$\vdots$$

$$\Delta^n y_1=\Delta^{n-1} y_2-\Delta^{n-1} y_1,\Delta^n y_2=\Delta^{n-1} y_3-\Delta^{n-1} y_2,\cdots$$

当某阶差值之间的最大差值 $(\Delta^n y)_{\max}$ 不大于 y 的测量误差 δ_y 累积起来的该阶差值的误差时，此阶数即为多项式的次数，即

$$(\Delta^n y)_{\max}\leqslant 2^n|\delta_y| \tag{13-42}$$

这时差值的阶数 n 即为多项式的次数 m。

【例 13－4】 测试数据列于表 13－6 中第 1、2 列。已知 y 的测量误差 $\delta_y=\pm 0.05$，试确定回归多项式的次数。

表 13－6 差值计算表

x	y	Δy	$\Delta^2 y$	$\Delta^3 y$
20	5.4	3.6	—	—
40	9.0	5.9	2.3	0.2
60	14.9	8.0	2.1	0.1
80	22.9	10.2	2.2	0.1
100	33.1	12.5	2.3	—
120	45.6	—	—	—

解： 由表 13－6 可见，二阶差值之间最大差 $(\Delta^2 y)_{\max}=0.2$，而由测试误差带来的二阶差值的误差为

$$2^2|\delta_y|=2^2\times0.05=0.2$$

即$(\Delta^2 y)_{\max}=2^2|\delta_y|$满足式(13－42)的要求，因此多项式的次数为2，亦即

$$y=a_0+a_1x+a_2x^2$$

(2)多项式系数的确定

多项式系数的确定常采用最小二乘法，实际测试值与回归多项式计算值的残差的平方和为最小，即

$$Q_Y=\sum_{i=1}^{n}(y_i-\hat{y}_i)^2=\sum_{i=1}^{n}[y_i-(a_0+a_1x+a_2x^2+\cdots+a_mx^m)]^2=\sum_{i=1}^{n}\left[y_i-\sum_{j=1}^{m}a_jx_i^j\right]^2 \tag{13-43}$$

令$\dfrac{\partial Q_y}{\partial a_0}=0,\dfrac{\partial Q_y}{\partial a_1}=0,\cdots,\dfrac{\partial Q_y}{\partial a_m}=0$，可求出$a_0,a_1,\cdots,a_m$，的数值，即

$$\begin{cases}a_0=D_0/D\\a_1=D_1/D\\a_2=D_2/D\\\vdots\\a_m=D_m/D\end{cases} \tag{13-44}$$

其中

$$D=\begin{vmatrix}n & \sum x_i & \sum x_i^2 & \cdots & \sum x_i^m\\ \sum x_i & \sum x_i^2 & \sum x_i^3 & \cdots & \sum x_i^{m+1}\\ \sum x_i^2 & \sum x_i^3 & \sum x_i^4 & \cdots & \sum x_i^{m+2}\\ \vdots & \vdots & \vdots & \vdots & \vdots\\ \sum x_i^m & \sum x_i^{m+1} & \sum x_i^{m+2} & \cdots & \sum x_i^{2m}\end{vmatrix} \tag{13-45}$$

$$D_0=\begin{vmatrix}\sum y_i & \sum x_i & \sum x_i^2 & \cdots & \sum x_i^m\\ \sum x_iy_i & \sum x_i^2 & \sum x_i^3 & \cdots & \sum x_i^{m+1}\\ \sum x_i^2y_i & \sum x_i^3 & \sum x_i^4 & \cdots & \sum x_i^{m+2}\\ \vdots & \vdots & \vdots & \vdots & \vdots\\ \sum x_i^my_m & \sum x_i^{m+1} & \sum x_i^{m+2} & \cdots & \sum x_i^{2m}\end{vmatrix} \tag{13-46}$$

$$D_1=\begin{vmatrix}n & \sum y_i & \sum x_i^2 & \cdots & \sum x_i^m\\ \sum x_i & \sum x_iy_i & \sum x_i^3 & \cdots & \sum x_i^{m+1}\\ \sum x_i^2 & \sum x_i^2y_i & \sum x_i^4 & \cdots & \sum x_i^{m+2}\\ \vdots & \vdots & \vdots & \vdots & \vdots\\ \sum x_i^m & \sum x_i^{m+1}y_i & \sum x_i^{m+2} & \cdots & \sum x_i^{2m}\end{vmatrix} \tag{13-47}$$

$$D_m = \begin{vmatrix} \sum y_i & \sum x_i & \sum x_i^{\ 2} & \cdots & \sum y_i \\ \sum x_i y_i & \sum x_i^{\ 2} & \sum x_i^{\ 3} & \cdots & \sum x_i y_i \\ \sum x_i^2 y_m & \sum x_i^3 & \sum x_i^4 & \cdots & \sum x_i^2 y_i \\ \vdots & \vdots & \vdots & \vdots & \vdots \\ \sum x_i^m y_m & \sum x_i^{m+1} & \sum x_i^{m+2} & \cdots & \sum x_i^{2m} y_i \end{vmatrix} \tag{13-48}$$

$$i = 1, 2, \cdots, n$$

(3) 回归曲线方程的效果评定

回归曲线拟合的效果可以用相关系数 R 评价，即

$$R = 1 - \frac{\sum (y_i - \hat{y}_i)^2}{\sum (y_i - \bar{y}_i)^2} \tag{13-49}$$

式中，$i = 1, 2, \cdots, n$。

应当注意，R 与曲线函数转换后所求得的直线回归的相关系数 r 绝非一回事，不能混淆。这里 R 越接近 1，则表明所拟合曲线的效果越好，其回归越显著。

与线性回归一样，曲线拟合的精度也可用残差标准误差 $\hat{\sigma}$ 来表示，即

$$\hat{\sigma} = \sqrt{\frac{Q_y}{n-q}} = \sqrt{\frac{\sum_{i=1}^{n} (y_i - \hat{y}_i)^2}{n-q}} \tag{13-50}$$

式中：q—— 回归方程中待定系数的个数；

$\hat{\sigma}$—— 越小则说明回归曲线的精度越高。

思考与练习

13-1　试验数据结果表达方式一般有几种？简述各自的特点。

13-2　回归分析的基本原理是什么？它要解决哪些问题？

13-3　求下列试验数据的线性回归方程，并进行显著性检验($\alpha = 0.05$)。

x	1	3	8	10	13	15	17	20
y	7.5	10.1	14.8	17.5	20.2	22.4	25.1	27.6

13-4　在一定的的径向载荷下，对某汽车轮胎的气压 p 和静力半径 r 进行了测量，测得的数据如下：

$p/10^5$ Pa	1.0	1.2	1.4	1.5	1.6	1.8
r/mm	633	635	637	639	641	643

试确定轮胎的静力半径 r 与气压 p 之间的经验公式，并求出回归精度。

13-5　已知试验数据如下：

x	0	0.2	0.4	0.6	0.8	1.0	1.2
y	1.0	2.4	6.6	14.2	25.7	40.1	57.5

试利用多项式回归确定经验公式，并求回归曲线的精度。

13-6　DK 6111型大客车等速油耗试验数据如下：

$v/(\mathrm{km}\cdot\mathrm{h}^{-1})$	25	30	35	40	45	50	55	60	70
$Q/(\mathrm{L}\cdot 100\mathrm{km}^{-1})$	22.5	22.4	22.5	24.5	26.8	28.9	32.5	34.9	42.0

试确定其回归方程，并求曲线拟合精度。

第十四章 汽车动态试验数据处理

内容提要：本章介绍的主要内容包括汽车动态试验数据分类，试验数据分析处理的步骤，试验数据的时域、频域分析及应用等。

动态试验数据指的是随时间变化的试验数据，试验数据是以时间为自变量的连续函数 $x(t)$，亦可称为数据。根据试验数据所表征的变化特点，试验数据可以分为确定性数据和非确定性数据(随机性数据)两大类。能够精确地用明确的数学关系式描述的数据称为确定性数据。不能精确地用明确的数学关系式描述，无法预测任意时刻的精确值的数据称为非确定性数据(随机性数据)，它只能用概率术语和统计平均描述。

第一节　动态试验数据分类

一、确定性数据

确定性数据可以分为周期的和非周期的两类，周期数据又可分为简谐周期数据和复杂周期数据，非周期数据可以分为准周期数据和瞬变数据。

1. 简谐周期数据

典型的简谐周期数据是正弦数据，它的表达式为

$$x(t)=X\sin(2\pi f_0 t+\varphi_0) \tag{14-1}$$

式中：X——振幅；

f_0——频率；

φ_0——初始相位角。

如图 14-1 所示是正弦数据的波形和频谱图。由图可知，正弦数据由单一频率 f_0 组成，频谱图在 f_0 处呈现为线谱。

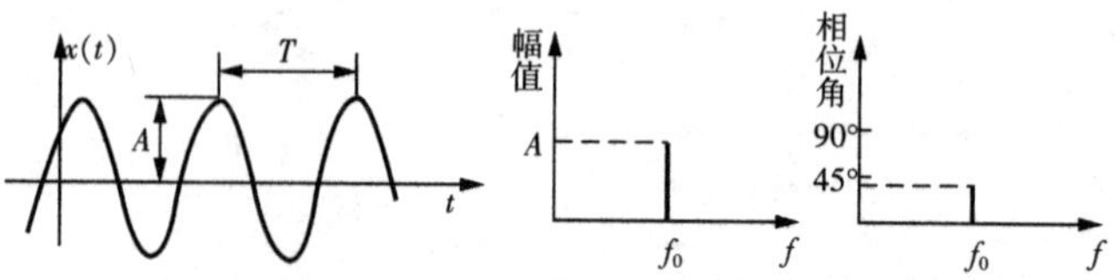

a)波形图　　b)频谱图

图 14-1　正弦数据的波形和频谱

在实际中，有很多物理过程会产生近似的简谐数据，例如，交流发电机的电压输出和不平衡旋转的振动运动等。

2. 复杂周期数据

复杂周期性数据的波形和频谱如图 14 - 2 所示。由傅里叶级数理论可知，任何一个满足于狄利克雷条件的周期性函数都可以展开成若干简谐函数之和，即

$$x(t) = X_0 + \sum_{n=1}^{\infty} X_n \sin(2\pi f_1 t + \varphi_n) \tag{14-2}$$

式中：$X_0 = \dfrac{1}{T}\int_{-\frac{T}{2}}^{\frac{T}{2}} x(t)\mathrm{d}t$；

$X_n = \sqrt{a_n^2 + b_n^2}$，$n = 1,2,3,\cdots$；

$a_n = \dfrac{2}{T}\int_{-\frac{T}{2}}^{\frac{T}{2}} x(t)\cos 2\pi n f_1 t\mathrm{d}t$；

$b_n = \dfrac{2}{T}\int_{-\frac{T}{2}}^{\frac{T}{2}} x(t)\sin 2\pi n f_1 t\mathrm{d}t$；

φ_n—— 相位角，$\varphi_n = \arctan \dfrac{a_n}{b_n}$；

T—— 周期，$f_1 = \dfrac{1}{T}$。

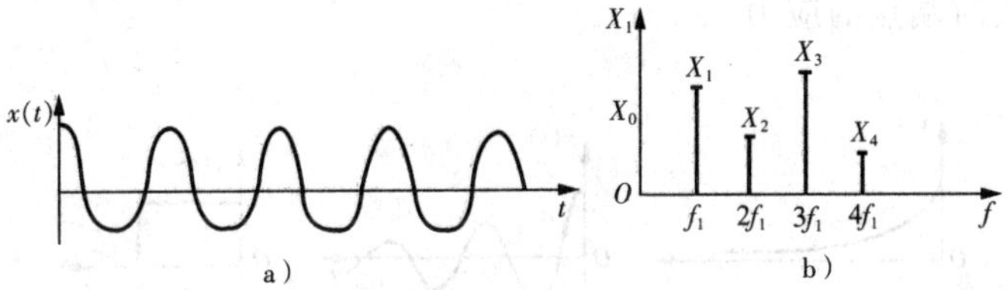

图 14 - 2　复杂周期性数据的波形和频谱

实际中产生复杂周期数据的状况远多于产生简谐数据的状况，事实上，归类为简谐的数据往往是复杂数据的一种近似表示。例如，交流发电机的输出电压，经观测，它具有一定的高频分量。多缸往复式发动机的振动响应，通常会有明显的谐波分量。

3. 准周期数据

如前所述，周期数据一般可以简化成一系列频率成比例的正弦波。反过来，两个或几个频率成比例的正弦波叠加起来，将组成 1 个周期数据。但是，任意频率的两个或几个正弦波之和，一般不会组成周期数据。具体地讲，只有每一对频率之比都是有理数时，两个或几个正弦波之和才是周期性的。如果频率之比不是有理数，则其函数对应的时间历程将具有“准周期”的特性，其表达式为

$$x(t) = \sum_{n=1}^{\infty} X_n \sin(2\pi f_n t + \varphi_n) \tag{14-3}$$

式中，频率比 f_n/f_{n+1} 为无理数。在频谱图上，呈现为间隔不等且间隔之比为无理数的离散谱线，如图 14 - 3 所示。

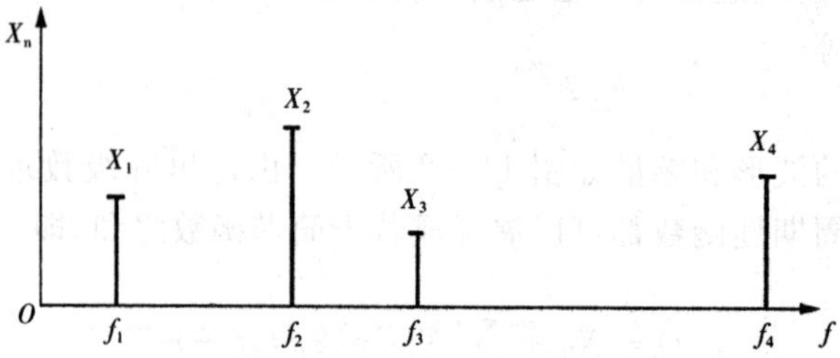

图 14－3　准周期性数据的频谱

实际中，当两个或几个无关联的周期现象混合作用时，常常会产生准周期性的数据。多机组内燃机车和螺旋推进飞机，在发动机不同步时的振动响应就是一个很好的准周期数据的例子。

准周期数据的一个重要性质是：若把相角 φ_n 忽略，则式 14－3 可用离散谱来表征（如图 14－3 所示）。这与处理复杂周期性数据一样，其差别只是各分量的频率不再是有理数的关系。

4. 瞬变非周期数据

处理准周期以外的非周期数据都属于瞬变数据，如图 14－4 所示给出了瞬变数据的 3 个简单例子。如图 14－4a 所示的波形可以表示电容器放电时的变化情况；如图 14－4b 所示的波形可以表示激振力消除后振动系统的阻尼自由振动；如图 14－4c 所示的波形可以表示承载钢索在断裂时端点的应力。

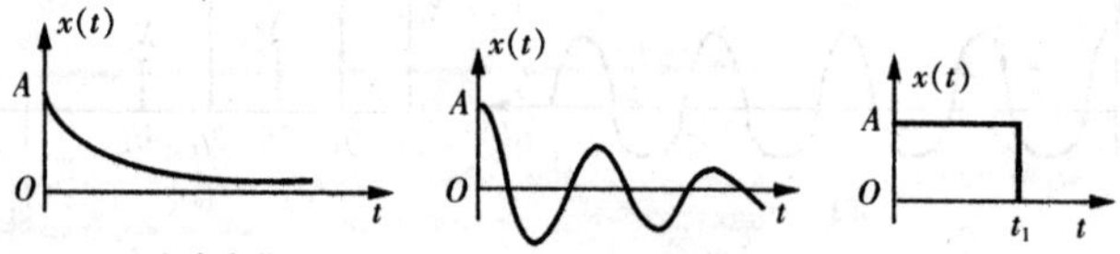

a）电容变化　　b）阻尼自由振动　　c）端点应力

图 14－4　瞬变数据示例

由如图 14－4a、14－4b、图 14－4c 所示，其瞬变数据分别为

$$x(t)=\begin{cases}Ae^{-at} & t\geqslant 0\\ 0 & t<0\end{cases}$$

$$x(t)=\begin{cases}Ae^{-at}\cos bt & t\geqslant 0\\ 0 & t<0\end{cases}$$

$$x(t)=\begin{cases}A & t_1\geqslant t\geqslant 0\\ 0 & t<0\end{cases}$$

瞬变数据与周期和准周期数据不同的一个重要特征，就是不能用离散谱表示。但是，在大多数情况下，瞬变数据可以用傅里叶积分表示成连续谱，即

$$X(f)=\int_{-\infty}^{+\infty}x(t)e^{-j2\pi ft}\,dt \tag{14-4}$$

傅里叶谱 $X(f)$ 一般是个复数，它可以用复数极坐标符号表示，即

$$X(f)=|X(f)|\mathrm{e}^{-j\theta(f)}$$

式中：$|X(f)|$——$X(f)$ 的模；

　　$\theta(f)$——相角。

二、随机性数据

随机物理现象的数据不能用精确的数学关系式描述，因为这种现象的每一次观测都是不一样的，即任意一次观测只代表许多可能产生的结果之一，这种数据就是随机数据。表示随机现象的单个时间历程，称为样本函数，在有限时间区间上观测时，称为样本记录。随机现象可能产生的全部样本函数的集合，称为随机过程，随机过程可分为平稳过程和非平稳过程两类。

如图 14－5 所示是汽车在起伏路面上行驶时，测得的一系列加速度时间历程的记录曲线，图中每一条曲线都是加速度时间历程的一次试验记录。$x_1(t),x_2(t),\cdots,x_n(t)$ 构成加速度时间历程的集合，称为样本空间，记作 $X(t)$。每一记录曲线称为一个样本，记作 $x_n(t)$。由图可见，各条曲线互不相同，显然不可能用明确的函数式描述。在任意时刻 t_1，加速度量值 $X(t_1)$ 是一个随机变量，全部加速度记录的样本空间是无穷多个随机变量的集合。

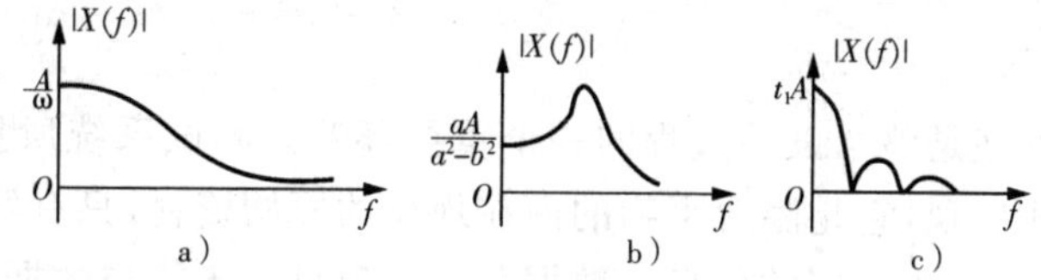

图 14－5　汽车车架垂直加速度时间历程记录曲线

1. 平稳随机过程

所谓平稳过程，就是指它的统计特性不随时间的推移而变化的随机过程。具体地说，随机过程在任何一组时间 $t_1,t_2,\cdots,t_n$ 的概率密度，与 $t_1+\Delta t,t_2+\Delta t,\cdots,t_n+\Delta t$ 的概率密度相同，即

$$\begin{cases} f_1(x_1;t_1)=f_1(x_1;t_1+\Delta t) \\ f_2(x_1,x_2;t_1,t_2)=f_2(x_1,x_2;t_1+\Delta t,t_2+\Delta t) \\ f_2(x_1,x_2,\cdots,x_n;t_1,t_2,\cdots,t_n)= \\ \qquad f_n(x_1,x_2,\cdots,x_n;t_1+\Delta t,t_2+\Delta t,\cdots,t_n+\Delta t) \end{cases} \tag{14-5}$$

平稳过程的均值、方差、均方值是与时间无关的常量，它的相关函数及协方差仅是时移 τ 的函数，而与过程的起止时刻 t 无关。因此，平稳过程最重要的特点是过程在不同时刻具有相同的统计特性。与平稳过程相反，非平稳过程的统计特性是随时间的推移而变化的。

平稳过程又可分为各态历经过程和非各态历经过程。若随机过程的总体平均参数可用任意时间历程按时间平均所求得的统计参数代替，则这类随机过程称为各态历经随机过程。如果满足条件，则

$$\begin{cases} E[X(t)]=\lim\limits_{T\to\infty}\dfrac{1}{2T}\displaystyle\int_{-T}^{T}x(t)\mathrm{d}t \\ E[X(t)X(t+\tau)]=\lim\limits_{T\to\infty}\dfrac{1}{2T}\displaystyle\int_{-T}^{T}x(t)x(t+\tau)\mathrm{d}t \end{cases} \tag{14-6}$$

则平稳过程 $X(t)$ 具有各态经历性。

实际证明，许多随机现象都可以在不同程度上看作各态历经随机过程。因此，可以用时间充分长的单个样本函数的时间平均统计参数代替总体的平均统计值，这给试验数据处理带来了极大的方便。

2. 非平稳随机过程

非平稳随机过程包括所有不满足平稳性要求的随机过程，非平稳随机过程可进一步分为一般非平稳随机过程和瞬变随机过程。非平稳随机过程的特性一般是随时间而变化的，只能用组成过程的样本函数的总体瞬态的平均来确定。在实际中，由于不容易得到足够数量的样本记录来精确地测量总体平均性质，因此对非平稳随机过程的测试和分析是比较困难的。

第二节　数据分析处理的步骤

数据的分析与处理是整个试验过程的一个重要环节。测试系统所提供的数据，通常以电压时间历程的形式出现，它是隐含事物的内在规律的原始资料，只有经过一定的处理和分析，才能从原始记录中获取有用的信息。数据分析的项目及步骤与数据的最终用途有关，也与数据本身的类型有关，它大体包括数据准备、数据检验以及数据分析等工作。

一、数据准备

为了使数据适用于分析处理，首先要进行数据预处理，其目的是检测和剔除在测量过程中由于严重的噪声、数据丢失等原因造成的异常数据。这项工作可通过人工直观检查进行，也可用专门仪器完成。如用计算机处理，可编制专门的剔除异常数据的程序。

采用模拟处理法分析时，经数据预处理后，还要进行波形采样、数据标定、均值零化以及消除趋势项等工作。

在动态试验数据处理中，有时还需要进行滤波处理工作，使数据在分析之前滤去干扰噪声。

二、数据检验

数据检验首先是判断试验数据是确定性的还是随机性的，判断试验数据是否为确定性的一种最有效的方法是频谱分析。若某一时间历程的频谱是离散的，那么它一定是确定性的试验数据；若频谱是连续的，并且多次重复测试能得到相同的结果，则它是确定性的瞬变数据，否则为随机性的试验数据。

对于随机性数据，一般要对试验数据进行平稳性、周期性和正态性的检验，因为这 3 个特性对随机性数据的分析结果的解释有很大影响。

1. 平稳性检验

关于平稳性检验，理论上应该以随机过程的总体来检验，显然这是办不到的。工程上所指平稳过程是把一个样本分成若干段，每段各自按时间平均的统计特征彼此都一样的随机过程。

判断随机性数据是否平稳，最简单的方法是根据产生此数据的现象和物理特性，结合时间历程的图形作出分析。如果产生此数据的基本物理因素不随时间变化，就可以认为数据是平稳的；反之，数据是非平稳的。采用这种直观分析方法进行平稳性检验，需要一定的实践经验。在不能作出直观判断时，可以运用统计检验原理的轮次(游程)检验法进行。这种分析方法的基本思想是把一个时间历程记录分成相等的 m 段，计算每一段的均值、方差和自相关函数，然后根据轮次检验法判断是否存在潜含非平稳的趋势。如果没有非平稳的趋势存在，则数据是平稳的。

2. 周期性检验

周期性检验主要是判断数据中是否含有周期分量，最有效的方法是通过数据分析，再根据样本的概率密度函数、自相关函数和自功率谱图形来判断。如图 14-6 所示，周期性数据的概率密度函数呈碗形，而随机性概率密度函数呈钟形。周期性数据的功率谱是 δ 函数，它的自相关函数是周期函数。当随机性数据中混有周期分量时，概率密度函数呈驼峰形，自相关函数呈现连续振荡形，功率谱函数图形会出现一个尖峰。

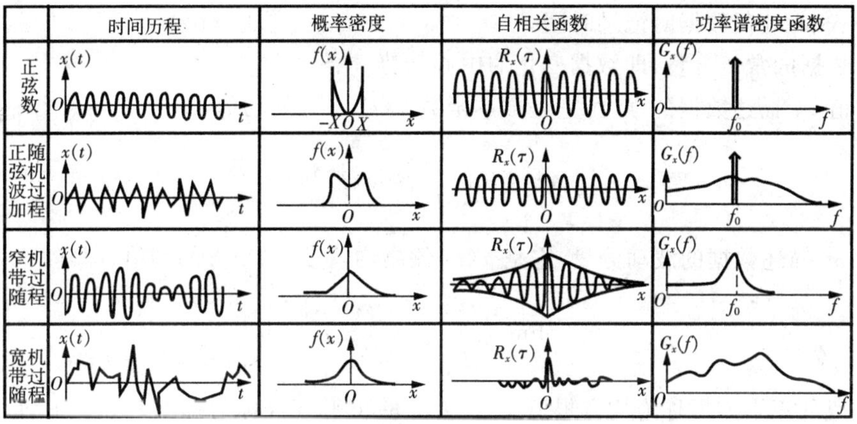

图 14-6　4 种典型数据的时间历程及统计特性图

3. 正态性检验

正态性检验的办法是利用计算机进行概率密度函数处理，然后与正态分布密度函数比较作出判断，也可用 χ^2 检验法进行处理分析。

三、数据分析

数据的类型不同，分析方法也不同。对于确定性数据，可以寻求数学函数式或经验公式来表达。而对随机性数据，一般从两个方面进行描述。

1. 时域分析

波形分析、相关分析、互相关函数。

2. 频域分析

功率谱分析、倒频谱分析、频率响应函数分析。

在工程技术测量中，有些随机性试验数据可简化成各态历经随机过程予以处理，因此，其统计特性可用单个样本函数上的时间平均来描述。

第三节　数据的时域分析及应用

数据的时域分析是根据数据的时间历程记录各波形，分析数据的组成和特征量。通过分析可以确定数据波形的幅值参数；波形的各次谐波分量的幅值和频率；波形的畸变和真实波形；由波形的衰减求系统的阻尼；数据前后的相关程度。以上前 4 项属于数据的波形分析，后一项是数据的相关分析。

一、波形分析

1. 均值、均方位和方差

各态历经数据的均值 μ_x 为

$$\mu_x = \lim_{T\to\infty} \frac{1}{T}\int_0^T x(t)\,\mathrm{d}t \tag{14-7}$$

式中：$x(t)$—— 样本函数；

T—— 所处理数据的记录时间。

均值表示数据的常值分量，即数据变化的中心趋势。

均方值 φ_x^2 描述数据的强度，它是样本函数 $x(t)$ 平方的均值，即

$$\varphi_x^2 = \lim_{T\to\infty} \frac{1}{T}\int_0^T x^2(t)\,\mathrm{d}t \tag{14-8}$$

方差 σ_x^2 描述数据的波动分量，它是 $x(t)$ 偏离均值 μ_x 的平方的均值，即

$$\sigma_x^2 = \lim_{T\to\infty} \frac{1}{T}\int_0^T [x(t)-\mu_x]^2\,\mathrm{d}t \tag{14-9}$$

均方值的正平方根称为均方根值 x_{rm_2}；方差的正平方根称为标准差 σ_x。在实际的测试工作中，要获取的数据记录时间 T 为有限长度时，均值、均方值和方差的估计值分别为

$$\hat{\mu}_x = \frac{1}{T}\int_0^T x(t)\,\mathrm{d}t \tag{14-10}$$

$$\hat{\varphi}_x^2 = \frac{1}{T}\int_0^T x^2(t)\,\mathrm{d}t \tag{14-11}$$

$$\hat{\sigma}_x^2 = \frac{1}{T}\int_0^T [x(t)-\mu_x]^2\,\mathrm{d}t \tag{14-12}$$

应用模拟处理法分析动态试验数据时，均值和均方值的测量一般采用电压表。应用数字处理法分析时，模拟数据经过时域采样后，得到数值序列$\{x_n\}$$(n=0,1,2,\cdots,N-1)$。采样点数 $N=T/\Delta t$，T 为所处理数据的记录时间，Δt 为采样时间间隔。均值、均方值和方差的估计值分别为

$$\hat{\mu}_x = \frac{1}{N}\sum_{n=0}^{N-1} x_n \tag{14-13}$$

$$\hat{\varphi}_x^2 = \frac{1}{N-1}\sum_{n=0}^{N-1} x_n^2 \tag{14-14}$$

$$\hat{\sigma}_x^2 = \frac{1}{N-1}\sum_{n=0}^{N-1} (x_n - \mu_x)^2 \tag{14-15}$$

2. 概率密度函数

$x(t)$ 是各态历经随机过程的样本记录，T 为记录时间，如图 14-7 所示。$x(t)$ 在 $(x, x+\Delta x)$ 区间内取值的总时间 $T^x = \sum\limits_{i=1}^{n} \Delta t_i$，当 $T \to \infty$ 时，比值 T_x/T 就是事件 $[x < x(t) \leqslant x + \Delta x]$ 的概率，记为

$$P[x < x(t) \leqslant x + \Delta x] = \lim_{T\to\infty}\frac{T_x}{T} \tag{14-16}$$

概率密度函数 $p(x)$ 定义为

$$p(x) = \lim_{\Delta x\to 0}\frac{P[x < x(t) \leqslant x + \Delta x]}{\Delta x} = \lim_{T\to\infty}\frac{1}{\Delta x}\left[\lim_{T\to\infty}\frac{T^x}{T}\right] \tag{14-17}$$

概率密度函数提供了动态测量数据在幅值域分布的信息，不同试验数据的时间历程具有不同的概率密度函数图形，如图 14-7 所示，借此可以识别试验数据的基本类型。

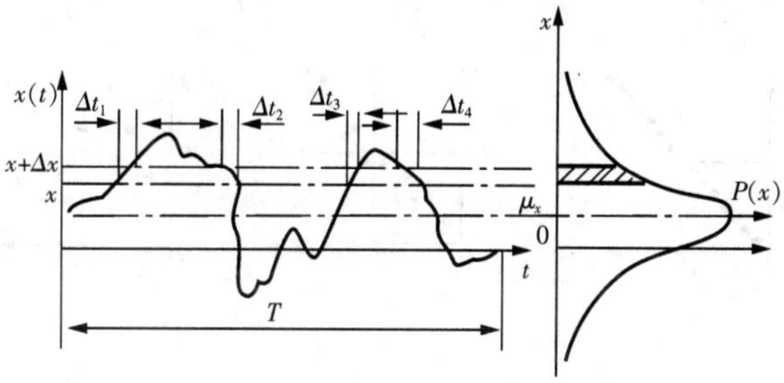

图 14-7　概率密度函数的计算

概率密度函数的估计值 $\hat{p}(x)$ 用下式表示，即

$$\hat{p}(x) = \frac{T_x}{T\Delta x} \tag{14-18}$$

式中：T_x——$x(t)$ 落在中心为 x，宽度为 Δx 的窄振幅窗中的时间。

在利用数字处理法分析概率密度函数时，首先根据采样定理对要处理的时间历程 $x(t)$ 进行采样，得到数值序列 $\{x_n\}$ $(n=0,1,2,\cdots,N-1)$，然后根据下式进行概率密度函数估计值的运算，即

$$\hat{p}(x) = \frac{N_x}{N\Delta x} \tag{14-19}$$

式中：Δx——以 x 为中心的窄区间宽度；

N_x——落在 $x \pm \frac{\Delta x}{2}$ 区间中的采样点数。

窄区间宽度 Δx 的大小取决于试验数据分组区间数目，即

$$\Delta x=\frac{x_{\max}-x_{\min}}{k} \tag{14-20}$$

式中：k——分组区间的数目；

$x_{\max}$——试验数据中的最大值；

$x_{\min}$——试验数据中的最小值。

二、相关分析

在时域上分析数据，除了分析数据信号的强弱外，还要分析数据的前后相联或相似程度，为此需要进行相关分析。研究两个变量之间的关系问题，就称为相关分析。

1. 相关系数

在数据分析处理中，相关是一个重要概念，所谓相关是指变量之间的线性关系。对于确定性的数据，两个变量之间可用函数关系描述。两个随机变量之间就不具有这样确定的关系，但是如果这两个变量之间具有某种内涵的联系，那么通过大量统计就能发现它们之间还是存在着某种虽不精确但却具有相应的、表征其特征的近似关系。两个随机变量 x 和 y 组成的数据点的分布情况如图 14-8 所示。变量 x 和 y 在图 14-8a 中有较好的线性关系；在图 14-8b 中 x 和 y 虽无确定关系，但从总体上看，两变量间具有某种程度的相关关系；图 14-8c 中各点分布很散乱，可以说变量 x 和 y 之间是无关的。

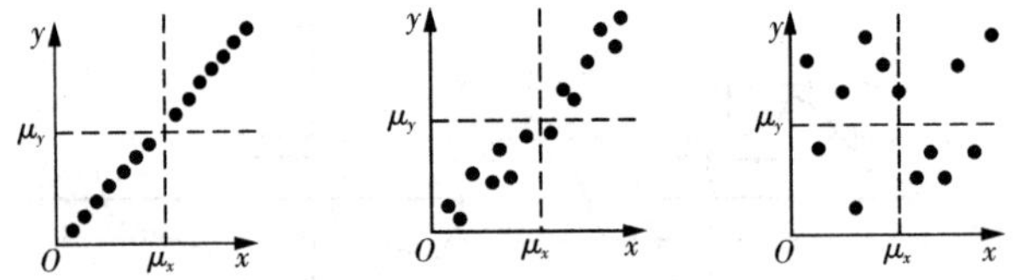

图 14-8　变量 x 和 y 的相关性

通常变量 x 和 y 之间的相关程度用相关系数 ρ_{xy} 表示，即

$$\rho_{xy}=\frac{E[(x-\mu_x)(y-\mu_x)]}{\sigma_x\sigma_y} \tag{14-21}$$

式中：$\mu_x=E[x]$；

$\mu_y=E[y]$；

σ_x、σ_y——随机变量 x、y 的标准差。

$|\rho_{xy}|\leqslant 1$。当 $\rho_{xy}=\pm 1$ 时，x、y 两变量是线性相关；当 $\rho_{xy}=0$ 时，x、y 两变量之间完全无关；当 $|\rho_{xy}|<1$ 时，x、y 两变量之间的相关程度取决于 $|\rho_{xy}|$ 的大小。

2. 自相关函数

(1)自相关函数的定义

如果 $x(t)$ 是某各态历经随机过程的一个样本，$x(t+\tau)$ 与 $x(t)$ 时移差为 τ，如图 14-9 所示。那么根据公式(14-21)，$x(t)$ 与 $x(t+\tau)$ 的相关系数 $\rho_{x(t)x(t+\tau)}$ 可以表示为：

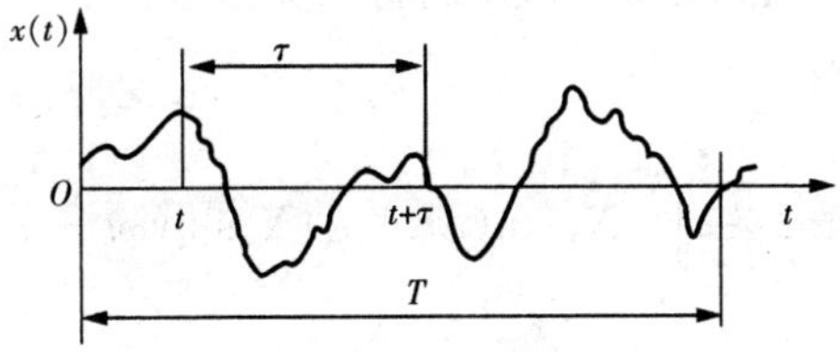

图 14-9　自相关函数图

$$\rho_{x(t)x(t+\tau)} = \frac{\lim\limits_{T\to\infty}\dfrac{1}{2T}\displaystyle\int_{-T}^{T}[x(t)-\mu_x][x(t+\tau)-\mu_x]\mathrm{d}t}{\sigma_x^2} =$$

$$\frac{\lim\limits_{T\to\infty}\dfrac{1}{2T}\displaystyle\int_{-T}^{T}x(t)x(t+\tau)\mathrm{d}t-\mu_x^2}{\sigma_x^2} \tag{14-22}$$

若用 $R_x(\tau)$ 表示自相关函数，其定义为

$$R_x(\tau)=\lim_{T\to\infty}\frac{1}{2T}\int_{-T}^{T}x(t)x(t+\tau)\mathrm{d}t \tag{14-23}$$

则

$$\rho_{x(t)x(t+\tau)}=\frac{R_x(\tau)-\mu_x^2}{\sigma_x^2} \tag{14-24}$$

假如把 $\rho_{x(t)x(t+\tau)}$ 简写成 $\rho_x(\tau)$，则

$$R_x(\tau)=\rho_x(\tau)\sigma_x^2+\mu_x^2 \tag{14-25}$$

取不同的 τ 值，就有不同的 $R_x(\tau)$ 值，相应地相关系数也不同。当 $\tau=0$ 时，由式(14-23)和式(14-24)，可得

$$R_x(0)=\lim_{T\to\infty}\frac{1}{2T}\int_{-T}^{T}x^2(t)\mathrm{d}t=\sigma_x^2+\mu_x^2 \tag{14-26}$$

$$\rho_x(0)=1 \tag{14-27}$$

式(14-26)说明，$R_x(0)$ 具有最大值 $\sigma_x^2+\mu_x^2$。又

$$R_x(-\tau)=\lim_{T\to\infty}\frac{1}{2T}\int_{-T}^{T}x(t)x(t-\tau)\mathrm{d}t=\lim_{T\to\infty}\frac{1}{2T}\int_{-T}^{T}x(t+\tau)x(t+\tau-\tau)\mathrm{d}(t+\tau)=R_x(\tau)$$

故知自相关函数 $R_x(\tau)$ 为偶函数。

当 $\tau\to\infty$ 时，$x(t)$ 与 $x(t+\tau)$ 之间就不存在内在联系，即 $\rho_x(\tau\to\infty)\to 0$，$R_x(\tau\to\infty)\to\mu_x^2$。表示自相关函数 $R_x(\tau)$ 的图形见图 14-10。

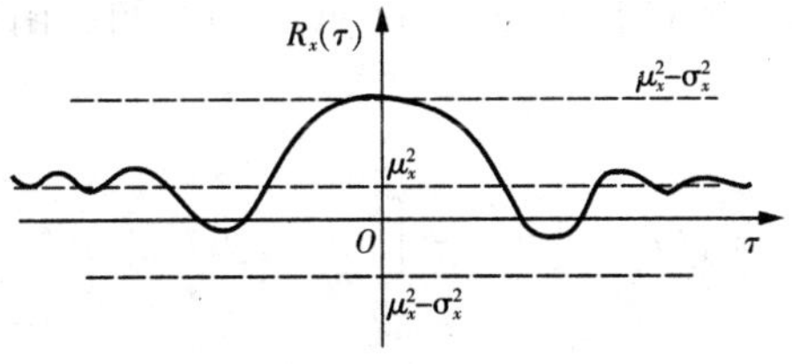

14-10　自相关函数性质

【例 14-1】 求 $x(t)=X_0\sin(\omega t+\varphi)$ 的自相关函数。

解： 按式(14-23)，有

$$R_x(\tau)=\lim_{T\to\infty}\frac{1}{2T}\int_{-T}^{T}X_0\sin(\omega t+\varphi)X_0\sin(\omega t+\omega\tau+\varphi)\mathrm{d}t$$

具有圆频率为 ω、初始相位角为 φ 的正弦函数，其各种平均值可以用一个周期内的平均值表示，该正弦函数的自相关函数可以写为

$$R_x(\tau)=\frac{1}{T_0}\int_{0}^{T_0}X_0\sin(\omega t+\varphi)X_0\sin(\omega t+\omega\tau+\varphi)\mathrm{d}t=$$

$$\frac{1}{T_0}\int_{0}^{T_0}\frac{X_0^2}{2}[\cos\omega t-\cos(2\omega t+\omega\tau+2\varphi)]\mathrm{d}t=\frac{X_0^2}{2}\cos\omega\tau \tag{14-28}$$

可见，正弦函数的自相关函数是一个余弦函数，在 $\tau\to 0$ 时具有最大值。它保留了幅值信息和频率信息，但丢失了原函数中的初始相位信息。

(2) 自相关函数的应用

汽车在砂石路上行驶时，测出车桥上的振动加速度十分杂乱，如图 14-11 所示。但是，通过自相关分析，可以看出车桥的振动有一定的周期性。这是某款越野车在某砂石路上以 20 km/h 车速行驶的试验记录。从图中可以看出延迟 0.1 s 就有峰值，汽车车速 20 km/h(5.55 m/s)，而在路面上大概相隔 0.55 m 就有一个起伏。汽车行驶时，1 s 中大概通过了 10 个起伏，自相关函数分析结果证实了这一点。

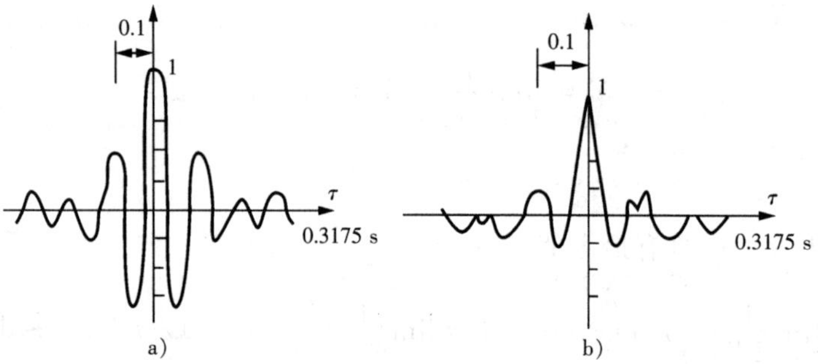

图 14-11 汽车前桥和车身上振动加速度自相关函数

3. 互相关函数

(1) 互相关函数的定义

对于各态历经过程，两个随机数据 $x(t)$ 和 $y(t)$ 的互相关函数 $R_{xy}(\tau)$，如图 14-12 所示。定义为

$$R_{xy}(\tau)=\lim_{T\to\infty}\frac{1}{2T}\int_{-T}^{T}x(t)y(t+\tau)\mathrm{d}t \tag{14-29}$$

则

$$R_{yx}(\tau)=\lim_{T\to\infty}\frac{1}{2T}\int_{-T}^{T}y(t)x(t+\tau)\mathrm{d}t \tag{14-30}$$

互相关函数不是偶函数。引用式(14-21)，对两个各态历经随机过程，其时移为 τ 的相关系数为

$$\rho_{xr}(\tau)=\frac{\lim\limits_{T\to\infty}\frac{1}{2T}\int_{-T}^{T}[x(t)-\mu_x][y(t+\tau)-\mu_y]\mathrm{d}t}{\sigma_x\sigma_y}=$$

$$\frac{\lim\limits_{T\to\infty}\frac{1}{2T}\int_{-T}^{T}x(t)y(t+\tau)\mathrm{d}t-\mu_x\mu_y}{\sigma_x\sigma_y}=\frac{R_{xy}(\tau)-\mu_x\mu_y}{\sigma_x\sigma_y} \qquad (14-31)$$

如图 14-13 所示互相关函数 $R_{xy}(\tau)$ 的图形。在某个时刻 τ_0，$R_{xy}(\tau)$ 达到最大值，它反映 $x(t)$ 和 $y(t)$ 之间主传输通道的滞后时间。如果两随机数据中具有频率相同的周期成分，那么在互相关函数中，即使 $\tau\to\infty$ 也会出现该频率的周期成分。

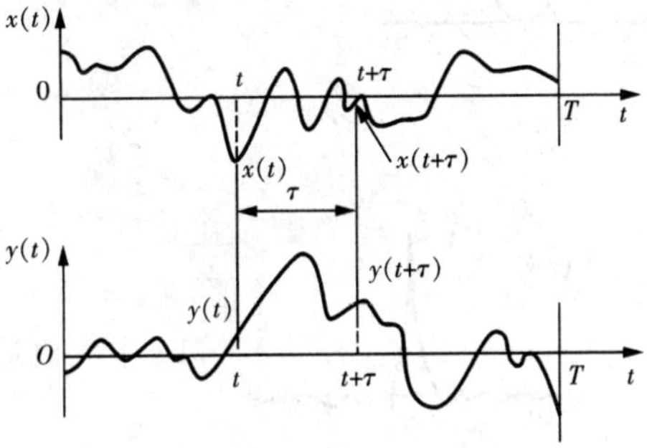

图 14-12　互相关函数

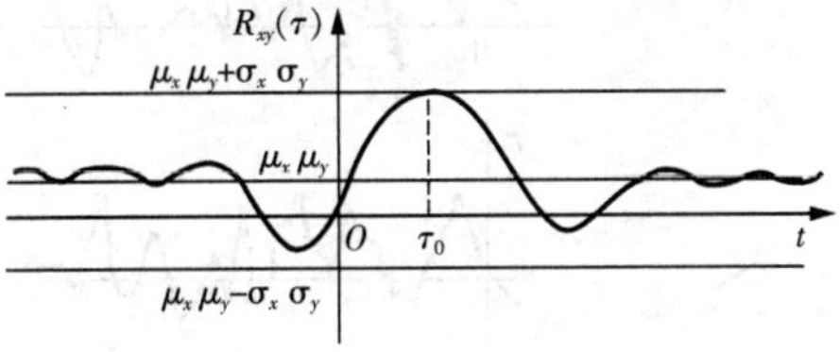

图 14-13　互相关函数的性质

(2)互相关函数的应用

① 测量滞后时间

进行汽车操纵试验时，汽车操纵系统的反应时间是一个重要的测定参数。但采用的方法由于起点不好确定及人的主观因素，常有 1/3 的误差。一般作这种转向盘阶跃响应试验，危险性较大，并且需要很大的场地。改用互相关分析方法测定时，可在比较宽的路段上，固定车速直线行驶，驾驶员间隔地、脉冲地转动转向盘，使汽车车身在行驶方法上产生晃动。记录下驾驶员转动转向盘的转角作为系统的输入，以及汽车垂直轴晃动的角速度作为系统的输出，进行互相关分析，得出的结果如图 14-14 所示。峰值偏离轴线 τ，即为汽车操纵系统的滞后时间，可以用于评价汽车执行驾驶员转动转向盘指令的反应快慢。用互相关分析方法，可以完全排除主观因素，而且能有较高的精度，试验安全，不需要很大的场地，已经经常在试验中应用。

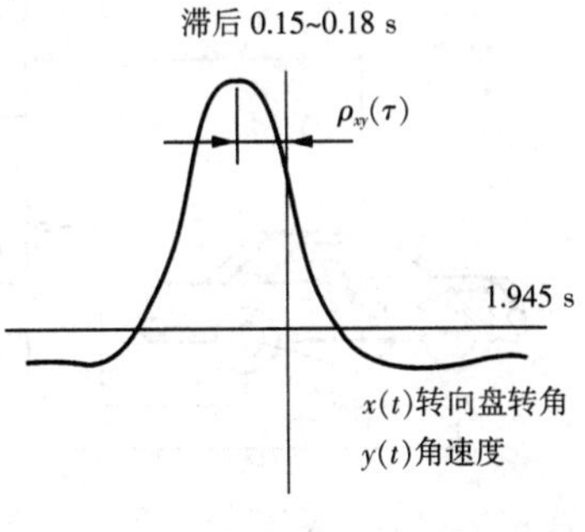

图 14-14　汽车转向脉冲试验互相关函数图

(车速 60 km/h，采样间隔 30 ms，采样段 1)

某汽车以 60 km/h 车速进行脉冲试验时，以转向盘转角 $x(t)$ 作为输入数据，汽车的

回转角速度 $y(t)$ 作为输入。由图 14－14 可知，峰值偏离纵坐标 0.15～0.18 s，即输出数据滞后于输入数据 0.15～0.18 s，这一滞后时间表明了该车操纵系统反应的快慢程度。

② 测量运动速度

利用互相关分析可以测量运动物体的速度。如图 14－15 所示，为了测量汽车行驶速度，在汽车前后两处设置传感器，感受路面的不平度，传感器获得的测量数据 $x(t)$ 与 $y(t)$，经互相关分析后可以得出 $y(t)$ 和 $x(t)$ 之间的滞后时间 τ_0。汽车的行驶速度 $v=l/\tau_0$，式中 l 为两传感器之间的水平距离。同理，互相关分析还可以测定飞机、气流以及热轧钢板等运动物体的速度，也可测量地下管路裂损的位置。

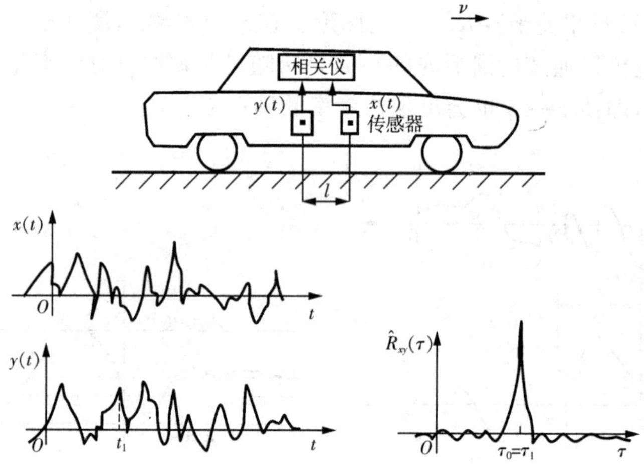

图 14－15　汽车行驶速度的测量

③ 确定传递通道

测试车辆振动传递通道，其测试框图如图 14－16 所示，用以检查汽车驾驶员座的振动是由发动机引起的，还是由车轮引起的。测试方法是在发动机、驾驶员座和后轮轴上布置加速度计，经分析，发现发动机与驾驶员座之间的相关性较弱，而驾驶员座与后轮之间的相关函数出现明显的相关。因此，可以认为驾驶员座的振动主要由后轮传递来的。

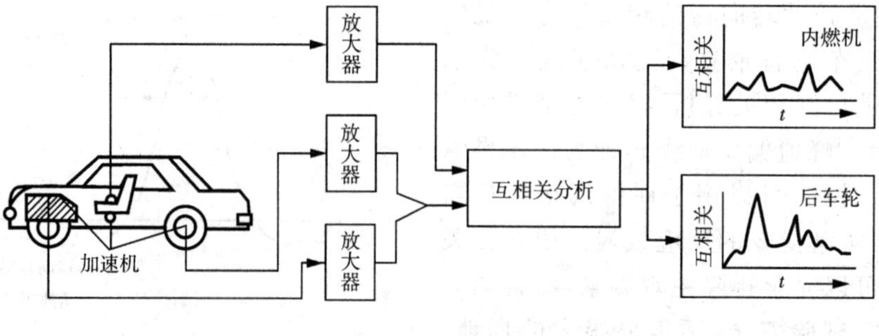

图 14－16　互相关函数测试框图

第四节　数据的频域分析及应用

数据的频域分析方法就是根据数据的频域描述，估计和分析数据的组成和特征值。通过数据的频域分析，可以解决以下问题：

(1)确定数据中含有的频率组成成分和频率分布范围；

(2)确定数据中各个频率成分的幅值和能量；

(3)分析各数据之间的相互关系；

(4)通过系统的输入与输出的频率，求得系统的传递函数，识别系统的动力学参数；

(5)通过频谱分析，寻找系统的振动噪声源并进行故障诊断。

数据的频域描述称为频谱，但是，对于不同类型的数据和不同的分析参数，频谱可以表示为不同的形式。

对于周期数据，可以展开为傅里叶级数，求得不同频率成分的幅值和相位，构成离散的幅值谱、相位谱或功率谱。对于非周期数据，可以进行傅里叶变换，求得随频率连续分布的幅值谱密度、相位谱密度或功率谱密度。对于随机数据，由于它的幅值和相位是随机的，因而在理论上不能作幅值谱和相位谱。通常采用具有统计特征的功率谱密度对其进行分析。

功率谱可以分为自功率谱和互功率谱。前者表示一个数据信号的能量(功率)沿频率轴的分布，后者由两个数据的互相关函数和互功率谱函数经傅里叶变换求得，因而互功率谱用来分析两个数据的互相关系，本身并不含有数据的功率意义。

为研究功率谱中的周期现象，例如，谐波引起的周期性功率谱峰值，可以对功率谱再作一次所谓的“谱分析”，得到倒频谱。为了研究两个频谱之间的相关程度，例如，系统的输出频谱与输入频谱的相关的程度，可以求两个频谱的相干函数，称为相干分析。

实际的数据往往是混杂有确定性数据的随机数据，不能由确定性函数计算它们的谱函数，而且测试只能在有限时间内进行，因而不能按频谱定义从无限区间求得真实的频谱。通常由有限长的离散时间采样序列求得的频谱，只是数据真实频谱的一种估计，故称为谱估计。

一、确定性数据的频谱分析

1. 周期性数据的频谱分析——谐波分析

根据傅里叶级数理论，在满足狄利克雷条件(分段连续和分段光滑)下，任何周期为 T 的时间历程 $x(t)$ 都展开成傅里叶级数，如式(14－2)所示。这种把周期性数据展开成傅里叶级数的方法称作谐波分析法。

周期性数据的频谱具有离散性、谐波性和收敛性 3 个特点。周期方波可以看成是由一系列频率不等的正弦波叠加而成，周期方波的 51 次谐波幅值大约只有基频幅值 2%。因此，根据周期性数据频谱的收敛性，在误差允许的范围内，可以忽略高次谐波分量。

2. 非周期性数据的频谱分析——傅里叶积分变换

非周期性数据一般是在一定时间内，随时间变化的瞬变数据(如图 14－4 所示)。对于非周期性数据的频谱分析，一般采用傅里叶积分变换法。由数学理论可知，当周期 $T\to\infty$ 时，周期性数据相邻谱线间隔 $\Delta f\to 0$，于是离散频谱就演变为连续频谱，傅里叶级数就变为傅里叶积分。瞬变数据的时间历程 $x(t)$ 满足傅里叶积分存在条件，即狄利克雷条件和函数

在无限区间上绝对可积的条件，即

$$X(f)=\int_{-\infty}^{+\infty} x(t)\mathrm{e}^{-j2\pi ft}\,\mathrm{d}t \tag{14-32}$$

$$x(t)=\int_{-\infty}^{+\infty} X(f)\mathrm{e}^{j2\pi ft}\,\mathrm{d}f \tag{14-33}$$

在数学上称一个函数与另一个函数的一一对应关系为变换。称式(14－32)中的 $X(f)$ 为 $x(t)$ 的傅里叶变换，称式(14-33)中的 $x(t)$ 为 $X(f)$ 的傅里叶逆变换，两者互称傅里叶变换对，即

$$x(t)\underset{IFT}{\overset{FT}{\rightleftharpoons}}x(f)$$

一般 $X(f)$ 是实变量 f 的复变函数，即

$$X(f)=|X(f)|\mathrm{e}^{-j\varphi(f)} \tag{14-34}$$

其中，$|X(f)|$ 为时间历程 $x(t)$ 的连续幅值谱；$\varphi(f)$ 为 $x(t)$ 的连续相位谱。

【例 14－2】 求矩阵窗函数 $w(t)$ 的频谱，其频谱图如图 14－17 所示。

解：矩阵窗函数 $w(t)$ 定义为

$$w(t)=\begin{cases}1 & |\ t\ |\leqslant T\\ 0 & |\ t\ |>T\end{cases} \tag{14-35}$$

其频谱为

$$W(f)=\int_{-\infty}^{\infty} w(t)\mathrm{e}^{-j2\pi ft}\,\mathrm{d}t=\int_{-T}^{T}\mathrm{e}^{-j2\pi ft}\,\mathrm{d}t=\frac{-1}{j2\pi f}(\mathrm{e}^{-j2\pi fT}-\mathrm{e}^{j2\pi fT})=2T\,\frac{\sin 2\pi fT}{2\pi fT} \tag{14-36}$$

矩形窗函数的频谱图如图 14－17a 所示。由图 14－17 所示，矩形窗函数宽度 T 很大时，数据的能量将大部分集中在 $f=0$ 附近。在 $f=0$ 处 $W(f)=2T$，其频谱主瓣宽度 $\Delta f\ \frac{1}{2T}$。在 $T\to\infty$ 的极限情况下，频谱函数成为在 $f=0$ 处的 $\delta(f)$ 函数。反之，若矩形窗函数宽度 T 很小时，则频谱中的高频分量将增加。

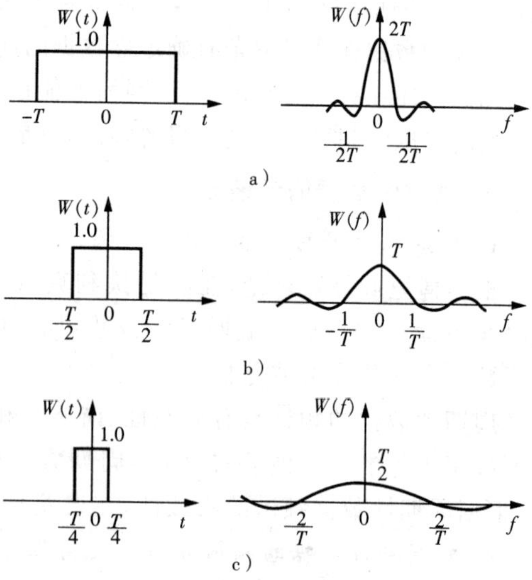

图 14－17　矩形窗函数及其频谱图

当 $T\to 0$ 时，频谱函数将变成平的直线，并扩展到全部频率，这就是采用冲击试验代替正弦频率扫描试验测定装置频率特性的原因。

二、随机数据的频谱分析

为了研究数据信号的能量(或功率)频率分布，并突出数据频谱图中的主频谱，需要作功率谱分析。特别是对于有明显的非确定性的随机数据，用经典的傅里叶分析得到幅值谱和相位谱的方法效果不好。这是由于实际时间

系列的数据和噪声的振幅、相位和频率变化的随机性质造成的。因此，需要从统计的角度出发，引进适合于具有随机性性质时间序列的谱分析方法，即功率谱分析方法，它是把傅里叶分析法和统计分析法两者结合起来考虑的。

1. 自功率谱密度函数

假定 $x(t)$ 是各态历经随机过程的一个样本，其均值 $\mu_x=0$，并且其中没有周期性分量，那么

$$R_x(\tau\rightarrow\infty)=0$$

这样，自相关函数 $R_x(\tau)$ 可满足函数与无限区间上绝对可积的条件，即

$$\int_{-\infty}^{\infty}|R_x(\tau)|d\tau<\infty \tag{14-37}$$

利用式(14－32)和式(14－33)可得到 $R_x(\tau)$ 的傅里叶积分变换 $S_x(f)$ 及其逆变换，即

$$S_x(f)=\int_{-\infty}^{\infty}R_x(\tau)e^{-j2\pi f\tau}d\tau \tag{14-38}$$

$$R_x(\tau)=\int_{-\infty}^{\infty}S_x(f)e^{j2\pi f\tau}df \tag{14-39}$$

$$x(t)\underset{IFT}{\overset{FT}{\rightleftharpoons}}x(f)$$

$S_x(f)$ 定义为 $x(t)$ 的自功率谱密度函数，简称自谱或自功率谱。由于 $S_x(f)$ 和 $R_x(\tau)$ 之间是傅里叶积分变换对的关系，两者是唯一对应的，因此 $S_x(f)$ 中包含着 $R_x(\tau)$ 的全部信息。$R_x(\tau)$ 为偶函数，$S_x(f)$ 亦为偶函数。

若 $\tau=0$，则根据自相关函数 $R_x(\tau)$ 的定义和式(14－39)，可得

$$R_x(0)=\lim_{T\to\infty}\frac{1}{2T}\int_{-T}^{T}x^2(t)dt=\int_{-\infty}^{\infty}S_x(f)df \tag{14-40}$$

一般情况下，$\lim\limits_{T\to\infty}\frac{1}{2T}\int_{-T}^{T}x^2(t)dt$ 是有限的。由于振动的能量和功率与其均方值成比例，因此 $\int_{-\infty}^{\infty}x^2(t)dt$ 可以看作是数据的能量，而 $\lim\limits_{T\to\infty}\frac{1}{2T}\int_{-T}^{T}x^2(t)dt$ 则代表 $x(\tau)$ 在 $(-\infty,+\infty)$ 上的平均功率。由式(14－40)可知，$S_x(f)$ 曲线下和频率轴所包围的面积就是数据的平均功率，则 $S_x(f)$ 就表示数据的功率密度沿频率轴的分布，故称 $S_x(f)$ 为自功率谱密度函数。

$S_x(f)$ 表示在 $(-\infty,+\infty)$ 频率范围内的自功率谱，所以又称为双边自功率谱密度函数。然而，在工程技术中，只能在 $[0,+\infty)$ 频率范围内定义功率谱，这种功率谱称作单边自功率谱密度函数，记作 $G_x(f)$，即

$$G_x(f)=\begin{cases}2S_x(f) & 0\leqslant f<\infty\\ 0 & \text{其他}\end{cases} \tag{14-41}$$

自功率谱密度函数 $S_x(f)$ 反映数据的频率结构，这一点和幅值谱 $|X(f)|$ 相近，但是自功率谱密度函数所反映的是数据幅值的平方，因此其频域结构特征更为明显。

2. 互功率谱密度函数

和定义自功率谱密度函数类似，如果互相关函数 $R_{xy}(\tau)$ 满足傅里叶积分变换条件，则 $S_{xy}(f)$ 定义为数据 $x(t)$ 和 $y(t)$ 的互功率谱密度函数，即

$$S_{xy}(f)=\int_{-\infty}^{\infty}R_{xy}(\tau)e^{-j2\pi f\tau}d\tau \tag{14-42}$$

互功率谱密度函数简称互谱或互功率谱。根据傅里叶积分逆变换，有

$$R_{xy}(\tau)=\int_{-\infty}^{\infty}S_{xy}(\tau)e^{-j2\pi f\tau}df \tag{14-43}$$

同理，可得

$$S_{yx}(f)=\int_{-\infty}^{\infty}R_{yx}(\tau)e^{-j2\pi f\tau}d\tau \tag{14-44}$$

$$R_{yx}(\tau)=\int_{-\infty}^{\infty}S_{yx}(f)e^{-j2\pi f\tau}df \tag{14-45}$$

互相关函数不是偶函数，因此互功率谱密度函数具有虚、实两部分。对于互功率谱密度函数，也有类似单边自功率谱定义方法，定义 $G_{xy}(f)$ 单边互功率谱，即

$$G_{xy}(f)=2S_{xy}(f) \qquad 0\leqslant f<\infty \tag{14-46}$$

由式(14-42)得其复函数表达式，即

$$G_{xy}(f)=2\int_{-\infty}^{\infty}R_{xy}(\tau)e^{-j2\pi f\tau}d\tau=|G_{xy}(f)|e^{-j\varphi(f)} \tag{14-47}$$

$$G_{xy}(f)=A_{xy}(f)-jB_{xy}(f) \tag{14-48}$$

式中：$|G_{xy}(f)|$—— 复数的模；

$\varphi(f)$—— 复数的幅角。

$$|G_{xy}(f)|=\sqrt{A_{xy}^2(f)+B_{xy}^2(f)} \tag{14-49}$$

$$\varphi(f)=\mathrm{arctg}\frac{B_{xy}(f)}{A_{xy}(f)} \tag{14-50}$$

其中

$$A_{xy}(f)=2\int_{-\infty}^{\infty}R_{xy}(\tau)\cos2\pi f\tau d\tau$$

$$B_{xy}(f)=2\int_{-\infty}^{\infty}R_{xy}(\tau)\cos2\pi f\tau d\tau$$

3. 功率谱的计算

目前谱估计方法很多，大致可分为：

(1)经典法(线性估计法)

用传统的傅里叶变换分析方法求谱。它又可分为：

① 间接法(相关估计法)，由数据的自相关序列求功率谱；

② 直接法(周期图法)，由数据直接用离散傅里叶变换求功率谱。

(2)现代法(非线性估计法)

用参量数据模型估计谱，它又可分为：

① 自回归数据模型(AR 模型)；

② 滑动平均模型(MA 模型)；

③ 自回归滑动平均模型(ARMA 模型)。

4. 功率谱分析的应用

为了防止出现故障，许多大型设备需要定期检修。定期检修时往往是拆开设备后检测，频繁地拆装，对设备本身也会产生损害。利用数据处理技术，对测得的机器振动和噪声数据进行分析，得到频谱图，可以判断设备有无故障。

如图 14－18 所示是汽车发动机振动的频谱分析，从图中可以看到，排气门间隙过大，高频成分明显增加，根据高频成分的大小就可以判断气门间隙调整是否合适。

如图 14－19 所示是试验测得的汽车变速器振动加速度和噪声，经过数据处理后得到的频谱图。从图中可以看出，不正常的变速器在 9.2 Hz 和 18.4 Hz 上增加了峰值，可判断变速器中某对齿轮有了故障。

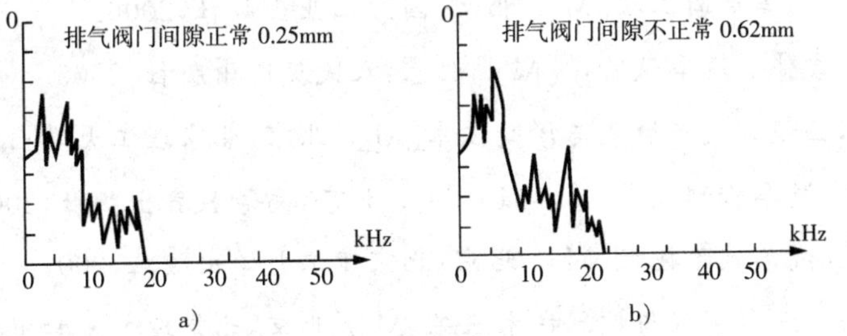

图 14－18　发动机振动的频谱图

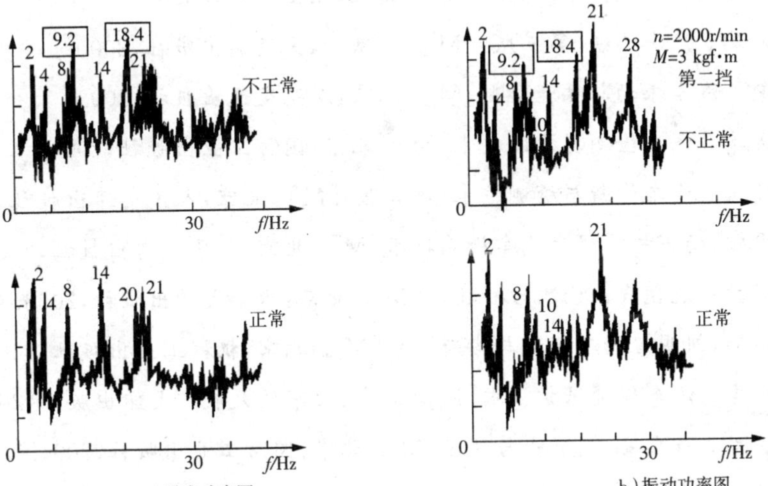

图 14－19　汽车变速器噪声和振动的功率谱图（n＝2 000 r/min）

思考与练习

14－1　动态试验数据可分为几类？简述各自的特点。

14－2　简述动态数据分析与处理的步骤。

14－2　随机性数据一般可以从哪些方面进行描述？

14－4　简要说明试验数据的时域和频域的分析方法。

参考文献

[1] 余志生．汽车理论(第四版)[M]. 北京:机械工业出版社,2008.

[2] 李杰敏．汽车拖拉机试验学(第二版)[M]. 北京:机械工业出版社,2001.

[3] 方锡邦．汽车检测技术与设备[M]. 北京:人民交通出版社,2005.

[4] 何耀华．汽车试验学[M]. 北京:人民交通出版社,2005.

[5] 安相璧．汽车试验工程[M]. 北京:国防工业出版社,2006.

[6] 郭应时,袁伟．汽车试验学[M]. 北京:人民交通出版社,2006.

[7] 孙成刚,王超．汽车检测与诊断技术[M]. 北京:北京理工大学出版社,2008.

[8] 张建俊．汽车检测技术(第二版)[M]. 北京:高等教育出版社,2008.

[9] 付百学．汽车试验技术[M]. 北京:北京理工大学出版社,2007.

[10] 张铁山．汽车测试与控制技术基础[M]. 北京:北京理工大学出版社,2007.

[11] 徐科军．传感器与检测技术[M]. 北京:电子工业出版社,2004.

[12] 唐岚．汽车测试技术[M]. 北京:机械工业出版社,2006.

[13] 陈家瑞．汽车构造(第三版)[M]. 北京:人民交通出版社,2000.

[14] 陈南．汽车振动与噪声控制[M]. 北京:人民交通出版社,2005.

[15] 邢文华．汽车检测与诊断技术[M]. 北京:国防工业出版社,2004.

[16] 张建俊．汽车诊断与检测技术(第二版)[M]. 北京:人民交通出版社,2004.

[17] 明平顺,杨万福．现代汽车检测技术[M]. 北京:人民交通出版社,2001.

[18] 曹家喆．现代汽车检测诊断技术[M]. 北京:清华大学出版社,2003.

[19] 赵英勋,刘明．汽车检测与诊断技术[M]. 北京:机械工业出版社,2003.

[20] 李兴虎．汽车环境保护技术[M]. 北京:北京航天航空大学出版社,2004.

[21] 张铁生．汽车安全、节能与环保[M]. 北京:国防工业出版社,2004.

[22] 李军．汽车使用性能与检测技术[M]. 北京:人民交通出版社,2004.

[23] 李岳林,王生昌．交通运输环境污染与控制[M]. 北京:机械工业出版社,2003.

[24] 汽车工程手册编辑委员会．汽车工程手册(试验篇)[M]. 北京:人民交通出版社,2001.

[25] 汽车工程手册编辑委员会．汽车工程手册(基础篇)[M]. 北京:人民交通出版社,2001.